24.80

€   10 —

Ferdinand Seibt

Die Begründung Europas

Ein Zwischenbericht
über die letzten tausend Jahre

S. Fischer

5. Auflage September 2003
© 2002 S. Fischer Verlag GmbH, Frankfurt am Main
Alle Rechte vorbehalten
Satz: Pinkuin Satz und Datentechnik, Berlin
Druck und Bindung: Clausen & Bosse, Leck
Printed in Germany
ISBN 3-10-074421-7

Inhalt

III. Die Entfaltung Europas

Die Begründung Europas

Nordsee

ATLANTISCHER

OZEAN

Themse

Seine

Maas

Weser

Rhein

Main

Loire

Saône

A l p

Garonne

Rhône

Po

Pyrenäen

A p e

Ebro

Tejo

Mittelmeer

Ostsee

Wolga

Düna

Dnjepr

Don

Memel

Weichsel

Oder

Elbe

K a r p a t e n

Dnjestr

Dnjepr

Moldau

Donau

Südkarpaten

Schwarzes
Meer

Donau

Dinarisches Gebirge

B a l k a n

Rhodopen

inen

Pindos

Mittelmeer

Von der Absicht des Autors

Dieses Buch ist für alle Wissbegierigen geschrieben. Wen der Titel anregt, der mag sich angesprochen fühlen. Er soll in die tausendjährige Vergangenheit Europas auf anderen Wegen geführt werden als mit einem bloßen Umriss der politischen Entwicklungen.

Epochale Zusammenhänge zu einem Geschichtsbild zu vereinen ist schwierig, wenn man keine Zuflucht nehmen will zu abstrakten Zahlen oder zu Säkularschablonen; wenn man Ereignisse nicht nummeriert und ihre Bedeutung normiert, als wären es viele ähnliche Glieder in einer langen Kette; wenn man ihn nicht verfärbt, den roten Faden der Weltgeschichte; oder nur Könige, Kriege und Verträge daran hängen lässt. Das alles soll hier vermieden werden.

Das Buch versucht stattdessen zur Einführung zunächst die entscheidenden Epochen der gesellschaftlichen Entwicklung der letzten tausend Jahre zu skizzieren. Es schickt sich dann an, im Vertrauen auf die Brauchbarkeit dieses Orientierungsrahmens, die europäischen Gemeinsamkeiten an ungewohnten Themen zu erklären: am Raum, den wir miteinander teilen; an der Zeit, nach der wir unser Dasein ausrichten. Es will die großen Straßen vor Augen stellen, die unsere Lebensräume verbinden; die Häuser, die uns gleichermaßen im Norden wie im Süden Europas bergen und mit denen wir unsere Gemeinschaften aufgebaut haben; die Kleider, die uns schützen und auch schmücken, und die Werkzeuge und Waffen, mit denen wir unsere Existenz der Erde und unseren Nachbarn abgerungen haben.

Erst danach soll die Rede sein von den großen Organisationsleistungen, den politischen Gemeinschaften, wie sie für die europäische Vergangenheit der letzten tausend Jahre eigenartig und einzigartig gewesen sind: den alten Reichen und der alten Kirche.

Das alles zeigt das Buch natürlich nicht in allen Einzelheiten, aber doch so nahe, dass wir den Kontrast, der uns von tausend Jahren trennt, zumindest überblicken können und demgegenüber auch imstande sind, die Kontinuitäten zu entdecken, die uns noch immer mit einer langen Vergangenheit verbinden.

Um dem Thema genug zu tun, soll auch nach dem alternativen, dem anderen Europa gegriffen werden. Nach der Aussagekraft des Fiktiven, des Irrealen, nach den Hoffnungen und Sehnsüchten der Weltverbesserer, der Maler, Poeten und Architekten, nach der europäischen Utopie, die viel einheitlicher geraten ist als die europäische Politik, und nach den Sehnsüchten der Weltverbesserer. Denn es gibt auch eine Wahrheit in Bildern und Wünschen, und sie hat ebenso Quellenwert und ist ebenso geeignet, Geschichte zu erklären. Auch die Kette der europäischen Revolutionen muss da noch Revue passieren, die mit ihren Anfängen bis ins 14. Jahrhundert zurückreicht und deren Selbstrechtfertigungen so aufschlussreich sind wie die freilich weit umfangreicheren staatsbildenden Theorien.

Die Vergangenheit Europas auf diese Weise anders darzustellen als herkömmlich soll keine falsche Geschichtslosigkeit fördern. Es gilt, das Spiel von Beharrung und Veränderung in großen Schüben zu beobachten und in weit reichendem Wellenschlag. Das heißt unter anderem auch, die nationalen Scheuklappen abzulegen und allein schon dadurch überraschende Vergleiche zu gewinnen. Dazu sind Erkenntnisse nötig über den Strom des Fortschritts und die kleinen und großen Inseln darin, über die schnellen und langsamen Wege des kulturellen Transfers, die leicht ein Epochenschema verwirren, über ideelle Aufbrüche und Gegenströmungen, über Zentren der Veränderung und Randgebiete. Kaiser und Könige, gewonnene oder verlorene Kriege sind in einem solchen Erkenntnisprozess nicht unwichtig, aber sie verlieren ihr Monopol auf die Deutung der Geschichte.

Das Buch will helfen, das menschliche Dasein in seiner gegebenen Eigenart in der Form und unter den Lebensumständen unserer, der europäischen Geschichte seit mehr als tausend Jahren zu erkennen und Veränderungen zu erklären. Es soll die Tatsache und das Ausmaß von Übereinstimmungen sichtbar machen und die Auseinandersetzungen mit äußeren Bedingungen ins Spiel bringen. Aber auch die Strategien, die Gewohnheiten, die Rechtsformen für den Umgang mit Menschen aller Art: mit den Nachbarn, den Herren, den Knechten, den Königen, den Bettlern, den Priestern, den Frauen, den Männern.

I. Tausend Jahre

Zur Einführung: Die Epochen Europas

Von der Konsolidierung bis zur Krise der Gegenwart

I.

Europa ist nicht die Erfindung moderner Politiker. Es entstand auch nicht 1952 mit den Römischen Verträgen. Europa besteht als politische Größe seit mehr als tausend Jahren. Es unterscheidet sich allerdings von jenem alten, vom klassischen Europa in der antiken Welt vor zwei-, vor dreitausend Jahren, das man gern als seine Grundlage bezeichnet, benannt nach der Jungfrau, die der Stier von Asien nach Kreta entführte. Doch die antike Mythologie ist letztlich kein hinreichender Beitrag zur neueren europäischen Selbstdefinition.

Eine solche Selbstdefinition hat zwei Schwierigkeiten: Zeus, der Stier, entführte die Jungfrau Europa nicht nach Paris und auch nicht nach London, denn der Mythos vom alten Europa spielt am Mittelmeer. Das neuere Europa jedoch entwickelte sich zum größten Teil nördlich der Alpen. Und das zweite Problem, wonach das alte und das moderne Europa nicht so gut übereinstimmen: Das neuere, das mehr als tausendjährige Europa der jüngeren Geschichte, kannte die antiken Mythen nur nebenbei. Es nannte sich in früheren Jahrhunderten nur selten danach, sondern galt lange Zeit als »die katholische Christenheit« oder »das lateinische Abendland«. Europa ist ein Begriff der Aufklärung.

Lange Zeit war Europa mehr oder minder identisch mit der katholischen Kirche, zum Unterschied von der orthodoxen, der griechischen Christenheit oder, wie Luther sagte, dem »Morgenland«. Aber eben seit Luthers Zeiten trifft diese Unterscheidung nicht mehr recht zu, weil die westliche Christenheit zum guten Teil nicht mehr katholisch war und die östliche zum guten Teil gerade damals türkisch wurde. Zudem sind da noch Probleme mit dem Osten Europas, der freilich zu allem Überfluss auch noch als Norden bezeichnet wurde, Russland. Die Ukraine und Russland waren seit der Jahrtausendwende christlich, beide waren orthodox nach ihrem Bekenntnis, aber sie waren nach ihrer Kirchensprache nicht griechisch, wie die orthodoxe Christenheit, sondern slawisch.

So hatte man im Mittelalter schon seine Probleme. Heute ist das noch schwieriger, denn man kann nicht mehr, wie noch vor tausend Jahren, von der Christenheit sprechen, wenn man insgesamt dieses Europa meint. Man nennt es oft westlich. Damit ist aber irgendein nicht näher definierter Osten ausgeschlossen. Das russische und das ukrainische Europa wird gar nicht selten einem »Westen« gegenübergestellt, der nun aber seinerseits über den Ozean greift. Gemeint ist damit nicht ganz Amerika, sondern die USA und Kanada.

Verwirrung genug! Aber unverzagt: Wir wissen nicht so recht zu sagen, wo die Ostgrenze Europas liegt, ob und seit wann es ein europäisches Russland gibt und ein asiatisches, ob andererseits die Vereinigten Staaten und Kanada am Ende nicht doch europäisch sind. Wir können zudem Europa nicht mehr mit dem Christentum gleichsetzen, unter anderem auch deshalb, weil das Christentum über die ganze Welt verbreitet ist. Dennoch ist Europa eine historische Einheit, die innerhalb ihres Bereichs mehr Selbstbezüge kennt als Fremdbezüge.

Es ist geprägt von der Tradition einer jahrhundertelangen Begegnung der Mittelmeerwelt mit den noch viel älteren orientalischen Hochkulturen, die schließlich vor zweitausend Jahren im römischen Imperium politische Gestalt annahmen. Und bei allen möglichen Veränderungen im Lauf von mehr als tausend Jahren hat Europa bestimmte Charakterzüge ausgeprägt, wie ein Mensch auch im Lauf seines Lebens, hat besondere Fähigkeiten entwickelt, gewisse Gewohnheiten angenommen, hat seine Kultur gefunden. Diese Kultur verheißt eine rational intendierte Lebensbewältigung mit ihren eigenen Vorstellungen von Vergangenheit und Zukunft, mit ihrer Ordnung, Planung und Hoffnung, mit dem technischen Fortschrittsoptimismus und der klassischen Humanitätsidee, mit ihrem gebrochenen, aber noch immer lebendigen Christentum. Dazu noch mit einem Schuss Kulturpessimismus, wie ihn die Historiker seit je aus Hochschätzung vor dem antiken Erbe vermittelt haben.

Wenn man sich einmal über diese Voraussetzungen verständigt hat, dann lässt sich dieses mehr als tausendjährige Europa nicht nur halbwegs als räumliche, sondern auch als historische Gemeinschaft mit unserer modernen europäischen Wirklichkeit übereinbringen. Überdies kann man es auch kennzeichnen durch seine besondere Dynamik auf allen Lebensgebieten, die man außerhalb Europas nur mehr einem anderen Kontinent ablesen kann, dem amerikanischen, aber auch das erst, seit dort Europäer leben.

Europa ist demnach vornehmlich der Raum für die Entfaltung eines in der Weltgeschichte einmalig dynamischen historischen Prozesses. Er war nach innen gerichtet, das heißt, es ereigneten sich die maßgebenden Neuerungen auf allen Gebieten jahrhundertelang innerhalb dieses Europas, es griff lange Zeit nicht aus und wurde nur kurzfristig von außen angegriffen. Vor vierzehn-, fünfzehnhundert Jahren, zu Zeiten einer immer wieder einmal so bezeichneten »Spätantike«, begann sich dieses neuere Europa nördlich der Alpen abzuzeichnen und war erfüllt von einem gewissen Nachklang der antiken Welt, der Mittelmeerwelt, soweit sie nördlich der Alpen bekannt geworden war. Die Kirche leistete dabei bekanntlich je länger je mehr Entwicklungshilfe. Außerhalb der Grenzen des römischen Imperiums, östlich und nördlich jener Hunderte von Kilometern langen römischen Befestigung aus Palisaden und Wachtürmen, die unter dem Namen »der römische Limes« in die Geschichtsbücher einging, östlich des Rheins also und nördlich der Donau, war Barbarenland, Wald, Sumpf, Heide, kleine Bevölkerungsinseln mit urbarem Boden. Da lebten, bei ständigen Verschiebungen, kleine Völkerschaften mit ihren Häuptlingen, die man später als Stämme bezeichnete oder mit den Sammelbegriffen »Germanen«, »Slawen« und »Magyaren« bedachte. Es gab Grenzkämpfe, Einbruchsversuche und Abwehrkämpfe. Es gab erfolgreiche und vergebliche Attacken über den Limes. Es gab friedlichen Handel, meist Sklavenhandel zwischen Osteuropa und dem Mittelmeer, besonders dem östlichen, wo sich um die Hauptstadt Byzanz, auch Konstantinopel genannt, die östliche Hälfte des römischen Kaiserreiches von ehedem mit seiner Militärorganisation und Verwaltung besser erhalten hatte als im Westen, aber auch sie in steter Verteidigungsbereitschaft gegen den barbarischen Norden hier und den arabischen Süden dort.

Seit zwölfhundert Jahren formten und wirkten neue Kräfte im mittleren und westlichen Europa. Dort hatten die Menschen das Christentum von römischen, irischen, angelsächsischen Missionaren angenommen, eine Mission, die bei den Häuptlingen begann und von oben nach unten lief, wie übrigens alle Missionen in der Weltgeschichte. Besonders begabte, ehrgeizige wie brutale, listenreiche Potentaten verbanden die kleinen Herrschaftsverbände zu größeren, schufen Großreiche und unterwarfen auch das östliche Mitteleuropa dem römisch-katholischen Christentum. Die Kirche legitimierte ihre Herrschaft und unterstützte sie gegen heidnische Reaktionen. Zur selben Zeit etwa zogen auch missionierende Mönche aus dem griechisch-orthodoxen Bereich der Christenheit nach Norden und Westen und gewannen die Herrscher von Kiew und auf dem Balkan für die christliche Lehre, unter ihrem Patriarchen, der in Konstantinopel saß.

Die beiden größten kirchlichen Organisationen, die sich auf die Nachfolge Christi beriefen, mit ihren Zentren in Rom und in Konstantinopel, schickten sich an, Europa dem Christentum zu erschließen. Vor ungefähr tausend Jahren hatten sie ihr Ziel im Großen und Ganzen erreicht.

Im Jahr 1054 trennten sie sich aber aus Glaubensgründen nach längeren Diskussionen um die rechte Selbstdarstellung. Die östliche, die sich »orthodox« nannte, »rechtgläubig«, mit ihrem Patriarchen in Konstantinopel, zog andere Folgen aus der Deutung der göttlichen Dreieinigkeit als die westliche mit ihrem Papst in Rom. Ein »filioque«, bezogen auf die Schöpferkraft des Gottessohnes vor aller Zeit, trennt die beiden größten christlichen Glaubensgemeinschaften seit fast tausend Jahren.

II.

Etwa bis zu dieser Spaltung der Kirchen hatte eine bisher nicht restlos aufgeklärte Entwicklung die Barbarenwelt in West-, Mittel- und Osteuropa in Großreiche verwandelt. Das römische Vorbild, so gut oder so schlecht es auch immer überliefert war, spielte dabei im Westen eine Rolle. Im Osten verhalf die noch lebendige Wirklichkeit eines Kaisertums aus römischer Tradition in »byzantinischer« Eigenart, das heißt mit stärkerer orientalischer Tradition, zur rechten Anschauung von der Lebensart und den Ansprüchen eines Großherrschers. (Prinz 2000) Um die Jahrtausendwende hatte sich ein politisches System in der Mitte Europas stabilisiert. (Wolfram 1987) Es hatte unruhige Nachbarn abgewehrt, von ihren Räubereien abgelenkt oder vertrieben, wie die Magyaren, die Wikinger oder die Sarazenen, die Bulgaren und die Serben. Oder es hatte teilweise vor ihnen kapituliert, wie im arabisch eroberten Spanien oder im sarazenischen Sizilien.

Zur Übersicht: Das östliche Europa erstreckte sich also vom

Schwarzen Meer bis zum Weißen und verlor sich dort im Unwegsamen. Neben dem alten Zentrum Konstantinopel bildete sich mit der Christianisierung ein neues, ein mittelmeerfernes Zentrum in Kiew, und dessen Herrschaftsbereich ging als die »alte Kiewer Rus« in die Geschichte ein. Das westliche Europa dagegen, missioniert von Rom, reichte vom Ebro bis an die Ostsee, vom Mittelmeer bis an die Nordsee. Beide diese neuen nördlichen Zentren suchten Großreichsqualität und ließen doch an ihren Rändern andere Herrschaften bestehen. Das alte Rom trat in den Hintergrund, eine neue Zentrallandschaft bildete sich zwischen Rhein und Mosel.

Dabei unterschied und unterscheidet sich das westliche vom östlichen Europa fortan und bis zum heutigen Tag durch seine größere Vielfalt: Polen, Böhmen, Ungarn, Kroatien bildeten eine Zone von der Ostsee bis zur Adria, die sich dem Westen niemals politisch ohne Vorbehalte anschloss und doch im engsten Verbund mit ihm lebte. In der »Kiewer Rus« dagegen ging alle Selbständigkeit im 13. Jahrhundert im Mongolensturm unter und tauchte erst zweihundert Jahre später wieder auf.

Im Westen und in der Mitte entfalteten sich einzelne Herrschaftsgebiete mit besonderen Schicksalen und besonderen romanischen, germanischen, slawischen Idiomen. Europa wurde mehrsprachig, vornehmlich aus diesen drei Sprachgruppen. Die lateinische Kirche, die römische Tradition und die Heiraten ihrer Könige verbanden die unterschiedlichen Sprach- und Herrschaftsgebiete miteinander. Die Reformation und der neuere Nationalismus trennten sie. In Osteuropa siegte das Russische, und die orthodoxe Kirche blieb ohne die westliche Reformation ungeteilt.

Man kann sich leicht merken: Alle die »westlichen« europäischen Nationalstaaten der Gegenwart waren um die Jahrtausendwende auf der politischen Landkarte schon zu erkennen, waren scharf markiert oder zeichneten sich doch in Entstehungsprozessen ab: England, Frankreich, Deutschland, Polen, Böhmen, Ungarn, Kroatien; dazu in mehreren Abschnitten das lang gestreckte Italien, Skandinavien und an der Ostseeküste die noch nicht abgegrenzten baltischen Länder. Spanien, durchaus markant, befreite sich jahrhundertelang schrittweise von arabischer Herrschaft. Oder umgekehrt: Was um die Jahrtausendwende als Königreich konsolidiert war, hat auch die Gegenwart als Nationalstaat erreicht.

III.

Seitdem geschah Unerhörtes in Europa. Bisher war alles hier oder dort in den alten Hochkulturen der Weltgeschichte schon einmal da gewesen, schon entwickelt, schon erdacht. Aber seit der Jahrtausendwende lief die westliche Entwicklung aller bisherigen Weltgeschichte davon. Mit Verstand und System, mit Pflug und Schwert, mit Pulver und Blei, mit Feuer und Maschinen, mit Mut und Rücksichtslosigkeit entdeckten, eroberten und entwickelten die lateinischen Europäer seither die ganze Welt und machten sie in den nächsten tausend Jahren »europäisch«, nach allen Seiten und ohne große Unterschiede, sodass der Globus schier keine Himmelsrichtungen mehr kennt. Er wurde ringsum »westlich«. Das alles entfaltete sich, mit Wissen, mit Macht, mit Kriegen, mit raubenden, groben oder pflegenden und segnenden Händen: Europa!

Mit großer Wahrscheinlichkeit zeigt sich: Vom Frankenreich auf provinzialrömischem, auf keltischem Boden, von Frankreich und Westdeutschland im heutigen Verstand ging im 8. Jahrhundert ein neuer Impuls aus. Schon die Zeitgenossen haben den bedeutendsten Frankenherrscher mit dieser Einsicht bedacht und ihm deshalb den Beinamen »der Große« zugeschrieben. Denn Große sind Gründer.

Karl »der Große« hat auf Wegen, die später zu erklären sind, das römische Kaisertum durch die historisch nicht recht korrekte Vermittlung der Päpste übernommen und damit seine Herrschaft im Westen des Kontinents, im künftigen Europa, sozusagen römisch legitimiert, mit dem Abstand eines halben Jahrtausends von den letzten Römerkaisern. Seine Hofpoeten nannten ihn deshalb auch schon den »Vater Europas«, »pater Europae«.

Otto I., den Sachsenherrscher, nennen wir ebenfalls »groß«, weil er 952, anderthalb Jahrhunderte also nach dem großen Karl, das abgesunkene westfränkische Kaisertum von neuem aufgriff, auch er nach päpstlicher Krönung wie vor ihm Karl und seine Söhne und Enkel, und weil er den Kern seines Kaisertums dabei vom nordwestlichen Frankenreich nach Osten an sich zog, in das werdende Deutschland. Die Wiederholung schuf Tradition.

Diese Tradition lebte fort. Sie spricht für alle die vorangegangenen Versuche, nicht auf der Zerstörung, sondern auf römischer Legitimation und auf Nachahmung des römischen Weltreichs mit allen Unzuständigkeiten und Abweichungen, vor allem mit allgemeiner räumlicher Verschiebung nach Norden, neue Großherrschaften aufzubauen. Das von Otto I. begründete »heilige«, römisch-deutsche, später auch »Römische Reich Deutscher Nation«, hielt sich nominell bis 1806. Noch Goethe hat es erlebt.

Fast gleichzeitig griff um die Jahrtausendwende eine Neigung zu großen Beinamen auch für andere Herrscher um sich. So nannten die Chronisten nicht nur König Alfred von England, der 899 starb, sondern auch Knut II. von Dänemark, der 1016 England eroberte, die Großen. Manchmal nennt man auch König Hugo Capet einen Großen, den Grafen von Paris, der auf den Resten der westlichen Karolingerherrschaft eine neue französische Dynastie begründete, die tatsächlich mit ihren Nachfahren von 987 bis 1848 Bestand hatte.

Weiter östlich, wo der Boden niemals zum römischen Imperium gehört hatte, griff eine andere Legitimationsbasis Platz als die römische: die kirchliche. Die Kirche war bei den Slawen und Magyaren jünger als die großen Reiche, anders als im Westen. Sie hatte sich von oben her durchgesetzt und dabei zugleich die bekehrten Dynastien politisch unterstützt. Darüber wurde eine ganze Generation solcher Gründungsherrscher heilig gesprochen: Wenzel der Heilige in Böhmen, Wladimir der Heilige in Russland, Stephan der Heilige in Ungarn und, in nordischem Umfeld, Olaf der Heilige waren nicht geradewegs Zeitgenossen, aber sie hatten mit Leben und Taten alle Anteil am 10. Jahrhundert. Allerdings müsste man für die polnische Einigung noch Boleslaw Chrobry dazuzählen, dem bekanntlich Kaiser Otto III. im Jahr 1000 in Gnesen selbst einen Kronreif aufsetzte. Aber das blieb ohne Folgen für die Ehre der Altäre. Denn Chrobry, »der Kühne«, war von Heiligkeit doch etwas weit entfernt. An seiner Stelle verehrt man in Polen den heiligen Adalbert, den ersten Slawen unter der Bischofsmitra, den der unheilige Chrobry auf Preußenmission gesandt hatte. Dort kam er um. Sein sofort verbreiteter Märtyrerruhm verkündete auch das christliche Engagement der Polen.

Man kann infolgedessen, und das ist eine wahrhaft geschichtsträchtige Ausgangsstellung für unser Buch, um das Jahr 1000 von einer Konsolidierung der Großherrschaften in Europa sprechen, weitgehend befreit von der Landplage der Wikinger im Norden, der Sarazenen im Süden, der Magyaren im Osten, und mit einer Gebietsverteilung, die im Wesentlichen das gesamte kommende Jahrtausend vorwegnahm.

IV.

Große Reiche, Welteneroberer, Jenseitsreligionen und Missionseifer hatte die Weltgeschichte schon seit langem und auch außerhalb Europas gekannt. Es folgte aber noch ein weiterer, im Rückblick wichtiger Schritt: Eine wachsende Rationalisierung durchdrang alle Lebensbereiche. Sie festigte nicht nur die neuen Großreiche, sondern sie schuf auch neue technische Lebenshilfen, sie entwickelte neue gesellschaftliche Beziehungen, von denen man bisher noch nirgendwo Vergleichbares beobachten konnte, sie ermöglichte eine größere Fruchtbarkeit der winterkalten Böden, sodass die Agrarwirtschaft des Nordens mit den begünstigteren Zonen des Mittelmeerraumes fortan einigermaßen konkurrieren konnte.

Diese Intensivierung war zunächst auf die agrarische Basis gerichtet, wie in allen vorangegangenen Hochkulturen. Schon bisher hatte man am Nil wie in China, in Mittelamerika wie am Ganges Dämme gebaut, das Wasser reguliert, den Boden besonders gepflegt, terrassiert, gedüngt. Aber nun entwickelte das kontinentale Europa eine Agrartechnik, die den meist schweren und feuchten Böden mit ihren monatelangen Frostperioden entsprach und die bisher nur unvollkommen nutzbaren Bedingungen nachhaltig verbesserte; auf neue Weise die Humusbildung förderte, mit Wendepflügen die Durchlüftung förderte, durch eine wohl überlegte Dreifelderwirtschaft die Arbeitsleistung steigerte, Sümpfe entwässerte, Meeresarme eindämmte, Weidewirtschaft organisierte, neue Ackergeräte erdachte, den Einsatz von eisernem Werkzeug vermehrte und eine ungeheuere Rodeleistung mit Brand und Beil erbrachte. Mehr als die Hälfte des nordalpinen Waldbestands in den Mittelgebirgen und in den östlichen Waldregionen wurde damals gerodet, sodass wohl auch das nebelfeuchte Klima sich dadurch besserte. Die Agrarproduktion stieg auf das Mehrfache. Man brauchte nicht mehr alle Hände für Aussaat und Ernte, ein Teil der Landbevölkerung wurde von der Arbeit auf dem Feld freigesetzt.

Der Anstoß zu dieser neuen Wirtschaftsweise scheint von Nordfrankreich und von Flandern ausgegangen zu sein, wohl veranlasst, organisiert und fürs Erste auch geleitet von Mönchen. Sie griffen nach den Überflüssigen, Nachgeborenen, Landlosen, auch Nutzlosen und setzten sie zur Waldrodung an. Dafür winkte ihnen ein freieres Dasein als Preis: Aus Knechten wurden Bauern. Die Grundlage bildete ein Abkommen über feste Abgaben gegen Rodeleistung. Das waren, mündlich oder schriftlich, Ansiedlungsverträge, wie man im Rückblick sagen kann. Vertragspartner sind in einem gewissen Sinn Gleichgestellte. Die neue Wirtschaftsweise hob ihre Träger aus der unbegrenzten Bindung an ihre Herren. Arbeit und Boden wurden Vereinbarungsobjekte. Der Appell an die ökonomische Leistungsbereitschaft, an die Selbständigkeit der bisher Abhängigen war wohl ein Experiment. Seit dem 11. Jahrhundert gelang es, augenscheinlich in Nordwestfrankreich und Flandern zuerst, und pflanzte sich dann nach allen Himmelsrichtungen fort – vom alten karolingischen Herrschaftszentrum in die alten römischen Provinzen im Süden und Südwesten ebenso wie in die erst um die Jahrtausendwende konsolidierte östliche Peripherie.

Französische Historiker haben die grundstürzende Veränderung an der wirtschaftlichen Basis des Mittelalters als »agrarische Revolution« bezeichnet, ein Begriff, der in Parallele zur bekannten industriellen Revolution recht griffig ist. »Landesausbau« oder gar »Kolonisation« trifft nur den wirtschaftlichen Zusammenhang, nicht auch den gesellschaftlichen Umschwung.

V.

Städte gab es überall auf altrömischem Boden. Städte gab es auch schon in Babylon oder in Ägypten, ebenso im nordalpinen Bereich bei den Kelten wie bei den Slawen, den Wikingern, den Balten. Das waren befestigte Handels- oder Herrschaftssitze mit Handelsmöglichkeiten und der Ansiedlung von Kaufleuten und Dienstleuten. Jeder antike Bischof residierte in einer Stadt, oft aus uralter religiöser Tradition. Slawische Handelsplätze, Hafenplätze waren im Fernhandel weithin bekannt. Die neuen Städte, die sich seit der agrarischen Intensivierung vermehrten, waren den alten in mancher Hinsicht ähnlich, aber in anderer überlegen. Namentlich auf italienischem, spanischem, südfranzösischem Boden gab es unmittelbare antike Kontinuität. Dagegen brachten die jungen Städte, auf römischem Grund von neuem besiedelt, neben alten Siedlungen oder ganz auf grüner Wiese aufgebaut, neue Rechte mit in die Welt von Herren und Knechten: Bürgerfreiheit und Marktfreiheit. (Ennen 1972; Stoob 1984) Beides war an einen fest umschriebenen Platz gebunden und durch Rechtsprivilegien gesichert. Die Neuerung war in der zeitgenössischen Welt bedeutsam genug, dass man auch nach einem neuen Namen für die neuen Gebilde suchte, einem Gattungsnamen. Er wäre nicht notwendig gewesen, wenn sich die neuen Städte nicht deutlich vom Herkömmlichen abgehoben hätten, von *civitas, cuidad, cité, city.*

Der neue Name »Stadt« heißt Stätte, Platz, und bezeichnet einen bestimmten und umgrenzten Ort, wo die neue Rechtsordnung galt. Er hob die räumliche Qualität der Rechtssetzung hervor. Er zielte auf den festgelegten Freiraum, noch heute manchmal als Burgfriede bezeichnet und ausgewiesen, wo Kaufleute unter Rechtsschutz Markt halten konnten, wo die Einwohner feste Steuern zahlten und im Übrigen frei über ihren Erwerb verfügten, wo sie vererben und nach ihrer Wahl heiraten konnten, von niemandem verkauft oder zur Arbeit gezwungen wurden. Die alten Städte auf einst römischem Boden schlossen die ansässigen Adeligen ein zu einer mehr oder minder deutlichen Oberschicht. Die neuen Städte mit ihren neuen Gründungsrechten schlossen sie aus.

Bürger gegen Adel! In den Städten, alt oder neu, verbanden sich alle Einwohner zu einer Schwurgemeinschaft, genauer, alle Hausbesitzer, die sich mit »Gut und Blut« an ihren Ort gebunden wussten, als Gemeinde, *Mente, communità, community, obec*. Eine dementsprechend auch politische Kommunalbewegung erfasste vornehmlich den städtischen Mittelstand, zunächst in den etablierten italienischen Städten, danach aber auch im Norden. Sie erkämpfte oder erhielt das Recht, ihre eigene Obrigkeit zu wählen, ihre Richter, ihre Pfarrer. Sie durfte auch ihre Siedlung durch eine Mauer schützen, und sowie sie sich dahinter »bergen« konnte, wurde die Stadt zur Festung. Ihr politischer Spielraum war nicht unbegrenzt, aber im Vergleich zu vorangehenden Zeiten waren die Städte »frei«. Freiburg im Breisgau, in Süddeutschland die älteste dieser Gründungsstädte, hat dafür einen sprechenden Namen.

Nicht nur im Deutschen, auch im Polnischen, im Tschechischen wählte man die vorherrschende Bezeichnung für die Neugründungen als »Stätten«, als »Plätze«. Tschechen und Polen übersetzten das neue Wort unmittelbar in ihre Sprache mit der entsprechenden Vokabel als »město« oder »miasto«. Und um der Logik der Sprache zu ihrem Recht zu verhelfen: Das neue Wort reicht im Slawischen gerade so weit wie die neue Institution. Wo die alten Handelsplätze davon nicht berührt wurden, im Weißrussischen, Großrussischen, Ukrainischen, Serbischen, blieb es bei dem älteren Wort bis heute: Eine Stadt ist da nach dem alten Typ benannt, als Herrenburg mit nichtprivilegierter Ansiedlung, und heißt nach wie vor »burg«, das ist »grad«, »gorod«, »grod«. (Ludat 1958)

Es fällt schwer zu sagen, was an der Neuerung wichtiger war: die materielle Leistungsökonomie, die ähnlich auch bei den neuen Rodesiedlern in den Dorfgemeinden galt, oder der Aufstieg von Unfreien zu Bürgern, die mit Grundherren Verträge schlossen. Oder die wachsende Geldwirtschaft, wie sie die neuen Märkte und die neuen Bedürfnisse bei handwerklicher Spezialisierung und damit Produktionsteilung mit sich brachten. Auf jeden Fall wurde hier wahrhaftig »der Boden bereitet« für die neue Welt, für die bürgerliche Freiheit, die bürgerliche Wirtschaft, für den viel berufenen rationalen Trend in der europäischen Gesellschaft und für die künftige Macht des solcherart erworbenen Geldes, denn etwas anderes als das hatten die neuen Bürger nicht einzusetzen für die Sicherung ihrer Daseinsrechte: nicht die Macht der Schwerter, nicht uralte Herrschaftsmythen, nicht sakrales Ansehen, nicht blaues Blut.

VI.

Der Intensivierung folgte die Expansion. Sie erfasste den gesamten europäischen Westen, die lateinische Christenheit, das christliche Abendland. Die Aufeinanderfolge von Intensivierung und Expansion ist eigentlich evident, wenn man daran denkt, dass der einzige nachweisbare Fortschritt im Verlauf der menschlichen Geschichte in der Vermehrung der Bevölkerung besteht, wenn nicht Hunger, Seuchen oder die widerlichsten Lebensumstände diesen Fortschritt unterbinden. Die Freisetzung Tausender nachgeborener, nicht erbberechtigter Söhne und Töchter auf immer neues ackerbares Land oder in aufnahmebereite Städte, zu selbständiger Wirtschaftsweise, bewirkte augenscheinlich einen solchen rapiden Fortschritt. Womöglich verdoppelte sich die Bevölkerung in den betroffenen Gebieten. Nur war die Kapazität irgendwann erschöpft, und man suchte bei wachsendem Bevölkerungsdruck nach Auswegen, im wörtlichen Sinn.

Dieser Sachlage kam eine militärische Unternehmung des gesamten Abendlands besonders entgegen. Sie entstammte kirchlicher Initiative und war die Antwort auf Hilferufe aus Konstantinopel vor islamischer Bedrohung: die Kreuzzüge. Das Heilige Land, das arabische Spanien und zuletzt gar das zwar christliche, aber romferne Konstantinopel selbst waren im Lauf der folgenden zweihundert Jahre die Ziele; der Islam, die orthodoxe Christenheit, gelegentlich auch die Juden, der Feind.

Ein Kreuzzugsaufruf des Papstes, im französischen Clermont-Ferrand 1095 vorgetragen, fand unerwarteten, zunächst fast ausschließlich französischen Zuspruch. Die juristisch orientierte Kirche schuf flugs ein Kreuzfahrerrecht, so wie es ein besonderes Pilgerrecht gab, mit Immunität, Schuldenerlass und Herbergsrechten für die Kreuzfahrer, und zu Pferd und zu Fuß folgten Waffenfähige und Waffenunfähige den Kreuzfahnen. Eine Judenverfolgung in Westdeutschland war die erste Untat der verhetzten Massen, die von Nordfrankreich zu Fuß aufgebrochen waren und sich übrigens später auf dem Weg donauabwärts ins Unbekannte verloren, während die wohlhabenden Berittenen den Seeweg wählten und damit die Seestädte an der Mittelmeerküste bereicherten. Französische Neusiedler fanden Neuland in Palästina. Die Gründung neuer geistlicher Ordensgemeinschaften, Ritterorden, die zugleich Mönche und Krieger waren, offerierten eine Lebensaufgabe für überzählige adelige Söhne. Die Eroberung Konstantinopels und eine neue diplomatische Waffe in päpstlicher Hand, die Kreuzzugsdrohung, zählt zu den lang währenden Folgen. Das Heilige Land blieb nach einigem Hin und Her arabisch. Aber im Lauf von vier Jahrhunderten wurde Spanien erobert. Kreuzzüge zur Verteidigung des Abendlands gegen die Türken, bis ins 17. Jahrhundert propagiert, hatten unterschiedlichen Erfolg. Man kann jedenfalls nicht sagen, dass deswegen das mittlere Europa vor den Türken bewahrt blieb.

Auch die europäischen Königreiche expandierten. England eroberte Wales und Irland, schließlich auch Schottland, Polen nahm Galizien und Wolhynien in Beschlag und verband sich mit Litauen, Ungarn weitete sich von Siebenbürgen über die Karpaten bis an die östliche Moldau, gliederte sich Kroatien an und dehnte sich bis an die Save. Der deutsche Ritterorden eroberte Ostpreußen und die Ostseeküste bis an die Düna. Schweden setzte den Fuß nach Finnland. Die Katalanen, seebeherrschend im westlichen Mittelmeer, eroberten Stützpunkte in Nordafrika. Deutschland vollendete mit einem nicht von allen gutgeheißenen »Wendenkreuzzug« im 12. Jahrhundert die Integration der Slawen zwischen Elbe und Oder. Englische Siedler zogen nicht nur nach Wales, sondern auch nach Irland, Franzosen über die Pyrenäen,

Piemontesen und Savoyarden siedelten in den trockengelegten Ponie-derungen. Sachsen, Franken, Schwaben, Bayern zogen ostwärts, nach Böhmen, Mähren, Polen, Siebenbürgen. In Deutschland verfolgte Ju-den vollendeten die so genannte deutsche Ostwanderung in Litauen und Galizien.

VII.

Wenn die mittelalterlichen Jahrhunderte je Anlass gaben zu der ver-breiteten Fama von einer »heilen Welt«, dann waren es jene Zeiten von Intensivierung und Expansion, die den Stoff dafür lieferten. Rodeland im Innern wie an den meisten Außengrenzen schuf, wie Jahrhunderte später in Nordamerika, für Siedler »unbegrenzte Möglichkeiten«. Zu-zug in die Städte war generationenlang erwünscht, Mobilität war den einst an den Boden gebundenen Hörigen weithin erlaubt. Auch »arme Ritter« fanden ihr Auskommen bei Johannitern, Templern, Deutsch-herren oder als Amtleute in Neusiedelgebieten, wenn nicht als Pferde besitzende Krieger im unruhigen Spanien, als *caballeros*.

Die Kirche war imstande, den Armutsprotest in neuen Orden auf-zufangen, und die Gesellschaft vermochte diese »Bettelorden« tatsäch-lich um Gotteslohn zu ernähren. Die zweiten, dritten Söhne und Töch-ter adeliger Eliten traten in den Dienst der Kirche als Mönchsritter, als Bettelmönche oder auch als Nonnen in der Armenpflege. Hoch gestell-te Damen widmeten sich den Elenden und rührten damit viele Herzen: so die ungarische Königstocher Elisabeth in Thüringen oder die fran-zösische Prinzessin Mathilde als Äbtissin des riesigen Doppelklosters zur Armenpflege Fontevrault, die böhmische Prinzessin Agnes von Böhmen, Gründerin eines Krankenpflegeordens in Prag, ihre Schwes-ter Wilhelmine, Mittelpunkt eines apokalyptischen Kreises in Mai-land, oder die Prinzessin Hedwig in Schlesien, alle im Dienst der Ärms-ten, der Hoffnungslosen. Da, wo die Kinder der Höchsten bereit sind, das Elend der Welt mit den Leidenden zu teilen, da fügt sich eine Ge-sellschaftsordnung zu besonderer Festigkeit. Ein solcher Armendienst ist ein auffälliges Signum des 13. Jahrhunderts in der westlichen Chris-tenheit.

Dazu trat auch noch das Votum der Philosophen. Niemals zuvor und niemals nachher sahen die »Freunde der Weisheit« übereinstim-mend, etwa an den hohen Schulen von Paris, in Oxford wie auch in

Köln, die Welt so sehr als ein von Gott geordnetes und von Päpsten, Kaisern und Königen geleitetes Ganzes wie in den »Summen« des Albertus Magnus und des Thomas von Aquin.

VIII.

Die Einheit zerbrach zwei, drei Generationen später. Die mittelalterliche Gesellschaft geriet in eine gefährliche Richtungskrise. Die Agrarreserven für den inneren Landesausbau waren erschöpft, namentlich im westlichen Europa. Die fiktive Einheit der höchsten politischen Repräsentanten hatte sich seit einer erbitterten Auseinandersetzung zwischen Kaiser und Papst, aber auch Papst und Königen in Frankreich und England, beendet mit dem »Staufersturz« um die Mitte des 13. Jahrhunderts, als unhaltbar erwiesen, bei Unfähigkeit der geistlichen wie der weltlichen Machthaber, die Machtansprüche zwischen Geistlich und Weltlich auszugleichen. Die Zwietracht gipfelte in den unerhörten Appellen des Papstes Bonifaz VIII. um 1300 auf geistlichen Vorrang und päpstliche Leitung aller weltlichen Ordnung und in der Lektion von 1303, die ihm daraufhin König Philipp IV. von Frankreich durch einen Stoßtrupp erteilen ließ: Ohne Kaiser war der Papst schutzlos.

Laienprotest gegen die unglaubhafte, die reiche Kirche entwickelte sich im Untergrund, und die Kirche wehrte sich mit Hilfe einer unerhörten Einrichtung, die ihrer Mission geradewegs widersprach, mit Gewalt und mit einer Geheimpolizei bei allen üblen Praktiken, in der »Inquisition« gegen Ketzer. (Lea 1997) Der erste Papst, der die große Schuld der römisch-katholischen Kirche in dem ganzen Zusammenhang ihrer jahrhundertelangen ideellen Gewaltherrschaft umschrieb, war erst in unserer Zeit Johannes XXIII. Innerkirchliche »Selbstreinigungen« und die Verfolgung bibelchristlicher, ehrsamer Laiengemeinschaften machten die Inquisition des Spätmittelalters zur Geißel der Christenheit.

Überdies kam es seit dem 15. Jahrhundert, zunächst in den romanischen, dann in den germanischen Ländern, kaum je oder nur spät in den slawischen Königreichen, zu Hexenverfolgungen, die sich als übles Erbe auch in der Reformation behaupteten und sogar auf die neuen Religionsgemeinschaften übersprangen, die seit dem 17. Jahrhundert Zuflucht jenseits des Ozeans in der Neuen Welt gesucht hatten.

Als eine zusätzliche Belastung ging seit 1347 die Pest in mehreren

Seuchenzügen durch Europa. Nach Schätzungen soll ihr ein Drittel, in England gar zwei Drittel der Bevölkerung zum Opfer gefallen sein. Dazu trat in Mitteleuropa eine weitere Katastrophe: der große Judenmord. Seit langem verborgener Hass beschuldigte die Juden, sie hätten die Pest durch Brunnenvergiftung verursacht. In Savoyen gab es dementsprechende Foltergeständnisse. Und so lief vor der Seuchenwelle eine Verfolgungswelle gegen die jüdischen Gemeinden, in Südostfrankreich, in der Schweiz, in Deutschland. Zwei Drittel der mehrhundertjährigen kleinen und großen deutschen Judengemeinden gingen unter, in die Tausende geht die Zahl der Erschlagenen, Verbrannten. Das deutsche Judentum hatte im Lauf der Jahrhunderte in Deutschland enge Beziehungen zu seiner Umwelt entwickelt und daraus auch seine Sprache geschöpft, das Jiddische. Anders als in Frankreich oder England war dabei eine enge Verbindung mit der Sprache der deutschen Umgebung entstanden, mit Beimischung des Hebräischen und auch mit dem Beitrag deutscher Dialekte. Diese Sprache nahmen die vor dem Judenhass Flüchtenden mit und bewahrten sie im östlichen Europa bis zur großen Katastrophe des Judentums in unserer Zeit. Vielleicht ist das Jiddische dennoch nicht untergegangen, denn seine Sprache ist in Deutschland manchmal noch heute zu hören. (Stockstaedt 2000; Herzig 1997, 51; Toch 2001)

Es mag sein, dass die allgemeine Todesangst andere Krisenphänomene dämpfte. Auch verliefen die Krisenwellen nicht gleichförmig in Europa. Frankreich und England lagen bereits in einem »Hundertjährigen Krieg«, während beispielsweise das Königreich Böhmen noch ein goldenes Zeitalter erlebte – um erst Jahrzehnte später in den Strudel der Hussitischen Revolution zu geraten. Jedenfalls ist die Lage missverstanden, wenn man, wie im Alltag oft, »Krise« als »Niedergang« deutet. Krise ist Wendezeit, Entscheidungsphase, vielleicht Neuaufbruch und Umkehr, Instabilität, aber nicht notwendig Verfall. (Seibt/Eberhard 1984, 1987)

Die Krise zeigte sich im mentalen Bereich als Autoritätsverlust, als Glaubenskrise, auch als politische Opposition von Städten gegen Hochadel und Monarchie mit revolutionären Konsequenzen. Die Kirche, im Streit um rechtmäßige Papsterhebungen von 1378 bis 1415 zwei-, dann sogar dreigeteilt, suchte auf dem Weg über allgemeine Konzilien die Misere zu lösen, und so traten von 1408 bis 1432 vier solcher allgemeiner Kirchenversammlungen zusammen: Bischöfe gegen den Papst, gleichsam Parlament gegen Monarchie. Aber die Reformwirkung dieser Konzilien war begrenzt. Allerdings war das Papsttum wiederholt in engere Bedrohung seiner Institution durch geradewegs revolutionäre Reformpläne dieser Bischofsversammlungen geraten. Das Papsttum war danach aber durch Betonung monarchischer Prinzipien imstande, seine Position zu reformieren. Diese theologisch unterbaute Betonung monarchischer Macht wies dann auch im weltlichen Bereich den Weg zu einer effektiven Reorganisation der politischen Ordnung. (Black 1970)

IX.

Die große Erneuerung der Monarchie griff seit 1475 um sich, mit Erscheinungen, die wieder der europäische Überblick am besten zeigt. England und Frankreich beendeten damals mit einem bislang noch zu wenig beachteten Friedensvertrag in Picquigny, dem die meisten europäischen Potentaten beitraten, auch der Kaiser, ihren mehr als hundertjährigen Krieg. Allein das schon bedeutete eine Neuerung, vielleicht sogar eine Epoche in der Geschichte der Diplomatie. Aber auch die Sache selbst brachte einen neuen Zug in die europäische Politik. Aus der historischen Distanz handelte es sich nämlich um eine beinahe »ewige Feindschaft« zwischen England und Frankreich seit der Eroberung Englands durch die französischen Normannen 1066, also eigentlich um einen rund dreihundertjährigen Krieg. Denn eine so lange Zeit standen Frankreich und England einander feindselig gegenüber. Es gab, in Zahlen gefasst, in Wahrheit nacheinander zwei hundertjährige Kriege, die beide immer wieder den westlichen Teil Frankreichs, nicht nur die Normandie, sondern auch Anjou und das Herzogtum Guyenne, unter englische Herrschaft gebracht hatten. Der englische König schwor nun aber zu Picquigny 1475, nie wieder mit Truppen den Boden Frankreichs zu betreten, und er hat diesen Eid auch fast buchstäblich eingehalten bis ins 18. Jahrhundert. England ging fortan eigene Wege, getrennt vom *continent*, eine Distanzierung, die noch heute geläufig ist und eigentlich in Picquigny begann.

Am anderen Ende Europas kam zur selben Zeit eine neue Macht ins Spiel, die russische. Denn just zur gleichen Zeit befreiten sich die Russen vom Tatarenjoch, das seit mehr als zweihundert Jahren mit den Methoden einer nomadischen Oberherrschaft Russlands Fürsten unterworfen, seine Bauern geplagt, Land und Leuten den Stempel einer fremden Gesellschaftsordnung aufgedrückt hatte. Der Moskauer Großfürst Iwan III., »der Große«, begann, »die russische Erde zu sammeln«. Einer der einträglichsten Erfolge dieser Sammlung war 1478 die Eroberung der reichen Handelsstadt Nowgorod. 1480 nahmen die Tataren eine Schlacht mit den Russen nicht an und zogen sich gegen die Krim zurück.

1453 eroberten die Türken Konstantinopel und die nördliche Küste des Schwarzen Meeres. Nun trat Moskau das Erbe von Kiew und zugleich das Erbe von Konstantinopel an und sah sich fortan als »das Dritte Rom«. Das galt auch im kirchlichen Bereich. Denn 1453 hatten die Türken nicht nur die oströmische Dynastie ausgelöscht, sondern auch das Patriarchat des »Zweiten Roms« des Kaisers Konstantin in der östlichen Christenheit vernichtet. Es war nur konsequent, dass es bei den nun vom Schicksal begünstigten Russen als »Drittes Rom« wieder auferstand, gestärkt durch die Heirat mit einer byzantinischen Prinzessin, und deshalb auch mit einem neuen Kaiser, dem Zaren, gleichermaßen von »Cäsar« herzuleiten und gleichermaßen mit dem Anspruch auf virtuelle Weltherrschaft; deshalb schließlich auch gleichermaßen mit dem Doppeladler ausgezeichnet.

Auch weiter westlich gedieh ein Zug ins Große in der monarchischen Ordnung. Das Großreich von Polen-Litauen, ausgedehnt von der Ostsee fast bis zum Schwarzen Meer, arrangierte sich 1472 mit dem König von Ungarn und der Osthälfte des Königreichs Böhmen, um den Ungarnkönig zu beerben. Daraus entstand unter der jagiellonischen Dynastie um 1500 das größte, wenn auch dünn besiedelte Herrschaftsgebiet Europas. Zur selben Zeit folgte im Westen der bedeutendste dynastische Erbgang, den Europa kennt: 1477 erbte der Habsburger Maximilian durch Heirat das Fürstentum Burgund, reich und wohl geordnet, und behauptete davon zumindest den größten Teil. 1502 fiel seinem Sohn auch noch Spanien zu, das seit einer Fürstenhochzeit zwischen Kastilien und Aragon 1468 zu einem Königreich vereinigt worden war. 1516 erbte der Enkel aus dieser Verbindung schließlich die gesamte Masse, das burgundische, das spanische, das innerdeutsche Habsburgerreich und errang durch Fürstenwahl auch noch 1519 die römisch-deutsche Krone. Der damit mächtigste unter den zeitgenössischen Monarchen hieß Karl V. (Seibt 1998) Sein Bruder Ferdinand wurde 1526 König von Ungarn und Böhmen und dreißig Jahre später sein Nachfolger als Kaiser. Die europäische Landkarte hatte durch alle diese grundstürzenden Verschiebungen der Herrschaftsverhältnisse eine vorher unbekannte Großzügigkeit gewonnen. Es gab nur mehr fünf mächtige Dynastien auf den europäischen Thronen.

Diese Veränderungen beendeten in Wahrheit die mittelalterliche Politik, und man muss sie vor Augen haben, um die besondere Betonung oberflächlicher Stereotypen für den Beginn der Neuzeit zurückzudrängen, die gleichwohl mitwirkten: Die Spaltung Europas in der Reformation, die Entdeckung Amerikas, dazu die Fülle technischer Erfindungen, die im Buchdruck die wichtigste gesellschaftliche Wirkung erreichten. Überdies all die mechanischen »Künste«, aufgebaut auf eine ausgeklügelte Übertragungstechnik der Energie von Wasser und Wind durch Zahnräder, Schneckengänge und Nockenwellen. Auch in den neuen großen »Werkstätten« der Renaissance, nicht nur in den Kabinetten, Studierstuben und auf den Kanzeln, gingen die Veränderungen ihren Weg.

Dazu trat ein permanenter Aggressor, den das mittelalterliche Europa nicht gekannt hatte: die Türken. Mitte des 16. Jahrhunderts hatten sie den größten Teil Ungarns und des Balkans erobert und wurden zum Symbol antichristlicher Schreckensherrschaft. Die Türkenabwehr wurde für das habsburgische Deutschland wie für Polen bis ins 18. Jahrhundert zur Staatsidee, die Türken für die gesamte Christenheit, vor allem für die unmittelbare Nachbarschaft, zur allgegenwärtigen apokalyptischen Gefahr.

Ein Stück Angst begleitete die Geschichte Europas wohl immer, lange vor den viel berufenen Ängsten der Gegenwart. (Delumeau 1989)

X.

Nicht nur in der neuen politischen Geographie, sondern auch im politischen Selbstverständnis bedeutete das alles Veränderung. Es verhieß den Untergang der überlieferten Vertrauensbasis jeder Form von Herrschaft, von Treu und Glauben in wechselweiser Versicherung. Der Übergang zu offen ausgesprochenen Machtansprüchen, im Sinne der so genannten Staatsräson, zum Nutzen einzelner Herrschaftsgebilde, bahnte sich an. Ähnlich, in perspektivischer Verkleinerung freilich, löste sich auch der Einzelne zugunsten ökonomischer Vorteile von dem alten Grundgesetz aller Gemeindepolitik: »Gemeinnutz geht vor Eigennutz«. Die Reformation mit ihrer Gnadenauswahl der Ge-

rechten anstelle der Leistungsprinzipien des alten Frömmigkeitsver-
ständnisses aus Gebet, Almosen und Askese propagierte ein profanes
Weltverhalten als einen Wert für sich. Der »Geist des Kapitalismus«
ebnete diesen Weg und veränderte das moralische Verhalten im selben
Sinn.

Utopischer Republikanismus, wie ihn der englische Lordkanzler
Thomas Morus für einen Humanistenkreis skizzierte, und politischer
Pragmatismus, wie ihn in entgrenzender Absicht der florentinische
Staatskanzler Nicolò Machiavelli zu Papier brachte, kennzeichnen die
moralische Ambivalenz der politischen Veränderungen von Welt und
Mensch. Beide schrieben ihre Entwürfe fast gleichzeitig um 1515.
(Seibt 2001)

Die Städte waren der politischen Potenz von Fürsten und Königen
unterlegen, soweit sie nicht selber Territorialherrschaft entwickelten.
Das gelang nur wenigen: den Venezianern seit je, den Schweizern seit
ihrer Eidgenossenschaft unter der Führung der alten Reichsstadt Bern,
den Niederländern seit ihrer revolutionären Erhebung gegen den König von Spanien 1578 und ihrem gedanklichen Sieg über die alte Ordnung durch einen republikanischen Zusammenschluss von Städten
und Adel ohne König, also ohne die herkömmliche royalistische Legitimation von Souveränität, als Herrschaft der allgemeinen Ständeversammlung, »Generalstaaten«. Die Monarchie erschien seitdem nicht
mehr unentbehrlich.

Bei alldem legte der italienische Humanismus zugleich mit dem in
Italien zuerst, dann aber auch in den Niederlanden wie in England
besonders gepflegten Naturrecht Hand an die monarchische Ordnung
von Gottes Gnaden. Der Ursprung von Spekulationen über eine »natürliche«, nicht in der kirchlichen Lehre, sondern in einer vernunftge-
rechten Ordnung der Dinge begründeten Rechtsordnung ist nicht zu
bestimmen. Er lässt sich schon aus dem kontinuierlich gepflegten römischen Recht herleiten und wurde besonders in Frankreich um 1300
gelegentlich zur politischen Waffe. Die Überlegungen zu einer solchen
allgemein anzuerkennenden Rechtsordnung ohne die christlichen Privilegien, nicht wegen des gemeinsamen Christenglaubens, sondern
wegen der gemeinsamen humanistischen Vorstellung vom überlegenen Rang des vernünftigen Rechtsdenkens, hatte mehr oder minder
die Zuwendung zur antiken Literatur und Philosophie schon seit Pet-
rarcas Zeiten im 14. Jahrhundert bewegt und allmählich breiten
Raum im gebildeten Leben gewonnen. Zuletzt fand er auch Aufnah-

me an Universitäten. Vorlesungen über Latein und Griechisch und antike Poesie ersetzten die mittelalterlichen »sieben freien Künste«, lateinische Poesie und griechische Sprache wurden zum Lehrfach, und die griechisch-römische Götterwelt bewegte die Bildkraft von biblischen zu antiken Themen auch in der Kunst. Eine umfassende Latinisierung des Bildungswissens machte die Jurisprudenz in römischer Variante zur Orientierungswissenschaft. Die Universität Basel entstand aus der akademischen Diskussion der vornehmlich juristisch gebildeten Teilnehmer des hier mehr als zehn Jahre tagenden Reformkonzils 1458.

XI.

Also nicht allein Luther und nicht Kolumbus; nicht Galilei, nicht Kopernikus: Die neue Welt, die neue Zeit begann auf vielen Feldern. Die Kirche, seit dem Konzil von Trient (1545 bis 1564) gespalten, verlor zugleich mit ihrer Einzigartigkeit an Ansehen. Der Laie konnte den Theologenstreit weder begreifen noch gar bestätigen oder ablehnen, aber dass mehrere Wahrheiten die einzige Wahrheit infrage stellten, das verstand er wohl. Der Augsburger Religionsfrieden von 1555, den Karl V., der Kaiser, nicht unterschreiben wollte und weshalb er als Einziger in der langen Reihe der römisch-deutschen Regenten resignierte (Seibt 1998), bestätigte die Neuerung: In Glaubensdingen sollte sich ein jeder Untertan an seinen Fürsten halten. Nur den Bürgern der deutschen Reichsstädte war Toleranz gewährt. Die deutschen Reichsfürsten, Kaiser, König, Kurfürsten, Herzöge, Reichsgrafen, hatten persönliche Glaubens- und Gewissensfreiheit und übten untereinander allgemeine Duldung der drei Konfessionen, der Katholiken, Lutheraner, Calvinisten. Ihre Untertanen mussten sich nach ihnen richten.

»Wess' das Regiment, dess' die Religion«, sagte man später von der Augsburger Kompromissformel und hielt sie meist für ein Unheil. Denn sie legte alles in die Hände ebendieser Fürsten. Sie ließ dem gemeinen Mann keine Wahl und stürzte überdies oft die neuerungsgesinnten kleineren und größeren Herren, und nicht selten auch ihre Frauen, aus dynastischen Gründen in Skrupel. Aber dieses Urteil ist im europäischen Überblick recht einseitig. Denn gerade die Übereinkunft von Augsburg 1555 hat Deutschland für 65 Jahre vor einem Konfessionskrieg bewahrt, der währenddem Frankreich heimsuchte, England wiederholt in Verfolgungswellen stürzte, in Spanien lange Zeit die Scheiterhaufen der Inquisition brennen ließ und in Polen zweimaligen Konfessionswechsel auslöste. Mehr noch: Unter dem Schutz der Augsburger Kompromissformel, vergleicht man die letzten tausend Jahre, gab es buchstäblich bis heute die längste Friedenszeit in der deutschen Geschichte.

Um 1600 waren dann schließlich überall in Europa die konfessionellen Fronten fest geworden. Die 52 deutschen Reichsstädte ausgenommen, lief eine Konfessionsgrenze quer durch den alten Kontinent. In einer raschen Skizze darf man sagen: Nördlich dieser Grenze die Reformierten jeder Art, Lutheraner, Calvinisten oder Anglikaner, südlich davon die Katholiken. Beide entwickelten eine bemerkenswerte geistige und ästhetische Kultur, auch das als kurze Aussage. Gemeindechristen, Wiedertäufer, Mennoniten, die außerhalb der obrigkeitlich lizenzierten Kirchen zusammengefunden hatten und sich in ihrem Kreis, meist auf Handwerkerebene, selbst geistlich zu verwalten suchten, wurden von allen Seiten grausam verfolgt, in Deutschland nach einem allerseits akzeptierten Reichsgesetz meist mit dem Feuertod, wenn sie nicht widerriefen.

Meist blieben aber die Kirchen im Dorf. Die »Sektierer« waren eine verschwindende Minderheit und hielten sich im Untergrund. Die Kirchen vermittelten in ihrem Äußeren eine neue Frömmigkeit, prägten ein neues Weltverhalten und wurden dadurch geprägt. Eine neue Katechese förderte überall die Alphabetisierung, oft besonders unter Frauen. Kirchenbänke, im Mittelalter unbekannt, regten das Zuhören an. Es wurde viel gepredigt in jeder Konfession. Im Norden vertiefte dies unter Gebildeten einen protestantischen Individualismus, Historismus, bibelgestützt und personenbetont, zu erkennen auch an den Fassaden mit ihren Figurenreihen an neuen Rathäusern, an den Palais, an wenigen neuen Bethäusern, in wohl abgemessenem antikisierenden Stil, oft auch als Manierismus bezeichnet.

Die große Kunst des protestantischen Nordens galt der Musik. Die große Neigung der Gebildeten richtete sich auf die alte Geschichte und auf ein neues Rechtsverständnis, auf spekulativen, naturrechtlichen Grundlagen. Die Bildung der Zeit ließ sich noch immer in einem einzigen großen Bücherschrank unterbringen. Naturwissenschaft war darunter noch kaum zu finden, allenfalls Astronomie von Kopernikus und Kepler.

Die Südhälfte Europas, und Süddeutschland zählte dazu, erlebte die

hohen Wellen einer starken ästhetischen Emotion im Barock, das heißt
etwa »unregelmäßig«, »schief« oder vielleicht »schwungvoll«. Barocke Fassaden, Gewölbe, bunter Stuck für alle Wände, Theaterarrangements für kirchliche Innenräume, Schlösser, Stadtpalais, Gärten überzogen als letzte große Epoche aristokratischer Baukultur Spanien,
Frankreich, Italien, Süddeutschland, Österreich, Böhmen und Polen.
Sie spülten nur selten über Konfessionsgrenzen. Viel häufiger schmolzen sie ältere Bauformen ein. Sie hoben Klerus und Adel, Religion und
Monarchie und vor allem alte und neue Heilige in ihrer Ikonologie hervor, zur Festigung einer neuen Symbiose aus Religion und Herrschaftstreue. Überdies brachte die Predigtarbeit aller Konfessionen ein neues,
gereinigtes Verhältnis zur Volkssprache. Diesem Bemühen galt auch
die Gründung der berühmten Académie française, galten die Sprachgesellschaften der deutschen Literaten, die Apologie der slawischen
Sprache durch den tschechischen Jesuiten Balbín, die Sprachpflege der
Oxforder Universität, die niederländischen Rederijkers, die deutschen
Meistersinger.

Abseits blieben kleine Gruppen religiös gebildeter Intellektueller, in
kirchlichen Ämtern oder als Professoren, Prediger oder Publizisten. Sie
suchten nach einer neuen religiösen Deutung und vertrauten dabei auf
die Weltenharmonie mehr als auf die Theologie, recht kritisch gegen
Papst und Rom. Versöhnung sozusagen oberhalb des Theologenstreits.
Diese »Pansophen« wurden von allen Seiten verketzert und hatten
kaum eine Heimat in der politischen Landschaft, am ehesten noch in
der Schweiz und in den Niederlanden.

XII.

Weil nun aber einerseits Religion und Monarchie verbunden blieben
im Großen und Ganzen wie seit eh und je, oder weil sich andererseits
auch Konfession und adeliger Widerstand gegen König oder Fürsten
zusammenfügten; weil die Niederländer eine protestantische Revolution machten und die calvinistischen Hugenotten in Frankreich rebellierten, die Puritaner in England, die Zwinglianer in der Schweiz, und
weil auch zuletzt die protestantischen Barone jeder Richtung in Böhmen zwei ihrer katholischen, habsburgischen Statthalter aus dem
Fenster warfen, weil die schlesischen und die österreichischen Adeligen sich ihnen anschlossen und die polnischen dem König kaum

mehr Macht in ihrem Reichstag gönnten, war hier Zündstoff ange-
häuft unter konfessionellen Vorzeichen. In der Mitte, in Böhmen,
kam es 1618 zur Explosion, das Feuer griff nach Deutschland über
und brannte im Dreißigjährigen Krieg bis zur Erschöpfung aller Kontrahenten.

Entfernt auf der englischen Insel bildete sich besonders eine agile
neue humanistische Intellektualität und fand keinen Zugang mehr zum
Mönchsleben in den seit 1539 aufgehobenen Klöstern. Intellektuelle
Moden griffen hier rascher um sich als auf dem Kontinent, wie die
Melancholie als Lähmung intellektueller Karrieren oder als Reifezu-
stand genialischer Schöpferkraft. (Sillem 2001) Auch aus naturrecht-
licher und nicht mehr allein aus religiöser Rechtfertigung rollte währenddem seit 1640 die erste englische Revolution über die historische
Bühne, die 1649 zum ersten Mal einen König aufs Schafott brachte,
einhundertfünfzig Jahre vor der Guillotine in Paris. 1648 schlossen die
festländischen Kontrahenten den großen Westfälischen Frieden. 1649
erklärte sich England nach der Hinrichtung König Karls I. zum »Commonwealth« oder, in lateinischer Variante, zur »Republik«.

Wer blieb Sieger? In England ebenjenes »Commonwealth«, das Gemeinwesen, das nach einer Phase republikanischer Diktatur den Weg
zu seiner berühmten parlamentarischen Monarchie fand, mit seinem
House of Lords und dem House of Commons, mit hohem und niederem Adel und Städten also, mit den Mitgliedern eines Oberhauses
durch Geburt und eines Unterhauses durch Wahl, mit einem nach der
Mehrheit im Unterhaus regierenden »Prime Minister« und einer dieses Gemeinwesen legalisierenden und repräsentierenden Dynastie. Die
Engländer nannten diese Entwicklung, zu der sie nach mehr als vierzig
Revolutionsjahren 1688 sich schließlich verstanden, eine Glorious Revolution, siegreich für alle.

Auf dem Kontinent dagegen muss man nach den Verlierern fragen.
Das war in Wahrheit nicht so sehr die viel beklagte desolate deutsche
Staatlichkeit mit Fürsten, die nicht mehr dem Kaiser Gefolgschaft
schuldig waren, sondern seither selber »Außenpolitik« treiben konnten. Ihre politische Ethik band sie nur mehr unklar an Kaiser und
Reich, das durch die Bestimmungen des Friedenswerkes von Münster
und Osnabrück eher ein Traditionsverband von 296 Souveränitäten
geworden war als ein von erkennbarem politischem Willen bestimmter Staat; aus dessen Verband die Schweiz und die niederländischen
»Generalstaaten« nun auch völkerrechtlich gültig entlassen wurden;

dessen Hoheitsrechte in einem unüberschaubaren Gewirr mit Landes-
rechten konkurrierten, besonders in Franken und im Elsass.

Verlierer waren vielmehr die Bauern und Bürger im verwüsteten
Mitteleuropa. Nur hatten die Bauern seit je kaum eine Stimme im
Chor der Politik. Merklicher für die politische Zukunft war der tiefe
Sturz des Bürgertums in der nationalen Gesellschaft. Das deutsche
Bürgertum hat den Dreißigjährigen Krieg bezahlt; die Bauern waren
ruiniert, die Städte nicht selten in Trümmern, und vor allem war der
bürgerliche Wohlstand aufgebraucht, der Handel eingefroren, selbst
der Atlantikhandel angeschlagen, der Weg nach Übersee versperrt und
Deutschland ganz den Möglichkeiten seiner Fürsten ausgeliefert, den
einfallsreichen wie den selbstgefälligen und faulen.

Der Westfälische Friede war aber andererseits auch ein europäischer
Vertrag zur kollektiven Sicherheit für die Großen und die Kleinen unter Fürsten, Städten, für die fast 1800 kleinen und kleinsten Reichster-
ritorien. Er setzte insofern eine Tradition fort, die mit dem Vertrag von
Picquigny 1475 begonnen hatte, und ließ ein Bewusstsein von Rechts-
sicherheit gegenüber der Macht entstehen, er weckte in Deutschland
sogar einen gewissen Verfassungspatriotismus, sodass man ihn in unserer Zeit auch als Modell europäischen Zusammenlebens hervorhebt.
(Wagner 1968, 12) Freilich wurde dieses Modell auf dem seit 1663
Immerwährenden Reichstag in Regensburg, neben dem Reichskam-
mergericht und dem Reichshofgericht sozusagen die einzigen Institutionen des Reiches, nur halbherzig umgesetzt.

Das Gegenmodell war prinzipiell der staatliche Zentralismus, in den
europäischen Monarchien praktiziert und ebenso bei den potenteren
deutschen Landesfürsten innerhalb ihrer Grenzen. Jetzt geriet der Zug
ins Große der europäischen Monarchien aus dem 16. Jahrhundert zum
Streit um die Vormacht, in dem zuerst die beiden Sieger des langen
Krieges, Frankreich und Schweden, das Heft in der Hand hatten, bis
allein die Hegemonialpolitik Frankreichs triumphierte. Sie brach 1715
mit dem Tod Ludwigs des XIV. zusammen und wich einer allgemeinen
Gleichgewichtspolitik, die auch das kolonialpolitisch inzwischen erfolgreichste England wieder ins Kalkül zog.

XIII.

Das ausgewogene Gebäude drohte an einem neuen Vorstoß der osmanischen Macht zu scheitern. 1683 wurde Wien von den Türken belagert. Das weckte noch einmal Kreuzzugsstimmung im Adel Europas, gleich welcher Nationalität, unter polnischer Führung. Es gelang die Abwehr des Angriffs und danach ein ständiges Zurückdrängen der Türken bis zum Sieg von Passarowitz 1718. In der langen militärischen Aktionskette wurde Österreich-Ungarn erst eigentlich geboren und fand zu seiner Staatsidee als »Schutzmacht der Christenheit« bis ins 20. Jahrhundert.

Nach den Zerstörungen durch den Dreißigjährigen Krieg und den Türken-Kriegen fehlte es den deutschen Fürsten an Kapital. Man besann sich auf Kredite und Sondersteuern. Helfen konnten hier am ehesten die Juden mit ihren Konnektionen im europaweiten Geldgeschäft. Im westlichen Mitteleuropa wohl nicht schon seit der Spätantike, sondern erst seit karolingischen Zeiten nachweisbar (Toch 2001), wurden sie nach wechselvoller Geschichte nun mehrfach als »Hofjuden« an Fürstenhöfe berufen, allgemein als Krediteure geschätzt, wenn auch mit Schutzgeldern belastet, und boten überdies Gelegenheit zu Sonderbesteuerungen. Sie selber sahen, wie seit Jahrhunderten schon, über Geldgewinn einen wenn auch riskanten Weg zu Aufstieg und gesellschaftlicher Anerkennung. Ein bürgerlicher Weg, der einzige, der ihnen blieb, weil sie weder Bauern sein noch Adelige werden durften. Seit dem Spätmittelalter auf kirchliche Anordnung in Ghettos eingesperrt, in Frankfurt, Prag, in Hamburg oder Wien, führte einige Familien über das Geldwesen auch der Weg weit nach oben, und die Frankfurter Rothschilds oder den Prager Jakub Bassevi von Treuenfels gar zum Adel. Die Hamburger Judenschaft, um 1800 die größte Gemeinde in Deutschland mit sechstausend Mitgliedern, brachte dem Hamburger Wirtschaftsleben Vorteile genug, um vor kirchlichen Feindseligkeiten geschützt zu sein. Bürgerrechte in der Hansestadt fanden sie aber nicht. (Herzig 2000, 123) Der Münchner Bankier Seligmann, Freiherr von Eichthal, Begründer der Bayerischen Hypothekenbank, wurde dagegen um diese Zeit völlig in die Gesellschaft aufgenommen, allerdings als Konvertit.

Andere Hof- und Finanzjuden und besonders viele kleine Landhändler und Pfandleiher fanden in dieser Zeit zu einem zumindest geduldeten Dasein, wenn auch bei stetem Druck von unterschiedlichen Sondersteuern in den einzelnen deutschen Landesstaaten. Der Große Kurfürst erließ 1671, nicht aus Philanthropie, sondern im Hinblick auf ihre Finanzkraft, eine »Magna charta« für Brandenburger Juden, ein allgemeines Duldungsgesetz, und erlaubte jüdischen Zuzug aus Hamburg, aus Polen und namentlich aus dem Rheinland. Das bedeutendste Toleranzedikt aber erließ für Österreich Kaiser Joseph II. 1781 ohne Rücksicht auf den wirtschaftlichen Nutzen. Es milderte die Benachteiligung von Juden in der Öffentlichkeit, zielte auf prinzipielle bürgerliche Gleichstellung und eröffnete den Besuch christlicher Schulen, damit den Zugang zur christlichen Bildungswelt und zu intellektuellen Karrieren, freilich auch zu Assimilation und Verlust jüdischer Religiosität.

XIV.

Die politische Zukunft gehörte noch immer vorwiegend den monarchischen Strukturen, jetzt allerdings besonders ihrem Zentralismus. »Die Monarchie ist unteilbar wie ein Punkt«, sagte Bossuet in Frankreich um 1700, und »der Monarch ist der erste Diener seines Staates«, fügte man eine Generation später im »aufgeklärten Absolutismus« in Wien wie in Potsdam hinzu. Das war die Absage an das alte Regiment aus Königtum, Klerus und privilegiertem hohen und niederen Adel, den so genannten »Ständen«. Dieses neue »absolute« Regiment sollte den Einfluss des gesamten ständischen Parlamentarismus lähmen, wenn nicht beseitigen. Das war zugleich eine Konzession an den Bürger, der nun zum »Staatsbürger« wurde.

In den alten Ständeparlamenten waren nicht nur Steuern und Kriegszüge bewilligt worden. Dort wurde auch argumentiert mit dem König oder mit seinen Räten, es wurde »parliert«. Hierbei war in ganz Europa eine neue Gesellschaftsgruppe zu Wort gekommen, die später so benannten Intellektuellen. Sie waren Fremdkörper in der Ständegesellschaft. Nach ihrer Herkunft Bürger- oder Bauernsöhne, kaum je von Adel, hatten sie ihren sozialen Aufstieg durch Bildung bewerkstelligt und übten als Doktoren und Schulmeister, als Prediger, Juristen, Professoren einen nicht leicht bestimmbaren Einfluss aus. Sie standen im Dienst der Fürsten, der Städte, der Universitäten und auch der Kirche. Seit es Zeitungen gab mit honorierten Journalisten und seit man Buchautoren bezahlte, seit dem späten 18. Jahrhundert etwa, gab es eine eigenständige Lebensgrundlage für solche Intellektuelle. Ihre Agitation für »vernünftige« Erziehungs- und Lebensgrundsätze wurde zu einem neuen Element in der in Europa zu allen Zeiten geführten Diskussion über die rechte gesellschaftliche Ordnung. Sie vertraten dabei Ideen der allgemeinen menschlichen Gleichheit aus natürlichem Recht. In den Niederlanden, in England waren sie treibende Kräfte für die Revolution der Stände gegen die absolute Monarchie. In Frankreich führte ihre Radikalität zur »Grande révolution« von 1789, deren Ruf die vorangehenden Revolutionen dann allerdings weit übertönte.

Schon zuvor hatten Intellektuelle in der amerikanischen Revolution 1776 die allgemeinen Menschenrechte verkündet. Das wirkte auf Europa zurück. (Arendt 1960) Politisch wie sozial hat aber dann erst die Französische Revolution von 1789 den europäischen Kontinent verändert, besonders in seiner westlichen Hälfte: Unmittelbar durch ihre politische Expansion, wonach französische Armeen das alte Europa eroberten und vieles davon gewaltsam zu Republiken machten; und indirekt, weil ihre gesellschaftlichen Leitsätze von *liberté, égalité, fraternité (ou la mort)*, Brüderlichkeit oder Tod, auch die alten Bürgerideale in aktuellem Gewand zum Sieg brachten. Vieles davon hielt sich auch nach dem Scheitern ihres Protagonisten, des neuen Kaisers Napoleon Bonaparte, in der neuen Bürgerwelt.

XV.

Der größte Teil Europas blieb nach dem Sturz Napoleons 1815 monarchisch oder kehrte in einer Restauration zur alten politischen Ordnung zurück. Selbst Frankreich wurde wieder bis 1848 durch seine alte Dynastie regiert. Aber das »lange 19. Jahrhundert«, die Epoche von 1792 bis 1918, nährte doch auch weiterhin die Bereitschaft zu Aufstand und Revolution und erhielt dadurch ein »Janusgesicht«, dessen Doppeldeutigkeit in Mitteleuropa zudem durch das Erwachen sprachnationalen Selbstbewusstseins zur Umgestaltung der politischen Welt geriet. Insofern blieb das politische Meinungsbild in Europa geteilt zwischen monarchischem Gottesgnadentum und populären Forderungen nach geschriebenen Verfassungen und allgemeinem Wahlrecht. 1830, 1848, 1870, 1917 und 1918 schlugen Proteste im Namen der

Volkssouveränität in Revolutionen um. Die Revolution von 1848 erreichte dabei die größte Verbreitung über den gesamten Kontinent. Die Engländer hingegen, die gloriosen Revolutionäre von 1688, gewannen währenddem fern vom europäischen Kontinent durch ihren Kolonialimperialismus Weltgeltung.

Das deutsche Kaiserreich, begründet 1871 als »kleindeutscher Nationalstaat«, das gleichzeitig entstandene Königreich Italien und die österreichisch-ungarische Doppelmonarchie mit ihrem halbherzigen Föderalismus von 1867 blieben ein großes Stück dahinter zurück. Hier dominierte die Souveränität der Könige und Fürsten und nicht die des Volkes. Deutschland, politisch organisiert in 36 Fürstentümern und drei Stadtrepubliken, gewann zwar im Bund mit der österreichisch-ungarischen »Doppelmonarchie« und durch seine Beziehungen zu Italien den größten Einfluss in Mitteleuropa, war aber hinter England, den USA, Frankreich und Russland trotz einiger Kolonialgebiete bei weitem keine Weltmacht. Das Streben danach irritierte die internationale Politik.

Das Zarentum in Russland, seit seiner Teilnahme am Kampf gegen Napoleon unumstrittener Partizipant am europäischen »Konzert der Mächte«, unterhielt bei nur wenig adelig-bürgerlichem Einfluss bis 1917 ein straffes Herrschaftsgefüge unter dem »Selbstherrscher aller Reußen«.

Doch die Revolution holte alle ein, meist bei passender Gelegenheit einer militärischen Niederlage, eines Misserfolges, der die Regierungen der Könige als Verlierer desavouierte: Das russische Riesenreich erlebte seine Revolution nach seiner militärischen Niederlage 1917; Deutschland und Österreich-Ungarn, die mächtigsten Monarchien in Mitteleuropa, nach dem verlorenen so genannten Ersten Weltkrieg 1918. Die Revolution in Spanien beseitigte die Monarchie 1931 während einer wirtschaftlichen Krise. In Italien beendete ein Volksentscheid erst 1947 die Monarchie nach dem Desaster des Faschismus.

XVI.

Das »lange 19. Jahrhundert« war nicht nur ein »Jahrhundert der Revolutionen«. Es war auch ein Jahrhundert des Bürgertums. Das europäische Bürgertum war im Mittelalter aus einer günstigen ökonomischen Position erwachsen. Die Festigkeit seiner inneren Struktur konnte sich niemals lösen von ökonomischen Erfolgen oder Misserfolgen. Die allgemeine Gleichheit und Brüderlichkeit zugunsten des gemeinen Nutzens blieb sein typisches politisches Pathos. Aber das Heft hatten die Reichen in der Hand. So blieb das aus seinem Geld aufgestiegene Bürgertum auch immer politisch ungesättigt und suchte seine Vorbilder nicht in seinen eigenen Mauern, sondern beim Adel. Erst die industrielle Revolution brachte ihm in der zweiten Hälfte des 19. Jahrhunderts eine breite Machtgrundlage, eine ökonomische, die ihm zugänglich und angemessen erschien. Aber es vermittelte ihm nur eine negative politische Ideologie, nur ein »frei von«, den Liberalismus. Im Übrigen blieb es bei »Schlotbaronen« und, respektgebietender im Hinblick auf die Leistungen des Bildungsbürgertums, bei »Dichterfürsten«.

Das Bürgertum hat die Grenzen seiner mittelalterlichen Herkunft insofern niemals überwunden. Seine Modernisierung und seine neuen Leistungsansprüche erforderten eine weitgreifende Bildungsinitiative von der durchgängigen Allgemeinbildung bis zum höchsten Niveau. Das 19. Jahrhundert ist deshalb auch die große Zeit der europäischen Universitäten, einer Domäne des intellektuellen Bürgertums, das auch hier nicht zu politischem Einfluss fand, sondern nur zu Ansehen, und auch zu Mäzenatentum in allen Bereichen der Kunst und Literatur. Ein erheblicher Teil dieser Leistungen ging einher mit der sprachnationalen Erweckung. Die gleiche Sprache verband alle Konnationalen. Ihre Pflege war Aufgabe und Symbol der allgemeinen »bürgerlichen« Gleichheit und wurde zum Gemeinschaftskriterium. Leistungskriterien in Kunst und Technik spornten alle an und führten zum europäischen Wettstreit, seit 1851 auf »Weltausstellungen« demonstriert.

Ordnungsstreben und Harmoniebewusstsein des Nationalbürgertums konnten aber die wachsenden innergesellschaftlichen Rivalitäten nicht überdecken. Antibürgerliche Opposition brach auf zunächst in der bildenden Kunst. Um 1870 begann hier die »Moderne«. Sie betonte, in Varianten, in der Malerei die Fläche anstelle der Perspektive, die Farbe statt der Form, schließlich die Figur statt der Person. In der Architektur führte sie am Ende zur »neuen Sachlichkeit«. »Modernismus« kennzeichnete aber auch die Orientierungswissenschaften, Philosophie, Theologie, das gesamte Verhältnis zur transzendenten Welt. Mit Behauptungen, die sich so wenig beweisen lassen wie das Gegenteil, wurde jeweils ein neues Denken begünstigt, das in der englischen, französischen und italienischen Theologie die alten Orientierungen zerstörte und einzig mit dem Argument gedanklichen Fortschritts die alte Gedankenwelt von ebenso unbewiesenen Grundlagen »befreite«. Unsicherheit, der Sturz ins Nichts blieb zurück, wenn Friedrich Nietzsche rief: Gott ist tot! In hilfloser Gegenwehr forderte 1910 der Papst einen »Antimodernisten-Eid«, weltweit von allen römisch-katholischen Priestern zu leisten und erst 1967 aufgehoben. Aber Theologen aller Konfessionen lehnten solche Beschränkungen von vornherein ab. Viele, auch gelehrte Zeitgenossen, entwickelten anthropologische Theorien, die der transzendenten Bindung aller menschlichen Existenz keinen Raum mehr gönnten.

Ein ungeklärter Fortschrittsglaube war die Ideologie der neuen Welt, die das Jahrhundert Schritt für Schritt hervorbrachte. Dampfkraft und Elektrizität ersetzten die seit mehr als einem Jahrtausend genützten Energiespender Wasser und Wind. Anstelle der Mühlen jeder Art traten die Dampfmaschinen, zunächst der Textilindustrie zugedacht, der ältesten Manufaktur, dann für alle Produktion aus Eisen und Stahl gleichsam zur steten Selbstergänzung und Ausweitung des Maschinenzeitalters. Zu Anfang des 20. Jahrhundert schien die Wandlung perfekt: Eisenbahn, Auto, Flugzeug und Telefon hatten das Daseinsgefühl verändert. Schienen, Eisenbeton und Asphalt gaben der Welt ein neues Gesicht.

XVII.

Das Bürgertum, trotz seiner Wandlungen zum Bildungs-, Industrie-, Nationalbürgertum, hatte bis dahin alle anderen Gruppen der mittelalterlichen Gesellschaft überlebt, das gottverbundene Kaisertum, das katholische Papsttum, die Mönche, die Ritter, die Fürsten, weltliche wie geistliche, in den meisten Ländern Europas auch die gekrönten Häupter. Die Bildung politischer Parteien sollte einen neuen, nicht mehr ständischen, sondern alle Staatsbürger repräsentierenden Parlamentarismus bedienen, und in diesem Sinne hatten die europäischen Staaten um die Jahrhundertwende auch alle ein parlamentarisches System, gleich mit welchen Machtbefugnissen. Die gewählten Repräsentanten bildeten neue politische Eliten. Aber es wurde kein neuer Adel daraus.

Da stürzte sich Europa in die Katastrophe eines so genannten Ersten Weltkrieges. In Wahrheit bedeutete er das Ende der europäischen Weltherrschaft und hob zugleich die kaum konsolidierte Überlegenheit der bürgerlichen, auf Bildung und Besitz gegründeten Weltordnung auf. Neue Machtgrundlagen waren vonnöten. Die Herrschaft der Verfassungen ersetzte die Herrschaft der gekrönten Häupter nur sehr unvollkommen. Die Millionen nicht nur in die industrielle Wirtschaft, sondern auch in die bürgerliche Bildungswelt aufgestiegenen Arbeiter formierten unter einigen progressiven Intellektuellen eine neue, eine soziale Bewegung. Sie sollte, gestützt auf die Überzahl in ihrer sozialen Position unentbehrlicher Industriearbeiter, zu einer neuen Macht heranreifen, in Erinnerung an das alte Zunftwesen als »Gewerkschaften« organisiert, schließlich aber in Abhängigkeiten als wenig effizienter »christlicher« und stattdessen bald umfassender marxistischer »Sozialismus«.

Das »Volk«, vornehmlich unter dieser neuen, der industriellen Arbeitswelt entsprungenen Machtposition mit ihrem politisch oft selbstzerstörerischen Kampfmittel, dem Streik, forderte politische Mitsprache, und seinetwegen mussten nun allenthalben in Europa Parteien gegründet werden, um seinen politischen Willen zu erfassen oder zu konterkarieren und nach einem allgemeinen und gleichen Wahlrecht in Exekutive umzusetzen. Ein solches Parteiensystem förderte unter den Umständen der industrialisierten Welt die Bildung von Massenparteien. Die oppositionellen Spielräume erstickten unter der Quantifizierung politischer Orientierungswerte. Dies wiederum führte zum Aufstieg von Diktatoren mit kleinen, dank ihrer ideologischen Anpassungsfähigkeit oder aus fehlgeleitetem Idealismus ausgelesenen Führungscliquen. Die russischen Bolschewisten, die italienischen Faschisten, die deutschen Nationalsozialisten, die spanischen Falangisten, die europäischen Kommunisten waren alle nicht sonderlich originell in der Wahl ihrer Argumentation. Sie setzten sich jeweils unter Berufung auf eine »Revolution« über die alte politische Ethik hinweg und waren trotz aller vorgetäuschten demokratischen Ideologie letztlich auf die Vorherrschaft einer »Neuen Klasse«, einer Funktionärsclique gerichtet.

Die neuen Massenparteien fassten schwerer Fuß in Ländern mit längerer demokratischer Tradition. Aber hier wie dort zerstörte der Ruf nach allgemeiner Gleichheit die alte Tradition der in Ständen geordneten Ungleichheit. Die »Volksparteien« suchten stattdessen jeweils die Mobilisierung und beständige Zustimmung der gesamten Bevölkerung zur politischen Willensbildung und zu ihren Aktionen. In großen Teilen Europas verbreitete sich die Neigung zu totalitärer Politik, wenn auch noch teils unter demokratischer Prätention.

Die deutsche, bald siebzig Millionen umfassende Bevölkerung ließ sich durch geschickte Darstellung ihrer »lebensnotwendigen« Interessen für Adolf Hitler als den Führer aus aller Not gewinnen. Große und kleine »Führer« schufen innerhalb der politischen nationalen Struktur gleichsam ein neues Gesellschaftsmodell. Ein irrationales Vertrauen auf den »starken Mann aus dem Volke« griff um sich. Hitler erreichte durch geschickte Regie, die auch erfahrene Diplomaten täuschte, in den dreißiger Jahren beispielloses Prestige in der westlichen Welt.

Mit der Forderung nach einem national geschlossenen »Großdeutschland« trieb er den europäischen Nationalstaatsgedanken auf die Spitze und provozierte 1939 neuerlich einen Weltkrieg. Er hatte Anfangserfolge mit weitaus zielbewussteren und erfolgreicheren militärischen Aktionen, als sie nach 1914 der deutschen Heeresführung gelangen, und pries selbst sein militärisches Genie. Zugleich löste er bei »willfährigen Vollstreckern« eine beispiellose Brutalität gegen die jüdische Bevölkerung und slawische »Untermenschen« in ganz Europa aus, die sich schließlich zu einer unerhörten Vernichtungsmaschinerie verwandelte. Leider wirkte auch hier eine europäische Tradition, eine von der alten wie von den reformierten Kirchen immer wieder in Erinnerung gebrachte religiöse Judenfeindschaft. Aber nicht die Religion, sondern der seit der Jahrhundertwende in Frankreich, England und vornehmlich in Deutschland entwickelte Rassismus verführte das Denken. An die Stelle der europäischen Humanität traten Vorstellungen von Herren- und Sklavennationen oder -rassen. Unterstützt wurden sie durch die harte Tatsache, dass am Ende des dritten Kriegsjahres die deutsche Armee den größten Teil Europas besetzt hielt und mit barbarischem Terror auch westliche Länder beherrschte.

Die Niederlage der deutschen Militärmacht 1945 war begleitet von der Zerstörung eines großen Teils von West- und Mitteleuropa und der Entwurzelung, Vertreibung und Ermordung von Millionen Juden, Ukrainern, Polen und Deutschen im Osten. Den Ausweg aus der weitgehenden politischen wie physischen Zerstörung Europas wies schließlich die einzige erfolgreich emanzipierte europäische Kolonie, die Vereinigten Staaten von Nordamerika. Sie hatte sich 1776 vom englischen Königreich und damit von der Alten Welt mit einer revolutionären Unabhängigkeitserklärung gelöst. 1917 kehrte sie in die europäischen Affären zurück, und nun, 1945, als die große demokratische Siegermacht, wusste sie mit größerer Wirksamkeit als nach dem Ersten Weltkrieg das westliche und mittlere Europa wieder aufzubauen und zugleich gegen ihren ehemaligen osteuropäischen Verbündeten, die Sowjetunion, seit 1947 auch zu schützen.

XVIII.

Europa und in politischer Konsequenz die ganze Welt erschien in einem »Kalten Krieg« 1947 bis 1992 zwischen den USA und der UdSSR geteilt. Zugleich erreichte die wirtschaftliche Entwicklung der USA und Westeuropas bisher unbekannte Erfolge. Die Demokratisierung und Re-Demokratisierung in Europa ging einher mit der stabilen Entfaltung einer besonders in Deutschland gepflegten sozialen Marktwirtschaft. Das erleichterte die Wiederbesinnung auf die so genannten »westlichen« Werte. Der Zusammenschluss der westlichen Demokratien zu einer lockeren Europäischen Gemeinschaft und der Schutz der gesamten westlichen Welt durch die USA ermöglichten eine jahrzehntelange europäische Wirtschaftsblüte und schließlich die Grundlegung eines in der modernen Geschichte unerhörten westlichen und antitotalitären Gemeinsamkeitsbewusstseins. Der spektakuläre Akt der Selbstbefreiung des östlichen Europa in einer gewaltlosen Revolution 1989 aus dem Satellitensystem der Sowjetunion wirkte wie die Bestätigung eines seiner transzendenten Verantwortung bewussten westlichen Menschenbildes in der politischen Praxis und widerlegte die Grundthesen des Marxismus. Drei Jahre danach schloss sich auch die Sowjetunion von oben her der modernen »Selbstbefreiung des Menschen« an.

Seither ist ein politisches Programm, wie es 1918 der amerikanische Präsident Wilson formulierte und damals vergeblich auch zur Friedensdevise in Europa machen wollte, als die große Aufgabe der Weltpolitik zu betrachten. Toleranz und ein wehrhafter Pazifismus sind als westliche Gemeinschaftswerte lebendig oder zumindest rasch zu wecken. Unsere heutigen Lebensbedingungen, nicht nur die ökonomischen, dazu die Versöhnungsakte nach zwei millionenfach von Hass und Mord begleiteten Kriegen, weisen konkrete Wege. Die notwendige Solidarität zwingt politische Eliten zu engeren Bindungen. Europa kann sich, ohne die üblichen Schlagworte von den Lehren der Geschichte, auf die einfache historische Gemeinsamkeit beziehen, die seine Menschen seit tausend Jahren in allen Lebensbereichen geformt haben. Es muss daher unpathetisch eine gemeinsame Zukunft aufgreifen.

Dasein im Raum

Das europäische Dreieck

»... denn Gott erschuf die Welt aus nichts« (2. Makk. 7,28). Mag man Jude sein oder Christ, denen die Bibel seit je heilig war, Muslim oder einfach ein gebildetes Mitglied der europäischen Zivilisation: Dem größten Teil der Menschheit dürfte dieser Satz bekannt sein. Aber nur wenige denken darüber nach, dass er in wunderbarer Vorwegnahme den neuesten Erkenntnissen entspricht, und kaum ein paar der heute lebenden Menschen können sich mit diesen Worten wissenschaftlich auseinander setzen. Es handelt sich um die ungeheuerlichste kosmologische Aussage, die in der Bibel zu finden ist, weil sie den Ursprung allen Daseins betrifft.

Ein Dasein ohne Zeit glaubt der Verstand noch als möglich zu fassen. Er stellt sich etwas vor »in der Ewigkeit«, ein Dasein ohne Anfang und Ende. Das ist zwar ein Widerspruch in sich, aber ein erträglicher. Jedoch ein Dasein ohne Raum findet keine Stütze in unserer Vorstellungswelt, auch keine widersprüchliche, also falsche. Wir brauchen die biblische Zusicherung, dass Gott zuallererst die räumliche Welt erschaffen hat.

Es geht hier nicht um Bibelinterpretation und auch nicht um moderne Kosmologie. Es geht um die Einsicht, dass wir in unserer Vorstellungswelt weit eher räumliche Kategorien zur Kenntnis nehmen als zeitliche. Aber über unser Dasein in der räumlichen Welt neigen wir nach unseren ersten grundlegenden Erfahrungen augenscheinlich nicht so leicht zu Reflexionen wie über unser Dasein in der Zeit. In der Zeit fallen die Entscheidungen. Aber der Raum ist Schicksal.

Europa war als historischer Raum für unser gegenwärtiges Geschichtsbewusstsein schon vor tausend Jahren voll entwickelt. Das heißt: Die politische Landkarte war in groben Umrissen aufgeteilt wie heute. Die Letzten, die im europäischen Raum eine Großherrschaft organisierten, waren die Magyaren. Sie besetzten im 10. Jahrhundert die pannonische Tiefebene und trennten dadurch die offenbar dünne Brücke slawischer Besiedlung zwischen Mitteleuropa und den Ostalpen. Ohne den Einbruch der Magyaren sähe also die Welt der Slawen heute anders aus. Sie reichte nämlich als breite Zone von der Ostsee bis zur Adria.

Wegen des Einbruchs der Ungarn gibt es West- und Südslawen, die nicht nur mit der verwandten Sprache noch an ihre ursprünglichen Gemeinsamkeiten erinnern. So gibt es zum Beispiel Kroaten und Serben nicht nur auf dem Balkan, sondern in Mitteleuropa auch: Sorben und Chorvaten.

Die Normannen, die 1066 die englische Insel eroberten, schufen dort schon keine neue Großherrschaft mehr. Sie vertauschten nur die Oberschicht. Die waldreichen Mittelgebirge, versumpften Flusstäler, sandigen Heideflächen und die schier unendlichen Wälder in Mittel- und Osteuropa waren zu dieser Zeit Siedlungsreserven, aber auch sie waren keine menschenleeren Räume. Der größte Teil Spaniens war arabisch, Europa war aufgeteilt.

Und welches Schicksal für die Europäer war darin beschlossen? Dass dieses Europa mit seinen zehn Millionen Quadratkilometern nur die westliche Halbinsel des größten, des asiatischen Kontinents darstellt, größer als Amerika oder Afrika, ist schon oft bemerkt worden. Das sagen vor allem solche Geographen, die nur Küstengrenzen auf unserem Globus gelten lassen. Wenn man dagegen den unscheinbaren kleinen, also unseren europäischen Kontinent, von Asien abgrenzt, dann muss man wirklich zunächst hervorheben: Europa lässt sich just im Osten nicht allerseits glaubhaft und eindeutig begrenzen.

Das heißt – Raum und Schicksal: Das europäische Dreieck öffnet seine Schenkel von Gibraltar, dem Eingang zum Mittelmeer, bis in den Polarkreis nach nordöstlicher Richtung, und nach der östlichen bis in die weiten »eurasischen« Steppenregionen. Oder man konstatiert: Die Landmasse Europas, reich an Buchten, Halbinseln, Delta- und Trichtermündungen wie kein anderer Kontinent, ist nur unklar begrenzt von drei »Mittelmeeren«, nämlich von der Ostsee mit dem schmalsten Zugang zum Weltmeer, von der Nordsee zwischen den englischen Inseln, Frankreich und Skandinavien und drittens von dem klassischen Mittelmeer mit dem schmalsten Zugang zum Atlantik und mit einer engen Pforte zum Schwarzen Meer, das diesem Mittelmeer im Osten noch anhängt und Meerescharakter bis weit ins Innere Eurasiens trägt.

Land und Meer sind also eng verschlungen. Das Klima in Europa ist bevorzugt durch den wärmenden Golfstrom, der von Mittelamerika nordostwärts fließt und die Winter in Europa im Ganzen mild macht, die Sommer kühl und regnerisch.

Halten wir fest an der Grundform dieses Winkels, keilförmig nach Westen gerichtet, mit unklarer östlicher Begrenzung. Schon der große mittelalterliche Dichter Dante Alighieri, Sohn italienischer Fernhändler, hat vor siebenhundert Jahren die Grenzen Europas sehr ähnlich definiert. (Seibt 1978) Zwar bezeichnet man den Ural immer wieder im Schulatlas als die Ostgrenze Europas, aber die russische Kultur reicht in Wahrheit ostwärts bis nach Wladiwostok. Die europäische Kultur in jenen soeben hinter uns liegenden tausend Jahren hat andererseits bis zum 18. Jahrhundert deutlich andere Grundlagen als die russische. (Deeg 1996)

Jedes Haus hat seine Vorzüge und seine Probleme. Im europäischen Haus ist leicht leben, weil es milder ist als Sibirien oder Kanada auf gleicher geographischer Höhe. Nicht ohne Probleme natürlich: Im nördlichen, dem größeren Teil Europas, kann man im Winter sehr wohl erfrieren, wenn man nicht vorsorgt, wenn man keine festen Häuser oder Höhlen hat, keine Nahrungsvorräte, keine warme Kleidung. Der Ackerbau ist schwierig, weil der Boden drei bis vier Monate einfriert, die Krume nicht auswittert und daher ihre Fruchtbarkeit geringer ist als im leichtlebigen europäischen Süden. Dort, zwischen den Alpen und der Mittelmeerküste, wachsen Weizen, Oliven und Wein, und schon ein Hakenpflug verspricht reichliche Ernte.

Ägypten und Rom

Im europäischen Haus sind die alten Hochkulturen nicht erfunden und auch lange Zeit nicht angenommen worden. Aber man konnte leicht schon vor Jahrtausenden aus ihrer Entfaltung lernen, wie Menschen organisiert und wie ihnen Daseinsmöglichkeiten gegeben werden: Durch Herrschaft entstand soziale Sicherheit, und Herrschaft wiederum benötigte nicht nur Macht, sondern auch eine ideelle Bindung an eine Oberschicht und einen Herrn, getragen durch gemeinsame Ordnung, Planung, Hoffnung, und durch den Glauben an Götter, an Priester und Könige. Ägypten ist das uns nächste und wichtigste Gebiet einer solchen alten Hochkultur. Das Pharaonenreich am Nil ist das für die europäische Entwicklung »klassische« Land der gesellschaftlichen Stabilität in Zeit und Raum, auch in seiner Kunst und seiner Religion. Der Nil nährte es schon länger als zweitausend Jahre, ehe die Nachbarn im Norden und im Osten von Ägypten zu lernen begannen. Das waren zunächst die Leute in Mesopotamien, in der Ägäis und auf dem Balkan, und das waren unter allen Wüstenvölkern vornehmlich die Israeliten. Danach währte es noch einmal tausend Jahre, ehe sich die Welt um das Mittelmeer organisierte. Ein neuer Raum erforderte neue Kreativität. Stadtkönige, Bauern und Sklaven schufen rings um das Mittelmeer kleinräumige Herrschaften. Dazu gab es die Küstenschifffahrt, zu der die inselreiche Ägäis einlud, dann aber auch das ganze milde und mäßige Mittelmeer. Es lockte zu Handel und zur Eroberung auch. Schließlich erhob sich daraus, als die klügste und festeste Macht, die römische Oligarchie, schlug ihre Konkurrenz in Karthago und erschuf ein für alle erträgliches Joch ihrer Herrschaft. Das Zentrum Rom lag zwar nicht geradewegs am Meer, dessen Küstenlandschaften es ringsum zu organisieren verstand, aber doch etwa in der Mitte des Mittelmeerraumes, und es war durch manche Eigenheit der am meisten begünstigte Mittelpunkt für ein langlebiges Herrschafts- und Bündnissystem, ein Vorbild für alle künftigen großen Bünde der europäischen Geschichte.

Das römische Weltreich umfasste und schuf also die »Mittelmeerwelt«. Seine Entstehung wie sein Untergang nach sechshundert Jahren lässt sich ein wenig aus dem Raum erklären, in dem es entstand. Der nun eben nicht nach ägyptischem Beispiel durch Wüsten und Meer abgeschlossene, sondern nach Norden durch Urwald und Sümpfe begrenzte und damit für Eroberer offene Raum erklärt jedenfalls auch die geringere Dauer der römischen Herrschaft im Vergleich zum Ägypterreich. Er machte sie aber auch zur »Welt«-Herrschaft. Er öffnete Möglichkeiten. Die Römer drängte es nach weiterer Expansion in die meeresfernen Gebiete nach Norden und Osten, und mit dem verlustreichen Vorstoß zu Kelten und Germanen verließen sie den Bannkreis, der ihre Macht hatte wachsen lassen, die Mittelmeerküste und ihr Hinterland, die Städte als Stützpunkte ihrer Ordnung, die Küstenschifffahrt für ihr Transport- und Handelswesen und ihre vorzüglichen Straßen zur schnellen Verschiebung ihrer Truppen.

Norden und Osten

Die Barbaren aus dem nebligen Norden wären wohl auch ohne Cäsars Feldzug irgendwann in Massen nach Süden vorgestoßen. Aber ein geschlossenes Mittelmeerreich hätte ihnen besser widerstanden. Immerhin verband Roms jahrhundertelange Nordexpansion den Mittelmeerraum endgültig mit dem nordalpinen Barbarenland und verhalf den durchaus unterschiedlichen Regionen zu ihrer Entfaltung.

Unser Schicksal war es, in den feuchten Wäldern zu leben. Deshalb ist auch – Jungfrau und Stier hin oder her – unser Europa nicht das Europa der Griechen und Römer. Es ist vielmehr ein neues Europa auf der Grundlage alter Mythen, das der Chronist so nannte, als er 732 durch den Sieg über die Araber bei Tours und Poitiers in Westfrankreich seine Heimat verteidigt sah, ein Europa, das Homer noch nicht kannte. Es ist dasselbe Europa, das gerade vor zwölfhundert Jahren die Hofpoeten Karls des Großen im Sinn hatten, als sie den Frankenherrscher in Paderborn als »pater Europae« begrüßten, als Vater Europas, der sich anschickte, die Dinge der lateinischen Christenheit zu ordnen. Ein solches Europa war Cäsar noch fremd. Das heißt auf jeden Fall, dass jenes neblige, kalte Europa nördlich der Alpen mit seinen Wäldern und Sümpfen erst tausend Jahre nach dem Höhepunkt des römischen Mittelmeerreiches sich an die Reste der alten Basis anschloss, nicht als Küstenstaat, nach römischer Strategie mit maritimer Logistik, sondern als kontinentales, von den Problemen der weiten Strecken zu Lande bestimmtes Herrschafts- und Kulturgefüge. Und das Reich Karls des Großen scheint an diesen Problemen auch zerbrochen zu sein, in drei, in zwei Teile, in das zunächst so genannte Westfranzien und in Ostfranzien, die dann zu Frankreich und Deutschland wurden, mit allen künftigen Verkehrsproblemen ihrer dürftigen Städtelandschaft und ihrer miserablen Wege, ihrer mühseligen Pässe über die Alpen und ihrer gewaltigen Umwege zur See. (Pirenne 1935)

Fortan darf man nicht mehr an Küstenstaaten denken, nicht mehr in der Figur eines Kreises um ein herrschafts- und handelsträchtiges »Mittel«-Meer, sondern jetzt gilt ein neues Bild: Es geht um Zentrum und Peripherie, die mehr oder minder gut miteinander in Verbindung stehen. (Seibt 1978 Karte) Es sind dabei nicht nur Nähe und Ferne zu berücksichtigen, sondern auch die Probleme von Transport und Transfer auf guten und schlechten Straßen. Es gibt demnach einen seit der

Jahrtausendwende von einem nordfranzösisch-flämisch-rheinischen Zentrum immer stärker ringsum in die Peripherie wirkenden Komplex von Herrschaftsorganisation und Kulturtransfer. Nicht, dass auf diesem Wege kulturelle Intensivierung schlechthin übertragen würde. Spanien und Teile der englischen Inseln hatten an sich einen beachtlichen zivilisatorischen Organisationsstand erreicht, Irland und Südostengland hatten ihrerseits auf dem Festland missioniert. Aber das neue fränkisch-flämische Zentrum der Karolinger verbreitete nach seinen Kräften sein Ordnungsbild in seinen Provinzen und Satelliten. Im europäischen Raum nördlich der Alpen erwies es sich dabei als dominant. Noch immer spielte freilich die Verbindung zwischen dem neuen Reich und dem alten Süden eine Rolle, wie sie Cäsar zuerst eröffnet hatte. Dann aber expandierte das neue Reich mit allen seinen Nebenländern und richtete sich seit dem 12. Jahrhundert besonders deutlich nach Osten, dorthin, wo Europa keine natürliche Grenze hatte und das Land nicht leer, aber dünner besiedelt war als im Durchschnitt aller anderen Himmelsrichtungen, die großenteils unwirtliche und unwegsame skandinavische Halbinsel ausgenommen. Nicht wenige Kulturhistoriker sprechen erst seit dieser Zeit vom schöpferischen 12. Jahrhundert und vom »Aufgang Europas«. (Heer 1949)

Die Ferne lockt. Das gilt für jedes Zusammenspiel von Raum und Geschichte. Im Reich Karls des Großen vor zwölfhundert Jahren lockten der Süden und der Osten, jeweils auf andere Weise. Der Süden verhieß Wein, Wärme und Wohlleben, dazu noch das heilige Zentrum des Christentums. Der Osten versprach zunächst Sklaven, dann aber auch Macht und Landgewinn und den gottgefälligen Heidenkrieg. Man kann sich denken, dass der Süden die kleinen Herren lockte; der Osten die großen. Allerdings hatte der große Karl bereits seine Kräfte in beiden Richtungen mobilisiert. Im Osten hatte er rund dreißig Jahre gegen die heidnischen Sachsen Krieg geführt, zwischen Weser und Elbe, und damit den Spielplatz auch für die deutsche Geschichte umrissen und zwei Sprachnationen, die heute oft nivellierend so genannte nieder- und die oberdeutsche, mit fränkischer Gewalt zusammengebunden. Zugleich brach er nach Süden auf, über die Alpen, und schlug die Bresche für das Kaisertum des Mittelalters. Cäsar war vor zweitausend Jahren zuerst vom Mittelmeerraum zur Eroberung nach Norden vorgestoßen, eben dorthin, wo ein großes Reich zu erobern war, das gallische. Viele Legionen folgten diesem Weg, aber sie wählten mit feinem Sinn im Norden vornehmlich das sonnige Land für ihre befestigten und organisierten Provinzen, die milden Regionen, in Frankreich, an Maas und Rhein, in der Pfalz, im Breisgau, am Bodensee und an der Donau. Beinahe kann man sagen, die Karte der alten römischen Besatzung und Kultur auf deutschem und österreichischem Boden deckt sich mit einer modernen Weinkarte. (Elbern 1964; Wolfram 1987)

Die durch Pyrenäen, Alpen und Karpaten markierte, verschobene, gebrochene, aber eben doch wirksame und erkennbare Kulturgrenze zwischen dem Norden und dem Süden unseres kleinen Kontinents schloss in sich noch andere Konsequenzen für den historischen Prozess. Deren Ursachen ruhen tiefer im Boden und haben etwas mit Geologie zu tun. Im hohen Norden nämlich, in Skandinavien bis über den Polarkreis und südlich bis an die Ostsee, dazu in der Nordsee, die Britischen Inseln eingeschlossen, besteht der Boden aus Urgestein. Da ist der Schwedenstahl zu Hause. Auch in Mittelengland gibt es Eisen, und im südwestlichen Wales tritt dazu eine Kohlenregion. Da ist die Wiege der englischen Stahlindustrie.

In Südengland und auf der gegenüberliegenden französischen Küste des Kanals sind dagegen die unergiebigen Kreidefelsen zu finden, als Steilküste hier und dort, mit den Kalklandschaften der Champagne und Flanderns, eine für den Bergmann unergiebige Zone. Dazu tritt ein breiter Streifen, von Westen nach Osten hin immer breiter, mit Lehmhügeln, Sand, Sumpf und Schotter, den die Eiszeit hier abgeladen hat. Diese Zone ist nur teilweise gut für Pflug und Rodung. Erst weiter südlich, und wieder von Westen nach Osten gestreckt, kommt von neuem Urgestein auf, und es ist neuerlich nützlich für Bergbau und Industrie: Hier waren, in Zentral- und in Nordfrankreich, im Argonnerwald und in Lothringen, Kohle und Eisen zu finden. Daran schließt sich das kohlen- und ursprünglich auch erzreiche Ruhrgebiet, und dann gab es noch einmal Eisen in der Oberpfalz, weiter östlich an der Oder in Oberschlesien, in Böhmen und Mähren und in den Karpaten. Rund 60 000 Tonnen Eisen produzierte das spätmittelalterliche Europa im Jahr. Ein Zehntel in Schweden, ein Zehntel in England, ein Sechstel in Frankreich und nur mehr ein weiteres Sechstel im gesamten übrigen Europa. Die restliche runde Hälfte aber schmiedete man in Deutschland, im Siegerland und in der Oberpfalz, in Lothringen und an vielen kleinen Fundstätten. (Endres 1987) Die Zahlen verschoben sich im Lauf der neueren Jahrhunderte, aber die Verhältnisse blieben ähnlich. »Der Gott, der Eisen wachsen ließ« hatte offenbar von vornherein Deutschland besonders gesegnet.

Darauf gründeten sich im 19. Jahrhundert der Elan und der Reichtum der industriellen Revolution. Wer daran in seinen Grenzen Anteil hatte, nicht etwa, wer einen Platz an der Sonne besaß, wie die Bismarckzeit neidisch auf die englischen und französischen Kolonialimperien und in modischem Irrtum meinte, der zählte zu den Begünstigten der modernen Welt. Durch einen viel zu wenig gewürdigten historischen Zufall war in Deutschland das aufstrebende Preußen mit Kohle und Eisen ausgestattet wie kein anderes der deutschen Fürstentümer. Nur in Böhmen und Mähren fanden sich außerdem noch Kohle und Eisenerz, wie denn alle Mineralien dort zu Hause waren, daneben Silber, Gold, Zinn, Zink, Kupfer, Uran und sogar Alaun, nur kein Kali und kein Salz. So war schon vorgezeichnet, wer den Markt des industriellen Europa beherrschen konnte: England und Frankreich, Belgien, Preußen und die böhmischen Länder, die, wie das erzreiche Siebenbürgen, im alten Österreich-Ungarn lagen. Polen jedenfalls nicht, auch nicht die drei Südhalbinseln Spanien, Italien und Griechenland, oder nur als Zaungäste, in La Coruña oder bei La Spezia oder im steirischen Erzberg, beim mittelalterlichen Vicenza. Rußland hatte demgegenüber noch seine geologischen Geheimnisse, sowohl im europäischen Teil, diesseits des Urals, als auch jenseits in Sibirien.

Die neue Maschinenzeit brauchte mehr Eisen als das Zeitalter der eisernen Ritter. Zwar hatten schon die auf ihre Weise eine ganze Vorindustrie ausgelöst, in England, Zentralfrankreich und in Belgien, in Oberitalien, im Siegerland und wieder vornehmlich in der Oberpfalz, und viele fleißige Schmiede beschäftigt für ihre Schwerter, Kettenhemden, Harnische und Helme. Nürnberg war darüber zum Zentrum der Schmiedekunst geworden. Doch die neueren, fortschrittsbesessenen letzten sechs Generationen in Europa trugen keine Kettenhemden mehr und wollten doch unerhört viel mehr Eisen für ihre »neumodischen Landstraßen« aus eisernen Schienen und für die eisernen Wagen darauf. Sie erschlossen weit tiefere Kohlengruben als je zuvor, leistungsfähigere Bergwerke, größere Hochöfen, von Clermont-Ferrand bis nach Wittkowitz. Innerhalb Europas wurde nun aber wirklich und wahrhaftig wiederum das meiste Eisen und Stahl in Deutschland erzeugt, und ausgerechnet in Deutschland lagen nach der geologischen Gestaltung Europas die bedeutendsten Fundstellen für die weitere Produktion. Das wiederum nirgends anderswo als – ein Rest in der Oberpfalz ausgenommen – so gut wie ausschließlich in Preußen. Raum ist Schicksal.

Raum und Beharrung

Wie gut verstand man dieses Schicksal, nutzte es oder wich ihm aus? Es lohnt sich vielleicht, mit einer neuen Frage der Antwort aufzuhelfen: Wie zielsicher haben wir Europäer, wir Deutschen, wir Franzosen, wir Engländer oder Polen, den so vielgestaltigen Raum eigentlich zu nutzen verstanden in den letzten tausend Jahren? Vielleicht kann da als eine Antwort gelten: Wir fahren noch auf denselben Straßen, zu denen einst die römischen Legionäre den Grund gelegt haben. Wir folgen mit unserem Schwerlastverkehr noch immer den Pfaden der Salz-, Bernstein-, Pelz- und Gewürzhändler, den Spuren der Planwagen, den Steigen der Saumtiere. Unsere Dörfer und Städte, die großen wie die kleinen, haben meist eine Geschichte von vielen hundert, wenn nicht gar tausend Jahren. Nur wenige unter ihnen haben sich als Fehlsiedlungen erwiesen und wurden nach der Rodung wieder »wüst«. Wir haben unsere Äcker vor sieben, acht Jahrhunderten bis heute gültig vermessen und begrenzt, unsere Fluren gestaltet bis zur modernen »Flurbereinigung« und zu »Bodenreformen«, haben Raine und Hecken, Marksteine und Gemeindegrenzen gezogen und gesetzt, die gültig blieben bis in unsere Tage, überall in Europa, in Italien ebenso wie in Dänemark. Wir haben, kurzum, unsere Äcker augenscheinlich im Großen und Ganzen schon vor langer Zeit dauerhaft und zweckmäßig gestaltet, sogar noch über die »revolutionäre« Verkehrs- und Wirtschaftstechnik der Industrialisierung hinaus. Wir haben den Raum für Verkehr und Wirtschaft, für Verteidigung und Herrschaft in weiträumiger Planung schon seit langem und zielbewusst genutzt, Klöster, Städte und Burgen nach besonderen Bedürfnissen von Verkehr und Verteidigung angelegt, Land und Meer nach großräumigen Erwägungen verbunden. Das ist keine europäische Besonderheit. Aber Konsequenz und Entwicklungstempo geben Einsicht in die mehr als tausendjährige rationale Verbindung Europas mit seiner Geschichte.

Dabei wurde die Erde nicht nur nach irdischen Gesichtspunkten verteilt und organisiert. Der Olymp war Götterwohnsitz, wie der Gran Sasso in den Abruzzen und der Triglav in Slowenien. Der Monte Sant' Arcangelo diente und dient noch heute dem heiligen Michael, dem Himmelsboten, und vielleicht zuvor noch einem Heidengott, wie der Říp, der Reifberg, in Böhmen. Der Blaník, der Kyffhäuser oder der Untersberg hüten das Mysterium der Wiederkehr bewaffneter Scharen.

Die Christen haben einst die Landschaft den heidnischen Göttern regelrecht »abgerungen« mit Namen, Bildstöcken und Kapellen. Nicht nur bei den Germanen wurden heilige Eichen gefällt, der Eifer der Missionare vertrieb auch Keltengötter aus ihren Hainen und stürzte slawische Opfersteine um. Auch im römischen oder griechischen Kosmos hatte sich zuvor die christliche »Weltsicht« gegen die antike Götterwelt durchsetzen müssen, die zumindest, wie Götter tun, da und dort einen Fuß auf die Erde gesetzt hatten. (Nitschke 1967)

Die christlichen Heiligen hatten sogar auf Erden gelebt und verbanden deshalb auch noch glaubhafter Himmel und Erde. Ihre Tradition griff bis an den Rand unserer »aufgeklärten« Zeit: Noch im Spätbarock besetzte der heilige Nepomuk von Prag, eine Symbolfigur der Gegenreformation, nach der Erhebung auf die katholischen Altäre 1728 als Schutzpatron gegen Hochwasser in raschem Lauf durch das katholische Europa die Brücken und Brunnen von Spanien bis Polen.

Der Raum und sein Abbild

Wer den Raum mit Beschlag belegt, will ihn nicht nur besitzen, bebauen, nutzen. Er will ihn auch messen. Die Raummaße der alten, der vorindustriellen Welt waren »menschliche« Maße: Fuß, Elle, Daumen, Schritt, Klafter bildeten ihre Einheiten. Es ist mehr als symbolisch, dass sie die Französische Revolution, gerade sie, die auf dem Kontinent von allen Revolutionen am meisten von sich reden machte, ablöste und neue Maße schuf. Die wurden nun auf »natürlicher« Grundlage ermittelt, nicht dem Menschen nach, sondern nach physikalischen Gegebenheiten vom Umfang der Erdkugel und nach dem seit langem entwickelten Dezimalsystem. Bis heute haben die Engländer und Amerikaner diese Maße vom europäischen Kontinent nicht übernommen, und das gibt ihnen unter anderem auch eine antirevolutionäre Symbolik. Zwar hatte in alten Zeiten eine Elle in Krakau eine andere Länge als in Lyon. Der revolutionäre Meter dagegen war überall gleich. Aber die Elle hatte den Menschen mit seinem Unterarm in den Raum einbezogen. Noch heute wird die alte Praxis des Messens mit dem Menschen als Maß lebendig, wenn ein Tuchhändler auf dem Markt zwar mit dem Meterstab misst, aber das Gemessene danach über Daumen und Ellbogen zusammenfaltet: Eine Handbewegung durch die Jahrhunderte! An den vierzigmillionsten Teil eines Erdmeridians denkt man dabei nicht.

Aber die Fläche? Wie maß man, ob Quadratfuß oder Quadratmeter, eigentlich eine Fläche ohne Theodoliten und Kartenblatt? Hier hat seit uralten Zeiten die antike Praxis ausgeholfen, für Feldmaße und für Baumaße auch: Man teilte eine beliebig lange Schnur in zwölf gleiche Abschnitte und spannte davon einmal drei, einmal vier und einmal fünf davon in ein Dreieck. Zusammengenommen, wird das immer ein rechtwinkliges Dreieck sein, und wenn man nun jede der Seiten zu einem Quadrat ausbreitet, so entspricht die Fläche der Quadrate über den beiden kürzeren Seiten genau der Fläche des Quadrats über der längsten Seite. Es war der Grieche Pythagoras, der diese Einsicht ersann, und mit oder ohne weitere Kenntnis der euklidischen Geometrie konnte jeder Feldmesser mit einer Schnur und ein paar Pflöcken rechte Winkel und gleich große Flächen messen. Im preußischen Ritterstaat, dem späteren »Ostpreußen«, erschien im 14. Jahrhundert ein gelehrtes Werk über die Kunst der Feldvermessung.

Die landwirtschaftliche Feldvermessung kennt übrigens noch heute alte Maße, die dem menschlichen Vermögen abgewonnen waren und der menschlichen Feldarbeit als Tagesleistungen: Das Tagwerk, *journée*, den Morgen, oder den an einem Tag gepflügten Boden, den Acker, *acre*, *aratro* oder, was gleich viel galt, das Joch – Tagesleistung von einem Paar Ochsen – oder gar nur den Umritt, eine grobe Bezeichnung für ganze Dorfanlagen. Die Dezimalmaße Ar und Hektar haben heute bei uns, in Italien und selbstverständlich in Frankreich die alten Maße verdrängt; im Englischen nicht. (Alberti 1957)

Die Spätantike hat wohl auch Weltkarten entworfen. Aber nur Bruchstücke sind überliefert. Die einzige Darstellung aus dem 4. Jahrhundert, von der berichtet wird, umgriff zwar das ganze römische Imperium, aber sie ging verloren, und nur eine Kopie aus dem 13. Jahrhundert hat uns erreicht, nach einem Augsburger Humanisten benannt: Peutingerkarte. Sie ist eine dürre Wegeskizze, bietet Entfernungen, aber keinen Raum. Raum an sich wurde bildlich im Übrigen erst erfasst, als man seit dem 14. Jahrhundert auf Holztafeln zu malen begann oder *al fresco* biblische Szenen auf Wänden darstellte, Städte, Wege, das Heilige Land. Zuvor hatte man in den Buchminiaturen rund um Personen meist nur farbiges Dekor bereit, oft Goldgrund. Er genügte dem kleinen Format. Auch die älteren Fresken stellten Personen ohne Hintergrund dar, oder mit Häusern, mit Jerusalem, Rom, und ähnlich die großen Mosaiken. Eigentlich haben die großformatigen Andachtsbilder des 14. Jahrhunderts auf Holztafeln und *al fresco* erst den Raum für den Pinsel entdeckt, und die italienischen, die flämischen und die böhmischen Künstler brachen dabei Bahn. (Wundram 2000)

Gerade zu dieser Zeit wuchs aber auch das Interesse am weiten Raum, am kosmischen, und am Abbild der ganzen Welt. Die Antike hinterließ uns eine Vorstellung von der Erde als runde Scheibe, auf dem Weltmeer schwimmend. Diese Vorstellung übernahm die mittelalterliche Weltbetrachtung, setzte sie ins Bild und schmückte sie mit Symbolen aus. Das Land, die drei bekannten Kontinente, gruppierte man um ein T-förmiges Binnenmeer: Das Schwarze Meer zur linken Seite, das Rote zur rechten, im rechten Winkel zwischen beiden das Mittelmeer von Palästina bis nach Gibraltar. Die Darstellung wurde nach Osten ausgerichtet, mit Gibraltar am unteren Rand und mit dem größten Kontinent nach den damaligen Vorstellungen, nämlich Asien, in der oberen Hälfte des Kreises. Europa fand Platz im linken unteren Viertel, Afrika rechts. So blieb im Mittelpunkt der Darstellung Raum für Palästina und für die Heilige Stadt Jerusalem als Mittelpunkt der Welt. (v. d. Brincken 1988) Eine solche Karte hat eher Symbolcharakter als Realitätsbezug, und doch fehlt er nicht.

Der irdische Raum hat noch eine himmlische Komponente, so wie die Zeit zu konfrontieren ist mit der Ewigkeit. Das Paradies stellt jene Verbindung dar, und es ist in den alten Erdkarten auch räumlich festgelegt, ebenso wie das himmlische Jerusalem eine Stadt ist mit Mauern und Türmen und mit dem irdischen Jerusalem in einem ungeklärten Bezug steht. Jerusalem liegt in der Mitte der Welt, weil alles Heil von dort ausging und weil es vom Himmel herabkommt am Ende der Zeiten. Vom Paradies weiß man aus der Bibel, nur: Wo ist es zu finden? Die vier benannten Paradiesflüsse orientieren es an Euphrat und Tigris und lassen es demnach im Osten vermuten. Nachdenkliche wussten schon, dass der Zugang zum Paradies aber nur selten oder gar nicht gefunden werden könne. Auch der große Welteroberer Alexander suchte ihn bekanntlich vergeblich, er suchte im Osten, nicht weit von Indien.

Das Ganze ist eine gute, in sich geschlossene Anschauung vom so genannten Symbolismus im mittelalterlichen Denken, in dem alles »seine« Ordnung hat, mit der Bibel vereinbar ist und von einer ausgeglichenen Betrachtung gedeutet werden kann oder umgekehrt den grübelnden, wissbegierigen Kopf mit ruhiger Anschauung erfüllt.

Erst der spätmittelalterliche Realismus löste den Knoten, der den Blick gefangen hielt, und schuf Karten nach Entfernung und Winkelmaß, wie man sie brauchte. Weniger zu Lande als zur See. Dafür bot der Kompass seit seiner Übernahme aus China unersetzliche Möglichkeiten. Die neuen portugiesischen »Portolankarten« des 14. Jahrhunderts sollten Häfen und Küstenlinien zeigen, sie sind nach Navigationspunkten ausgerichtet und manchmal von verblüffender »moderner« Genauigkeit. Ein Glanzstück dieser Kunst, besonders in seiner Darstellung des westlichen Europa, gelang im so genannten Katalanischen Weltatlas von 1375. Auf zwölf Tafeln ist die Oberfläche der Erde abgebildet. Man muss gestehen, dass sich dieser erste »Atlas« vom Ende des 14. Jahrhunderts wie eine moderne Vision von der Erde ausnimmt. Daneben ging das alte Bild der Welt aber noch lange nicht unter. Im Nonnenkloster Ebstorf verwahrte man bis zum letzten Krieg eine im 13. Jahrhundert gezeichnete übermannsgroße Wandkarte, die Seeleuten nutzlos erschienen wäre. Sie zeigt die Erdscheibe in der Grundform jenes T-Schemas mit kaum kenntlichem Realitätsbezug, aber mit vielen Städtenamen in ungefährer Zuordnung und mit dem Gekreuzigten als Hintergrund. Noch näher den alten Weltvorstellungen ist das Kartenbild des englischen Mönches Radulf Hidgen. Er malte die Weltscheibe etwa zur Entstehungszeit des großen Weltatlas aus Katalonien noch als Oval. Dazu setzte er Meere und Flüsse in alter Manier, wenn auch mit vielen mehr oder minder treffenden Städtenamen aus der zeitgenössischen Reiseerfahrung.

Man muss das zeitliche Zusammentreffen von Alt und Neu, von Katalanischem Weltatlas und der Weltkarte des englischen Mönches, nicht allzu merkwürdig finden: Denn die Neugier nach den Geheimnissen des Raumes, der Erde und des Himmels suchte gerade in jener Zeit in allen möglichen Formen nach Befriedigung. Ihnen kann man ablesen, was sonst nur den akademischen Diskussionen im kleinen Kreis der Gelehrten erlaubt war. Nicholas von Oresme zum Beispiel soll um 1350 in Paris über das heliozentrische Weltbild doziert haben, »mit einer Klarheit, Präzision und Sicherheit, … die von Kopernikus selbst nicht erreicht wurde«. (Geyer 1951, 600) Kopernikus lebte bekanntlich einhundertfünfzig Jahre später und wagte seine Erkenntnisse zu Lebzeiten nicht zu drucken. Auch an der neuen Prager Universität stand das heliozentrische Bild des Kosmos offenbar im 14. Jahrhundert zur Diskussion. Und was da wohl die Gelehrten diskutierten, das äfften die Gaukler nach. Deshalb verdiente der Niedersachse Till

Eulenspiegel durchaus Aufmerksamkeit für sein Schelmenstück, wonach er sich damals als falscher Magister in Prag zur Diskussion gestellt und da seine gelehrten Kollegen bei Fragen über Himmel und Erde frech mit Scheinantworten abgespeist haben soll. Das Thema war im Schwange.

Sein in der Zeit

Nichts erscheint leichter in jenem Merksatz, der Descartes berühmt gemacht hat, als zu sagen: »Ich denke – also bin ich.« »Ich denke heute, gestern, morgen. Also bin ich in der Zeit. Ich begreife die Zeit.« Nichts scheint leichter, konstatiert schon Augustinus, als zu sagen, was die Zeit ist: »Aber will ich's dem Fragenden auseinander setzen, weiß ich es nicht: Gleichwohl sagte ich zuversichtlich, ich wisse, es gäbe keine Vergangenheit, wenn nichts vorüberginge, und wenn nichts käme, gäbe es keine Zukunft, und wenn nichts wäre, gäbe es keine Gegenwart.« (Augustinus 1959, 300) Sein und Zeit in Bezug zu setzen, ist ein altes Anliegen der Philosophie. Natürlich kann man auch Sein und Raum gemeinsam betrachten. Dazu muss man den Raum erkennen können. Man muss sehen. Die Zeit kann man nicht sehen, so wenig wie das Sein.

Man kann die Zeit also mit geschlossenen Augen wahrnehmen, und ganz allein. Aber man teilt diese Zeit auch mit allen anderen, ob sie wollen, ob wir wollen, oder nicht. Aus einem Raum kann man weggehen, um allein zu sein. Aus der Zeit nicht. Die Zeit, so freundlich sie uns ihr »Gestern, Heute, Morgen« anbietet, stellt uns sofort unter ihre Kuratel: Wir müssen mit dem Heute vorlieb nehmen, können nicht zurück ins Gestern und dürfen das Morgen noch nicht erleben. Den Raum, diesen oder jenen, können wir dagegen, wie es scheint, wählen und nach Belieben erfahren.

Das ist ein merkwürdiges Zeitbewusstsein, das unser Dasein begleitet und uns zu Zeitgenossen macht: Wir teilen das Datum, wir wünschen uns einen guten Tag, Abend, Morgen, wir bekräftigen fort und fort ein Miteinander, das eigentlich nur durch ein Beisammensein verwirklicht wäre. Alles andere ist Abstraktion, um Abläufe ineinander zu gießen, die jeweils unabhängig waren und nur in unserem Kopf eine Gemeinsamkeit eingehen: An diesem Tag, als ich im Wald einen Hasen sah, da unterschrieb der Staatspräsident das neue Gesetz, und zur selben Stunde beschlossen die beiden Banken eine Fusion, als meine Enkelin ihr neues Fahrrad in Besitz nahm. Nur im Kopf fügen wir alles zusammen. Durch die Einsicht in die Gleichzeitigkeit überwinden wir die räumliche Distanz.

Natürlich hätten wir Zeitgenossen auch ohne die räumliche Distanz noch nicht das Gleiche im Kopf: Denn wenn von zwei Zeitzeugen der eine die Bankenfusion für einen Börsenvorteil hält, muss vielleicht der andere deshalb um seinen Arbeitsplatz fürchten. Also bietet die Abfolge der Ereignisse nicht mehr als einen Leitfaden für die Ordnung unserer Wahrnehmungen, und wir trennen weiterhin nach dem, was uns wichtig erscheint, und dem, was wir schnell wieder vergessen können; nach dem, was wir für förderlich ansehen, und nach dem Bedrohlichen. Das eine wie das andere erwarten wir dabei von der Zukunft, von dem, das zu sehen noch nicht möglich ist und das nur Propheten mit der ihnen eigenen Sicherheit vorhersagen, oder sehr selbstbewusste Analysten.

Damit sind wir nahe bei der viel zitierten rückwärts gewandten Prophetie als dem Umgang des Historikers mit der Zeit. Es geht dabei um die Kunst, ein Ereignis aus dem vorhergegangenen herzuleiten, um die Kunst also, das lange Vergangene mit ebenjener Sicherheit aus dem längst Vergangenen herzuleiten, mit welcher der Prophet die Zukunft aus der Gegenwart zu erkennen gibt. Und dabei sind auch Historiker nicht frei von jenem Selbstbewusstsein, das manchen Propheten interessant macht. Freilich ist nur wenigen Historikern die Kraft der Prophetie eigen, auch wenn sie dabei das Wagnis der Prophetie, den Vorstoß ins Unbekannte, nicht auf sich nehmen müssen, weil sie doch das längst Bekannte nur zu erklären suchen. Sie sind damit dem Wagnis des Propheten nicht mehr ausgesetzt. Sie leihen sich sozusagen nur das Pathos bei ihm. Und ohne das prophetische Pathos wären sie eigentlich nur damit befasst, die Zeit zu verwalten. Das tun sie seit dem biblischen Bericht in der Reihenfolge der Generationen. »Und Adam war hundert und dreissig jar alt, und zeuget einen Son, der seinem Bild ehnlich war, und hies jn Seth. Und lebet darnach acht hundert und sieben jar, und zeuget Söhne und Töchter ... Seth war hundert und funff jar alt, und zeuget Enos. Und lebet darnach acht hundert und sieben jar ... Enos war neunzig jar alt, und zeuget Kenan. Und lebet darnach acht hundert und funffzehen jar ...« (Moses 1, 5. Lutherbibel 1545)

Das älteste erhaltene Geschichtsbuch der Menschheit zählt zehn Generationen von Adam bis Noah. Und natürlich bemerken wir gleich, dass die Jahresbilanzen nicht unserem Zeitmaß entsprechen. Immerhin geben die Relationen zwischen der Zeugung des ersten Sohnes und der gesamten Lebensdauer des Vaters eine Vorstellung, und eine andere steckt in der Beobachtung, dass mit der Geburt des Erstgeborenen eine neue Epoche beginnt. Hier ist die Aufeinanderfolge von Menschenleben zum Zeitmaß genommen, von der Geburt bis zur Zeugung des Nachfolgers sind Marksteine gesetzt: Väter und Söhne. Das Ausmaß der Vergangenheit ist nach Generationen bestimmt, nicht nach einem Ablauf aus der Summe periodisch aufeinander folgender gleicher Abschnitte. Die Jahresangaben sind nicht, was andernfalls nahe läge, zu einer Gesamtzahl addiert. Was der Text verrät, hat die Bibelwissenschaft längst bestätigt: Die Jahreszahlen sind erst später in diesen Text eingefügt. Ursprünglich ging es nur um die Aufeinanderfolge von Generationen, um Väter und Söhne. (Bodmann 1992, 57)

Aber was sind dann Jahre? Seit mindestens fünftausend Jahren schon teilten die Ägypter die Zeit nach dem Sonnenjahr von 365 Tagen. Aber auch ihnen lag dabei nicht an einer abstrakten Zählung. Es ging vielmehr um Aussaat und Ernte. Sie konnten nämlich auf diese Weise, gestützt auf ein Sternbild, recht exakt den Beginn des frühsommerlichen Nilhochwassers bestimmen, die Lebensader des schmalen Niltals in der Wüste. Auch die Ägypter formten das ewig wiederkehrende Zeitmaß nicht zu einer Linie. Sie ermittelten den Jahreslauf recht genau, fast so genau wie wir heute, und korrigierten die bekannte Differenz zwischen 365 Tagesumläufen und dem scheinbaren Sonnenlauf um die Erde von 365 Tagen und ein wenig mehr als sechs Stunden mit Schalttagen. Auch uns ist heutigentags noch kein besseres Rezept eingefallen. Wir rechnen und messen die Zeit noch genauso wie die Sterndeuter einst in der Steinzeit. Die Beispiele ließen sich aus allen orientalischen Hochkulturen vermehren und auch aus der fernsten Vergangenheit in unseren Breiten.

Was die Nomadenkultur der alten Israeliten überlieferte und ebenso die hoch zivilisierte astronomische Beobachtung in Ägypten und in Mesopotamien, das galt der ewigen Wiederkehr. Über größere Zeiträume führte das Generationenprinzip, wie es unter den Zelten der Israeliten herrschte, ebenso wie in der Generationenfolge der Pharaonen in ihren steinernen Riesengräbern. In den alten Hochkulturen stilisierte sich die Generationenfolge zur Kette der Könige. Einen Abglanz davon haben alle Monarchien bis in unsere Zeit bewahrt, wenn sie in feierlichen Erlässen ihre Regierungszeit nennen. Und das war, am Anfang aller Zeitrechnung, zunächst einmal der Ersatz für unsere Jahresangaben. Die klassischen Griechen, bekanntlich ohne Könige, datierten nach ihren kultisch begangenen Gemeinschaftsfesten, den Olympiaden; die oligarchischen Römer nach Konsulats- und nach Steuerjahren, und erst viel später mit fabulösen Jahreszahlen *ab urbe condita*, nach dem sagenhaften Gründungsdatum ihrer Stadt.

Der Versuch, den ewigen Kreislauf zu durchbrechen und stattdessen die Zeit als eine Jahr für Jahr erweiterte Strecke zu verstehen, eine unumkehrbare, stets wachsende Linie aus der Vergangenheit, die man nach den längst bekannten Jahreskreisen zählen und addieren kann, wie uns das heute selbstverständlich erscheint, setzte zunächst erst einmal den Glauben an einen festen Punkt voraus, der dem ganzen Weltenlauf zu einem Ursprung verhalf. Ohne ein solches Ereignis ließ sich die Zeit nicht bestimmen, so wie fortan umgekehrt alle Ereignisse nach einer festen Zeit bestimmt werden konnten. Die Geschichte selbst rief nach solchen Fixpunkten, als sie sich zu entfalten begann: Die »Großreiche«, die sich als »Weltreiche« verstanden, als Universalreiche, suchten seitdem die politischen Ereignisse universal, also weltumspannend zu erfassen. Die Ägypter, die Babylonier und die Perser versuchten sich an chronologischen Übersichtstabellen, sozusagen an »Leitfäden« für ihre gemeinsame Vergangenheit, und in derselben Zeit fügte man der biblischen Generationenfolge wohl auch die Jahreszahlen hinzu, noch unsicher und ohne die Funktion abstrakter Zeitmaße. Die Römer zählten im selben Sinn »seit der Stadtgründung«. Dass sie dabei die Pflege ihres Geschichtsbewusstseins allzu weit in die Vergangenheit zurücksetzten, ist nebensächlich. Wie jede Wissenschaft ist auch die Historiographie bis heute ein Tummelplatz des Irrtums.

Alexander »der Große« hatte vor zweitausenddreihundert Jahren den östlichen Mittelmeerraum vom Peloponnes bis zum Nil und an den Hindukusch zusammengeschlossen, und in seinem neuen, wenn auch kurzlebigen Großreich formierte sich ein Gemeinsamkeitsbewusstsein. Man setzte damals die einzelnen »Weltgeschichten« zum ersten Mal zum zeitlichen Vergleich nebeneinander. Die biblische, die religiöse Weltgeschichte verdrängte schließlich alle die politischen Herrschaftsgebilde. Sie zählte von der Schöpfung an, und bis zur Zeit Peters des Großen rechnete man in Russland nach einer byzantinischen Tradition »seit Erschaffung der Welt«. So rechnen die religiösen Juden bis heute.

Die lateinischen, oder wie es bald hieß, die römischen oder katholischen Christen nicht. Bei ihnen hatte sich, nach langer Vorgeschichte, die Geburt Christi als der bestimmende Wendepunkt durchgesetzt. Die Geburt Christi galt dabei, nicht der Tod, auch nicht der Beginn seiner Wirksamkeit, vergleichbar etwa weltlichen Regierungsjahren. Das verweist auf den religiösen Charakter dieses Zeitpunkts. Mit Christi Geburt kam der Erlöser »in die Welt«, wie die evangelische Botschaft noch heute verkündet. Freilich ist auch das zunächst und für lange Zeit noch »Ereignisgeschichte«. Ehe man in abstrakten Zeitabständen zu denken gelernt hatte, in den gedanklichen Dimensionen, die »seit der Weltschöpfung« mehr als 5500 (byzantinisch) oder doch zumindest 3761 Jahre (jüdisch) zählte, ehe die westliche Christenheit die Geburt Christi hinauf und hinab zur Achse der Weltgeschichte machte, musste offenbar noch viel abstraktes Zeitverständnis reifen. »Jahre ohne Ereignisse«, also sozusagen »leere Zählreihen«, führte in der westlichen Chronistik offenbar erst der Reichenauer Mönch Hermann »der Lahme« vor rund tausend Jahren ein. (Bodmann 1992, 224; Borst) Und erst mit der Eroberung von Byzanz-Konstantinopel durch ein westliches Kreuzfahrerheer 1204 wurde diese Zählung auch in der byzantinischen Christenheit verbreitet. Der nächste Gedankenschritt schließlich, nämlich die rückwärts gewandte Zählung der Jahre vor Christi Geburt, uns heute ganz geläufig, lässt sich in Europa erst Ende des 15. Jahrhunderts beobachten. Erst damit verbreitete sich ein unbefangen abstrakter Umgang mit der Zählung der Zeit, und man kann gar nichts anderes denken, als dass mit solchen klaren Entwicklungen in der Zählung auch entsprechende Entwicklungen im Denken über die Zeit zusammenhängen. In Russland bediente man sich solcher Zählungen noch lange nicht. Auch im Islam und bei den Juden suchte man sie vergeblich.

Und in unseren modernen Köpfen? Wirkt nicht auch bei uns noch immer das unmittelbare Erlebnis und seine mündliche Vermittlung durch »Augenzeugen« viel tiefer in aller seiner Fragwürdigkeit als das stille Buch? Woran erinnern wir uns ganz ohne Vermittlung eigentlich selber aus dem Vorrat unseres eigenen Kopfes auf sehr ungelehrte, aber eindringliche Weise? An ganz glückliche Zeiten, die wir gern Kindern und Enkeln vermitteln? An persönliche Erfolge, glückliche Jahre, an »hochgezîten« in unserem oder im Familienleben? Vornehmlich wohl an die Angst: um unser eigenes Leben, vielleicht noch eher um nahe Menschen, um wirkliche Gefahren. Kollektive Glücksempfindungen sind selten, weit seltener als ihr Gegenteil: Hunger, Krieg, Katastrophen prägen sich viel tiefer der kollektiven, der historischen, der persönlichen Erinnerung ein, ganz ohne die Schriften der Historiker. Der Dreißigjährige Krieg, der größte Bevölkerungseinbruch in West- und Mitteleuropa seit der großen Pestzeit des Mittelalters, ist heute noch ein Thema von Sagen und Liedern, wie denn die mündlich weitergegebene Kinderliteratur ein besonderes Element, einen oft kaum bewussten und verschlüsselten Baustein der kollektiven Erinnerung einschließt. Die Bombennächte, die Ängste der Vertreibung werden jetzt als »Erinnerungskultur« zum Forschungsthema.

Die Götter kamen vom Himmel und brachten uns die Zeit

Fünf Planeten konnten die alten Astronomen von ihren Beobachtungstürmen mit bloßem Auge erkennen: Mars, Merkur, Jupiter, Venus, Saturn. Sie hießen wohl auch in Babylonien schon nach den Göttern, und die Römer übernahmen solche Bezeichnungen. Auch nannten sie nach ihnen fünf Tage der Woche, von Dienstag bis Samstag. Der Montag hieß nach dem Mond, und der Tag der Sonne, der Sonntag, war der siebente und vornehmste in diesem Kreis. Kaiser Konstantin setzte ihn als den christlichen Wochenbeginn fest. Volkstümlich gilt er trotz allem bei Christen und Heiden als Wochenende.

Über die römische Kultur erreichte auch uns einst die Siebentagewoche mit den römischen Tagesbezeichnungen. Karl der Große ließ germanische Parallelen suchen für die römischen Götternamen. Seine Hofgelehrten machten sich an die Arbeit, und über ihre Ergebnisse tragen wir alle die mutmaßliche germanische Götterwelt noch heute auf der Zunge: Den Montag nach dem Mond, wie die Römer, den Dienstag nach dem Kriegsgott Diu, den Donnerstag nach dem Donnergott und den Freitag nach der First Lady im Germanenhimmel, Freya, der Ehefrau Wotans, die sechs goldborstige Eber vor ihren Himmelswagen gespannt hatte. Dieses Gespann entfernt sie doch ein wenig von der schaumgeborenen Venus, die am Venerdi die Romanen grüßte.

Immerhin war damit die Götterriege beinahe komplett. Nur der Mittwoch blieb bei einer bloßen Positionsbezeichnung, denn für Merkur, den Gott der Händler und der Diebe, hatte das kriegerische Germanenvolk offenbar keinen Platz im Himmel. So blieb der *mercoledì*, *mercredi* der Italiener, Franzosen und Spanier ohne Korrespondenz bei uns. Die Engländer waren da freimütiger. Sie wählten Wotan für diesen Tag, der bislang noch fehlte, und den halten sie in ihrem »Wednesday« noch immer.

Der deutsche Sonnabend weicht wieder vom Götterschema ab. Bei Römern und Romanen, in Italien also wie auch in Spanien und in Frankreich, gehört dieser Tag dem Saturn, dem römischen Kollegen des Chronos, dem Gott der Zeit, der nach astronomischer Einsicht bekanntlich seine Kinder frisst. Einen Kollegen hatte der Saturn aber im nordischen Himmel nicht. Die Engländer hielten immerhin einen Saturday fest, und die Holländer bis heute den Zaterdag. Im Deutschen, soweit sich nicht der jüdische Sabbat als Schabbes, als Samstag durchsetzte, wurde der unbekannte Saturnstag zum »Vorabend des Sonntags« erklärt, eben zum Sonnabend, ein Zugeständnis an christliche Zeitbegriffe, die im Übrigen den heidnischen Göttern in dieser Siebentagesequenz hatten weichen müssen.

In den romanischen Sprachen hat die christliche Konnotierung aber auch den Sonntag, den Sunday, verdrängt und ihn zum »Tag des Herrn« ernannt – *domenica, dimanche*. So erhielt er die erste Position im Wochenlauf. Damit war die Woche perfekt, benannt nach den sieben größten Himmelskörpern, die uns Tag und Nacht begleiten, und nach den Namen der alten Götter, die über den Kalender unsere Zeitbegriffe in den jüdisch-christlichen Monotheismus übertrugen, mit Abweichungen im Germanischen. Die Slawen dagegen, die dritte Komponente der europäischen Kultur, erst um die Jahrtausendwende christianisiert, hatten die griechisch-römische Götterwelt in ihren Tagesbezeichnungen sozusagen verpasst. Sie wurden erst spät bedient, ohne antike Planeten oder Götter und ohne ihre himmlischen Kollegen. Von einem slawischen Olymp ist nichts bekannt. Vergleichbares ließ sich auch nicht rekonstruieren. Die Slawen scheinen von den christlichen Priestern vor allem durch das Feiertagsgebot nach einer sechstägigen Arbeitswoche beeindruckt worden zu sein. So haben sie zunächst einmal den Sonntag als christliches Arbeitsverbot wahrgenommen und deshalb benannt als »nedeli«, »niedziali«, »Nichtarbeitstag«. Die alten Götter des Mittelmeerraums leben aus diesem Grund nur im einstmals römischen Europa fort. Über die Verbreitung der westlichen Zivilisation freilich gilt ihr Regiment am Himmel weltweit noch heute.

Bleibt noch zu sagen, dass das Mittelalter die Heidennamen gar
nicht so gern benützte. Man datierte lange Zeit fast ausschließlich
nach dem Heiligenkalender im Kirchenjahr und schrieb beispielsweise
in Urkunden: Am Tage des heiligen Pankratius, am zweiten Tage vor
dem Fest des heiligen Martin … und so fort. Es gab mehr Heiligen- als
Wochentage im mittelalterlichen Kalender, und die berühmteren waren auch Fixpunkte im Geschäftsjahr.

Die weit ältere Siebenzahl der Wochentage stieß dagegen auf keine
Schwierigkeiten. Sie war ja doch schon den biblischen Autoren bei ihrem Bericht vom Sechstagewerk der Schöpfung bekannt gewesen. Nur
eben: »Am siebenten Tag ruhte Gott.« Von diesem siebenten Tag, dem
jüdischen Sabbat, rückte das Christentum ab, denn Christus war am
Sonntag auferstanden, sodass der Sonntag seit Konstantins Zeiten, wie
erwähnt, zum staatlich deklarierten Feiertag wurde. Der Siegestag des
Christentums ging mit ihm in dieser Zählung durch die Zeiten und hat
auch bis heute die Französische Revolution mit ihrer Zehntagewoche,
die sozialistische Wochenplanung und alle anderen weniger krassen
Reformversuche heil überstanden. Erst heute erscheint der Wechsel
von Arbeitswoche und Feiertag ernsthaft gefährdet durch den Kon-
sumliberalismus unserer Tage. Unsere Supermärkte bedrohen die Ordnung aus Babylon. Nichts ist trister für einen gelernten Europäer als
shopping im Land der unbegrenzten Möglichkeiten in den sonntäglich
geöffneten *stores*.

Der alte und der neue Himmel

Wir fühlen uns dem Himmel in unserem Schicksal geradeso ausgesetzt
wie dem ganzen Kosmos und haben uns doch seit Jahrtausenden immer wieder mit dem nächtlichen Rätsel über unseren Köpfen befasst,
haben es in Mythen verpackt, im Aberglauben behütet, von der Kirche
beschützt sein lassen. Erst seit Kopernikus, Galilei und Kepler sind wir
den Sternen näher. Seit Albert Einstein, seit Max Planck, seit Pascal
Jordan wissen wir mehr und mehr von der Entstehung des Alls aus
einem bislang unergründlichen Schöpfungsakt, den allerdings die Bibel bereits berichtet hatte und den gerade nur die Religion mit ihrer
göttlichen Schöpfungsgeschichte zu deuten imstande war. Darüber
hatte man unter aufgeklärten Geistern vor hundert Jahren gut lachen.
Denn seit Urzeiten bis eben vor hundert Jahren konnte man sich an die

Vorstellung von einem ewigen Weltall halten, mit Argumenten, die auch schon Griechen und Römer kannten. Über allen Kalendern, Jahreskreisen und weltgeschichtlichen Synopsen steht noch immer die Legende von der ewigen Wiederkehr, vom Kreislauf der Weltgeschichte, den schon Aristoteles zur These erhob. Heute geht das so leicht nicht mehr. Seit hundert Jahren nämlich haben wir dem Himmel der Sterndeuter eine neue Wahrheit entlockt. Alle die großen Physiker postulieren seitdem einen Anfang des Universums, einen Urknall, eine »Schöpfung«, wie auch immer. Und eine solche Annahme gilt natürlich auch als Voraussetzung für einen modernen, einen kritischen, einen ontologischen, »wissenschaftlichen« Gottesbeweis. Denn wo ein Anfang ist, muss eine Ursache sein. Aber diese Ursache muss selber, wenn sie diesen Namen verdient, der Logik nach außerhalb des Vorgangs stehen, den sie ausgelöst hat, außerhalb der Zeit stehen, sie muss »ewig« sein. Was dagegen einen Anfang hatte, wird auch irgendwann einmal zu Ende gehen. Unser Himmel ist nicht unbegrenzt. Heute steht dem kaum mehr eine Meinung entgegen.

Wo ein Anfang ist, muss also auch ein Ende sein. Der unendliche Himmel wie der ewige Kosmos sind bloße, so glauben wir heute, Sterndeuterlogik. Jahrtausendelang hatten wir nicht begriffen, was es eigentlich auf sich hat mit der endlichen Zeit, die Propheten und Seher verkündet hatten, die Einstein schließlich in einen gekrümmten Raum verlegte. Das geht weit über unser Vorstellungsvermögen, aber es gilt seit der Sonnenfinsternis von 1919 als astronomisch bewiesen. Eine solche Einsicht muss seitdem verstanden werden als ein unumkehrbarer Prozess für alles Dasein, damit wohl noch längst nicht in unser Daseinsverständnis umgesetzt, aber von den Physikern als feste Erkenntnis registriert. Damit kehrt die moderne Wissenschaft zurück zu einem biblischen Argument. Dass die Zeit etwas zu tun hat mit der göttlichen Sphäre, nicht nur, weil sie sich zuallererst dem Himmel ablesen ließ, wo die Götter wohnen, lange vor der Erfindung der Uhr und der Niederschrift der ersten Chronik, das hat uns nach dem antiken Irrweg von der ewigen Wiederkehr der Sonne und vom Kreislauf der Zeiten das letzte, das 20. Jahrhundert besser verstehen gelehrt als die tausend Jahre zuvor.

»*Gebraucht der Zeit ...*«

Dies ist eigentlich ein bürgerlicher Ordnungsruf, den unser Klassiker da mit seinem Rückgriff auf jene allgegenwärtige Abstraktion verbindet, als die sich die Zeit erweist, wenn man sie misst und zählt. Sie erscheint dabei immer wertvoller, je kleiner das Maß ist, das wir ihr anlegen. Und sie hat ohne Zweifel ihr kosmisches Ende. Unser persönliches Ende haben alle Jenseitsreligionen zu überwinden gesucht – in unserem Kulturkreis hatten es ganz am Anfang die Ägypter am eindrucksvollsten in ihrem Totenkult gestaltet, freilich nur für den Pharao und seine Frau, später auch für die besonderen Jenseitshoffnungen der Oberschicht.

Nur hat die Zeit viele Gesichter und ist durch keine Uhr zu regulieren. Odysseus zählte die Tage sicher anders als Penelope, und ohne Augenschein war Achills Wettlauf mit der Schildkröte einfach nicht zu entscheiden. »Der Stein entrollt dem Sisyphos, der Danaiden Tonne wird nie gefüllt, und den Erdenball beleuchtet vergeblich die Sonne ...« Es sind antike Bilder, die Zeit und Ewigkeit noch heute verbinden. Aber schon Christus warnt: »Niemand kennt den Tag und die Stunde!«, und in die sonnige Mittelmeerwelt bricht die Drohung der Apokalypse. Das eben hat Konsequenzen. »Tempus fugit« – »die Zeit flieht« vor dem Untätigen, der freilich den Tag mit der oder jener Absicht ergreifen kann. Er kann ihn »pflücken« oder vertändeln oder daran denken, dass er ihm die letzte Stunde bringt, denn: »Ultima latet!« »Die letzte ist verborgen!« Die fromme Weisheit des weiland Klosterschülers Ulrich von Hutten für eine Sonnenuhr gilt in aller Kürze dem gesamten christlichen Zeitverständnis; dem religiösen Überblick vom Anbruch der Ära Christi bis zu seiner Wiederkehr »am Ende der Zeiten«, mit dem die Christen den antiken Gedanken vom ewigen Kreislauf abgelöst hatten. Sie gilt dem persönlichen Ende, jedem Gläubigen zugedacht, um sein Leben auf die Erwartung seiner letzten Stunde auszurichten. Die fromme Warnung begleitet alle, die nach dem irdischen Leben das Gericht im Jenseits erwarten.

Im irdischen Leben sah der französische Mediävist Jacques Le Goff eine neue Zeit angebrochen mit der Erfindung der Räderuhr, sah sozusagen nach der »Zeit der Kirche« eine »Zeit für den Markt«. Eine bürgerliche Zeitanzeige, die Handel und Wandel auf eine neue und perfekte, auch von der Sonne unabhängige Weise zu regeln imstande war, eine Zeit, mit der eine neue Gesellschaft vom Tag Besitz ergriff und seine Stunden zählte: Nicht nach dem kirchlichen Morgen-, Mittag- und Abendläuten, Gebetsläuten, nicht nach dem stillen Gang des Sonnenschattens auf der weißen Wand, sondern »pünktlich mit dem Glockenschlag«, seit man es verstand, den ewigen Fluss der Zeit mit einer klugen Maschine nachzuahmen, ihn zugleich zu hemmen, zu fördern und zu bändigen, tatsächlich durch eben das, »was die Welt im Innersten zusammenhält« – durch die Schwerkraft.

Man konnte die Zeit natürlich auch vor dieser großartigen Erfindung bereits messen. Man konnte ihren Verlauf nach den Gestirnen verfolgen. Sonne und Mond benützen wir heute noch zu solchen Zeitansagen. Die geheimnisvollen Steinkreise, die eine rätselhafte Bevölkerung vor Urzeiten von Ägypten über Südfrankreich bis nach Mittelengland hinterließ, sind mit einzelnen astronomischen Anhaltspunkten in Verbindung gebracht worden. Ob sie überdies auch noch zur Schulung der künftigen Sterndeuter dienten, ob wir in Stonehenge die älteste bekannte englische Hochschule vor uns haben oder nur den Paradebau für urzeitliche Frühlingsfeiern, das ist noch offen.

Vor Jahrtausenden vermittelte die Sonnenuhr den Lauf des Tages durch die Wanderung des Schattens, selbst noch zu Luthers Zeiten handtellergroß aus Messing hergestellt und zur raschen Handhabung mit dem viel jüngeren Kompass verbunden. Aber das war sozusagen nur ein astronomisches Schattenspiel. Damals gab es längst die Räderuhr und auch schon ihren handlichen Ableger, das »Nürnberger Ei« für die Hosentasche.

Unabhängig vom Sonnenstand hielt man sich zuerst daran, das Wasser, das infolge der Schwerkraft stets mit gleichem Strahl rinnt, nach festem Maß von einem Gefäß ins andere zu leiten, vielleicht sogar in prunkvoller Ausfertigung mit einem Schwimmer, der die Stunden wies. Der Märchenfürst Harun al Raschid ging in die Geschichte Karls des Großen ein, eine Begegnung zwischen der alten Mittelmeerkultur mit dem jungen transalpinen Norden symbolisierend, weil er dem Frankenherrscher weit jenseits der warmen Länder nicht nur einen Elefanten geschenkt haben soll, sondern auch eine kunstvolle Wasseruhr. Elefanten hatte man nördlich der Alpen seit Hannibal nicht mehr gesehen. Wasseruhren waren jedoch bekannt aus griechisch-römischer Tradition und zumindest in Klöstern auch unentbehrlich für die Gebetszeiten inmitten der Nacht.

Sonnenuhr oder Planetenbahnen; abgebrannte Kerzen oder der

Morgenstern; der Hahnenschrei oder – »es war die Nachtigall und nicht die Lerche!« Alle möglichen Anzeichen stehen in Verbindung mit dem Sonnenlauf. Die Wasseruhr und auch die Sanduhr aber nicht. Beide »laufen« nicht nach dem himmlischen Programm, sondern sie laufen sozusagen der Erde zu, nach der Schwerkraft. Sie zieht alle Dinge an, und lange, ehe man die Zusammenhänge entschlüsselte, wusste man sie zu nutzen. Ihre Kraft ist allgegenwärtig, allein abhängig vom Luftwiderstand, sie hält jede Flüssigkeit ebenso gleichmäßig in Bewegung wie feinen Sand. Dass erst sehr spät die Sand- und nicht die viel ältere Wasseruhr zum Symbol für die verrinnende Zeit geworden ist, hat technische Gründe. Zwar rinnt feiner Quarzsand mit derselben zuverlässigen Gleichmäßigkeit, doch das Glasgehäuse für eine Sanduhr war weitaus schwieriger herzustellen als ein gelochtes Gefäß für das Wasser. Wasseruhren gab es deshalb wohl in jeder der irdischen Hochkulturen, zumindest im euroasiatischen Raum, denn überall lag die gleiche Verwendbarkeit nahe. Zur Sanduhr brauchte man dagegen jenes Doppelglas, das aussieht wie zwei aneinander geschmolzene Flaschen und auch so entstand, als sich die Glasbläserei entsprechend verfeinert hatte, nicht früher als im 14., 15. Jahrhundert. In der Schifffahrt war eine solche Sanduhr freilich von vornherein praktischer als eine Wasseruhr, weshalb eine Schiffsuhr noch heute nicht Stunden schlägt, sondern Glasen. Sehr praktisch war die Sanduhr aber auch in der Hand des Sensenmanns, der sie seit der Renaissancezeit mahnend erhebt: »Memento mori!«

Beweglich, in sich geschlossen und transportabel, jederzeit einzusetzen, um eine Zeiteinheit abzumessen, freilich nur kurzzeitig, wurde die Sanduhr zum handlichen Instrument. Für den Seemann an schwankendem Deck, für den Reisenden auf dem Kutschbock, für Hieronymus im Gehäus, der die Muße hatte, sie pünktlich Stunde um Stunde zu wenden. Viel genauer als mit einer Sand- oder Wasseruhr ließ sich die Zeit allerdings mit dem Astrolabium bestimmen. Das ist eine Verbindung von Winkelmaß, Visiergerät und Lot, schon seit der Spätantike als astronomische Uhr bekannt und benützt, tagsüber nach der Sonne und nachts nach den Gestirnen zu richten. Freilich wussten nur wenige Kundige ein solches Astrolabium auch zu benützen. Und wir können heute nicht einmal sagen, wozu ein Stein in Regensburg einmal diente, auf den man das Abbild eines Astrolabiums gemeißelt hat. Vor tausend Jahren durfte sich Gerbert von Aurignac, der spätere Papst Sylvester II., der Kunst rühmen, mit einem solchen Astrolabium umzugehen, oder der schon genannte Hermann, Mönch auf der Insel Reichenau. (Bergmann 1988) Auch nach der Erfindung der Räderuhr war das Gerät zur Sternenbeobachtung wichtig und wurde deshalb in feiner Arbeit aus Messing in Nürnberg, in Toledo oder in Padua noch bis ins 18. Jahrhundert hergestellt, blieb an allen den hohen Schulen des Abendlands bekannt und behauptete sich als Lehrgegenstand für die sechste der sieben freien Künste, für die Astronomie, bis das Fernrohr an seine Stelle trat.

Nun aber endlich zu jener Zeitmaschine, die wohl vor siebenhundert Jahren in Oberitalien entwickelt wurde, unklar, wo und durch wen, offensichtlich von mehreren Meistern, und die ihresgleichen nicht hatte, weder bei den Alten, bei Griechen und Römern, noch im kunstreichen Islam oder bei den eigenwilligen Könnern im alten China: die Räderuhr. Schon der heilige Thomas scheint um 1270 auf ein solches Gerät anzuspielen. Aber erst die Turmuhren von Salisbury oder im Straßburger Münster, oder, als kunstreiches Spätwerk, die astronomische Uhr im Prager Altstädter Rathaus bieten uns anschauliche Beispiele. Im Ganzen haben wir wohl eine Entwicklung des 14. Jahrhunderts vor uns.

Was schließt dieses Kunstwerk ein? Zwei technische Ideen. Die eine ist so alt wie die Wasseruhr: die Nutzung der Schwerkraft bei kontrollierten Abläufen. Die andere ist ungleich listenreicher. Es geht darum, zwar mit Hilfe der Schwerkraft durch ein Gewicht am Seil eine Welle in Gang zu bringen, aber zugleich auch den zu erwartenden schnellen Ablauf zu hemmen und in eine regelmäßige und langsame Kreisbewegung umzuformen. Ein solches Selbstregulativ ist eigentlich der Ausgangspunkt für die gesamte neuere Technik auf allen möglichen Gebieten. Ihm verdanken wir Existenz und Funktion aller unserer Maschinen. Es steuert über Ventile Dampfmaschinen und Explosionsmotoren. Zwischen dem 14. und dem 18. Jahrhundert, seit der Erfindung dieser Hemmung für die Räderuhr also, bis hin zum Regulator an der Dampfmaschine aus dem 18. Jahrhundert, gab es hier keine grundlegende Neuerung. Dem Zusammenspiel von Antrieb und Hemmung verdanken wir dann allerdings den Ursprung unserer industriellen Revolution.

Zahnräder waren damals das Transmissionsmittel, und man kann sagen, sie boten auch die beste Möglichkeit, Schwerkraft in beliebigen Schritten zu übertragen. Die Herstellung von Zahnrädern aus Eisen, Messing oder Eichenholz steht im Rahmen einer größeren Ausweitung und Beweglichkeit des mittelalterlichen Handwerks seit dem 12. Jahrhundert. Zumindest ein Zahnrad war unentbehrlich für den Bau einer Räderuhr. Es war sicher auch bei der ersten Idee schon mit dabei. Die neue Maschine sparte also keine Arbeit. Sie setzte nur Arbeit um, die man zuvor für den Transport des Gewichts an einer Welle nach oben aufgebracht hatte. Es ging nicht darum, wie bei der künftigen Dampfmaschine, Wasser durch Erhitzung in neue Energie umzusetzen. Technisch weitaus anspruchsloser, sollte vielmehr die Schwerkraft eines Gewichts an Kette oder Schnur über die Welle gehemmt und in kleinste Impulse geteilt werden. Nicht auf die Entfaltung der Energie, sondern auf ihre Hemmung richtete sich die Erfindung. Das unterscheidet sie, noch einmal hervorzuheben, von der Nutzung der Dampfkraft, die Papin entdeckt und die Watt entscheidend verbessert und in eine praktikable Maschine umgeformt hat. Allerdings war eben auch das nur möglich durch die Entwicklung eines sich selbst regulierenden Steuerungssystems.

Die glückliche Konstellation ergab sich bei der Räderuhr durch eine neue Konstruktion. Das Gewicht, an seinem Seil, sucht »natürlich« den Weg nach unten, und gäbe man ihn frei, so liefe das Seil ungehemmt ab und es schlüge am Boden auf wie der Eimer im Ziehbrunnen. Aber die Welle ist mit einem Zahnrad verbunden, mit einer Holzscheibe zumindest, die regelmäßige Stifte im Kreisrund trägt, und dort also greift die Hemmung ein. Für einen Augenblick hält sie die Abwärtsbewegung auf, dann gibt sie sie wieder frei, um erneut einzugreifen. Die Hemmung muss also danach beschaffen sein, das hölzerne oder eiserne Zahnrad immer wieder an einem der Zähne oder Stifte aufzuhalten, einen »Moment« nur freizugeben, um sofort wieder zurückzukehren. Die Hemmung selbst muss dazu am besten im Doppeltakt schwingen und selbst noch ein wenig durch die Kraft des abwärts drängenden Gewichts in Schwung gehalten werden. Zum Ausgleich und zum Erhalt ihrer eigenen Bewegung wird sie zweckmäßig mit einem anderen, pendelnden Gewicht verbunden. Die Hemmung wird dadurch dann zur »Unruhe«. Das war ursprünglich, bei der Größe der gesamten Konstruktion, ein waagrecht schwingender Balken, der sich mit seinem eigenen Gewicht in steten kleinen Impulsen in Bewegung halten ließ, ein »Seiger«, der aus den Fenstern der ersten Uhrtürme ragte. Noch in unserer Zeit gilt das Wort verächtlich für eine alte Uhr. Erst im nächsten Entwicklungsschritt ließ man den schwingenden Ausgleich für die »Hemmung«, die »Unruhe« im Herzen der Uhr, dann auch wirklich »pendeln«, also senkrecht schwingen. Noch viel später, im 17. Jahrhundert, als noch immer die gleiche Technik den Uhrenbau bestimmte, verbesserte man mit exakten Studien über die richtige Länge den Pendelschwung im Sekundentakt und schuf damit ganz genaue Uhren. Das Prinzip der regulierten Schwingung bestimmt bis heute den Gang dieser Zeitmessmaschinen. (Ludwig 1997, 28) Allerdings wissen wir seit einigen Jahren die Impulse elektrisch zu vermitteln und haben auch die Hemmung durch ein anderes physikalisches Kunststück ersetzt. Die Unruhe schwingt heute üblicherweise in einem Quarzgitter. Aber zurück ins Mittelalter.

Die Räderuhr brachte bald ohne allzu großen technischen Aufwand Zeitablauf und Glockenschlag zusammen – noch das moderne Radio markiert die Zeitansage mit einem Gongschlag. Für die neuen großen Zeitmessmaschinen empfahlen sich zunächst Türme. Sie waren weithin sichtbar und konnten die Uhrgewichte außerdem tief nach unten hängen lassen. Nicht, dass Türme schon immer der Zeitangabe gedient hätten. Eine Sonnenuhr montierte man lieber an einer Giebelwand. Allerdings gab es schon Glockentürme als Beobachtungsposten und für kirchliche und weltliche Signale: Messzeiten, Begräbnisse, Feuer und Feind. Selbst dafür waren Türme nicht schon seit je bestimmt. Die ältesten Glocken hingen, scheint es, seit sich die neuerungsbewusste junge Kirche dieses spätantiken Signalinstruments zu bedienen wusste, in Nischen oder in Fenstergiebeln der westlichen Kirchenwände.

Glockentürme kamen erst mit dem 11. Jahrhundert in Mode, vielleicht in Rom in politischer Rivalität zwischen Papst und Kaiser. (Bering 1986) Sie fehlen in der orthodoxen Christenheit. Deshalb waren sie zunächst auch nicht mit dem Kirchenbau selber verbunden. Der »campanile«, der Glockenturm, stand ursprünglich abseits. Erst die Hochromanik machte den Turmbau zur Regel, und die Gotik gab dann dem Turm eben die neue Funktion: nicht nur als Glockenturm, sondern auch als Uhrturm. Aber wie wies man die Stunden?

Die Wasseruhr konnte dafür kein Vorbild bieten. Allenfalls eine Skala mit einem Schwimmer hatten die großen Gefäße aufzuweisen, an denen man die verronnene Zeit ablesen konnte. Wie ließ sich der Stundenlauf bei Rad und Unruhe sichtbar machen? Zwanglos empfahl sich dafür ein Kreis, wie der Kreislauf der Sonne. Die Ägypter hatten den Tag nach den zwölf Mondzyklen des Jahres in zwölf Stunden geteilt, und die griechische, die römische Welt und danach die Kirche hatten

auch dieses Stück ägyptischer Kultur übernommen und dem eigenen
Wissen einverleibt, wie vieles andere aus dem Nilland, dessen Herkunft dunkel ist oder im klassischen Zeitalter bei Griechen und Römern, im spätantiken Hellenismus oder in der Bibel gesucht wird. (Bernal 1992) In der Bibel, in der Geschichte des Alten Bundes, finden sich
noch keine Stundenangaben. Erst das Neue Testament kennt sie, nach
römischer Zählung.

Die Ägypter und nach ihnen die Römer also zählten zwölf Stunden
am Tag und zwölf Stunden für die Nacht, ungleiche Stunden, denn
auch in ihren Breiten schwanken Tag- und Nachtlänge mit dem scheinbaren Sonnenlauf. Nicht nur die schöne Kleopatra, sondern auch die
ägyptische Zivilisation zog die Römer an. Die ägyptische Stundenzäh-
lung übernahm die hellenistische Spätantike und nach ihr das christliche Mittelalter. Seit sich dann tausend Jahre später die neue Zeitmaschine etablierte, wie schon gesagt, um 1300 oder wenig später, teilte
ein genialer Einfall einen Kreis für den ganzen Tageslauf unabhängig
von Sonne und Mond, von Tag und Nacht, gleichmäßig in zwölf Stunden oder auch in 24 Abschnitte. Es liegt schon ganz nahe: Für die An-
zeige der Stunden nach der neuen Zeitmaschine empfahl sich nichts
besser als ein Kreis, ein abstraktes Symbol des Sonnenlaufs. Es liegt
nur nicht so nahe, nach dem Hergebrachten und nach der Stunden-
weisung der Wasseruhren, dass man diesen Einfall für selbstverständlich nehmen dürfte. Er war so geistreich wie einfach. Weder Ägypter
noch Griechen oder Römer hatten ihm vorgearbeitet – außer dass eine
Sonnenuhr manchmal im Halbkreis angelegt wurde. Aber nun war der
Kreis geschlossen.

Wir wissen nicht, wer einen solchen Kreis auch technisch mit der
Achse jener Welle verband, an der ein Gewicht nach unten drängte und
– tick und tack – von der Hemmung immer wieder daran gehindert
wurde, sodass sich die Achse nur langsam und ruckweise drehte. Jedenfalls konnte man ihre Drehung mit einem Weiser oder Zeiger auf
eine Scheibe mit zwölf oder vierundzwanzig Stundenangaben übertragen, und es lässt sich vermuten, dass unmittelbar mit der Erfindung
der Räderuhr die Erfindung des Zifferblatts verbunden war. Im Ganzen war und blieb allerdings der Umgang mit Zahnrädern unentbehrlich. Nicht das runde Zifferblatt, sondern die Zahnräder gaben der
Uhr den Namen.

Von Anfang an gab es dabei auch schon die genannte Alternative
des 24-Stunden-Tags. Sie lebte eine Zeit fort als die »ganze« oder die

»große« Uhr, ehe sie vom kleineren Kreislauf verdrängt wurde. Man findet sie noch auf ganz alten Zifferblättern, zum Beispiel war sie am Rathaus in Gemona zu sehen, ehe das große Erdbeben in Friaul sie vor ein paar Jahren vernichtete. Ein Fernsehsprecher vor sechshundert Jahren hätte sein Publikum in dieser Hinsicht jedenfalls nicht unbedingt überrascht mit der Zeitangabe: »Es ist 23 Uhr.«

Damit war nun erst einmal die Stundenangabe bestimmt. Die ältesten Räderuhren bis zu Luthers Zeiten hatten nur einen Zeiger. Es war ein neues technisches Problem, mit »kleinem« und »großem« Zeiger Stunden und Minuten zu »weisen«, weil beide ja doch auf einer Achse laufen mussten. Aber dazu trat auch noch ein kosmischer Zusammenhang, der die Räderuhr bald oder vielleicht von vornherein als ein Abbild der Himmelsmechanik sah: Schon im 15. Jahrhundert liefen in Prag, in Münster wie in England besondere Uhrwerke, die Stunden, Wochen und Monate weisen konnten. Das Nürnberger »Männleinlaufen« aus dem 14. Jahrhundert, die Glockenspiele an den Rathäusern von Ribbe und Gent bieten noch heute Automatenkunst an den »Schauplätzen« für den gemeinen Mann.

Die Räderuhr verdrängte die Sonnenuhr, nicht aber die handliche Sanduhr als Symbol und als mobiles Gerät. Mit oder ohne Pendel und Gewichten speicherte sie die Stunden des Tages in der Weisung ihres Zifferblatts, sie folgte allerdings nicht den kurzen und den langen Stunden des Sommers oder des Winters, den kurzen und langen Tagen. Sie teilte alles »mechanisch« in gleiche Längen. Zu Mittag ließ sie sich »genau« nach dem Sonnenlauf korrigieren. Noch zu Bismarcks Zeiten war die Korrektur einer solchen »Ortszeit« überall in Europa ein fester Brauch, mitunter täglich an der Turmuhr geübt, und erst die Eisenbahn hat uns vor gut hundert Jahren davon abgebracht, hat uns die Greenwich-Mean-Time beschert und alle europäischen Uhren auf eine vereinbarte west-, mittel- oder osteuropäische Zeitzone eingeschworen. Auch die berühmtesten Uhren gehen also heute falsch, an der örtlichen Sonnenzeit gemessen, und das, seit wir imstande sind, mit irdischer Geschwindigkeit gegenüber dem Sonnenlauf namhafte Verschiebungen zu erreichen: Das war das Diktat der Eisenbahn, und ihre Fahrpläne haben uns diese Vorwegnahme der Relativitätstheorie beschert. Nur mit allgemeinen gleichen Angaben zumindest in großen Zonen kann man nämlich Fahrpläne festlegen. Zwar war der Lauf der Sonne damit noch lange nicht überholt. Aber der Mensch lief mit ihr bereits um die Wette.

Bei alldem sind wir getreulich konservativ geblieben. Wir haben den Zwölfstundentag, nach dem Vorbild der alten Ägypter, die Sechzig-Minuten-Stunde, wie sie sich aus Babylon verbreitet hat nach dem Winkelmaß von sechsmal sechzig, und wir haben solchermaßen also in unserer »modernen Zeit« noch immer eine uralte Zeitrechnung am Leben gehalten trotz des Drängens unserer Sportfunktionäre nach der Zehntel- und der Hundertstelsekunde, nach dem Dezimalsystem anstelle der alten Sechzigerperioden. Wir haben sogar nach Konsumentenentscheidung das gute alte runde Gesicht der Zeit bewahrt: Das Zifferblatt!

Vor dreißig Jahren machte sich nämlich hier eine umwälzende Neuerung auf den Weg, die Digitaluhr. Sie präsentiert ein ganz anderes Zifferblatt, nicht rund, sondern rechteckig, und zeigt darauf scheinbar abstrakt eine Stundenreihe von eins bis 24, dazu die Minuten zwar noch ebenfalls in der alten Zahl von sechzig in der Stunde, aber nach Komma. Wir kennen sie inzwischen alle, diese Zahlenuhren groß und klein, in Büros, auf den Bahnhöfen, an unseren Handgelenken, aber immerhin – das alte Zifferblatt hat bisher standgehalten, und der Vergleich, bei jedem Uhrmacher zu erfragen, zeigt eher eine Tendenz zurück zum alten runden Zeitgesicht. Das gilt auch für die neuesten Armaturenbretter. Irgendjemand, vielleicht in Padua oder Venedig, hat das runde Zifferblatt vor siebenhundert Jahren erdacht für die Räderuhr. Keine der Hochkulturen auf dem Globus hatte einen solchen Zeitmesser entwickelt. Vielleicht lenkt uns sein Zahlenkreis auch weiter durch die Zeit, zumindest wenn wir auf einen Blick wissen wollen, wie viel es am Tage ist.

Die Geschichte ist allerdings noch nicht zu Ende. Eine Pendeluhr muss einen festen Standort haben, man kann sie nicht tragen, und erst recht der Stundenschlag verschafft ihr zwar Gehör, aber keine Mobilität. Erst die Idee, Gewicht und Pendel durch Metallspiralen zu ersetzen, nicht das Uhrgewicht auf einer Welle zu speichern, sondern die Elastizität von Stahlfedern zu nutzen, erschuf die Taschenuhr. Die Konstruktion soll um 1500 dem Feinschmied Peter Henlein gelungen sein, und sein »Nürnberger Ei« fand fortan Platz in vielen Taschen, Westentaschen, Handtaschen, an Handgelenken. Die neueren Meisterarbeiten aus Paris, Neuchâtel oder Dresden, preisgekrönt auf den »Weltausstellungen« vor hundert Jahren als Spitzenprodukte der welterobernden europäischen Zivilisation, werden für viel Geld heute wieder nachgebaut. Wir selber tragen heute freilich meist Armbanduhren

mit elektrischem Impuls. Die muss man nicht »aufziehen«, nicht regenerieren mit menschlicher Kraft, die am Anfang allen Menschenwerks
gestanden hat. Man muss die Batterien ersetzen.

Jahr und Tag

Kein Rad und keine Schwerkraft waren notwendig, um den scheinbaren Sonnenlauf zu beobachten. Der Ostpunkt am Horizont ist anvi-
siert schon in den ältesten Obelisken Ägyptens, und gewiss hielten es
die Astronomen der Chinesen und der Mayas, der Sumerer in Mesopotamien und der ältesten Bewohner an Indus oder Ganges nicht anders. Allen machte es der klare subtropische Himmel leicht, die Gestir-
ne zu beobachten, und alle nutzten dieses Wissen zu lebenswichtigen
Vorhersagen für ihre Dammbaukulturen, die von tropischen, also nach
dem Sonnenstand jeweils wiederkehrenden Regengüssen abhingen.
Alle die ältesten Hochkulturen sind rings um die nördliche Halbkugel
unserer Erde am Rand der tropischen Regenzonen entstanden, wo
Menschenmassen vom organisierten Dammbau in fruchtbaren Über-
schwemmungsgebieten leben konnten. Die ältesten Hochkulturen
wuchsen und lebten nach dem Kalender.

Das Sonnenjahr der Ägypter von 365 Tagen übernahm auch der
nördliche Mittelmeerraum und zugleich sein Problem: Der scheinbare
Sonnenlauf, zu justieren am besten Jahr für Jahr im Visier der Tag-
und Nachtgleichen, ist in Wirklichkeit jährlich sechs Stunden länger
als 365 Tage, das heißt, er verspätet sich alle vier Jahre um etwas mehr
als einen Tag. Die Ägypter schoben dementsprechend »Schalttage«
ein, um das Leben spendende Nilhochwasser nach den Tropenregen
auch weiterhin genau zu bestimmen. Für die Landwirtschaft im Mittelmeerraum oder gar für unsere Bedürfnisse sind dergleichen genaue
Vorhersagen nicht möglich und auch nicht notwendig. Aber die Schalttage sind uns geradeso ein Begriff. Sie sind sozusagen eine ägyptische
Hinterlassenschaft, die sich in unseren Kalendern ganz lebendig erhalten hat, eine vierjährliche Korrektur, nach der wir auch unsere Tage
zählen. Eine solche Korrektur aber war nicht einfach zu erreichen nach
dem Belieben der Astronomen. Sie musste ein Machtwort haben. Cäsar sprach's, im Rahmen seiner Reformen für das römische Weltreich,
in jener kurzen Spanne, in der er wirklich Herr war in der Mittelmeerwelt. In derselben kurzen Spanne, in der er zugleich die schöne Kleo-

patra liebte und die elegante ägyptische Kultur genoss. Das war nur ein Augenblick im Gang der Weltgeschichte, und Gaius Julius Cäsar war nicht der Erste und nicht der Einzige, der große Augenblicke zu nutzen wusste. Er war dann allerdings auch nicht der Erste, der über seine Macht zu Fall kam, 56-jährig. Nur sein Kalender, der »Julianische«, gilt noch heute, und heute wirklich in der ganzen Welt, nicht nur im römischen Weltreich.

Man kann auch den Lauf des Mondes um die Erde beobachten, den wirklichen, nicht den scheinbaren. Mit dem Mond verhält es sich anders als mit der Sonne, die in Wahrheit ja fast stillsteht in unserem Planetensystem und es durch den Erdumlauf Tag und Nacht bei uns so erscheinen lässt, als führe sie im feurigen Wagen über die Himmelsbahn. Das griechische Bild ist uns noch geläufig. Geläufig sind uns auch noch die Jahreszeiten. Es sind in den Tropen zum Mindesten drei beim scheinbaren Gang der Sonne über den Äquator und zurück zwischen den Wendekreisen. Bei uns Nordländern sind es sogar vier auf dem Weg der Sonne von der Tagundnachtgleiche zum äußersten Punkt nach dem Norden und danach wieder über dieselbe Schwelle südwärts.

Der Mond läuft ungefähr in 28 Tagen um die Erde, und das nun wirklich, aber leider eben auch nicht genau. Man kann ihm dabei viel leichter zusehen als der blendenden Sonne am Firmament, denn er zeigt sich in fester Regelmäßigkeit, wenn auch zu wechselnden Tages- und Nachtzeiten, entweder von vorn oder von links oder rechts, angestrahlt durch die Sonne. Er scheint also voll, er nimmt ab und dann wieder zu, Tag für Tag. Dazwischen ist er einmal buchstäblich gar nicht zu sehen, ob es nun Tag ist oder Nacht. Denn dann strahlt ihn die Sonne geradewegs von hinten an. Wir reden von Neumond, und damit haben wir schon ein Stück Leben auf die stille Mondscheibe gebracht, als ob sie sich erneuerte. Der Mond hat aber wirklich auch einiges mit dem Leben bei uns zu tun. Er ist uns so nahe, dass er mit seiner Masse das nasse Element auf unserer Erdoberfläche anzieht, dass er die riesige Wassermasse der Weltmeere in breiten Flutwellen anschwellen lässt, wenn sie ihm jeweils am nächsten ist, und sie dort abnehmen lässt, wo die Erdoberfläche ihm ferner bleibt. Flut und Ebbe sind nach dem Mond zu bestimmen. Es gibt Gezeitenkalender.

Der Mond selber dreht sich bei seinem Weg um die Erde aber auch um sich selbst, und deshalb sehen wir ihn stets von derselben Seite. So ist uns auch der Mann im Mond seit langem bekannt, seine Kehrseite

nicht. Erst seit der modernen Raumfahrt, wirklich erst in unseren Tagen, haben Menschen zum ersten Mal gesehen, was zweifellos schon
die Sterndeuter auf den Türmen von Babylon zu sehen gewünscht hätten: die Rückseite unseres stillen Begleiters am geheimnisvollen Ster-
nenzelt.

Der Mond ist in unserer Himmelsmechanik so wenig exakt nach
Licht und Dunkel, nach Tag und Nacht zu bestimmen wie die Sonne
auch. Die 28 Tage eines Mondumlaufs, eines »Monats«, die zum Begriff geworden sind, kann man nicht mit dem Stundenmaß gleichsetzen. Es gibt keine Monduhr, so wenig wie einen immer gleichen Mond-
kalender. Ein Mondumlauf um die Erde ist ein wenig kürzer als 28
Tage. Flut und Ebbe verschieben sich von Tag zu Tag. Der Atem des
Meeres hat sein Geheimnis.

Sonne und Mond – von vornherein scheint irdisches Leben abhän-
gig von den Himmelskörpern. Ihnen haben wir auch die göttliche
Sphäre eingeräumt. Der Himmel behielt sich dabei das Rätsel vor von
Schwinden und Schwellen, von Nähe und Ferne, von Kommen und
Wiederkommen. Wir leben unter seinem Takt. In seine Partitur hat er
uns im Lauf der Jahrtausende nur sehr zögernd blicken lassen. Wir
Heutigen wissen zwar viel mehr davon als die drei Weisen aus dem
Morgenland, die noch alljährlich zu Weihnachten dem Stern von Beth-
lehem folgen, aber eben nur mehr; und unser Versuch, nach Sonne und
Mond unsere Zeit zu zählen, ist so unvollkommen wie zu Cäsars Zei-
ten.

Dennoch zählen wir noch so, wie es Cäsar der ganzen Welt vorschrieb.

Wir haben seinen Kalender inzwischen zwar reformiert. Aber wir
sind außerstande, ihn zu ersetzen. Das erschiene uns bei allen Unvollkommenheiten wohl geradeso, als sollten wir Sonne und Mond aus
unserem Weltbild tilgen. Wir sind, im Gegenteil, ihrem täglichen
Schauspiel ebenso sehr unterworfen wie Goethes Faust, und wir bleiben es auch mit Heines Spott über das »gar zu verdrießlich Geschäft,
beleuchten die dumme Erde«. Zwar suchen wir nicht mehr im Mor-
gennebel nach der Wintersonnenwende, und wir huldigen auch nicht
der jährlichen Wiederkehr des schnöde gemordeten Osiris. Doch wir
richten unseren Kalender noch immer nach beweglichen Festen, die
mit dem uralten Kult um Sonne und Mond zu tun haben.

Für die Kalendermacher vor mehr als tausend Jahren war das gar
keine leichte Aufgabe, über Jahre voraus den ersten Frühlingsvoll-

mond zu berechnen. Ein System ersann im achten Jahrhundert der englische Mönch Beda »der Ehrwürdige«. Sein Osterkalender regiert noch
heute unser Arbeitsjahr und unsere Urlaubsreisen. Freilich sind wir
dabei nicht mehr in dieselbe Mühe vertieft und auch nicht in die gleichen Streitigkeiten, mit denen die Mönche vor tausend Jahren um das
rechte Osterdatum kämpften. Aber wir nehmen es hin, dass Ostern
am Sonntag nach dem ersten Frühlingsvollmond zu feiern ist und deshalb um mehrere Wochen variabel ist, auch wenn es nicht selten weiße
Ostern gibt.

Damit soll nicht zur Kalenderrevolution geblasen werden. Die
Grande révolution hat dergleichen vor zweihundert Jahren tatsächlich
versucht und wollte mit dem Jahr eins der Republik eine neue Zählung in die Weltgeschichte einführen. Die Grande révolution scheiterte
bekanntlich am konservativen Widerstand. Zwar standen alle die alten Kalenderheiligen nicht wieder auf und die zerstörten Kirchen blieben Ruinen – aber der christliche, der Osterkalender, war bald wieder
lebendig und regiert heute wieder auch das französische Arbeitsjahr.

Eine Kalenderreform aus Rom haben wir freilich auf uns genommen. Bis um 1500 war nämlich die Differenz zwischen dem realen
Sonnenjahr, zu messen am besten am Frühlingspunkt, und dem gezähl-
ten Kalenderjahr, trotz aller Schaltjahre nach Cäsars Kalender, beinahe auf zehn Tage angewachsen. Es ging um elf Minuten und 14 Sekun-
den, die der Lauf der Erde um die Sonne nach genauem Maß täglich
weniger betrug als sechs Stunden, die man alle vier Jahre durch den
Schalttag ausglich, aber eben nicht astronomisch exakt. Nicht mehr
am 21. März stand also die Sonne im 16. Jahrhundert im Osten, sondern die Tage waren in Wirklichkeit um ein weniges kürzer und sie
erreichte den Ostpunkt deshalb schon zehn Tage früher. Der Kalender
hinkte ihr hinterher. Nun reformierte der Papst. Das war eigentlich
konsequent. Denn mit dem Christentum war der römische Kalender
Julius Cäsars in der Welt verbreitet worden, also sollte er auch durch
das Christentum korrigiert werden. Überdies war der Papst Gregor,
der XIII. dieses Namens, ein Fachmann, war Astronom, im Gegensatz
zu Cäsar. Aber er war eben nur mehr der Papst der katholischen Christenheit, nicht der römische Kaiser, und so war sein Machtwort schwä-
cher. Denn um 1582, dem Jahr der Reform, war der größte Teil der
europäischen Christenheit nicht mehr katholisch. Auf den 10. Okto-
ber dieses Jahres folgte zwar nach der Reform Papst Gregors XIII. der
21., aber zunächst nur unter Katholiken. Die Protestanten wollten so

leicht vom Papst nichts mehr wissen und holten die Korrektur erst allmählich nach. So lebte und zählte die Christenheit die nächsten Generationen nach »altem Stil« oder nach »neuem Stil«, und in Russland
hielt man gar bis ins 20. Jahrhundert am alten Kalender fest. Dort haben erst die Bolschewisten, ohne Papst und Kaiser, den Kalender des
Westens durchgesetzt. Freilich nicht im orthodoxen Festkalender: Die
Kirchentüren blieben auch der bolschewistischen Reform verschlossen
bis heute. Ein Kalender ist kein Glaubensbekenntnis. Und dennoch
besteht, wie man sieht, noch immer eine gewisse Verbindung zwischen
dem Kalender und dem Himmel.

Aber nicht nur an den Himmel scheint der Kalender gebunden von
Urzeiten an. Auch an die Erde. Seit der Spätantike malt man nämlich
ab und zu den Kalender an die Wand, in Monatsbildern nach römischer Zählung. Aussaat und Ernte, Weinlese und Winterzeit begleiten
den Jahreslauf in alten Büchern und in alten Fresken. Das Kirchenjahr
schien ungeeignet für einen bildkräftigen Jahreszyklus, und so findet
man in unseren ersten Kalenderbildern aus dem 8. (Paderborner Ka-
lender-Ausstellung 1999) wie in kunstreichen Folgen aus dem 10. Jahrhundert (Lacey & Danziger 1999) bis hin zu den wegen ihrer Illustrationen berühmten »Stundenbüchern« des Spätmittelalters nicht »das
Jahr des Herrn« in Kalenderbildern, sondern »das Jahr des Bauern«.
So mühsam das Bauernleben war, so spät auch immer es zum Lob der
Handarbeit erhoben wurde: Das Jahr der Erde und nicht das Jahr des
Himmels ging ein in unsere Kalender, gemalt seit mehreren tausend
Jahren und gedruckt seit Gutenberg 1455 auf Blättern und in kleinen
Büchern mit Monatsfolgen und christlichen Heiligennamen für jeden
Tag. Das Jahr der Arbeiter und nicht das Jahr der Beter wird gezeigt,
mit allen Mühen auf dem Feld, im Wald und auf der Weide, das Bau-
ernjahr, von dem sie alle lebten, Mönche wie Adelige, Herren wie
Knechte.

Also haben die Historiker die Zeit erfunden?

»Es war einmal …« Die Märchen erzählen von glücklichen Abenteuern mit Drachen, Hexen und Zauberern, von Zwergen und Melu-
sinen. Die Märchenwelt ist nicht ohne Gefahren, auch nicht ohne
Unheil und Tod, aber sie kennt glückliche Helden, kluge Frauen,
Menschen auf schwierigen, aber erfolgreichen Wegen. Sie führt auf

ihre Weise in ein »Märchenland«, in dem die drei großen Zwangsanstalten der neueren Jahrhunderte nicht zu finden sind, weder Staat noch Schule, und erstaunlicherweise auch keine Kirche. Trotz Ungeheuern und grausamen Strafen geben sich die Märchen milde am Ende ihrer Berichte: »Und wenn sie nicht gestorben sind, so leben sie noch heute ...« Das Glück der Märchen kommt weniger von Macht und Reichtum, sondern durch die Überwindung des Bösen. Der Sieg des guten Menschen, der Sieg des Tapferen, auch des Listigen, und nicht einmal so sehr der Sieg des großen Kämpfers sind seit vielen hundert Jahren Märchenthemen. Die Märchen bieten Geschichten, wie wir sie gerne hören, Geschichten, wie sie noch heute da oder dort auch den Wunschträumen moderner Menschen nahe sind, Geschichten mit steilem Spannungsbogen und mit glücklichem Ausgang, wie in der Filmwelt der dreißiger Jahre. Märchen bieten ihre Geschichten in Sequenzen, und sie entfalten sie in einer Abfolge, die ohne chronologische Bestimmungen in die Erinnerung eingeht, zwischen »es war einmal« und »so leben sie noch heute«.

Die Historiker bringen keine Märchen. Schlimmer noch: Sie halten dagegen mit ihrer Parole »... zu zeigen, wie es eigentlich gewesen«. Die Historiker wissen alles besser, und nicht immer entgehen sie dabei der Besserwisserei. Sie haben sich für ihr Besserwissen die rechte Methode ausgedacht. Dabei ist für sie ganz wichtig zu fragen, wann und wo. Die Märchen fragen niemals so. Am Anfang der ganz genauen Antworten stand bei uns wohl der schon genannte lahme Mönch Hermann von der Klosterinsel Reichenau, ein Grafensohn wie nicht wenige Mönche seiner Zeit, der an den rechten Rand seiner Schwabenchronik Regierungsdaten schrieb und an den linken Jahreszahlen von Christi Geburt bis zu seiner Gegenwart. (Borst 1990) Das wurde fortan üblich, und so haben die Historiker die Zeit erfunden. Unsere Zeit. Die Zeit »post Christum natum«, »nach Christi Geburt«, wie wir noch heute rechnen, auch wenn die Historiker natürlich seit langem wissen, dass diese Zeitangabe um ein paar Jahre falsch ist. Seit der Renaissance rechnet man auch »ante Christum natum«, »vor Christi Geburt«, und damit erst ist das Denken auf einer einheitlichen Zeitschiene perfekt. (Bodmann 1992, 224) Die Antike registrierte die Vergangenheit noch nicht in geradem Strahl durch die Jahrhunderte. Sie bemühte sich gar nicht darum. Das ist wohl eine brauchbare Formulierung, denn man kann sich schwer vorstellen, dass eine solche Frage ganz fremd gewesen wäre für Aristoteles oder für Herodot. Sie war nicht angezeigt. Viel eher dachte Aristoteles als Politologe an einen Kreislauf der Staatsformen als an den zivilisatorischen Fortschritt. Auch die uralte Kultur Ägyptens dachte nicht in solchen Dimensionen. Ihr schien die Ewigkeit näher als der Wandel. Das Entwicklungsdenken des langen Rückblicks fehlte ihr ebenso wie die Idee des Fortschritts. Das uralte Ägypten blieb stabil über dreitausend Jahre in seinen Artefakten und wohl auch in seiner Weltvorstellung, und der modernen Ägyptologie geben Kunstgegenstände oder Zitate Rätsel auf nach ihrer Entstehungszeit über eine Spanne von Jahrtausenden her oder hin. (Assmann 1983) Sie sind nicht nach Entwicklungskriterien zu datieren.

Erst die Historiker der mittelalterlichen Welt haben uns also, gestützt auf die Lehre von der Einmaligkeit des Lebens Christi, die Ereignisse auf einer Zeitschiene zu ordnen gelehrt, die eigentlich keine Ereigniskette ist. Sie ist leer, abstrakt, aber die Historiker wissen die Ereignisse daran aufzuhängen. Die berühmten, immer wieder zitierten und nie recht erklärten »Lehren der Geschichte« bestehen doch wohl zunächst einmal darin, den »roten Faden der Weltgeschichte« zu finden, und den sucht man in der Aufeinanderfolge politischer Ereignisse. Zu prüfen und zu lernen ist, ob sie sich in gewissen Konstellationen und Sequenzen wiederholen oder nach bestimmten Variablen verändern. Wenn man sie an der chronologischen Schiene entlanggleiten lässt, »enthüllt« sich die Geschichte. Aber ihre Fakten müssen einander entsprechen. Sie muss ein erkennbares Widerspiel von Macht und Schicksal bieten oder den Stoff dafür. Das ist für uns Europäer seit tausend Jahren wichtig und seit dem Beginn der großen Chroniken auch üblich. Die Franzosen und die Engländer, die Normannen und die Deutschen, die Mönche und die Humanisten haben solcherart durch ihre Geschichtsschreibung seit dem 12. Jahrhundert die Welt zu sehen gelehrt. (Spörl 1935)

Zwei mögliche Extreme drängen sich dabei dem Betrachter auf, wie schon den ersten Chronisten vor tausend Jahren: Es ist die Freude über den erreichten Fortschritt oder die Verzweiflung über den Verfall der Welt. Die Hoffnung auf Fortschritt war schon lebendig vor tausend Jahren, nur galt sie nicht der Technik, sondern der Moral, der Christlichkeit, der Besserung aller, »de bono ad melius progredire«, »vom Guten zum Besseren fortzuschreiten«. Aber diese Einsicht lässt sich auch verneinen. Durch alle Jahrhunderte des vergangenen Jahrtausends zieht sich die Klage über den Rückschritt. Es ist die Klage der allesamt an der Antike gebildeten Epigonen. Sie ist noch heute ein oft paradoxer Bestandteil durchaus aufgeklärter intellektueller Weltbetrachtung: »Ecce mundus moritur, vitio sepultus. Ordo rerum vertitur, sapiens fit stultus.« »Sieh an, wie die Welt erstirbt, im Grabe ihrer Laster. Alle Ordnung kehrt sich um, der Kluge wird am Ende dumm« – 12. Jahrhundert. Es könnte wohl auch 10. oder 20. heißen – ist die Menschheit von heute nicht dumm und roh geworden?

Die Historiker haben aber eigentlich die Zeit nicht nur gefüllt, sie haben die Zeit sogar erfunden. Die Priester-Historiker traten schon vor Jahrtausenden hervor und erzählten von ältesten Zeiten: von der Erschaffung der Erde, von der Gründung Roms, von der Zeit der Riesen, von der Urkuh, die das erste Menschenpaar aus dem ewigen Eis geleckt haben soll. Auf die erste, barbarische, folgte bereits eine neue, gehobene Stufe der Entwicklung, und der »Lauf der Zeiten« wird in diesem Sinn in eine paradiesische Urzeit geteilt, ein »Goldenes Zeitalter«, in ein eisernes und ein tönernes. Es wird nirgendwo dramatischer geschildert als in der Bibel. Denn hier wechselt die Darstellung, aller menschlichen Unzulänglichkeit zum Trotz, zwischen Gottesnähe und Abfall in steter, aber in aufsteigender Folge: Das Glück im Paradies stört der Baum der Versuchung, die halbwegs bevölkerte Erde weckt Gottes Zorn und die Sintflut, der Bund Noahs mit Gott geht unter in der ägyptischen Knechtschaft, der Bund des Mose wird gebrochen im Tanz um das Goldene Kalb. Abfall und Plagen kennzeichnen die wahre Geschichte der Menschheit oder zumindest ihrer Elite, des auserwählten Volkes. Aber dennoch, »nehmt alles nur in allem«, folgt dem Alten der Neue Bund. Eine solche Geschichte ist viel mehr als andere sagenhafte Rückblicke erfüllte, Gott und der menschlichen Schwäche verbundene Zeit, ist überhaupt erst in vollem Sinn zur Wahrheit über den Menschen erhobene Vergangenheit und schließt doch einen Fortschritt ein. Der chronographische Ausdruck dieser Deutung ist die Zählung nach Jahren »seitdem«. Das kennt die Welt freilich auch außerhalb des Christentums, seit Buddhas Tod, seit Christi Geburt, seit Mohammeds Flucht von Mekka nach Medina.

Geschichte oder Geschichten? Bis ins 17. Jahrhundert galt im Deutschen der Plural auch für die sachlich geläuterte Darstellung, wie noch heute in den westslawischen Sprachen. Heute hält man aber gemeinhin im Deutschen »Geschichten« für weniger wahr als »Geschichte«. Im Polnischen oder Tschechischen gilt der Plural noch, ohne Arg und List. *Histoire* und *history*, die italienische *storia* und das niederlän-

dische *geschiedenis* warfen keine Probleme auf. Aber »Geschichten«
bieten im Deutschen eher die Dichter. Der Wahrheit der Dichter haben
wir uns weit mehr verschlossen als eben andere Völker, westliche wie
östliche, und gar der Wahrheit des Fiktiven, jener Auskünfte nämlich,
die nicht in Urkunden und Akten zu finden sind, sondern die ihren
Weg als Ausgeburt der Phantasie zu jeder Zeit genommen haben, trau-
en wir schon gar nicht über den Weg.

»Es war einmal ...« So sehr Märchen und Historie verschieden sind,
diese geschrieben mit aller Akribie und noch dazu mit dem kritisch
geläuterten Selbstbewusstsein der historischen Schule, so sind jene aus
langer und unbekannter Überlieferung von Mund zu Mund weder
Produkt eines geheimnisvoll schöpferischen »Volksgeistes« noch bloße
Hirngespinste. (Ehrismann, EDM) Sie übermittelten vielmehr ein Geflecht aus vielen Stimmen, auch in manchen Varianten, ehe sie die Ge-
brüder Grimm und ihre Tradentinnen mit der behaupteten Genauigkeit auf das Papier bannten. Also haben Märchen und Geschichte
durchaus einiges gemeinsam. Das ist nicht nur der gemeinsame Anspruch aufs Zuhören, aufs Lesen, auf Publikumsinteresse. Sie haben
vielmehr beide ein wenig von Meineckes »Schaffendem Spiegel« gemeinsam; die Erwartung, die heutigen Leser oder Hörer könnten sich
in der Darstellung im weitesten Sinn selbst begegnen. In der oder jener
Form wird erzählt, geschrieben, analysiert, um Wahrheiten ans Licht
zu heben, damit man diese Wahrheiten auf das eigene Dasein über-
trägt. Wir hörten einem Märchen nicht so freundlich zu, wenn es etwa
nur Kuriositäten berichtete, skurrile Kombinationen von Zauberern
und allerhand Wunderbarem. Märchen berichten von guten und bösen Menschen, von der pfiffigen Tapferkeit des Schneiderleins und von
der unermüdlichen Hingabe der kleinen Schwester für die verzauber-
ten sieben Rabenbrüder. Eine solche Sicht der Dinge setzt voraus, dass
die Zuhörer vor vielen hundert Jahren im Grunde die gleichen gewesen seien wie heute, nur in anderen Kleidern, mit anderen Bildern im
Kopf, mit anderen Denkgewohnheiten, durch eine schier unüber-
brückbare Kluft ihres »Aberglaubens« von uns getrennt; in einer einfachen Welt ohne Lehrer, ohne Beamte, ohne Soldaten, auch ohne Pfarrer, in einfachen Konfliktsituationen, in denen mitunter Zauberkräfte
mitspielen, und doch bei allem Kontrast dieselben Menschen in der
Kontinuität des Menschseins. Aus ebendiesem Grund lassen sich aber
auch in der wissenschaftlichen Rekonstruktion der Vergangenheit
überhaupt nur menschliche Geschicke berechtigterweise über tausend

oder mehr Jahre, über die Zeit, wie über eine begehbare Brücke spannen. Das setzt eine Gemeinsamkeit voraus, die sie trägt, in Geschichten wie in der Geschichte.

Das Alte und das Neue

Einen jeden von uns begleitet die Zeit nicht nur als seine Gegenwart. Einem jeden erscheint sie auch schwierig zu definieren als Vergangenheit und Zukunft. Denn sie trägt nicht nur Bekanntes und Unbekanntes in sich, sondern eben auch Altes und Neues mit wechselnden Akzenten: Altes, das man mit Ehrfurcht ansieht oder mit Abwehr. Und Neues, das Hoffnung weckt oder Angst. So stecken wir inmitten im »Fluss der Dinge«, und wir bedenken ihre Veränderungen mit verschiedenen Gefühlen. Mehr noch vielleicht: mit akzentuierter innerer Einstellung, mit Lebensphilosophie. Die Ehrfurcht vor dem Alten, vor Tradition und Herkommen war ganz gewiss ein wichtiger Baustein im gesellschaftlichen Kontext der letzten tausend Jahre. Schloss doch allein die allgegenwärtige biblische Geschichte den historischen Rückblick ein, verbunden mit der Hochschätzung der alten Welt, der römischen, und der Lebenswirklichkeit der Urkirche. Natürlich war das ein Rückblick, ein Geschichtsbild voller Willkür.

Die Zeit des Augustus, wo Bibel und Römerreich einander in der Vita Christi begegnen, galt vielfach als »die Fülle der Zeiten«. Die gesellschaftliche Einschätzung tausend Jahre später stand solchen Berichten krass entgegen. Auch dachte mancher damals in Wort und Bild an die Wiederkehr Christi tausend Jahre nach seinem Tod, aber erst nach einer Spanne der Herrschaft des Bösen in der Welt, des Antichristen. (Rauh 1973)

Dagegen übte die Kirche immer wieder den Rückruf der Vergangenheit. »Hoc est corpus meum«, sagt der Priester, »Das ist mein Leib«, und damit verwandelt er unter den Augen der Gläubigen das Brot in den Körper Christi, symbolisch für Calvinisten, aber handgreiflich und real für die Angehörigen der alten Kirche und für Lutheraner. Damit ist Christus in dieser, in der striktesten Erinnerung auf einmal gegenwärtig. Damit wiederholt sich die Geschichte des Ostermahls vor aller Augen, ist alles mit der Kraft des Sakraments noch einmal geradeso gemacht, »wie es eigentlich gewesen«. »So hoher Ansprüche hat«, um hier wieder zurückzugreifen auf Rankes viel gebrauchtes Zitat, sich die profane Historie wahrhaft »niemals unterwunden«. Aber diese so anspruchsvolle historische Wiederholung, heute nur mehr in einem Teil der Christenheit mit allem Ernst gepflegt, griff in der mittelalterlichen Gläubigkeit tiefer.

Der gedachten, wunderbaren Wiederholung des Abendmahles stehen die stete Wiederholung unserer ureigensten Geschichte, unser Selbstbewusstsein, der rote Faden unserer persönlichen Existenz gegenüber. Wir alle empfinden, wir schreiben meist nicht, aber wir denken unsere Geschichte. Und wir sind leicht imstande, sie auch zu erzählen. Wir legitimieren uns damit. Ein erheblicher Teil aller menschlichen Begegnung besteht darin, dass einer dem andern »seine Geschichte« erzählt. Und dabei ist ganz klar und deutlich eine lineare Entwicklung die Grundlage für eine solche Darstellung. Elternhaus, Schule, der lange Weg von der Kinderwelt ins Erwachsenenleben, Irrungen und Wirrungen. Romane leben davon. In dieser unserer persönlichen Geschichte entwickeln wir auch ein persönliches Geschichtsbild. Mit unseren »Lehren« aus unserer Geschichte definieren wir oft unseren intellektuellen Rang oder unser Versagen. Sie mögen uns zum Weltvertrauen führen oder zur generellen Skepsis, sie sind in jedem Fall mit unserer Deutung, unseren Erfahrungen, bestreitbar oder nicht, ein Selbstporträt. Und merkwürdig: In diesen Rückblicken verschmelzen wir unser eigenes Daseinsbewusstsein, linear von Anfang an, immer wieder mit dem Kreislauf der alten Weltbetrachtung. Denn immer wieder wird es Frühling, Herbst und Winter, immer wieder beginnt ein neues Jahr, und manches Ereignis wiederholt sich scheinbar vor unseren Augen. Und doch: Ganz innerlich wissen wir, dass der Kreislauf der Alten, dass die Ewigkeit der Welt für unser Dasein nicht gilt. Wir reifen. Aber wir verbinden dabei immer wieder den Anfang unserer Existenz, soweit wir ihn rekapitulieren können, mit unserer Gegenwart. Oft scheint es, als ob Anfang und Gegenwart Schlag auf Schlag nebeneinander stünden. »O we, war sind verwunden alliu miniu jar«, klagt der alternde Sänger Walter von der Vogelweide und fragt mit einer wohl traditionellen Gedankenprägung: »Was ich wante es wäre was das alles nicht? Darnach han ich geslafen, und enweis es nicht!« Das Leben ein Traum! Noch Grillparzer hat das Thema beschäftigt.

Nicht nur das lange unbemerkte Reifen, sondern auch eine jähe Wendung kann der Deutung unseres Daseins eine andere Richtung weisen. Nicht anders, eher noch nachdrücklicher, ging das auch in mittelalterlichen Köpfen um. Der Tod seines Königs vor achthundert Jahren lässt den weltläufigen englischen Hofmann und heiteren Optimisten Walter Map mit einem Schlag zum Pessimisten werden. Mit Heinrich II. geht für ihn die Welt unter. Nun erwartet er auch noch das kosmische Weltende. Beinahe zur selben Zeit lebt der Freisinger Bischof Otto aus seiner Verzweiflung wieder auf, der bisher seinerseits das Weltgericht nahe sah, denn nach dem eher traurigen Schicksal des römisch-deutschen Herrschers Konrad sieht er auf einmal den Stern Barbarossas aufgehen, seines Neffen. Aber nicht ein Stück Familiengeschichte beflügelt fortan seine Feder, sondern der neue Aufstieg des heiligen Römischen Reiches, mit dem er das Geschick der Christenheit verbindet. (Spörl 1935; Seibt 1954; Goetz 1984) Zwei vergleichbare Schicksale: Beide treffen zeitgenössische »Intellektuelle«, beide jeweils in Frankreich an den neuen hohen Schulen gebildet, wenn auch unterschiedlich dem christlichen Lebensernst zugewandt, Höfling der eine, Mönch der andere. Das »Alte« und das »Neue« in ihrer Gegenwart beurteilen sie jeweils im Wechsel ihrer Könige.

Das Alte, sagt man gemeinhin, galt im Mittelalter als das Überlegene. Das »gute alte Recht«, die alte Kirche mit ihren Märtyrern und Heiligen, das römische, das christliche, das kaiserliche oder das königliche, das dynastische Erbe und schließlich auch das nationale, eine jede Tradition weist in die Vergangenheit. Immer neue »Renaissancen« sollten es beleben, karolingische, ottonische, staufische, humanistische. Das wirklich Neue, die »agrarische Revolution«, das Städtewesen, die Hansemacht, die Kreuzzüge, die Städtebünde, die Expansion Europas, der Aufstieg des Ritteradels, des Bürgertums, die Universitäten, die Freiheit des Studentenlebens, die Wind- und Wassermühlen, die Hammerwerke, die Brettsägen und Blechhämmer, die Drahtziehereien und die Papiermühlen, wiesen dagegen in eine oft gar nicht recht erkannte Zukunft.

Alles das entwickelte sich lange vor dem traditionellen Ende des Mittelalters, das die Historiker nach ihrer Elle mit der Entdeckung Amerikas und dem Aufbruch der Reformation in Verbindung bringen. Und danach? »Es ist eine Lust zu leben«, rief der Rittersohn Ulrich von Hutten, Student der gerade erst gegründeten Viadrina, der neuen Universität in Frankfurt an der Oder. Sein Bewusstsein, an der Schwelle einer neuen Zeit zu stehen, teilten auch seine italienischen, seine englischen, seine französischen Zeitgenossen mit gleichem Bildungsstand. Nicht die Reformation, nicht die sehr wohl als befreiend und neu empfundene Lehre Luthers, sondern eine neue Rückbindung an die Literatur der Alten, Griechen und Römer, bestimmte dieses Lebensgefühl, in Deutschland besonders, seit die *Germania* des Tacitus durch Nikolaus von Kues in der Hersfelder Klosterbibliothek entdeckt worden war und seit griechische Emigranten in Florenz bis dahin unbekanntes antikes Griechentum lehrten. Das Alte und das Neue scheint immer wieder verbunden, wirkt nicht gegen- sondern ineinander, so lange, bis wirklich die Astronomie die Weltdeutung der Bibel widerlegte, die Sonne zum Mittelpunkt des Kosmos erklärte, die Erde sich drehen und gar rund sein ließ. Erst diese handgreifliche »Welt«-Korrektur macht das Neue zu einer wirklich neuen Botschaft. Es lässt nicht nur am Schöpfungsbericht zweifeln, sondern die neuen Entdeckungen am Himmel erscheinen ihren Erforschern und jenen, die ihnen anhängen und von ihnen lernen, auf einmal auch wichtiger als alles, was Griechen und Römer zu vermitteln hatten. Aber erst wieder fünfhundert Jahre später offeriert das Neue nicht nur seine grenzenlosen Möglichkeiten des Denkens, sondern auch seine Gefahren. Seit wir nämlich die biblische Apokalypse selber machen könnten.

II. Holz und Stein, Gold und Eisen

Straßen

Spurensuche

Eine der ältesten Spuren menschlichen Lebens fand man in Südafrika im versteinerten Schlamm. Den Abdruck von zwei menschlichen Füßen: ein großer und ein kleiner. Diese Hinterlassenschaft steht am Anfang eines langen Weges, den die Menschheit seitdem zurückgelegt hat. Raum und Zeit schufen die Bedingungen für diesen Weg, und Raum und Zeit verbinden wir auch manchmal zum Begriff von Geschichte. Begann der Weg der Menschheit in Afrika?

Die afrikanischen Fußspuren wären längst verweht, hätte sie der Zufall nicht versteinern lassen. Hölzerne Relikte sind meist schon nach tausend Jahren zerfallen, Kleidung verrottet, Metall verrostet. Dass sich die Fußabdrücke im Schlamm erhalten haben, dass sie beständiger blieben als Holz und Eisen, hängt nicht nur mit dem Material zusammen, mit Schlamm und seinen geologischen Metamorphosen, sondern auch mit dem Zufall. Der ließ gerade diese beiden Fußspuren zu Stein werden. Dass sich Millionen Jahre später aus vielen Spuren, von vielen Füßen, etwas erhalten hat vom römischen Straßenbau in einer Art von »Naturbeton« aus gestampftem Lehm, ist gerade umgekehrt nicht zielloser Zufall, sondern der Überrest zielbewusster Mühe.

Auch das sind freilich nur Spuren, sind aber immerhin Reste eines Straßennetzes, das sich einst weit über unser Europa spannte, über »Alteuropa«, wie man mitunter auch sagt für das Verbreitungsgebiet der antiken Kultur, das seit dreitausend Jahren zur griechisch-römischen Welt rings um das Mittelmeer zusammengewachsen war, vor zweitausend Jahren mit dem westlichen nordalpinen Europa in Berührung kam und dieses Europa bis zu Rhein und Donau eroberte, »kultivierte«. (Wolfram 1987)

Die alten Straßen wurden dem Gelände angepasst. Man vermied Steigungen und Sümpfe. Die Wege wurden so trefflich geführt nach der Kenntnis unserer Vorfahren, dass ihr Verlauf sich immer wieder für Mann und Pferd und Wagen empfahl. Straßen sind allerdings auch aus »guter Gewohnheit« festgehalten worden und nicht nur wegen ihres Unterbaus oder der zweckmäßigen Führung. Und so hielt sich ein Wegeverlauf oft auch über Jahrhunderte, obwohl er niemals mehr gewesen ist als ein Trampelpfad.

Es gibt auch Wege, die keine Spuren hinterlassen haben. Man kann ihre Benutzung dennoch mit gutem Grund vermuten, weil ein gewisser Drang zur Erkundung und vorteilhaften Verbindung vorausgesetzt werden darf. Es gibt Furten, unentbehrlich für den Weg über den oder jenen Fluss, und Häfen, deren Nutzung zumindest die Wahrscheinlichkeit nahe legt, ehe sie die Wissenschaft mit dem Spaten beweist. Hohlwege, Steinlagen, Knüppeldämme haben die Erinnerung im Kleinen anschaulich bewahrt. Es gibt Wasserstraßen, die dem Problem des Warentransports auf Kähnen und Flößen am besten entgegenkommen, und jeder ruhige Fluss, oft schon ein Bach, war dafür nutzbar. Bei alldem spürt der Rückblick irgendwelchen alten Bedürfnissen nach: Salz, Bernstein, Metalle, Baumwolle oder Seide sind Bedürfnis genug für die Ausbildung langer Straßen. Kirchenbesuch oder auch nur die Nachbarschaft haben bescheidenere Verbindungen entstehen lassen. Auch besondere Anliegen der Mitteilung, die Wege der Nachrichten und überhaupt des kulturellen Transfers bildeten lange Verkehrsverbindungen aus auf unserem kleinen Kontinent. Wallfahrtswege, Pilgerstraßen in ihrem Verlauf, ihrer Erweiterung, gar ihrem Wechsel im Lauf von tausend Jahren sind zugleich religiöses Ereignis und der Niederschlag davon.

Wege in Europa

Innerhalb des europäischen Kontinents sind Verbindungen von unterschiedlicher Bedeutung. Rings um das Mittelmeer, wo die älteste Hochkultur in Europa entstand, waren Wasserstraßen wichtiger als Landstraßen, hatten Häfen größere Bedeutung als Hauptstädte. Dabei ist der Weg von Phönizien nach Kreta, von Ägypten nach Griechenland, von Karthago nach Italien in seiner Funktion für den kulturellen Transfer bis heute nicht unumstritten. Ob und wieweit die klassische Antike Impulse und Vorbilder von der Südküste des Mittelmeeres bezog, inwieweit sie beeinflusst wurde von den ältesten Hochkulturen im Nildelta und in Mesopotamien, steht noch immer zur Diskussion und nährt sogar noch heute »arische« und »semitische« Geschichtsideologien. (Bernal 1992)

Aber es steht wohl fest, dass keiner dieser Kulturkreise die Nordküste des Mittelmeeres unmittelbar auf dem Landweg erreichte. Es gibt zwar seit mindestens zweitausend Jahren eine »Seidenstraße« von China bis ans Schwarze Meer. Aber das ist ein Karawanenweg durch die Wüste und seit den modernen Verkehrsverbindungen nur mehr imposantes Relikt des altertümlichen Fernverkehrs; keine lebendige Straße, die sich mit der Geschichte gewandelt hätte. Die Straßen nach Osten verliefen sich alle in der Weite des Landes zwischen Europa und Asien, endeten in der Taiga, im Wald oder in der Steppe, und die politischen Zentren Asiens haben niemals für längere Zeit Kontakt zu den Zentren Europas gepflogen. Nur Kriegszüge schlugen kurzfristige Verbindungen: Alexander, Dschingis Khan, Suleiman, am Rande auch Hitler.

Alle Landstraßen innerhalb Europas zeigen sich beeinflusst von Wasserwegen und waren also abhängig von der Oberflächengestalt des Kontinents. Dabei blieben die drei gebirgigen Halbinseln – Balkan, Italien und Spanien – weithin unabhängig von der Masse des Kontinents.

Dessen Landmasse, einfach beschrieben, wölbt sich in der Mitte auf einer gebogenen Linie vom französischen Zentralmassiv bis zu den Karpaten. So entsteht ein Dach aus mittelhohen Gebirgszügen, das seine Gewässer entweder nach Norden oder nach Süden hin abfließen lässt, eine große Wasserscheide, die nur vom Rhein im Westen und von der Donau im Südosten durchbrochen wird, mit dem so genannten Oberrheingraben zwischen Schwarzwald und Vogesen und dem Eisernen Tor in den Karpaten. Wege nach dem Norden wie Wege nach dem Süden folgen den Flüssen, oft auch nur Bächen in breiten Tallandschaften. Querverbindungen von Westen nach Osten sind weniger zahlreich, aber im Ganzen für die innereuropäische Verbindung unerlässlich.

Verbindungen von größter kultureller Tragweite führten aber für die ersten tausend Jahre hauptsächlich von Norden nach Süden, vom kontinentalen, nordalpinen Europa mehr oder minder südwärts zum Mittelmeerraum. An ihnen waren die Kelten einst vom regenreichen Gallien ans Mittelmeer gezogen, und schon zweihundert Jahre vor Cäsar entstand am Unterlauf der Rhône die römische Provinz Gallia Narbonensis. Als Cäsar 58 vor unserer Zeitrechnung von dieser Basis her nach Norden vorstieß, begann er einen der wichtigsten Kriege Europas, und jeder Gymnasiast in Europa von Spanien bis Polen liest noch heute den persönlichen Bericht des Feldherrn darüber. Gallien wurde bis an die Nordsee für das römische Imperium gewonnen, die Verbindung vom Mittelmeerraum nach Norden war geschlagen, mit vielen Opfern, und fortan gab es westlich des Rheins römische Kultureinflüsse.

An den Rändern Europas bildeten sich eigene Wege. Zu Wasser, indem schon in vorgeschichtlicher Zeit der Seeverkehr zwischen den englischen Inseln, Skandinavien, Jütland und der Festlandsküste ein »nordisches Mittelmeer« entstehen ließ, das für Handel, Krieg und Kultur eine besondere Region begründete. Der Weg der ersten christlichen Missionare nach Irland ist bis heute ungeklärt. Unklar ist überhaupt die keltisch-christliche Gesellschaftsstruktur auf der irischen Insel, die manche archaischen Reste bewahrte. (Richter 1987) Mehr weiß man von den Angelsachsen, missioniert unmittelbar über See von Rom, und ihren christlichen, über Land und See geradewegs wieder nach Rom weisenden Südkontakten. (Prinz 2000) Der Weg von Europa nach Asien, am östlichen Ende des Mittelmeeres, ist offenbar seit langem nicht als Hindernis empfunden worden. Schließlich schwamm ja doch der Stier mit seiner Beute ohne weiteres von Asien nach Kreta. Auch die schmale Seestraße von Gibraltar machte immer wieder den Schritt von einem Ufer zum anderen möglich.

Handelsrouten

Die mittelalterlichen Jahrhunderte sind nicht hinlänglich beschrieben als eine Folge von Daten und Fakten aus Herrschaftsbildungen, Kriegen, Heiratsverbindungen und Erbfällen. Sie sind, unter anderem, auch eine Geschichte der Straßen, des Handels, der Wirtschaft und der Übermittlung von Lebensplanung und Lebensbewältigung in Verbindung des Praktischen mit dem Schönen, Kulturgeschichte.

Die Straßen nach Süden waren in diesem Zusammenhang für Jahrhunderte die Nabelschnur der nordalpinen Kultur, die von der antiken lernte. Diese Straßen nährten sozusagen den nördlichen Ableger des römischen Mittelmeerreiches, versorgten ihn mit Waren, die als Luxus galten, mit den Boten einer höheren Lebensart, wie sie das Christentum verhieß, mit Herrschaftslegitimation, wie sie das Recht des alten Römerreichs besonders für eine romanisch gemischte Bevölkerung darbieten konnte, und sie ermöglichten für lange Zeit die rasche Bewegung der römischen Besatzungstruppen, die das Land erobert und eine militärische Ordnung als Eroberer aufgebaut hatten. Am Ende ließen die Kräfte des Südens nach, aber der Handelsverkehr versiegte niemals. Er hielt sich an die alten Verbindungen. Die religiöse Anziehungskraft besteht noch heute.

Da war zunächst eine Straße von großer Bedeutung, die westlich des Sperrriegels aus Alpen, Karpaten und Balkan den großen Flüssen folgte: Der wichtigste Nord-Süd-Weg lief entlang der Rhône, die aus den Westalpen hervorbricht und bei Marseille, das einst die Griechen gegründet hatten, das Mittelmeer erreicht. Wo die Rhône aus dem Genfer See kommt und sich nach Süden wendet, fließt ihr die Saône von Norden her zu. Wenn man also von Marseille flussaufwärts nach Norden will, verlässt man an diesem Zusammenfluss die Rhône und folgt der Saône. Oder man wendet sich ostwärts und sucht mit der Rhône einen Weg durch die Alpen über hohe Pässe. So entstand deshalb auch an dieser Weggabel die alte Römerstadt, später auch Reichsstadt und Bischofsstadt Lyon, die an den beiden Flüssen und mit ihren Brücken zu einem der wichtigsten Handelszentren ganz Europas heranwuchs. Das galt besonders, seit im 12. Jahrhundert eine Brücke über die Saône für den weiteren Weg nach dem Norden gebaut war, der *pons mercatorium*, wie sie bedeutungsvoll hieß, die Brücke der Kaufleute. (Braudel 1990, 312)

Der Weg führt, damals wie heute, von Marseille über Lyon, danach die Saône aufwärts und wechselt an ihrem Oberlauf dann durch die Champagne zur Maas. Da trifft er in knapper Distanz auf die Seine und hat im 12. und 13. Jahrhundert in diesem Umkreis mehrere berühmte Messen entstehen lassen, geschützte Handelsplätze als Treffpunkte von überall her, wie in Troyes und in Provinse. Von diesen Champagne-Messen, den ersten nordwesteuropäischen Handelszentren, folgte die Route dann aber in ihrem Hauptweg nicht der Seine westwärts bis nach Paris. Das blieb vielmehr lange Zeit ein Nebenweg. Der Hauptweg führte weiter nordwärts an die flandrische Küste. Dort war Brügge seit dem 12. Jahrhundert der Umschlaghafen zum Atlantik. Marseille, Lyon, Brügge hießen also die Hauptstationen. Sie führten aber auch zu der aufstrebenden, im »Bruch« an der Senne angelegten »Bruxelles«, bald die Herzogstadt in Brabant und gar Zentrum Burgunds, oder auch nach Gent oder nach Maastricht, »wo man die Maas überquert«.

Man kann von Lyon auch geradewegs nach Westen reisen, durch das französische Zentralmassiv bis an die Atlantikküste nach Bayonne im Süden der großen Bucht von Biscaya. Dabei kreuzt man die alte Pilger- und Handelsstraße nach Santiago di Compostela und findet mit ihr den Weg ins nordwestliche Spanien, zu den Basken nach Navarra. In Compostela stößt man auch auf eine Verbindung zur arabischen Welt, die bis ins 12. Jahrhundert den größten Teil Spaniens ausfüllte und Kontakte nach Nordafrika hielt.

Insgesamt war der Weg von Lyon nach Flandern vielleicht der älteste und seit Römerzeiten wohl auch der wichtigste Weg vom Mittelmeer nach Norden. Bis ins 17. Jahrhundert trug er den europäischen Binnenhandel, auch noch, als die Flamen und die deutschen Hansen auf seetüchtigen Koggen, die Katalanen und Genueser auf Naves ähnlicher Konstruktion um Gibraltar segelten, durch die Biscaya und in Brügge landeten. Noch im spanischen *Siglo del oro*, im »Goldenen Jahrhundert« des Weltenkaisers Karl V. und der spanischen Silberflotten aus der Neuen Welt, gab es in Lyon 72 deutsche Handelsniederlassungen, die an den alten Wegen den wichtigen Umschlagplatz bedienten, und davon rund 40 aus Augsburg und Nürnberg. (Braudel 1995 I, 310 f.) Das war mehr, als der berühmte »Fondaco dei tedeschi« in Venedig, ein Name aus der nordafrikanischen Karawanensprache, jemals beherbergte. (Braunstein & Delort 1971, 57; A. v. Müller)

Alpenpässe

Man kann 52 Alpenübergänge zählen. Sie liegen meist zwischen tausend und zweitausend Metern Seehöhe und sind im Allgemeinen mindestens seit römischen Zeiten bekannt. Nicht wenige verödeten wieder im Mittelalter. Es handelt sich meist um Saumpfade, begehbar für Saumtiere, Esel, Maultiere, Pferde und ihre Treiber. Wagen spielten lange Zeit wegen der Wegeverhältnisse keine Rolle. Reisende mussten laufen, reiten oder getragen werden. Die älteste Fahrstraße ließ Pompejus 77 vor unserer Zeitrechnung in den Westalpen anlegen, etwas später folgte ein Wegebau durch Augustus. (Meyer 1996) Erst das spätere Mittelalter kannte mehrere ausgebaute Fahrwege über das Gebirge, und erst in den letzten hundert Jahren grub man Tunnel für Schienenwege. Noch heute sind die Alpen aber ein Problem für die

Verkehrstechnik, und die kürzeste Verbindung von Paris nach Rom erschloss erst 1965 ein Tunnel unter dem Montblanc.

Franken, Bayern und Langobarden schlugen politische Verbindungen über die Alpen hin und her. Glaubensboten und Pilger suchten den Weg nach Rom. Danach hatten die Karolinger im 8. Jahrhundert den römischen Alpenpässen neues Leben gebracht, als sie die Erbschaft Karls des Großen unter den drei Enkeln aufteilten und einem davon ein Mittelreich zusprachen von den Niederlanden bis an die Riviera, einem anderen ein Ostreich, das ebenfalls über die Alpen reichte. Nur das künftige Westfrankenreich verband den Raum ohne die Alpenbarriere von Norden nach Süden.

Die Saumpfade über die Alpen waren zwar ungleich schwerer zu begehen als der Weg an Rhône und Saône in die Champagne, den man auch befahren konnte. Dennoch nutzte man sie, denn man fuhr in jener Zeit nicht so viel schneller, als man ging, und Umwege hatten auch Nachteile.

Auch die Kirche hatte im Alpenraum ihre Zeichen gesetzt. Einige der wichtigsten Pässe sind einzelnen Heiligen zugedacht, und gleichnamige Klöster boten einst den Pilgern Herberge und hüteten den Passweg: Der Große und der Kleine St. Bernhard, St. Gotthard, St. Anton, Heiligblut, Passo di Croce. Klöster hatten Schutzfunktionen als Herbergen auf den Zugängen, und manchmal haben sie die Pässe auch überdauert.

So wie man von Genua oder Mailand einen Weg über den Gotthard- oder den Bernhardpass durch die Schweiz an den Rhein fand, so von Venedig über Verona, den Reschen- oder den Ofenpass ins Engadin, oder über den Brenner ins Inntal und den Fernpass nach Augsburg, oder durch das Friaul, das Kanaltal über Tarvis nach Villach und Salzburg, Regensburg und Nürnberg. Alle diese Pässe waren nicht nach Heiligen benannt, waren nicht Bestandteil der alpinen Sakrallandschaft, waren ungleich älter als die Wege des Christentums und verbanden die Ostalpen und ihr Hinterland mit Aquileja, Venetien und Istrien.

Nach Norden erreichte die Gotthardstraße das Rheintal, der Brennerpass das Inntal, und beide Flüsse waren schiffbar. Vornehmlich der Rhein wuchs seit Römerzeiten heran zum großen deutschen Verkehrsweg, zwar unterbrochen durch die berühmten Klippen bei Schaffhausen, dann aber vierhundert Kilometer glatt bis zu dem Felsen, der nach der verführerischen Loreley benannt ist, die offenbar, wie uns Heine erzählt, wohl keine Heilige war. Der Wasserweg, von Straßen und Schienen am Ufer begleitet, führt noch heute zwischen Vogesen und Schwarzwald, dann durch die »Pfaffengasse« von Mainz bis Köln, gesäumt von einst geistlichen Territorien, und nach Aachen, nach Maastricht und Gent und damit zumindest wieder nahe an die Drehscheibe der westeuropäischen Fernstraßen und der ältesten Fernhandelsmärkte in der Champagne. Die Frachtkähne glitten flussab auf dem billigsten Transportweg. Sie waren allerdings schon in Römerzeiten auch mit Ruderern besetzt oder besegelt.

Am Rhein, neben und auf dem Fluss, verlief damals die Schlagader der deutschen Wirtschaft und Kultur bis zum allmählichen Aufstieg des südöstlichen Deutschland um Ulm, Augsburg, Regensburg und Nürnberg im Spätmittelalter. Oder bis zur Organisation der Hanse im Norden und der ostdeutschen Handelswege von Frankfurt über Erfurt, Leipzig, Breslau nach Krakau. Am Rhein kamen auch Fernhandel, Kaiser und Kirche zusammen, Wirtschaft also in der zeitgenössischen Form, Politik und Religion. Von den sieben Kurfürsten, die seit dem 13. Jahrhundert als die vornehmsten deutschen Fürsten galten und den römisch-deutschen König und Kaiser auf alter fränkischer Erde zu wählen hatten, waren vier dem Rheinland verbunden, und ihre Lande stießen gerade im uralten Treffpunkt im Nussgarten von Rhense am Rhein aneinander. Karl IV. hat dort den sieben Kurfürsten ein Denkmal setzen lassen. Archaische Herrschaftsmarken!

Der Schwerpunkt der deutschen Geschichte lag also für lange Zeit gerade da, wo sich tausend Jahre später die deutsche Bundesrepublik entwickelte. Die Reichsgrenzen vor tausend Jahren passten verblüffend genau in die östlichen Bundesgrenzen von 1949. Als hätte man, auch auf der Landkarte, nach dem Krieg wieder ganz von vorn anzufangen. (Seibt 1982)

Die Passstraßen über die Alpen liefen eigentlich parallel, nicht im strengen geographischen, aber im wirtschaftlichen Sinne, und im Bestreben nach den Zugängen auf beiden Seiten entstanden kleine, übergreifende Territorialherrschaften, Passstaaten, als natürliche Einheiten: Savoyen, die Schweiz, Tirol, Friaul und Kärnten. Dass gemeinsame Straßen auch ihre Anrainer verbinden, zu gemeinsamer Pflege, gemeinsamem Schutz und gemeinsamem Nutzen, kann man sich leicht ausdenken. Weil eine Straße, auch eine Passstraße, ein Gemeinschaftswerk ist, viele berührt, von vielen benützt wird und vielen nützt, neigen solche Regionalbildungen leicht zu einer Struktur von Talgemeinden, in denen Nachbarschaftsverbindung und Nachbarschaftshilfe eine große Rolle spielen.

Wichtig ist aber auch, dass sich ihrer auf beiden Seiten ein und derselbe Schutzherr bemächtigt. Nur die Schweizer waren imstande, ihre Pässe ohne fürstliche Hilfe selber zu schützen. Das förderte die Entstehung der »Eidgenossenschaft«. Die »natürlichen Grenzen« dagegen, die man später, noch im Vertrag von Versailles, auf den Gebirgskämmen entdeckt haben wollte, sind in Wahrheit einfach unhistorisch.

Die Straßen der Ottonen

Ganz am Anfang, aus den Relikten der im 6. Jahrhundert endgültig zerfallenden römischen Verwaltung westlich des Rheins, in einer bis heute unklaren »fränkischen Spätantike« (Bosl 1991), hatte sich das künftige mitteleuropäische Straßennetz nicht nur zwischen Rhein und Maas nach Nordwesten auf römischen Trassen herausgebildet (Legner 1970), sondern auch von Köln her über den Rhein nach Osten entlang einer alten Salzstraße, dem Hellweg, mit den Stützpunkten Duisburg, Dortmund und Paderborn, Hildesheim, Lüneburg und Goslar. Die Straße hatte schon Karl der Große um 800 mit seinen Franken benützt, als er in einem dreißigjährigen Krieg die Sachsen bekämpfte, um sie christlich zu machen, vornehmlich aber, um sie seinem Reich einzuverleiben. Auf ihn geht eine Reihe von Städten zwischen Duisburg und Paderborn zurück, die jeweils etwa 15 Kilometer auseinander liegen, scheinbar Produkte der hoch industrialisierten Landschaft des modernen Ruhrgebietes, in Wahrheit wohl fränkische Logistikstationen aus den Sachsenkriegen, immer rund eine Tagesreise für fränkische Ochsenkarren voneinander entfernt: Duisburg, Essen, Bochum, Dortmund, Unna, Werl und Soest.

Nun sind bekanntlich gerade die hartnäckigsten Widersacher Karls, die Sachsen, ein Jahrhundert später zu Trägern des fränkischen Erbes geworden. Aus einem historischen Zufall übernahm das sächsische Herzoghaus 919 Karls Hinterlassenschaft, oder genauer, die östliche Reichshälfte davon, und die sächsischen Fürstensitze an Saale und Unstrut, ja bis hin zur Elbe im neu gegründeten Magdeburg, suchten Verbindung zu den fränkischen Landschaften westlich des Rheins. Das belebte den alten Kriegspfad. Klöster und Pfalzen markierten und sicherten die Straße zwischen Magdeburg und Aachen, und einige haben noch einen besonderen Klang in unseren Ohren, wie Goslar, wo man seit der Mitte des 11. Jahrhunderts mehr als hundert Jahre lang Silber ergrub, oder Essen, wo ein Damenstift seit dem 9. Jahrhundert zu reichsfürstlichen Würden aufstieg und wo bis an den Anfang des 19. Jahrhunderts ein kleines Territorialfürstentum mit allem reichsfürstlichen Rang und Namen von einer Dame regiert wurde. Älter und einst zur Sachsenmission gedacht war nahe Essen das Kloster Werden an der Ruhr. Es entwickelte eine namhafte Schreibschule innerhalb der mönchischen Kultur, neben Luxeuil, Bobbio oder Prüfening oder Reichenau. Das hieß im zeitgenössischen Verständnis zugleich auch theologisches Zentrum und Kunstwerkstatt. Entlang der Straße von den Sachsen nach Westen, in Memleben, Quedlinburg, Goslar, Hildesheim, Herford, Paderborn, Soest und weiter westwärts bis zum Rhein, wurden die alten Stationen des fränkischen Aufmarschweges wieder hergestellt oder neue königliche Stützpunkte gegründet, bis hin nach Aachen, wo das zentrale Heiligtum, Karls Münster, sein Thron, sein Palast und sein Grab, aus fränkischer Tradition nun auch zum politischen Heiligtum der sächsischen Kaiser geworden war.

Am anderen, am östlichen Ende drangen die Sachsen kriegerisch missionierend bis an die Elbe vor, gründeten auf dem Boden des alten slawischen Handelsplatzes und Heiligtums die Grenzfestung Magdeburg. Hier entstand das Moritzkloster zu Ehren des vom einstigen Königreich Burgund übernommenen Reichsheiligen Mauritius und sollte sakrale Herrschaftradition begründen helfen. Seine Mönche kamen aus dem Westen, von Weißenburg im Elsass, und einer von ihnen sollte als Erzbischof die slawischen Siedlungsgebiete bis nach Kiew missionieren. Die Glaubensboten aus Byzanz kamen ihm zuvor. Damit fielen auch die Pläne in sich zusammen, die aus Magdeburg gar eine *nova Roma* machen wollten, ein neues Rom. Die religiöse Expansion entlang eines Verkehrsweges endete schließlich an den Grenzen Galiziens.

Die Ottonenstraße nach Westen führte zu größerer Bedeutung. Deutschland stand niemals an der Spitze der mittelalterlichen Welt, weder kulturell noch politisch. Die Geschichtsschreibung unserer Großväter hat zwar derartige Spitzenpositionen aus dem Kaisermythos abgeleitet, aber dem europäischen Vergleich hält diese Behauptung nicht stand. Nur einmal, nur ein Jahrhundert in der tausendjährigen Geschichte des römisch-deutschen Kaisertums, lässt sich ein deutscher Superlativ glaubhaft formulieren, und das eben zu Zeiten der Kaiser aus dem sächsischen Herzogshaus, der Ottonen, wie man sie auch nach den vornehmlich geführten Namen bezeichnet, Otto I. bis Otto III., mit einem Heinrich als dem Ersten und einem Zweiten als dem Letzten der Dynastie (919 bis 1024). Mit ihnen stieg auch die Straße in ihrer Bedeutung. Die Herrscher, noch ohne Hauptstadt, zogen mit ihrem Gefolge von ihrer Basis im heimischen Stammesgebiet zwischen Weser und Unstrut auf diesem »Königsweg« zu ihren westlichen Stützpunkten, gründeten Pfalzen und Städte, griffen in einzelnen Aktionen weit aus bis nach Frankreich und Italien, wo Otto, der Erste dieses Namens, das einst vom Frankenherrscher Karl begründete Kaisertum in sächsischer Variante erneuerte. Sie gründeten und pflegten klösterliche Stützpunkte und ließen sich in Liturgie und Kunst als Kaiser erheben und feiern. Sie verbanden ihre west-östliche »Hauptstraße« von Magdeburg nach Aachen über Köln mit der Rheinstraße nach Süden. Sie sammelten Schätze, weil das nach archaischen Sitten ihr Ansehen erhöhte, sie ließen bauen, sie entwarfen große Politik, Machtpolitik, Kunstpolitik, Wirtschaftspolitik in einer Zeit der Schwäche Frankreichs, der Ohnmacht Englands, der Unordnung Roms und der noch unorganisierten slawischen Großherrschaften.

Auf die Ottonenkaiser folgte die fränkische Dynastie der Salier und die schwäbische der Staufer. Mit ihnen hat sich der Schwerpunkt der Königs- und Kaiserherrschaft in Deutschland jeweils alle hundert Jahre etwa ein Stück nach dem Südwesten verlagert, Salier, Staufer, Luxemburger, bis schließlich die Habsburger in Wien für Jahrhunderte als Kaiser residierten. Der sächsische Weg wurde für eine Zeit unwichtig, bis ihn die in der Hanse vereinte Kaufmannschaft auf ihren Wegen von Brügge nach Nowgorod und als Verbindung zwischen acht schiffbaren Flüssen von neuem belebte. Auch dieser Aufschwung versank in der Fürstenmacht der frühneuzeitlichen Staatenwelt. Im 19. Jahrhundert mit dem Aufstieg von Kohle und Stahl formierte sich dann das Ruhrgebiet als die größte europäische Industrielandschaft am just westlichen Abschnitt der alten Straße. Ihm schrieb man die Städtedichte zu, nachdem seine Stützpunkte aus uralten Zeiten mit ihren modernen Zechen, Hütten und Hochöfen fest zusammengewachsen waren. Dass einst die größten Kunstschätze des werdenden lateinischen Abendlands auf der alten Straße zwischen dem heutigen Schienen- und Straßennetz ihre verehrten Plätze gefunden hatten, geriet so sehr in Vergessenheit, auch im fachlichen Überblick, dass man die Formulierung »Mittelalter im Ruhrgebiet« als Kuriosum empfand. (Seibt 1992)

Doch steht noch heute im eleganten Säulenbau des Essener Müns-
ters, einst der Fürsorge hochadeliger Nonnen anvertraut, die Essener
Madonna, die älteste Großplastik der westlichen Christenheit. Essener und Werdener Handschriften gehören zu den besonderen Schätzen
der frühen Buchmalerei. Die Emailarbeiten der Vortrags- und Reli-
quienkreuze der Essener Nonnen übertreffen das meiste ihrer Zeit.
Eine Kinderkrone, die der Essener Domschatz noch heute beherbergt,
trug womöglich einst der dreijährige Otto III. Dem berühmten Kölner
Gerokreuz lässt sich das ebenso überlebensgroße Liudgerkreuz aus der
Abtei Werden zur Seite stellen, wo man jahrhundertelang unter anderen Schätzen, der ältesten Krippenszene, dem ältesten Kommunion-
kelch auf deutschem Boden, auch die weltberühmte Wulfila-Bibel hü-
tete. Auch die älteste gegossene Kirchenglocke hängt noch heute über
einer Pfarrkirche im Ruhrgebiet, ein zeitlicher, kein künstlerischer Superlativ, und Grabungen auf dem Duisburger Marktplatz förderten
Reste von Gewürzen und Südfrüchten aus der Jahrtausendwende zutage, kein Kunstprodukt, aber ein lehrreiches Beispiel für die Verbindung von Ost-West-Handel mit der rheinischen Südschiene.

Zur hohen Kunst führt uns das ottonische Hildesheim zurück. Hier
entstand, aus der Hand des kunstreichen Bischofs Bernward, Erzieher
des jüngsten der drei Ottonenkaiser und namhafter Bildhauer, um die
Jahrtausendwende die berühmte Domtür und andere Arbeiten im
Bronzeguss, und auch sie zeugen von hohem Stand der zeitgenössischen Kunst. (Katalog Hildesheim, Ausstellung 1988)

Pilgerstraßen

Die östlichen Wege nach Venedig wurden seit dem Spätmittelalter
wichtig und entlasteten die Rheinschiene von Köln nach Mailand.
Weithin fehlte ihnen aber eine Eigenheit, die den westlichen Wegen
anhaftete, aus Alter und Ehrwürdigkeit: die Pilgerschaft. Nicht zufällig hatten die Kölner ihr Stadtheiligtum, die berühmten Reliquien der
Heiligen Drei Könige und damit den geistlichen Ruhm ihrer Stadt, des
»hilligen Köllen«, in Mailand geraubt und in ihren Dom gestellt. Damit wurde Köln zum Wallfahrtsort. Die Pilgerstraße fand Anschluss
an die große Handelsroute. Im Übrigen gingen die Pilger allerdings
auch im Westen oft auf eigenwilligen Pfaden, folgten der Sakrallandschaft und nicht den Kaufmannswagen.

In der Pariser Innenstadt gibt es noch heute eine Straße mit dem ehrwürdigen Namen Rue de Saint-Jacques. Man sieht ihr nicht an, dass hier einmal, zumindest für die Pariser, der uralte Pilgerweg nach Santiago de Compostela begann. Der Weg hatte viele Zuläufe, vom Norden, vom Osten und in seinem Verlauf auch noch aus dem westlichen Frankreich, ehe er über Orléans, Tours, Poitiers, Rocamadour, Saintes, Bordeaux die Pyrenäen erreichte und an ihrem nördlichen Saum, die Küste der Biscaya entlang, über San Sebastian, Santander, La Coruña, das Grab des heiligen Jacobus fand, Santiago de Compostela.

Mit dem Apostel Jakob, zubenannt »der Ältere«, Jacobus maior, hat es eine besondere Bewandtnis. Denn die Legende dieses Jüngers aus dem Gefolge Jesu, seines Todes durch einen Henker des Königs Herodes, die im Einzelnen nicht berichtete wundersame Reise seines Leichnams über See und seine Auffindung Jahrhunderte später am Nordwestkap Spaniens, bei Finisterre am äußersten Rande der Christenheit, zählt zu den wirksamsten, langlebigsten, aussagekräftigsten und realitätsfernsten religiösen Märchen, welche die christliche Tradition je hervorgebracht hat. Es hat die Gegenwart erreicht. Es gibt noch heute eine Deutsche Jakobusgesellschaft für alle, die den Weg nach Santiago unter bestimmten Bedingungen auf sich nehmen, eine moderne Pilgerbruder- und -schwesternschaft im alten Sinn, trotz aller Distanzierung von den alten Mythen. Es gibt noch immer Ehrfurcht vor dem Herkommen, unbekümmert um die aufgeklärte Welt.

Nach Santiago gingen seit der Jahrtausendwende wohl Hunderttausende. Es waren, im Vergleich, eher die Bedürftigen in der großen Masse der Pilgerschaft, die sich auf den Weg machten, um Heil zu erwerben durch den Einsatz aller Kräfte und oft auch alles ihres Geldes. Die Amtskirche hatte dem religiösen Eifer Raum gegönnt: Wer Pilger war, stand unter geistlichem Schutz, hatte für diese Zeit begrenzte Klerusrechte, durfte nicht behelligt, gefangen oder gepfändet werden. Die Tendenz, soweit sie überhaupt zu erkennen ist, zielte auf eine eigene Daseinsform im besonderen metaphorischen Sinn eines christlichen Aufbruchs, an dessen Ende ein irdisches Ziel die himmlische Verheißung offenbart. Santiago, auf dem Landweg leichter zu erreichen als Jerusalem, freilich ferner als das hierarchische Rom, aber eben doch wie dieses ebenfalls im Besitz eines Apostelgrabes, zog zu Fuß wie zu Pferd den bescheideneren Teil der Christenheit an, nicht die Prälaten auf ihren Wegen nach Rom und nicht die Ritter, die der heilige Krieg nach Jerusalem rief. (Caucci von Saucken 1999, 133)

Die Nordfranzosen, die Belgier und Holländer folgten jenem Weg über Paris, dessen deutscher Anfang oft in der tausendjährigen kleinen Hafenstadt Stade bei Hamburg gesucht wird, wenn nicht gar weiter östlich auf der Hansestraße im spätmittelalterlichen Dom von Riga. Ein Pilgerweg begann mit Gelöbnis und Segen. Man ging auch von Trier aus, vom Wallfahrtsort zum Heiligen Rock Christi, auf einer anderen der geheiligten Routen nach Süden, über Vézelay und Limoges oder über Genf und Avignon, über Montpellier und Narbonne, überquerte die Pyrenäen an der Küste des Mittelmeeres und pilgerte von Barcelona den wohl bekanntesten Weg für Mitteleuropäer über Saragossa, Pamplona, Santo Domingo, Burgos und León. In Santiago verband sich gleichsam das spanische mit dem Heiligen Land. Die westlichen Christen, Männer wie Frauen, folgten willig der spanischen Legende vom spanischen Apostel Jakob dem Älteren, und nicht nur nach Rom, nicht nur nach Jerusalem zog es die fromme Hoffnung (Caucci von Saucken 1999), sondern Santiago war für das nordalpine Europa zeitweise als Pilgerziel wichtiger als Rom. Zuzug von den britischen Inseln, wo die Iren ihre eigene Wallfahrtskultur entwickelten, oder aus Polen, Böhmen und Ungarn fand sich erst später und geringer.

Im Westen aber wuchs seit der Jahrtausendwende die Pilgerschar von Generation zu Generation, in ihrer Wundergläubigkeit eine recht eigenartige »Kirche von unten«. Sie distinguierte sich in der Christenheit durch Abzeichen, meist aus einfachem Eisenguss. Wer in Santiago war, durfte die berühmte Jakobsmuschel tragen. Sie ist mit den Namen des Pilgerpatrons, mit der Erinnerung frommer Bruderschaften zu seinen Ehren noch heute bekannt. Und auch die Straße kennt man noch von Deutschland bis nach Nordspanien aus tausend Spuren. Außerdem hatte sie auch Seitenwege, Zubringer, Einzugsstraßen, oft in Verbindung mit anderen, geringer geachteten Heiligtumsplätzen, wie die freilich großartige Felsenkulisse von Roccamadour unweit der Garonne, und ist zudem gekennzeichnet mit Kapellen, Kreuzen oder auch Gasthäusern zu Ehren des heiligen Jakob und deshalb noch heute in der historischen Landschaft zu finden.

Der Weg nach Rom dominierte in Mitteleuropa. Hier wallte man auf einer Route, die im frühen Mittelalter die Langobarden gebahnt hatten, um der lange noch byzantinisch beherrschten antiken Via Flaminia auszuweichen, zu jener Zeit, als es in Ravenna noch einen byzantinischen Exarchen gab, bis in die Tage Karls des Großen. Von

Pavia, der alten Langobardenstadt, unterstützt von hilfreichen Abteien wie Bobbio oder Berceto, führte der Weg über den Po und durch den Apennin nach Rom. Streckenweise bleibt die Führung dieses Weges undeutlich, sodass man oft im Nebeneinander mehrerer Wegverläufe nur von einer *area di strada* spricht. Genauer ist die Benützung oft lediglich an markanten Punkten zu fassen, an der Furt über den Po bei Piacenza, am Pass über den Apennin bei Acquapendente. Die Franken, deren Herrschaft die Langobarden ablöste, verstärkten und festigten später diesen Weg, nicht der Pilgerschaft, auch noch nicht des Handels wegen, sondern im Anliegen ihrer Verbindung zum Papst und nach Rom. Er wurde so in den alten Berichten zur Via Francigena, zu der von den Franken geschaffenen Straße, auch zur Via Romea, nach dem Endpunkt, und führte von Rhein und Rhône über den Mont Cenis oder den Großen St. Bernhard. Immer wieder stößt man hier auf die ungeschriebenen Erinnerungen an Pilger und Pilgerglauben, neben den urkundlichen Nachrichten über die Wege der Mächtigen. (Caucci von Saucken 1999, 137 f.)

Es hat den Anschein, als hätte für Engländer die Pilgerfahrt nach dem fernen Rom Präferenz besessen vor dem näheren spanischen Nordkap. Ähnliches galt für das östliche Mitteleuropa schon seit den wiederholten Romfahrten des Prager Bischofs Adalbert um die Jahrtausendwende.

Die Wege nach Jerusalem verlassen unseren Gesichtskreis, aber sie binden Palästina seit der Kreuzfahrerzeit mit Schwert und Pilgerstab wieder stärker an den Westen als im ersten nachchristlichen Jahrtausend. Für die Schiffsreise empfahlen sich zunächst die unteritalienischen Städte Neapel, Amalfi, Salerno, Bari, Brindisi, Otranto, ehe die beiden großen Rivalen im Norden, Venedig und Genua, den wichtigsten Schiffsverkehr an sich zogen. Der Landweg durch den Balkan und über Konstantinopel war langwierig und gefährlich. Keine Frage, dass nur wenige arme Pilger Jerusalem erreichten, und auch die reichen setzten sich bekannten Gefahren aus.

Der Drang nach Osten

Frankreich wuchs nach Osten und Deutschland auch. Polen vervielfachte seine Landfläche in östlicher Richtung. Die törichte Kurzsichtigkeit des im 19. Jahrhundert geprägten Schlagworts vom »deutschen

Drang nach Osten« (Wippermann) verkennt den Grundprozess im dreieckigen Europa, das sich seit der Jahrtausendwende schrittweise von Westen, Südwesten, nach Osten hin, Nordosten, erweiterte. Jede geopolitische Dynamik wuchs in dieser Grundform, soweit sie nur in Gang kam. Und sie erfasste die ganze politische Landkarte, von England bis nach Polen.

Im ersten christlichen Jahrtausend verband zuerst »Westmitteleuropa«, das die Erben Karls des Großen nach Lothar II. eine Zeit lang »Lothringen« nannten und das zunächst von Holland bis an die Westalpen reichte, den Westen und den Süden der lateinischen Christenheit und brachte Glaubensboten, später Literatur, höfische Lebensart, Laienkultur, oft eher heidnisch-fränkisch als christlich-romanisch geprägt, nach dem Norden und ebenso vom Westen nach Osten über den Rhein. (Bumke I 1986, 83 ff.) Es entstand in diesem romanisch-germanischen Zwischenraum eine zweisprachige, für den europäischen Kulturtransfer grundlegende französisch-deutsche Zone, die man am besten mit dem freilich in der Fachterminologie unbekannten Begriff belegt: »Westmitteleuropa«. Das östliche Gegenstück mit vielen Parallelerscheinungen zwischen Deutschland und den slawischen Nachbarn wird weitaus öfter genannt: »Ostmitteleuropa«. Kurioserweise kamen schon früh Glaubensboten vom äußersten Westen, aus dem früh missionierten Irland, durch diese Zwischenzone bis an die bayerische Donau nach Weltenburg und bis ins oberitalienische Bobbio. Ihre Klostergründungen sind ihre Spuren. (Richter 1987; Prinz 1965) Später folgten ihnen Wandermönche aus Franken und Bayern. Ihre Mission ging aber nicht nur ins künftige Ostdeutschland, sondern auch über Elbe und Oder und in die Weiten der Donauebene. (Wolfram 1987)

Die Missionare brachten die Bibel. Handelswaren brachten sie nicht. Sie suchten immerhin Wege und folgten Verbindungslinien. Kaufleute aus dem fernen Spanien, aus dem italienischen Süden und dem arabischen Kulturkreis zogen damals erst noch selten durch Heide und unerschlossene Waldwildnis, mit bewaffneten Karawanen und auf Wegen, die sie kannten und deren Kenntnis sie hüteten, ähnlich wie ihre Handelsverbindungen im Orient. Ihre Wege orientierten sich an Flussläufen mit wenigen schriftlichen Nachrichten. Ein viel zitiertes Beispiel ist der Reisebericht des Ibrahim Ibn Jakub, wohl ein Jude aus dem maurischen Spanien, der um die Mitte des 10. Jahrhunderts seinen Weg jenseits der Oder und jenseits des Böhmerwaldes beschrieb.

Der Handel mit Waren, die nicht auf eigenen Füßen liefen, wurde wohl erst später lukrativ und prägte festere Routen aus für Tragtiere und Treiber. Unersetzlich und wohl seit ältesten Zeiten gehandelt aber war das Salz. Die keltische Bezeichnung für dieses lebensnotwendige Mineral heißt Hall. Es wurde im Westen gefunden, aus dem Fels gebrochen bei Hall in Tirol und bei Reichenhall oder Hallein im Salzburger Land, oder im westfälischen wie im sächsischen Halle, in Soest, Lemgo, Salzuflen oder Lüneburg, und im Osten wurde es gebraucht, wo es außer im polnischen Wielicka in den Karpaten keine Salzvorkommen gab.

Auf den »Goldenen Steigen« nach Böhmen, auf dem uralten Hellweg, dem Salzweg, aus Westfalen nach Magdeburg, ging das Salz ostwärts. Unklar zunächst, was zurückkam, Sklaven oder Honig, Wachs, Pech, Felle. Der Austausch westlicher Handwerksarbeit und das bergmännisch gewonnene Salz zählten sicher zu den Waren aus dem Westen und wurden getauscht gegen östliche Naturprodukte, wozu man Sklaven durchaus zählen kann. Der Handel ist gewiss älter als unsere Beobachtungen. Andernfalls stieße man nicht in Soest unverhofft auf eine spanische Gasse, einen kleinen Wohnbereich spanischer Ledermacher. Alles Mögliche verfeinerte sich und suchte sich eine Straße. Fast regelmäßig siedelten sich in den Straßenorten jüdische Gemeinden an, vom Rhein, aus Spanien, selten aus der östlichen Richtung. Sie folgten dem Handel und wohnten noch nicht abgeschlossen, sondern oft unter Christen. (Germania Judaica 1964 bis 1995)

Zwei künftig bedeutende Ostwege gewannen um das 12. Jahrhundert Gestalt, von den genannten »Goldenen Steigen« über den Böhmerwald abgesehen und von den vielen ungenannten, kleineren, die von Linz und mühelos von Wien nach Mähren führten: die »Hohe Straße«, die ihren Anfang nahm in Frankfurt am Main. Und der Weg von Köln oder Duisburg, Paderborn und Magdeburg, der sich schließlich über das ganze nördliche Mitteleuropa fortsetzte und am Ende noch Nowgorod mit der Atlantikküste bei Brügge verband.

Die »Hohe Straße« führte über Frankfurt, Erfurt, Leipzig und Breslau an die obere Weichsel nach Krakau und von dort nach Lemberg und bis nach Kiew am Dnjepr. Sie entwickelte eine südliche Variante von Frankfurt über Nürnberg nach Pilsen und Prag, so wie Nürnberg allmählich seit dem 14. Jahrhundert in den Mittelpunkt der süddeutschen Straßenspinne rückte. (Neuhaus Hg. 2000) Frankfurt hatte aber allen deutschen Städten als Handelsplatz etwas voraus: seinen Jahr-

markt, das jährliche Treffen für die Fernhändler, belegt seit dem
12. Jahrhundert, und gewiss schon zweihundert Jahre später von europäischer Bedeutung, die es auch nach dem Niedergang der kontinen-
taleuropäischen Handelsstraßen im 17. Jahrhundert nicht ganz verlor.
Neben Frankfurt trat im 15. Jahrhundert am östlichen Verlauf der
Straße Leipzig als Messestadt. Verbanden die Frankfurter den mitteldeutschen Osthandel mit Italien, so griffen die Leipziger weit nach dem
Osten, und die Gelegenheit privilegierter Handelsgeschäfte zur Messe-
zeit nach dem alten, zunächst in Westeuropa geübten Handelsrecht förderte das Wirtschaftsleben in beiden Städten. (Die Straße, Ausstellungskatalog 1989)

Die Akzente verschoben sich mit der Zeit. Die »Hohe Straße« in
Mitteldeutschland blieb immer unter fürstlicher Aufsicht, hatte besonderen Charakter durch den sächsischen wie den böhmischen Bergbau,
der Silber ins Geschäft brachte, und durch die westlichen Tuche, die
von den Champagnemessen kamen. Die beiden deutschen Messen, je
vierzehntägige Kaufmannstreffen unter Geleitschutz auf dem Weg und
Rechtsschutz am Ort, bestimmten den Rhythmus des Handelslebens
im mitteldeutschen Raum mit regionalen Konsequenzen. Die Straße in
der nordeuropäischen Tiefebene von der Nordsee in die westrussische
Seenplatte wuchs dagegen ins Große durch die Hanse, die sie mit ihren
Häfen an Nord- und Ostsee verband und sich schließlich nach beiden
Seiten zu den Endpunkten im nördlichen Kontinentalhandel dehnte:
Brügge – Nowgorod. Wahrscheinlich war das die längste Straße im
kontinentalen Europa.

Sie lief, nach einigen Änderungen an der Nordseeküste, von Brügge
und, als dessen Hafen im 15. Jahrhundert versandet war, von Antwer-
pen durch Flandern über Maastricht nach Aachen, führte bei Köln,
Duisburg oder Düsseldorf über den Rhein und dann auf dem uralten
Hellweg rechts des Rheins bis ins niedersächsische Goslar und über
die ottonischen Pfalzorte Memleben und Quedlinburg bis Magdeburg.
Von dort führte die Verbindung über kleine Stationen in den Spree-
und Havelsümpfen wie Potsdam und Berlin, wo in »Neukölln« westliche Siedler ihre Spur hinterlassen hatten, zu einer anderen Stadtgründung aus westlicher Herkunft, in der sich der Name Frankfurts
wiederholt. Das neue Frankfurt an der Oder war zugleich ein Brückenkopf nach Polen. Danach verband der Weg die alte polnische Kö-
nigsstadt Gnesen mit der litauischen Handelsmetropole Wilna, führte
schließlich nach Pskov und im Winter über den gefrorenen Ilmensee,

im Sommer durch den Sumpf, den man mit berühmten Bohlenwegen tragfähig gemacht hatte, zur Endstation, dem östlichen Hansekontor in Nowgorod.

Es gab auch noch eine nördliche Variante dieses Weges, näher an der Ostseeküste. Da ging es über Lüneburg nach Lübeck und Rostock, Wismar und Danzig, Riga und Reval. Unter Einschluss solcher Nebenwege fand sich um die lange Straße von den Niederlanden bis ins nordwestliche Russland eine eigene Handelsregion zusammen. Sie galt dem Hering, dem Bier und dem Salz, der Handwerkskunst aus dem Westen, dem Messingguss von der Maas, der Nürnberger Schmiedekunst und vor allem den Tuchen aus Wolle, Seide, Leinen im Tausch mit den östlichen Waldprodukten und Rohstoffen wie Holz und Felle. Es wurde möglichst vieles in Fässern transportiert, nicht nur Heringe oder Salz, auch Bücher, Tuche, Bier und Wein, schutzbedürftige Güter aller Art.

Grob gesagt, lieferte der Westen die Erzeugnisse seiner Weber, Schmiede, Brauer und Winzer, das Werk seiner Hände, und der Osten gab das in Rohstoffen wieder zurück. Ein ausgeglichenes Verhältnis, aber eben nur allgemein gültig, ungeachtet etwa der feinen Pelz- und Lederwaren aus Nowgorod oder der groben und daher billigen Tuche, die aus Lemberg nach Westen gingen.

Es gab noch eine Handelsverbindung über die östlichen Alpen an die Adria, nach Aquileja, Görz, Udine, nach Venedig, und es führte ein Weg die Donau entlang in das oft vergessene Ungarn zu Verbindungen bis ans Schwarze Meer. Als Handelsstadt war Wien an diesem Donauweg nicht unbedeutend. Es stand aber immer hinter anderen süddeutschen Städten zurück, solchen wie Regensburg, später Frankfurt, Ravensburg, Augsburg und vor allem Nürnberg. Überdies brachen mit dem Vorstoß der Türken seit 1526 diese Verbindungen für längere Zeit zusammen.

Der Westen, der Süden, der Norden

Nicht einfach ist es, von den europäischen Straßen im Blick auf England zu sprechen. Auf der Insel selbst muss wohl nicht so sehr viel davon die Rede sein. Keine englische Stadt liegt weiter vom nächsten Hafen entfernt als zwei oder drei Fuhrtage, und der Seetransport war immer billiger als der Weg zu Lande. Zudem muss man Wasserstraßen nicht pflastern. So konnte man sich schlechte Landstraßen leisten, wie sie Thomas Morus im frühen 16. Jahrhundert beschrieben hat. Aber bis 1475 war ein guter Teil der englischen Herrschaft gar nicht auf der britischen Insel, sondern in Frankreich etabliert, nicht nur in der Normandie, woher die Eroberer 1066 einst gekommen waren, sondern in der Auvergne und südlich der Loire in Aquitanien, also im Herzogtum Guyenne, in Anjou und der Grafschaft Poitou, und damit lief auch ein guter Teil des französischen Straßenzuges von Paris nach Bayonne durch englisches Herrschaftsgebiet. Liegt doch der mächtigste dieser englischen »Festlandskönige«, Heinrich II., seit 1189 im Kloster Fontevrault an der Loire begraben und nicht etwa in der Westminster Abbey, und dort, in einem der merkwürdigsten Klöster der lateinischen Christenheit, ruht auch seine Frau Eleonore von Aquitanien und sein Sohn, der legendäre Richard Löwenherz. In zweimal »hundertjährigen« Kriegen behauptet, blieb jene westliche Region Frankreichs englisch, wobei man umgekehrt den starken französischen Einfluss auf England durch die französisch sprechenden Eroberer aus der Normandie 1066 nicht vergessen darf.

Italiens Straßen sind leicht erklärt. Mehr noch als in England gilt hier ebenfalls die Grundform des Landes und die Küstennähe der italienischen Städte, so viele es auch sein mögen, namentlich in der städtedichten Toskana und in Unteritalien. Das obere, neuere, teils erst zur großen Rodezeit durch Flussregulierung agrarisch gewonnene »Padanien« allerdings lebt von der Straße von Turin bis Chioggia entlang des kultivierten, eingedeichten, gezähmten einzigen wirklichen Stroms Italiens, des Po. Der Weg folgt noch weiter nach Süden der alten römischen Via Emilia oder der langobardisch-fränkischen Via Francigena. Süditalien, einst von der Via Appia erschlossen, blieb bei seinem insgesamt schon in der Antike vorgezeichneten und zum guten Teil die Jahrhunderte überdauernden Straßennetz, ergänzt um die Fürsorge der letzten Staufer und manchmal auch durch die spanische Herrschaft. Man kann noch heute die Via Appia mit ihren großen, in Jahrhunderten geglätteten Pflastersteinen benützen, aber die Seewege waren und blieben wichtiger. Die Häfen von Venedig, Pisa und Genua waren durch tausend Jahre gepflegt. Ostia, der Hafen Roms, war in alten Zeiten unentbehrlich für den Getreideimport in die Millionenstadt. Mit dem Verfall der Weltstadt ging der Hafen ein. Beständiger blieben Bari, Amalfi, Otranto, Salerno, Neapel, obwohl sie einen langen Landweg bis zu einem potenten Hinterland verhießen und deshalb gegenüber norditalienischen Häfen mit ihren Verbindungen über die Alpen ins Hintertreffen gerieten. Die Ausnahme war Neapel, das seit der staufischen Herrschaft im 13. Jahrhundert zur Hauptstadt des unteritalischen Königreichs aufstieg, seine Größe behielt und noch im 16. Jahrhundert das Urteil herausforderte: »In der ganzen Christenheit gibt es keine Stadt, die sich mit Neapel messen könnte ...« Aber Neapel lebte kontinuierlich im Chaos. (Braudel I 1999, 508)

Europas Norden ist noch heute dünn bevölkert und war bis ins 12. Jahrhundert ohne schriftliche Quellen. Dänemark, eine Halbinsel und dazu 400 kleinere und größere Inseln, von denen rund hundert bewohnt sind, ist historisch dem Westen am nächsten. Einerseits, weil es mit Wikingerfahrten, das waren jährliche brutale Raubzüge der »jungen Mannschaft« in kleinen Gruppen, lange Zeit die englische Insel und das westliche Frankreich heimsuchte, auch Westdeutschland bis nach Duisburg. Andererseits, weil es eine Rolle spielte mit seinen Beziehungen zu der ebenfalls aus dem Norden organisierten Herrschaft der Rurikiden am ukrainischen Dnjepr mit der Hauptstadt in Kiew. Von hier fanden auch die Wikinger einen Weg nach dem Süden. Allerdings müssen die Himmelsrichtungen in diesem Zusammenhang großzügig gedeutet werden. Die Südstraße der Nordmänner verlief in weitem Bogen zunächst ostwärts auf Ostseezuflüssen, weit hinauf befahrbar für die bekannten leichten wikingischen Langboote, die sich auch über Landschwellen tragen ließen. Von der Rigaer Bucht ging der Weg die Düna aufwärts, bis sich an der flachen Wasserscheide der Waldaihöhen die Quellflüsse dem Dnjepr näherten. Von dort ging die Fahrt in weitem Bogen flussabwärts über Kiew bis ans Schwarze Meer.

Diese Land- und Wasserstraßen verbanden Skandinavien jedenfalls mit dem slawischen Südosten und dem Süden. Den berühmten, aber sprachlich fremden dänischen Königsnamen »Waldemar«, der viermal durch die dänische Geschichte läuft, kann man wahrscheinlich nur befriedigend erklären aus dem ukrainischen »Wladimir«, »Friedensherrscher«. Die dänische Backsteingotik erinnert an den byzantinischen Kaiserstil und verlängert also die angedeutete Verbindung bis nach Byzanz. Mehrere byzantinische Prinzessinnen gingen als Bräute nach dem Norden. Dänemark beherrschte die längste Zeit des vergangenen Jahrtausends auch Norwegen und Schweden. Landstraßen spielten nur in Jütland eine Rolle. Dort ist aber keine Stadt, auch nicht die älteste, nämlich Ribe aus dem 10. Jahrhundert, weiter entfernt vom Meer als zwei Reisetage. Meist liegen die alten dänischen Städte unmittelbar an den Förden und Buchten, wie die Hafenstadt Århus, ebenfalls schon im 10. Jahrhundert genannt, mit ihrem alten Ostseehandel. Insgesamt ist die Halbinsel Jütland selbst wie eine große Landstraße geformt, um Mitteleuropa mit dem Norden zu verbinden, die Ostsee beim berühmten Kattegat zu schließen oder beim Skagerrak einen Brückenkopf über den nördlichen Atlantik zu bilden, mit dessen Erforschung die frühen Island-, Grönland- und Amerikafahrer begonnen haben.

Straße und Staat

Wir müssen noch einmal zurückkehren zur längsten und in ihrer Kombination von Land- und Seeweg besonders markanten Straße von Brügge nach Nowgorod, deren sich die norddeutsche Kaufmannshanse annahm, die zuerst ein Personenverband gewesen ist wie andere Hansen auch, seit 1354 dann ein potenter Städtebund. Die Hanse wuchs seit dem 14. Jahrhundert über eine Interessenverbindung von Fernkaufleuten zum einflussreichen Städtebund mit eigenen Außenverbindungen, mit Kontoren in Bergen, London, Brügge und eben in Nowgorod und mit einem starken Arm auf den Ostseeinseln Wisby und Gotland. Sie schützte ihre Mitglieder zu Wasser und auch zu Lande und so auch in jener Straßenregion. Das war ein Aufgabenbereich, um den sich anderswo Hoheitsbefugnisse zur »Staatlichkeit« entwickelten. Auch sonst formten sich im Norden unter der losen Hanseregie Verwaltungsbeziehungen zu einer politischen wie kulturellen Gemeinschaft. Es gab besondere Voraussetzungen für solche Gemeinsamkeiten.

Ein Fuhrmann konnte von Brügge bis Lübeck niederdeutsch fluchen. Von da an bis Nowgorod kam er mit einem slawischen Dialekt zurecht. Denn Varianten des Niederdeutschen sprach man von der Atlantikküste bis nach Lübeck. Von dort konnte man sich, vornehmlich auf dem Land, slawisch verständigen. In den Städten war das Niederdeutsche noch weiter nach Osten verbreitet. Ein »Faktor«, wie man die Firmenvertreter in den »Faktoreien« nannte, sprach vielleicht überhaupt nur niederdeutsch von Brügge bis nach Riga und fühlte sich unter seinesgleichen. Die Herberge »Zur Börse« in Brügge, benannt nach der »bursa«, dem lateinischen Wort für Portemonnaie, also sozusagen das Wirtshaus »Zum Geldbeutel«, wo die Kaufleute aus vieler Herren Länder wohnten und wo der Wirt bei der Herkunft seiner Gäste in Vielsprachigkeit vermitteln, wo er helfen musste, Geschäfte zu »machen«, zu »makeln«, diese Herberge »Zur Börse« wurde zum Weltbegriff im Geschäftsleben der Gegenwart. Freilich reden wir heute kaum mehr von einer Produkten-, sondern fast nur mehr von der Aktienbörse. Im spätmittelalterlichen Brügge ging es nach Kaufmannssitte um die Vermittlung von Geschäften. Und dazu war ein Makler nötig, wie heute auch.

Auch am anderen Ende der langen Straße, in den russischen Wäldern, wuchsen mehr als Handelsbeziehungen zwischen den katholischen Hanseaten aus dem Westen und den orthodoxen Bojaren, die dort in einer Großgemeinde ähnlich den westeuropäischen Stadtgemeinden seit der Jahrtausendwende miteinander ohne fürstliche Obrigkeit ihre Stadt regierten. (Angermann 1997; Mühle 1997) Da hatte man immer noch einiges gemeinsam in der seit 1054 gespaltenen und wechselweise gebannten und verfluchten Christenheit, der römisch-katholischen im Westen und der griechisch-orthodoxen im Osten. Die Sprache trat bei solchen Gemeinsamkeiten erklärlicherweise zurück. Es ging stattdessen um Bild und Kult, die sich in anschaulicher Verbindung unter Laien zusammenfanden. Gemeinsam verehrte man das Kreuz, die Trinität und die Gottesmutter, bemühte sich um eine christliche Lebensführung, glaubte an die Lehren der Bibel. Man betete russisch wie deutsch vornehmlich zur Gottesmutter und zu einigen Heiligen ganz besonders, die man in West und Ost verehrte: Stephan, Peter und Paul, Michael, Nikolaus, Georg. Sie waren Beweisstücke christlicher Übereinkunft und den östlichen wie den westlichen Reisenden hilfreich. Ihre Ikonen wurden zur Handelsware. Besonders »Schwarze Madonnen« wanderten auf der Handelsstraße weit nach dem Westen. Andererseits verkauften namentlich flämische Künstler im späten Mittelalter ihre Arbeiten zumindest bis in die Ostseestädte Danzig, Riga, Reval. (Transit 1997)

So kam es auch zur Übernahme einer kirchlichen Kunstform, die im übrigen orthodoxen Kirchenbau nicht üblich, ja als Götzendienst gebannt und verflucht war im Hinblick auf das seit dem 8. Jahrhundert bis heute gültige Verbot jeglicher plastischer Kirchenkunst: Die Sophienkathedrale in Nowgorod hat ein großes, weithin berühmtes

Bronzeportal mit Relieffiguren. Es entstand im 12. Jahrhundert. Man erinnert sich an das bronzene Domportal im polnischen Gnesen aus dem 12. Jahrhundert, an das Magdeburger aus der gleichen Zeit und an das Portal des Hildesheimer Doms von der Jahrtausendwende. Man kann sich vorstellen, die Portale bildeten Stationen auf einer langen Straße kulturellen Transfers. (Wundram 2000, 79 f.)

Natürlich hatte man vornehmlich Handelsinteressen gemeinsam, bei weithin nur zwei Sprachen. Man muss aber auch an die westliche wirtschaftliche und administrative Region denken, welche der hansische Städtebund seit dem 14. Jahrhundert geschaffen hatte, abseits der europäischen Zentren, in der Ferne von Fürsten- und Königshöfen überhaupt im nördlichen Raum, nicht nur auf künftig deutschem, sondern auch auf niederländischem, polnischem, russischem Boden. Hier stand man unter dem Zeichen des hansischen Städtebundes mit dem Hansevorort Lübeck und seinem Verwaltungsnetz an Schriftlichkeit, seinem Nachrichtenwesen, seinen Städteboten (Heimann/Hlaváček 1999), mit jährlichen Hansetagen für Abgesandte, mit gemeinsamen diplomatischen Vertretungen im handelspolitischen Ausland, in Bergen, in London, in Brügge und in Nowgorod, seinen Disziplinierungsmaßnahmen, dem »Verhansen« unbotsamer Mitgliedsstädte. Ein Kapitel besonderer Staatlichkeit hätte sich daraus entwickeln können, so wie die Venezianer oder die Schweizer Eidgenossenschaft, auf Handel und Geld gestützt und nicht oder nicht nur auf das Abc der unmittelbaren Machtpolitik, dem die Fürsten nachgingen.

Für die deutsche Geschichte handelte es sich dabei um mehr als nur um eine Konkurrenz zur Staatsbildung in den so genannten Landesfürstentümern und um ihre Rivalität mit der Zentralmacht der altertümlichen Kaiserherrschaft und ihrer Kanzlei. Die Hanse führte ihr eigenes Dasein in einem recht entwickelten und das nördliche Drittel Deutschlands umfassenden Raum. Ihr Verhältnis zu Kaiser und König wurde nur gelegentlich offenbar, etwa bei dem eben auch wegen seiner Seltenheit berühmten Besuch eines Kaisers bei den »Herren«, wie der Kaiser sie nannte, im lübischen Rathaus 1374. Souveränitätsfragen wurden dort freilich nicht erörtert. Aber es lässt sich darüber nachdenken, dass unser Deutschland, sprachlich in Nord und Süd getrennt, im Anliegen der besonderen Wirtschaftsregion um die große Straße im Norden nicht zwangsläufig gerade dieser von der oberdeutschen Sprache dominierte Nationalstaat hätte werden und dass es überhaupt nicht zu einer ganz Mitteleuropa umfassenden Einheit hätte werden müssen, wenn die Anrainer der nördlichen Straße staatsbildende Qualitäten entwickelt hätten.

Bei allen großen Unterschieden der inneren Strukturen ging es lange Zeit dort, wo Russen, Esten, Letten, Litauer lebten, auch da, wo sich später die preußische Staatlichkeit von Aachen bis nach Königsberg ausdehnte, und wo man Platt sprach bis an die Atlantikküste, um die Gemeinsamkeit der Straße, der alles belebenden Handelsschlagader, und nicht um die Zusammengehörigkeit der erst später herausgebildeten und in den Norden übertragenen »ober-deutschen« politischen Gemeinschaft und ihrer Sprache. Es ging unter machtpolitischen Gesichtspunkten noch lange nicht um »deutsche« Geschichte und auch noch nicht um preußische. Es hätte sich damals, im Spätmittelalter und in der so genannten frühen Neuzeit, eine eigene politische Ordnung einstellen können aus dem hanseatischen Städtebund unter hanseatischer Direktive.

Vielleicht ist diese Feststellung als Alternative zum Werdegang unserer Staatlichkeit noch nicht deutlich genug: Es ging in der Hansegeschichte um ein Stück Bürgerinitiative, wie es sich anderwärts nur in kleineren Regionen aus spätantiker Tradition entwickelte, im Raum der oberitalienischen Stadtrepubliken von Mailand bis Ferrara, in der Schweizer Eidgenossenschaft von Reichsstädten und Talgenossenschaften, im uralten Gemeinwesen von Venedig, im künftigen Ständebund der »Generalstaaten« in den Niederlanden. Die hansischen Handelsherren hätten eine republikanische Region quer durch das ganze nördliche Europa ziehen können – sie hatten eine Zeit lang die Möglichkeit dazu. Aber die Hanse scheute letztlich Territorialherrschaft, wie alle nordalpinen Städte im Gegensatz zu ihren italienischen Schwestern.

Die nördlichen Städte gründeten Bünde, aber sie formten daraus keine Republiken. Sie schufen immer wieder in kleinerem Maß auch anderswo von ihren städtischen Bundesgenossen besetzte Straßenzüge, nicht nur den eben betrachteten langen Weg von Brügge nach Nowgorod, sondern auch den rheinischen, den schwäbischen, den sächsischen, den Lausitzer Städtebund, jeweils um Straßen aufgebaut, aber sie entwickelten keinen Landesaufbau. Die deutschen Stadtterritorien blieben klein, die Reichsstädte Bern, Rothenburg und Nürnberg verfügten über die größten, und nur die Berner überführten ihr Territorium in den Bund der Schweizer Eidgenossenschaft. So überlebten letztlich bis heute nur die drei größten unter den Hansestädten, isoliert als selbständige Stadtrepubliken, Hamburg, Bremen und bis 1937 auch Lübeck. Aber sie blieben kleine Stadtrepubliken inmitten der deutschen Fürstenstaaten, gestützt und respektiert durch ihre Handelsbedeutung. Die großen Mächte von außen, in Konstantinopel und in Moskau, die innereuropäischen Entwicklungen, die den mittelalterlichen Mittelmeerhandel austrocknen ließen und die Kraft der Monarchien stärkten, haben wohl eine festere, »staatliche« Organisation jener Nordregion um Handel und Hanse nicht wachsen lassen.

Die alten Hansestraßen verloren im Dreißigjährigen Krieg ihre Anziehungskraft, und was sie ursprünglich einte, die Interessengemeinschaft als Anrainer, das erschlaffte. Die Monarchien organisierten ihre Herrschaft als »Nationalstaaten«. Die alte West-Ost-Straße führte schließlich über acht Grenzen. Der Weg von Aachen über Potsdam und Berlin bis nach Königsberg wurde im frühen 17. Jahrhundert, wenn auch nicht lückenlos, von den preußischen Hohenzollern ererbt und diente als preußische Staatsstraße Nummer eins nun der Post, der Verwaltung und nur mehr wenig dem Handelsverkehr. Er blieb dabei lange ein schlecht gepflegter Weg, auf dem die alte Kaufmannsherrlichkeit dahinkümmerte. Erst das industrielle Zeitalter im äußersten Westen weckte neues Leben, als neben die Landstraßen die Schienenwege traten.

Zu Fuß, zu Pferd, mit Wagen

Nur Sklaven laufen von selbst. Die vielen Sklaven des Dritten Reiches und die vertriebenen Deutschen im Nachgang zu seinen Verbrechen wurden zum Teil auch noch auf diese Weise transportiert. Sie waren eine selbstbewegliche Ware, freilich mit allen Nachteilen einer doch begrenzten Transportkapazität. Sie waren die Spur im Schlamm aus unserer Zeit, im Schlamm der blonden Bestialität, im 20. Jahrhundert erdacht und dann grausam verwirklicht im nordalpinen Europa.

Die Straßen des Mittelalters mussten befahren werden. Lange Zeit war das im Gegensatz zur römischen Zeit die einzige Pflege, die man ihnen antat. Zu »fahren« war anfangs eine Bewegung auch ganz ohne Räder, wie heute noch »to go« im Englischen umgekehrt nicht immer »gehen« bedeutet. Die »Fahrenden« des Mittelalters gingen meist zu Fuß. So machten auch hier die Füße den Anfang. Reisen mit Saumtieren und Reitpferden, eine Art von Karawanenhandel mit festen Stationen über weite Strecken, bildeten sich um die Jahrtausendwende aus, waren doch die fahrenden Händler zu jener Zeit wehrfähige Unternehmer mit »reisigen« Knechten.

Für den Gütertransport diente zunächst mutmaßlich das Tragtier, danach der Karren mit zwei großen Rädern, zuletzt der vierrädrige Wagen, der unter seiner Plane zu Luthers Zeiten ungefähr eine Tonne Warengewicht fassen konnte. Das hielt sich im Allgemeinen, von »Schwertransporten« mit vier und sechs Pferden abgesehen, von der »kommerziellen« bis in die »industrielle Revolution«, als man dann fünf, zehn und zuletzt zwanzig Tonnen in einen der neuen Eisenbahnwagen verladen konnte.

Dazwischen steckt ein gewaltiges Stück technischer Entwicklung. Der brave Esel als Tragtier für den kleinen Lastverkehr wurde zwar schon zur Zeit der »kommerziellen Revolution« vom zweirädrigen Karren mit Gabeldeichsel abgelöst, aber er verrichtete dennoch seine Dienste auch noch mit dem Sack auf dem Rücken bis an die Schwelle des Industriezeitalters, und die Kinder, mitunter konservative Zeugen der Geschichte, zählen noch heute: »Ich und du, Müllers Kuh, Bäckers Esel …« Auch hat der Esel seinen festen Platz in unserem Sprichwortschatz behauptet, merkwürdig, denn er ging von allen den Genossen aus dem alten Haus zuerst.

Die großen Transporte übernahmen für die nächsten tausend Jahre muskulöse Gäule oder starkknochige Ochsen mit vierrädrigen schweren Wagen. Wagen mit vier Rädern gab es schon vor dreitausend Jahren, Keltengräber haben Prunkstücke bewahrt, aber es lässt sich ihnen nicht ablesen, ob sie auch wirklich fahrtauglich waren; ob sie nämlich über eine drehbare Vorderachse verfügten, die allein ihre Lenkung möglich machte, oder ob die vier Räder nur zur Standfestigkeit angebracht waren, wie beispielsweise bei einem goldenen Sonnenwagen, um die große glänzende Scheibe auf ihrem Himmelsweg zu bewegen. (Celti. 1995, Katalog Venedig) Eine drehbare Vorderachse muss man wohl den Resten von römischen Wagen zumuten, wiewohl ihr Holzgerüst längst zerfallen ist. Neben den einachsigen Lastkarren, Renn- und Streitwagen, die ein solches Problem nicht kannten, gab es doch auch schon Reisewagen auf den gepflasterten römischen Straßen mit vier Rädern. Die hat man wohl nicht ohne lenkbare Vorderachse laufen lassen. Dabei mögen manche Erfindungen und technische Korrekturen zwei- oder dreimal im Lauf der Zeit und an verschiedenen Orten zum Fortschritt verholfen haben. Man kann das oft nicht entscheiden.

Denn Holz verwest und eiserne Beschläge verlieren ihre Position. (Ludwig 1997)

Räder selbst ließen sich leichter rekonstruieren. Sie gewannen ihre urtümliche Form als Scheiben, mühsam abgesägt von Baumstämmen, und blieben deshalb auch vor dem Zeitalter der Metallsägen selten. Räder sind für die Kulturentwicklung nicht unentbehrlich, so wie die Indianerkulturen Amerikas trotz vieler findiger Kulturtechniken bis zu den weißen Einwanderern überhaupt nicht mit dem Rad und allen seinen Eigenschaften bekannt geworden sind. Bei uns kannte man dagegen schon zur Bronzezeit das Kraft sparende Speichenrad, schließlich mit eisernen Beschlägen oder gar Eisenreifen haltbar gemacht. (Ludwig 1997, 145) Die berufliche Spezialisierung begleitete die Verbesserungen. Wagner ist einer der häufigsten Berufsnamen nach Bauer, Bäcker, Schmied und Müller.

Die Bronzetür der Sophienkathedrale in Nowgorod, Mitte des 12. Jahrhunderts in Magdeburg gegossen, zeigt einen vierrädrigen Wagen mit Ortscheit im Pferdegespann. (Ludwig 1997, 146) Eine Deichsel mit Drehkreuz muss dazu vorausgesetzt werden. Aber dergleichen lassen auch schon ältere Darstellungen erkennen. Natürlich gibt es auch Zeichnungen ohne Sinn für das technische Detail, wie etwa die Skizze von einem Verkehrsunfall von 1415 mit einem technisch gewiss nicht fahrtüchtigen Wagen ohne Drehkreuz für die Vorderachsen und ohne Ortscheit im Gespann, aber andererseits mit Kummet für die Pferde. (Seibt 2000 a, 336).

Das Kummet wiederum, bei etymologischen Hinweisen auf einen tatarischen oder chinesischen Ursprung, war in der Tat grundlegend für die Entwicklung der Zugkraft: Anstelle des Riemengeschirrs, das dem Zugpferd über die Adern um Hals und Schultern lief und seinen Kraftaufwand nicht zur Entfaltung kommen ließ, wenn es nicht gar in die Muskeln einschnitt, bestand das Kummet aus einem ledergepolsterten Holzrahmen. Aus guter physiologischer Kenntnis dem Zugtier um den Hals gelegt, erlaubt es ihm, seine Kraft voll einzusetzen. Das Ortscheit machte wiederum auch das Anspannen mehrerer Pferde hintereinander möglich. Ohne das kann man nur durch eine Anschirrtechnik nebeneinander den Effekt steigern. So entwickelte die Antike, ohne Kummet und Ortscheit, die Quadriga für ihre Rennwagen, und dem russischen Schlitten spannte man in der Troika drei Pferde nebeneinander vor. Die westliche Anschirrtechnik ließ die schweren Wagen aber vier-, sechs-, ja sogar achtspännig fahren.

Dieselbe Zeit schnallt auch den bis in die Gegenwart noch mitunter verwendeten Zugochsen an die Stelle des urtümlichen Jochs auf dem Nacken, in Italien noch bis vor fünfzig Jahren in Gebrauch, ein kurzes, ebenfalls gepolstertes Brett vor die Stirn, mit Lederriemen an den Hörnern befestigt. Vielleicht rührt daher die berühmte Redensart vom Brett vorm Kopf. Für Ochsen jedenfalls sitzt es gerade am rechten Platz, um die ganze Kraft des gestreckten Körpers zur Entfaltung zu bringen.

Zugkraft und Fahrgestell – es handelte sich um dieselben technischen Probleme wie im Automobilbau. Gelöst wurden sie jeweils zeitgemäß. Zu bemerken ist allenfalls noch, dass es nach diesen bahnbrechenden Veränderungen vor acht- oder neunhundert Jahren für lange Zeit keine weiteren Neuerungen gab bei Pferd und Ochs. Dagegen ging am Fahrwerk der Fortschritt nicht ganz vorbei, weil man für den Lastentransport Planen über den Kastenwagen spannte, für den Personentransport aber einen großen Korb oder Kobel an Lederriemen aufhängte, um Erschütterungen zu dämpfen, und nach diesem Modell schließlich ganz leichte Zwei- oder Viersitzer konstruierte. Sie wurden mit einem fremden Namen benannt, als wären sie vom Ausland eingeführt, nämlich aus dem ungarischen Kocs, und waren für Jahrhunderte das Fahrzeug der gehobenen Gesellschaft. (M. Lemberg 1997) Die Kutsche, die Kutscher beherrschten noch vor hundert Jahren den Alltagsverkehr der großen Städte. Zum großen Aufzug gehörte die Staatskarosse, geschmückt mit Messing oder gar kostbareren Beschlägen, die Equipage mit Gespannen aller Art. Die gehobene Fahrweise steckte im Vorspann von vier, sechs oder acht Pferden und in der Kunst, sie zu lenken; der Fortschritt schließlich in der eleganten leichten Bauweise, am Ende mit Gummireifen und Metallfederung.

Da freilich stießen sich Technik und Herkommen. Denn die Kutsche war zunächst ein bequemes Gefährt für Damen. Ein Herr ritt. Noch der kranke Kaiser Maximilian weigerte sich, einen Wagen zu benützen, und bevorzugte die Sänfte, ebenso wie sein Nachfolger, der gichtkranke Karl V. Allerdings war die Sänfte, der Name sagt's, weit eher erschütterungsfrei. Gelegentlich aber wäre der Wagen schneller gewesen. Die Sänfte, nach römischer Gewohnheit, war aber immerhin herrenmäßig, wenn man schon nicht ritt.

Christus hingegen ritt, als er in die Stätte seiner Passion einzog. Mit einer Holzfigur stellten fromme Prozessionen in italienischen, spanischen und deutschen Passionsspielen jahrhundertelang die Szene nach.

Mancher Speicher in alten Pfarrhäusern verwahrt die oft lebensgroßen Holzfiguren noch heute. Auf dem Esel zu reiten entspricht orientalischen Sitten für den einfachen Mann. Das liturgische Spiel übertrug den biblischen Bericht in die Anschauung der Laienwelt: Der reitende Heiland, auf einem Eselsfüllen, wie die Bibel berichtet, also auf einem im Dienst der Menschen noch nicht korrumpierten Tier, verbindet die Leidensgeschichte des Gottessohnes mit der dienstbaren Tierwelt, das menschliche Drama mit der Heilsgeschichte. Die Würde des Mannes erfährt zwar die Erhöhung zum Reiter, aber nicht auf einem herrenmäßigen Ross, sondern auf jenem demütigen Tier, das dem einfachen Volk zu Diensten steht.

Geld

Geld regiert die Welt

In der oder jener Variante kursiert dieses Sprichwort seit dem
12. Jahrhundert in der lateinischen Christenheit. Dabei wurde es zuallererst mit der Kirche verbunden, weil die Kirche wieder einmal den
anderen gesellschaftlichen Institutionen um einen Schritt voraus war.
Beim Umgang mit Geld und Geldeswert, bei Geldabgaben und
Schuldverschreibungen, beim »Peterspfennig«, als Herdsteuer auf den
Britischen Inseln, in Skandinavien, Polen und Ungarn erhoben, und
bei vielen Zehntleistungen, die sie im Namen der Armen, der Kir-
chenpflege und der Versorgung ihrer Kleriker von den Gläubigen forderte, war sie zuerst und am besten organisiert. Und weil die Diener
der Kirche sich nicht nur auf das Wort der Bibel verstanden, sondern
auch auf seine Persiflage, und weil es längst zumindest unter ihnen
eine »öffentliche Meinung« gab mit allen Licht- und Schattenseiten,
so entstand damals die lateinische Parodie eines Evangeliums vom
hoch gelobten Geld, das man in Rom verkünde, *secundum Marcas argenti*, also nicht nach Markus, sondern nach Mark. (Lehmann 1963,
183) Auch eine Passionsgeschichte des Papstes schrieb man in boshaf-
ter Satire »secundum marcam argenti et auri«, nach Silber- und Gold-
mark.

Große und kleine Herren folgten der Kirche und wechselten bei ihren Abgabenforderungen von der umständlichen Naturalwirtschaft
zur Geldwirtschaft. Zwar gab es noch Abgaben in Käse, Getreide oder
Vieh bis ins 19. Jahrhundert, aber mit Geld musste man keine Wagen
beladen. Es ließ sich zumindest müheloser abgeben. Zudem gesellte
sich zu der Einsicht, dass Geld nicht stinkt, die schon dem römischen
Fiskalwesen gelang, auch noch die Erkenntnis, dass es nicht verdarb.
Eine gefährliche Einsicht, denn sie weckte die Begehrlichkeit. Die Abgaben in Lebensmitteln, die zuvor bei Oberhöfen und Pfalzen, in

Scheunen und Kellern gespeichert wurden, fanden letztlich in ihrer Haltbarkeit ihre Grenze. Geld im Kasten verdarb nicht.

Nun trat allerdings, auf der anderen Seite, mit dem Geld auch eine neue Armut auf, die Bibelsatiren spielen bereits darauf an. (Bosl 1991) Denn arm war bisher, wer kein Land hatte oder auch nur keinen Adel; wer kein Recht hatte und keine Berechtigung, sich Recht zu erstreiten; wer kein Schwert hatte. In der Geldwirtschaft aber fehlte es den Armen nun an jenen kleinen Blättchen aus Edelmetall, die alle bereit waren, für irgendwelche Leistungen, Waren, Dienste hinzunehmen und die jedermann unbegrenzt in seinem Beutel tragen konnte. Damit drang sozusagen der Gegensatz zwischen Reichtum und Armut in alle Winkel der Gesellschaft, bis hin zum Seufzer der ohnmächtigen Einsicht aus Goethes Zitierschatz: »Am Gelde hängt, zum Gelde drängt doch alles – ach, wir Armen!«

So einfach klang das bei Goethe und blieb jahrhundertelang unverändert als Ausdruck einer unkomplizierten Wirtschaft mit dem Geldsack als Symbol. Der war schon lange die Grundlage der Macht der Päpste, vieler Klöster, auch der italienischen Pilgerkassen, Ursprung des modernen Kreditwesens für den kleinen Mann, der jüdischen Geldverleiher, der italienischen, französischen und flämischen Banken. Die großen Kaufleute, die seit der Mitte des 13. Jahrhunderts nicht mehr selber reisten, hatten ihre Konten an den großen Handelsorten von Venedig und Genua über Lyon bis Brügge, in London und in Florenz. Erst im Jahrhundert des Fortschritts, dem 19., schlug die Geldwirtschaft um von Münzen zum Papier in Gestalt von Assignaten und Banknoten, Teufelswerk nach dem schon zitierten Faust. Damit hatte das Geld nicht mehr seinen Wert in sich selbst, es musste nicht mehr aus Edelmetall sein, der Staat garantierte seinen Wert, und das Nachdenken über eine Philosophie des Geldes wurde zur Vorhersage der Menschheitsgeschichte auf spezialisiertem Niveau. Ob man nun die Kapitalismustheorien glauben mochte oder nicht, ob man sie mit Hoffnung begleitete oder mit Furcht, sie versuchten wirklich, und nicht nur nach Marx, alle bisherige Philosophie umzudrehen und »auf die Füße zu stellen«, sie entwarfen letztlich utopische Gegenwelten, und mit diesen Bildern prophezeiten sie nicht den Weltuntergang, sondern, weit optimistischer, die Weltrevolution, die hinführen sollte in die große Weltenharmonie bei Aufhebung des Geldes, sozusagen eine Selbsterlösung des Menschen von seiner Geldwirtschaft im endzeitlichen Kommunismus. Diese Revolution erschien als Endziel und Sinn unseres Daseins. Damit war das Geld zu revolutionärem Rang erhoben, zum Mephisto sozusagen, der stets das Böse will und doch das Gute schafft.

Unsere Gegenwart hat über das Börsensystem mit seiner globalen Vernetzung schließlich eine neue Rolle des Geldes herbeigeführt, eine Weltverbindung mit neuen Koordinaten für Arm und Reich. Zur Weltrevolution ist es darüber nicht gekommen. Stattdessen regiert Geld in den Händen von Millionen von Kleinaktionären heute sozusagen demokratisch.

Aber es regiert. Es gibt kein zweites *Ondit*, das trotz seiner sprachlichen Dürftigkeit die gleiche Gültigkeit beanspruchen darf. Alle Zeiten haben es glaubhaft gemacht. Gezweifelt, zwar nicht an der Kraft, sondern an der Unentbehrlichkeit des Geldes haben allerdings seit je immer wieder einzelne Nachdenkliche. Vor tausend Jahren zogen sie sich vor ihm in die persönliche Besitzlosigkeit der Mönchskultur zurück, obwohl sie meist aus reichen Familien stammten, aus solchen, die Macht hatten, die Land und Leute besaßen. Damals war die Geldwirtschaft noch nicht entwickelt. Die Armut Christi wurde in den frommen Häusern noch nicht diskutiert, sie spielte noch keine Rolle in der Reformära von Cluny, Gorze und St. Nazaire in Marseille, welche unsere gesamte Klosterkultur in der westlichen Christenheit umspannte. Zwei-, dreihundert Jahre später, als sich die Geldwirtschaft wirklich verbreitet hatte im lateinischen Abendland, predigten zeitgenössische Intellektuelle dann die freiwillige radikale Armut als christliches Gebot, gründeten die so genannten Bettelorden innerhalb der Kirche oder wurden von ihr ausgeschlossen als so genannte Ketzer. Diese »Armen Christi« standen freilich auf verlorenem Posten, soweit sie keine kirchliche Anerkennung fanden. Es gelang nur einer Gruppe, die Verfolgung zu überdauern, den »Armen von Lyon«, auch »Waldenser« nach ihrem legendären Gründer. Sie stammten aus der Straßenspinne für den Geldfluss im südwestlichen Mitteleuropa, und Petrus Waldes, der Lyoneser Kaufmann, der die Bewegung ins Leben rief, fand dank der »europäischen Reichweite ihres Trotzes« (Molnár 1973) Anhänger bis nach Böhmen und Brandenburg. Sie haben das Zeitalter der Toleranz erreicht, und ihre Hochschule in Rom steht unweit vom Vatikan.

Andere, die damals zu Tausenden freiwillig die Armut Christi suchten, sahen ihre Hoffnungen irgendwann enttäuscht, ihre Versuche zu einem neuen gemeinsamen Leben gescheitert, ihre Lebenspläne zerbrochen. In Eintracht mit der Kirche blieb um 1200 der Kaufmannssohn Franciscus aus Assisi, einer neben mehreren Gründern kleiner Gemeinschaften Gleichgesinnter, in dessen Nachfolge ein schließlich weltumspannender so genannter Bettelorden entstand. In seinem Rahmen fand die Bewegung der freiwillig Armen zur offiziellen kirchlichen Anerkennung. Es ist hier nicht der Ort, von dieser innerkirchlichen Rebellion gegen das Geld und gegen die Reichen mehr zu erzählen. Nur lässt sich vom Geld im Mittelalter, seit es in Mengen geprägt und gepflegt wurde, schlechthin nicht reden, ohne auch seine christlichen Verächter zu berücksichtigen, seien sie in die neuen Bettelorden und damit in die kirchliche Disziplin eingebunden und so unglaublich schnell über die ganze lateinische Christenheit verbreitet worden oder seien sie fortan Anlass und Beute kirchlicher Ketzerjagd. Allein die neuen Klosterbauten der »Bettelorden«, fast in jeder Stadt der lateinischen Christenheit zu finden, belegten ein namhaftes Kapitel städtischer Frömmigkeits- und Baugeschichte und einen ohnmächtigen Versuch, sich von der Abhängigkeit des Geldes zu befreien, noch heute. (Schenkluhn 2000)

Dieser seinerzeit lebendige, in unserer Gegenwart auch in katholischen Gebieten kaum mehr merkliche Protest gegen das Geld, natürlich nur von Auserwählten und nicht von jedermann geteilt, unterscheidet neben anderem die mittelalterliche von der modernen Gedankenwelt an einer oft unbeachteten Stelle, und er scheint im neuen, im dritten Jahrtausend einer neuen Wandlung durch die Kapitalisierung scheinbar aller menschlichen Beziehungen entgegenzugehen.

Die Idee, ohne oder gegen das Geld zu leben, wurde allerdings auch ohne Bettelorden in festere Formen gegossen. In allen europäischen Utopien spielt sie mit. (Seibt 2001) Und sie geht auch noch heute mit allerhand einfachen Rezepten in den Köpfen um, wie etwa in kuriosen »Tauschkreisen« Österreichs und der Schweiz. Es ist ganz einfach: Der Zahnarzt plombiert der Putzfrau einen Backenzahn, und sie reinigt ihm dafür die Praxis. Der Schuster … Eine Handarbeitsutopie also, und sie tauscht Arbeitskraft. Sie verzichtet auf das Symbol oder auf den öffentlich vereinbarten, gemünzten und markierten Gegenwert für Ware und Arbeit. Geld und vor allem verzinsliches Geld wird auf diese Weise im zwischenmenschlichen Kontakt ausgeschaltet. Über elektronisch verwaltete Dateien will man, das immerhin ist neu an diesem uralten Weltverbesserungsplan, die persönlichen Leistungen eines jeden Einzelnen speichern. Man will Buch führen über jedermanns Einsatz, wie es gründlicher und schneller bisher noch nie möglich war, und will damit das verfluchte Geld ersetzen durch Verdienst und Gegenleistung in persönlicher Begegnung. Bauern und Handwerker bewegen sich in dieser Welt am leichtesten. (ORF 1 Radiokolleg 7.2.2000) Natürlich sind dabei Arm und Reich nicht ausgeschaltet, ist Geld zwar als Fetisch verbannt, aber es lebt im Computer fort.

»Geld« kommt von »gelten«

Wie man eine Schuld »vergilt« oder auch »Vergeltung« übt, so macht man ein Geschäft »gültig«. Geld kommt von gelten. (Kluge-Götze 1951) Ursprünglich hatte das Wort allerdings nichts mit einem gemünzten Metallstück zu tun. Denn unser Wort »gelten« ist älter als unser Wort »Geld«, und so lässt sich manchmal die Archäologie auch ohne Spaten betreiben. Zahlen ist seinerseits mit dem Zählen verwandt, und im strengen Sinn heißt zahlen: zählen machen. Die beiden Worte gehören zusammen wie Ursache und Folge.

Gezählt hat man natürlich schon, ehe man zahlte, mit Geld zahlte. Aber man kann auch mit Schafen zahlen, woher das lateinische Wort für »Geld« kommt, oder mit allem Möglichem, vielleicht Gleichförmigem, das sich beim Abwägen eines Gegenwertes gut handhaben ließ.

Am Anfang nämlich, vor zweitausendsiebenhundert Jahren, wenn wir den Funden in der orientalischen Erde glauben, an der Küste Lydiens, im heutigen Libanon, sind Kaufleute offenbar übereingekommen, gleich große Klümpchen einer gleichförmigen Legierung von Silber und Gold von gleichem Gewicht gießen zu lassen, mit denen man auch bisher Waren eintauschen konnte, sie nun aber für ihren gleichen Wert durch Stempel zu markieren. Solche Siegelstempel waren in Handelsgeschäften jener Gegend damals anstelle von Unterschriften üblich. Man verwendet schließlich Stempel als Garantiezeugnis noch heute. Zu jener Zeit drückte man sie in feuchte Tontafeln mit der berühmten Keilschrift, und dort dienten sie, in der Wüstensonne gehärtet, zur Beglaubigung. Heute siegelt man mit Stempelfarbe oder, ganz feierlich und deshalb altertümlich, in Siegellack oder Wachs.

Solche Siegel gehören zu den wenigen Gerätschaften, die uns mit der Steinzeit verbinden. Wir finden sie noch immer am Fingerring, in Halbedelstein geschnitten, mit Wappen oder Initialen. Sie sahen vor drei Jahrtausenden nicht viel anders aus als heute. Denn ein paar Stücke solcher früher Münzprägungen sind erhalten. Sie sind zugleich aufschlussreich für die älteste Philosophie des Geldes. Sie zeigen nämlich in ihren Bildern etwa eine Biene, Symbol für Honig und für gehortete Schätze, oder vielleicht der Gegenwert für einen Bienenkorb voll Honig? Andere lassen in klarer Zeichnung einen Stier- neben einem Löwenkopf erkennen. Löwe oder Stier sind glaubhafte Symbole für die Macht derer, in deren Händen das Geld liegt. Vor der Frankfurter Börse ist bekanntlich ein mächtiger Bär zu sehen und daneben, genauso wie auf den alten lydischen Goldklümpchen, ein Stier. (Wien Kunstmuseum, Numismatische Sammlung)

Die Prägungen könnten, so kann man annehmen, vor mehr als zweieinhalbtausend Jahren zunächst eine Selbstbeschränkung und -kontrolle des neuen Tauschmittels garantiert haben. »Geld« »galt« also ursprünglich aus allgemeiner Übereinstimmung, es war »herrschaftsfrei«, nach einer beliebten Vokabel der Gegenwartspolitologie. Abstrakt bedacht, funktionierte die Neuerung in ihrer Kombinationsfähigkeit ähnlich wie die Buchstaben im Verhältnis zu Wortkombinationen im Entwicklungsgang der Schrift. Die einzelnen Münzen ließen sich zusammensetzen zu einer Summe wie die Buchstaben zu einem Wort, und diese unsere Buchstaben entstanden nach aller Wahrscheinlichkeit ebenso im Daseinsbereich der Phönizier, vielleicht geradeso in Lydien. (Bernal 1996)

Erst ein wenig später geriet die Neuerung, wie Fachleute annehmen, in die Hand der phönizischen oder lydischen Könige. Das waren Könige, die bereits ihren Platz im Orientverkehr und daher auch am Reichtum ihrer Kaufleute hatten. Nun waren sie es, die den Wert des Geldes, seine Gültigkeit und seine Korrektheit durch ihre Stempel garantierten. Krösus war der bedeutendste von allen. Er ist es nach dem Sprichwort noch heute. Fortan entfaltete sich die Geschichte des Geldes immer weiter unter herrschaftlicher, königlicher, fürstlicher, staatlicher Aufsicht. Man schlug auch nicht nur Gold, sondern ebenso Silber zu Münzen, und für das Kleingeld hatten nicht nur Griechen und Römer, sondern halten noch heute alle Münzstätten Europas Kupferlegierungen bereit. Noch unsere Großväter sagten »ein roter Heller«, und damit meinten sie abschätzig die kleinste, die geringste Kupfermünze, in Hall geschlagen.

Wo man mischt, kann man auch mogeln. Nicht nur die Falschmünzerei, sondern auch die von Staats wegen geübte Veränderung der Legierungen – etwas weniger Gold und etwas mehr Kupfer – erfüllt mit Klagen und Strafen die Geldgeschichte. Nicht selten gehörte es auch zur einfachen Steuerpolitik der Obrigkeit, Geld einzuziehen und in neuen Prägungen wieder auszugeben. Dabei waren die jeweils neuen, nun allein gültigen Münzen etwas weniger wert als die alten. Die Differenz an Edelmetall verblieb den Münzmeistern und damit der Obrigkeit, und so war jedermann nach seinem Besitz gleichmäßig und ohne viel Bürokratie besteuert. Oder man schnitt am Rand der Münzen etwas davon ab. Seit es allerdings im 16. Jahrhundert üblich wurde, Münzen mit Rand zu prägen, ließ sich dieses so einfache Kunststück der Beschneidung von Münzen nicht mehr praktizieren.

Kelten, Germanen und Slawen blieben von solchen Sorgen gottlob noch lange verschont. Gewiss hätten auch sie gemogelt und gefälscht bei guter Gelegenheit, aber Geld lernten sie erst in der Begegnung mit den Mittelmeerkulturen kennen, und so fanden sie auch kein Wort dafür. Deshalb haben die Deutschen eben auch das neue Geld abgeleitet von gelten, so sagt das Lexikon, und die Tschechen haben das Wort vom Penny oder Pfennig übernommen. Die Lateiner bildeten Geld, »pecunia«, von »pecus«, das Vieh.

Auf dem Weg des Geldes führt durchgängig eine Goldader von Krösus bis zur Bank von England: Geld ist immer dem Gold nahe. Zwar ist »nicht alles Gold, was glänzt«. Aber mit der Garantie der Obrigkeit und mit der ununterbrochenen öffentlichen Anerkennung, deren zumindest das gelbe wie das weiße glänzende Metall sicher war, hat sich das Geld in unserer Gesellschaft fester behauptet als alle Regierungen, die es in zweieinhalbtausend Jahren seither garantierten: Das Kleingeld der Antike, mitunter groß und schwer, aus Kupfer; das wirkliche Umlaufgeld aus Silber, Kurantmünzen, handsam und daher oft auch besonders abgegriffen; das wertvolle Geld aus Gold, zunächst in den genannten gestempelten Klümpchen, später aufs Genaueste in flachen Scheiben gemünzt, mitunter in den anspruchsvollsten Prägungen, von Goldschmieden geschnitten.

Schon die Römer nützten Münzen, die jeder in die Hand nahm, auch zur Propaganda (Th. Fischer 1975) Das ist wohl kein unnützer Hinweis angesichts des neuen Euro, der unserem Gemeinschaftsbewusstsein auf die Beine helfen soll. »In God we trust« haben die Amerikaner auf ihren Dollar geschrieben. In der ehrenwerten ersten deutschen Republik, der Weimarer, stand auf dem Rand eines jeden Markstückes: »Gemeinnutz geht vor Eigennutz!« Vermutlich könnte ein solcher Spruch bei unserer gegenwärtigen Wirtschaftsmoral gar nicht reüssieren.

Allgemein gilt Gold auch noch heute als die vornehmste, auch als die charakteristische »große« Münze, seit ein größeres Handelsvolumen das Silbergeld zur Scheidemünze werden ließ, in Pfund gewogen, in Mark abgegrenzt, »markiert«, oder in Schock zu je 60 Stück gezählt. Goldstücke als Währung haben uns in mittelalterlichen Zeiten die Araber vermittelt, neben dem antiken Vorbild, eben dann, als Handel und Wandel wieder lebhafter wurden nach dem Zusammenbruch des westlichen Römerreiches. Denn die berühmten Frankenkönige, die im 8. Jahrhundert das nordalpine Europa beherrschten, Pippin der Große, Pippin der Mittlere und, was Wunder, auch noch Pippin der Kurze, ehe der respektable große Karl das Reich vollendete und die Ruhe im Schulzimmer wiederherstellte, ließen zwar vorübergehend auch Goldmünzen schlagen. Karl setzte für Gold, Silber und Kupfer den Münzfuß fest von 1:12:20, der in England noch bis vor kurzem galt. Aber der Geldfluss musste erst kräftiger in Bewegung geraten, es musste erst klar werden, dass der Norden über reiche Gold- und Silbergruben verfügte und der Süden diesen Segen zu nehmen verstand. Das ließ sich nicht früher als durch den Landesausbau im kontinentalen Europa erkennen. Und der zog im lateinischen Europa nach der »agrarischen« noch eine »kommerzielle Revolution« nach sich. (Lopez 1979)

Die »kommerzielle Revolution«

Seit dem 12. Jahrhundert konnte man als Kaufmann mit einem Schlag sein Glück machen. Das war eine besondere Perspektive für Stadtbürger, zu deren Rechten die freie Nutzung ihrer Arbeit gehörte. Handelsgewinne wurden sprichwörtlich. (Walter Map 1982) Aber auch Verluste machten sich bemerkbar, und eine wirtschaftliche Krise, nach Pest, Getreideüberschüssen und Landverödungen im späteren 14. Jahrhundert allgemein zu beobachten, wurde auch zur Mentalitätskrise: »Melancolia« und Verlust des kaufmännischen Wagemutes zeigten sich. (Kedar 1976, 83, 132) Das beeinträchtigte überall das rollende Geld und löste Wertverschiebungen aus zwischen Gold und Silber.

Wie war es zu Aufstieg und Fall gekommen? Vor tausend Jahren gab es im nordalpinen Europa eine agrarische Tauschgesellschaft, im Mittelmeerraum eine eingeschränkte Geldwirtschaft mit weitgehend autonomen Regionen, die im östlichen Mittelmeer, im politisch einigermaßen stabilen Kaiserreich von Konstantinopel, Fernhandel mit dem Orient pflegte um Luxusgüter und Gewürze. Die nördlichen Länder produzierten nur das Lebensnotwendige und eben gerade das: Getreide und Grundnahrungsmittel, Salz und Fisch, Jagdtiere und Wildfrüchte, Leinen und Tuche, Holz und Harz, Wachs und Honig, Asche und Kreidesand.

Das Wichtigste, das jeder Mensch täglich haben musste aus dieser Palette, sind die Nahrungsmittel. Sie rangieren noch vor den Textilien, mit denen wir uns kleiden. Sie zwingen zur Arbeit, zum Tausch, zur Aufbereitung. Wohlhabenheit heißt in dieser Welt: keinen Hunger haben. Und Reichtum: so viel zu essen haben, dass man andere für Brot und Kleidung in seinen Dienst nehmen kann. Ein Lord hat auch die Bedeutung ein »Brotherr«. Auch wir kennen noch heute den »Brotgeber« in unserem Sprachgebrauch. Das unersetzliche unter allen Nahrungsmitteln ist Salz. Seinetwegen nimmt man weite Reisen auf sich, die man wegen Fleisch oder Körnern nicht antreten müsste.

Fragen wir jetzt einmal nicht, woher die Überlegenheit der Besitzenden kam. Bedenken wir nur: Nicht zu jeder Zeit ist die Vermehrung der Bevölkerung unbedingt willkommen. Denn das könnte heißen: weniger Brot für einen jeden. Ein umsichtiger Brotherr wird seinet- und auch der anderen wegen immer nach Brotvermehrung suchen, und die Zahl der Menschen wird sich nach dem Vorhandenen richten, nicht heute und morgen, aber nach Jahr und Tag. In einer Agrargesellschaft heißt das: mehr Acker, um ihn in Brot zu verwandeln. Mehr Menschen, das erfordert Rodung.

Das Wort steckt in Tausenden deutscher Ortsnamen mit der Endung -rode, -rot, -rat, -rade, -reut, und nicht nur in deutschen. Es ist ebenso ein Teil vieler dänischer, holländischer und in Entsprechungen schwedischer, englischer, polnischer, tschechischer, französischer, spanischer Ortsnamen, es ist ein Stück der nordalpinen Landesgeschichte in vielen Varianten.

Rodung schafft mehr Platz, ermöglicht den in unserer Zeit berüchtigten »Lebensraum«, wobei wir an friedliche Verwandlung von Wald, Heide, Meer und Sumpf denken. Aber auch die Bevölkerung wächst mit mehr Nahrung, sie wird dichter, die Straßen und Wege »vernetzen« sich, und der gesamte Prozess gewinnt an Dynamik. Je mehr Menschen, desto intensiver wird der Boden bearbeitet, Getreide geerntet, Vieh gezüchtet und das getan, wovon und womit die Menschen leben. Wenn das nicht gelingt, wenn ein Feind oder eine Hungersnot die

Region entvölkert, dann ist eine untere Grenze erreicht. Bei Untervölkerung kommt das Leben in einsamen Waldinseln oder in verbrannten Dörfern nicht recht in Gang. An ihrer oberen Grenze allerdings, bei etwa 80 oder mehr Menschen auf den Quadratkilometer, drohte es bei der mittelalterlichen Agrartechnik zu überborden. Nur wenige Landschaften des mittelalterlichen Europa ertrugen dieses Maß, wirtschafts- und kulturgesättigt, und das eben nur durch Handel und Wandel – durch Geld.

Geld setzte sie aber auch in den Stand, Arbeitsergebnisse zu konservieren, vor der Verderbnis zu bewahren und planvoll einzuteilen. Getreide kann man nur zwei Jahre speichern; Brot und Fleisch kaum ein paar Tage. Geld dagegen erweiterte die Zeit des Überflusses oder doch der Wohlhabenheit noch in die kargen Perioden des Fastens. Geld befreite den König davon, um ganz bei einem akuten Problem der politischen Organisation anzusetzen, mit seinem Gefolge von einer Pfalz zur anderen zu ziehen, nicht nur, um überall »nach dem Rechten zu sehen« und selbst Gericht zu halten, sondern auch, um an Ort und Stelle bei Vermeidung hoher Transportkosten auf schlechten Wegen das im Sommer Gespeicherte aufzuessen und sich und seinen Hof solcherart im Umherziehen zu ernähren. Geld ließ ihn dagegen an einem festen Ort residieren und sein Gefolge bezahlen.

Je mehr Waren, desto mehr Geld. Je kostbarer die Fracht, desto mehr Gold. Seit dem 12. Jahrhundert, seit einer deutlichen, einer so genannten »revolutionären« Zunahme von Geldwirtschaft und Verkehr, wuchs der Radius des Fernhandels, das Volumen des Transports, der Luxus der Reichen. Der Orient trat in den Horizont, das Mittelmeer in die Alltäglichkeit der Handelsplanung.

Wege und Waren wurden seitdem immer mehr, und eine wichtige Neuerung in der Textilproduktion, der Barchent, gewoben aus Leinen und Baumwolle seit dem 13. Jahrhundert, zunächst in Italien aus ägyptischer Baumwolle und einheimischem Flachs, dann hundert Jahre danach auch auf das nordalpine Flachsanbaugebiet übertragen, ließ zwischen 1340 und dem Ende des Jahrhunderts von Konstanz bis Regensburg eine Zone der Barchentweberei entstehen, die vornehmlich vom Osthandel lebte und ihr eigenes Straßensystem entwickelte. Es entstanden »Barchentstraßen«. (Stromer 1978) Von Lyon, von Mailand, von Bergamo nach Norden entwickelten sich währenddem »Seidenstraßen«, seit es gelungen war, auch in Oberitalien Seidenraupen zu züchten und ihr Gespinst zu weben.

Grundlegend aber war und blieb der Handel mit Gewürzen und »Südfrüchten«, Luxusgütern von hohem Wert und geringem Gewicht. Darüber wurden die Händler zu »Kapitalisten«, häuften Geld und führten Buch. Allerdings begann damit noch lange kein Kapitalismus, wenn auch Beispiele für gewandten Kapitaleinsatz schon seit dem 12. Jahrhundert verblüffen können. Es geht noch nicht um die seit Marx sprichwörtliche »ursprüngliche Kapitalakkumulation«, wie sie bisher mit dem westeuropäischen 15. Jahrhundert datiert wurde, oder manchmal auch mit dem mitteleuropäischen 18. Es geht um begrenzte Unternehmungen, die nach zwei, drei Generationen immer wieder in den sicheren Hafen von Grunderwerb und zur Zuflucht tonangebender feudaler Lebensweise führen, mit Königsnähe, Jagd und Adelstiteln. (Luzzati 2000) Die zeitgenössische Fortentwicklung zum monetären Reichtum kann noch nicht zur Investition in industrielle Unternehmungen dienen, sondern zum Aufbau von Bankhäusern, aber der ist riskant und übersteht kaum zweihundert Jahre.

Diese Kräftigung von Fernhandel und Geldwesen zu jener Zeit lässt sich vielen Zeugnissen ablesen. Vor allem auch dem Geld selber, das sich, verloren, verborgen oder von ungefähr in einem Versteck vergessen, wie eine feste Spur entlang der Handelsstraßen findet. Auch haben wir die Münznamen aus jenen goldenen Zeiten noch auf der Zunge: den Florentiner nach dem reichen Florenz, wie die Ungarn noch immer ihre Münzen bezeichnen und die Bäcker runde Schokoladenkuchen aus Nussgebäck. Die Niederländer schreiben für ihr Geld das Kürzel Fl, das heißt Florin, obwohl sie es »Gulden« nennen, »die Goldenen«. Gulden gab es weithin in Deutschland, den rheinischen neben dem ungarischen, es gab den Dukaten des Dogen von Venedig, den Augustalen Kaiser Friedrichs II., Tournosen aus Südfrankreich. Es gab den Portugalesen, den die Hamburger von afrikanischem Gold prägten, das portugiesische Seeleute mitbrachten, und im Zeitalter der Entdeckungen bis in das letzte Jahrhundert gab es die englische Guinee nach dem westafrikanischen Goldland. Es gab den Thaler nach der wenn auch kurzlebigen böhmischen Silberstadt Joachimsthal, der mit tschechischen Kolonisten in die Neue Welt kam und dort vom »tolár«, zum silbernen Dollar geworden ist.

Der Ost-West-Handel lief, wie wir uns erinnern, nach dem groben Schema Rohstoffe gegen Fertigwaren. Diese Devise gilt noch heute, nicht mehr mit den russischen Pelzen, sondern mit russischem Erdgas. Sie galt in der mittelalterlichen Handelsbilanz zu einem guten Teil ebenso für den Handel des entwickelteren Südens mit der nordalpinen Welt, nur mit einem ganz entscheidenden Unterschied in den Komponenten: Denn auch Edelmetall, gewonnen aus den sächsischen, böhmischen, slowakischen, siebenbürgischen Minen, mehr als zwei Drittel der europäischen Produktion, zählt zu den nördlichen, nordöstlichen, östlichen Rohstoffen, die nach Italien, nach Katalonien, nach Frankreich, nach Flandern flossen und mit feinen Fertigwaren vergolten wurden, mit Tuchen und Seide, mit Leder und allerlei Metallarbeiten, mit Gewürzen und Südfrüchten. Geld war zu ersetzen wie andere Rohstoffe auch. Denn die Edelmetalle des Nordens wurden beständig weitergeschürft, sie »wuchsen nach«, wurden gemünzt und waren Exportartikel. Auf diesem Gold- und Silberstrom beruhte die Wirtschaft des Mittelalters. Der Fernhandel war das große Geschäft für beide Partner. Die Handelsspannen dehnten sich weit über das heutige Maß, das Risiko freilich ebenso. In der Summe der Transaktionen ging das »östliche« Edelmetall ebenso wie die Rohstoffe »des Ostens« über den Umweg des Westens nach dem Süden.

Dafür kam der Luxus des Südens über den Westen nach Norden und Osten. Die Venezianer, Genuesen, Barceloner, Lyonesen, die Hamburger, Lübecker, Kölner, Frankfurter und Nürnberger verstanden sich vornehmlich auf die Kunst, diesen Handel in seinen Grundrichtungen zu vermitteln. Bis ins 17. Jahrhundert blieb diese Beziehung ertragreich, am längsten im westlichen Mittelmeer. (Braudel 1990, Bd. I) Dann brach sich der Atlantikhandel Bahn, die Fahrten entlang der afrikanischen Küste nach Ostindien und der Weg des Kolumbus ins angebliche Westindien, die Seeabenteuer der Portugiesen und der Engländer, die niederländische und die Ost- wie die Westindienkompagnie mit ihrem Risikokapital und ihrem Aktiengewinn. Nicht die Neue Welt in den Prärien und Wäldern der britischen und französischen Kolonisten im Norden Amerikas, wo Jäger und Bauern, Fallensteller und Viehzüchter noch für lange Zeit ein bescheidenes, urwüchsiges Dasein führten, wenn auch in scheinbar unbeschränkter Freiheit der unendlichen Landflächen, sondern die großbürgerlichen Kaufleute in den westeuropäischen Hafenstädten am Atlantik mit ihren Kapitalgeschäften beherrschten den Warenstrom seit dem 17. Jahrhundert mit neuen Akzenten und neuen Direktiven.

Geld und Krieg

Kriege kosten nicht nur Leben, sondern auch Geld. Denn der Einsatz lehenspflichtiger, insofern kostenloser Gefolgschaft wurde schon im 12. Jahrhundert von den Kriegsparteien wechselweise durch Söldner übertroffen, von allen anderen Unkosten abgesehen.

In England, Frankreich, Deutschland, Spanien waren alle Großen, Granden, Herzöge, Grafen nach Lehensrecht verpflichtet, ihrem Herrn in den Krieg zu folgen. Der König hatte sie sozusagen im Vorhinein mit ihrem Lehensgut bezahlt, und sie hatten nach ihrem Lehenseid zum Dienst für ihn jederzeit bereit zu sein. Sie hielten ihrerseits ebenso Lehensleute unter ähnlichen Bedingungen, und die verliehen womöglich noch einmal Gut gegen Dienst bis hinab zum so genannten Einschildritter. Das ergab eine regelrechte »Lehenspyramide«, an deren Spitze der König stand, zumindest ebendort, wo dieses Lehensrecht voll ausgebildet war, am besten in England. In Böhmen, Polen, Ungarn, Skandinavien herrschte im Grunde das gleiche Verhältnis, nur ohne den exakten Lehensaufbau, ohne Lehenseid, ohne exakt definierte Lehenspflichten. Lange hat man das Lehenswesen für eine soziale Hierarchie angesehen, aber es erfasste in Wirklichkeit nicht einmal den Kriegeradel hinreichend. Denn die Rechtslage war weniger klar geordnet, allein schon deshalb, weil es überall, außer in England, adeliges »Eigengut« unklarer älterer Herkunft gab, für das der Inhaber keine Dienste schuldete, das aber seinen Adelsrang hob und ihn unterschied von »niederen« Adeligen, die nur über ihren Lehensdienst zu Gut und Ansehen gekommen waren. In England gab es kein adeliges Eigengut, weil »der Eroberer« Wilhelm 1066 allen Adelsbesitz aufgehoben hatte und seine normannischen Ritter nur auf Lehensbasis einsetzte, nachdem der alte Adel umgebracht oder vertrieben war.

Die Rekrutierung von kriegsbereiten Gefolgsleuten begann ursprünglich mit der Fähigkeit eines Gefolgsherrn, freie »Kerle« in seinen Dienst zu nehmen. Vor der Jahrtausendwende dienten sie ihm für Waffen und Gewand. Oft ermöglichten erst entsprechende Eroberungen, sie mit Nutzungsrecht an viel oder wenig Land mitsamt den darauf Arbeitenden zu entlohnen und dann als Lehensnehmer für Krieg und Frieden an ihren Herrn zu binden. Seit der Konsolidierung der europäischen Großherrschaften konnte sich das Lehenssystem unter dem waffenfähigen Adel weiter ausbilden, nicht zu verwechseln mit einem

Ordnungsprinzip für die gesamte Gesellschaft. Außerdem war in Deutschland auch die Kirche in Gestalt ihrer Prälaten zum Dienst an Kaiser und König mit »Herberge und Heerfahrt« verpflichtet, weil Bischöfe und die Äbte als »Reichsfürsten« Herzogtümer und Grafschaften regierten. Reichsstädte waren allerdings die weitaus größten Steuerzahler, aber sie durften selber keine Lehensleute haben, außer denn in Italien. In Frankreich setzte sich die Besteuerung des Klerus erst im Kampf mit dem Papsttum durch. In England waren alle Prälaten seit der normannischen Eroberung Kronvasallen.

In Polen, Böhmen, Ungarn, Skandinavien gab es kein in Rechtssätzen ausgeformtes Lehenssystem, aber einen ähnlichen Aufbau, der »Dienstgüter« für Verdienste kannte und damit ebenso den Kriegsdienst auf der Basis von »geliehenem« Königsland, auf erobertem Land, finanzierte, in Ungarn in Anlehnung an byzantinische Verhältnisse. Die Rodewelle in Kontinentaleuropa vom 11. bis zum 13. Jahrhundert setzte noch einmal einen Ausbau der Agrarbasis in mehr oder minder klar definable Lehensmacht um. Wie auch immer: Krieg ließ sich solcherart mit abhängigen Kriegern führen, und natürlich war diese Abhängigkeit längst mit Treue verklärt und als Pflicht und Schuldigkeit zur Herrentugend erhoben. Bei einiger Verschiedenheit galt überall das Kriegsrecht des Königs, aber es wurde auch für ihn zur finanziellen Belastung.

Die Teilnahme am Krieg erforderte trotz Lehenspflicht doch auch die Zustimmung der Betroffenen, eine Konsequenz, die sich leicht ausdenken lässt: »Wir aber, König, werden morgen dort sein, wo du nicht sein wirst ...« Auch wenn der Herrscher, wie seit dem 12. Jahrhundert kaum mehr, an der Spitze seiner Gewappneten ins Gefecht zog, so waren sie ihm im Allgemeinen doch nicht durch dick und dünn und jederzeit zu Diensten. Der Krieg ermächtigte sie im besonderen Maß zu »Rat und Hilfe«, zumindest die Großen. Die mächtigsten Lehensträger entschieden meist in einer Zusammenkunft am Hof des Königs, auf »Hoftagen«, so wie sie schon in gemeinsamen Versammlungen über das Erbe Karls des Großen entschieden hatten und durch die Straßburger Eide 842, jeweils in Altfranzösisch und Althochdeutsch, zu Mitwissern und Mitträgern einer neuen Ordnung geworden waren. Nur in Notlagen, im Verteidigungsfall, galt ein Kriegsgrund ohne weiteres. Aber selbst das war nicht immer eindeutig, besonders wenn es um Erbansprüche ging. Also war eine Begründung für einen »gerechten Krieg« selbst dann nicht überflüssig und die Diskussion notwendig. (Beestermöller 1990)

Auch Lehensaufgebote ließen sich aber nicht allein mit Lehenstreue bezahlen. Das Aufgebot der Berittenen erforderte immer zusätzlichen Aufwand, Knechte, Zelte, Lebensmittel, für die nicht einfach jeweils die Lehensnehmer aufkamen. Überdies benötigte man Spezialisten, die nicht immer unter Waffen standen, Bogenschützen, Zimmerleute, Fuhrleute.

Jeder Ritter brauchte zudem noch eine kleine Equipe für seine Versorgung, für Pferd und Rüstung, die er auch nicht immer selbst aufbringen konnte, und überdies ein paar Fußknechte, eine »Gleve«, nach dem französischen Wort für Spieß, Spießgesellen also, seien es drei, seien es acht Mann für Versorgung und Kampf.

Deshalb also mehr und mehr die Neigung, zu den eigenen Truppen noch fremde um Sold, Söldner, Soldaten zu gewinnen. In Deutschland war Kaiser Barbarossa besonders dafür bekannt, der fünfmal nach Italien zog. Dass er dabei seinen Vetter und mächtigsten Lehensnehmer, Heinrich »den Löwen«, Herzog von Bayern und Sachsen, vergebens um Hilfe bat, wurde später nach Lehensrecht, aber auch noch nach Landrecht geahndet. Die Verweigerung der Waffenhilfe für wiederholte Kriegszüge allein galt offenbar nicht mehr deutlich genug als Verletzung der Lehenspflicht. Fortan wird sie auch im Hinblick auf Italienzüge begrenzt. Die Großen bewilligten auf Hoftagen meist nur die Waffenhilfe zu einem Krönungszug. Diese Bereitschaft allein erforderte jeweils die Versammlung aller Herzöge, Bischöfe, Grafen, aller Reichsfürsten. Und dazu seit dem 13. Jahrhundert auch noch die Reichsstädte, denn sie zahlten die meisten Steuern. Die Kriegskosten erzwangen also ebenfalls Mitsprache, nicht nur der Kriegsdienst. Sie begünstigten die Bildung des Reichstags in Deutschland, der Parlamente in anderen Königreichen, und bei Notlagen erreichten die unentbehrlichen Helfer auch noch besondere Zugeständnisse, wie die Magna Charta in England 1215 und in Ungarn 1222. Bei alldem galt für die europäischen Monarchien das Gleiche wie für die politische Ordnung überhaupt: »Aus gemeinsamen Ursprüngen erwachsen, setzten sie sich überall aus denselben Bausteinen zusammen, die aber gemäß den von Fall zu Fall verschiedenen Rahmenbedingungen zu verschiedenen Zeiten in verschiedener Mischung« auftraten. (Reinhard 2000, 47)

Die häufigen Italienzüge der deutschen Herrscher beanspruchten die deutschen Kriegskassen allerdings besonders und förderten die Mitsprache der Großen. Die übernahmen auch manche Aufgabe für Schutz und Ordnung, die dem König und Kaiser bei längerer Abwesenheit und bei mangelnder Ausbildung einer entsprechenden Exekutive auszufüllen nicht möglich war, sodass sie ihm mit Geleitsrechten, Gerichtshoheit und Befestigungsprivilegien nicht schlechthin Hoheitsrechte entlockten, sondern in dem weiten mitteleuropäischen Raum eher entlasteten. England und Frankreich, generationenlang verbissen in den Kampf um den Westen des Kontinents, kämpften währenddessen nicht um ein Prestige, wie es die römische Kaiserkrönung darstellte, sondern um realen Landgewinn. Dabei blieb der englische Hochadel eher im Kollektiv dem König gegenüber, wie in Polen, Böhmen, Ungarn, Skandinavien auch, während die französischen Herzöge, nach der glücklichen Fruchtbarkeit der Dynastie, immer wieder durch nachgeborene Prinzen ersetzt wurden und so nicht so leicht Opposition gegen die eigene Dynastie bildeten. Zuverlässig blieb vor allem die Landesverteidigung in jeder Variante von feindlicher Bedrängung. In Deutschland zog der König Reichsbesitz zur Kriegshilfe heran, Reichsklöster, Reichsbischöfe, Reichsstädte, und die Steuerleistungen waren eingeteilt nach »Römermonaten«, weil ja doch die Italienzüge die regelmäßige und sozusagen unausweichliche Belastung für den deutschen Herrscher bedeuteten. Die unentbehrliche Geldquelle waren aber die eigenen Besitzungen der königlichen Dynastie, allmählich wachsend, soweit die Sachsen, die Salier, die Staufer sozusagen unter der Krone ausstarben. Beim »Staufersturz«, dem jähen Tod des Letzten aus der Dynastie Konradin 1267, ging allerdings ein großer Teil des Hausbesitzes verloren. Luxemburger und Habsburger bauten später wieder auf. Hausmacht war zuverlässiger als Lehensmacht.

Die finanzielle Beweglichkeit wurde aber je länger, je mehr durch Kriegspolitik ohne Reformen in jedem Königreich eingeschränkt. Kriegskosten drohten jederzeit, aber um den ungeordneten, meist auch noch unbekannten Komplex von Gemeinschaftsaufgaben einigermaßen zu handhaben, sorgte man unterschiedlich gut für den ersten und größten Finanzaufwand aller Königsherrschaft. In der allgemein geübten unsystematischen Finanzpolitik, die mit der großen Ausnahme des wenn auch unvollständigen Doomesday Books von 1086 in England und den weit späteren Lehensbüchern des Erzbischofs Balduin von Trier oder Karls IV. im 14. Jahrhundert kaum Übersicht oder gar Buchführung kannte, bis hin zu einfach an Personen, an Haustüren, an Kamine oder Fenster gebundenen Steuern, fehlte der Überblick. Nur die städtische Exekutive ließ sich für klare Abgaben erfassen. Auch Verbrauchssteuern, für Salz, Mehl, alle Arten von Zoll am Stadttor bildeten unzureichende Einnahmequellen. Das englische Königreich unterschied sich hier deutlich vom Kontinent, vielleicht wegen der rigorosen Neuordnung durch die Eroberung. Es kannte seit dem 12. Jahrhundert ein »Schatzamt«, »Exchequer«. Im italienisch-sizilischen Reich Friedrichs II., einem anderen »Vorläufer der Modernisierung«, suchte man über ein Staatsmonopol für Getreidehandel und für Salz die königlichen Einnahmen zu heben. In Deutschland führte man wegen der Hussitenkriege 1420 bis 1434 eine allgemeine Steuer ein. Im Übrigen besaß noch bis ins 15. Jahrhundert allein die Kirche eine allgemeine Abgabenexekutive, nämlich den zehnten Teil jeder Ernte. Dieser Zehnte, zu je einem Drittel den Priestern, dem Kirchenbau und den Armen zugedacht, machte bei vielen Schenkungen von Grund und Boden für das adelige Seelenheil die Kirche reich. Über dergleichen verfügte kein König, und so belastete Kriegspolitik aller Art die königlichen Kassen chronisch. Selbst der böhmische Przemysl Ottokar II. (1252–1278), der »Eiserne« wie der »Goldene«, und wohl wirklich ein reicher König im Besitz der böhmischen Silbergruben, litt darunter.

Da war die Werbung von Söldnern anstelle des Aufrufs zur Lehenstreue ein schwieriges, aber bald unentbehrliches Unterfangen. Sie erfolgte meist nicht nach finanziellem Kalkül, allenfalls unter Einschätzung der Kräfteverhältnisse, aber jedenfalls immer im Vertrauen auf das Kriegsglück. Königliche Kriegspolitik scheint uns über Jahrhunderte hin ohne jeden Sinn für ihre finanziellen Grundlagen. Aber auch ein gewonnener Krieg erfüllte nicht immer die finanziellen Erwartungen, wiewohl »Reparationszahlungen« des Besiegten seit langem üblich waren. Also kostete nicht nur der Krieg sein Geld, sondern der Friede auch. Das führte oft in den finanziellen Ruin.

Jüdische und christliche Leihgeber wurden gesucht. Es war dabei nicht unerhört, auch Königskronen zu versetzen, das teuerste Prunkstück, über das ein König verfügte, und aus gutem Grund ließ Karl IV. (1346–1378) auch ein entsprechendes Verbot in die böhmische Krönungsordnung schreiben. Eduard III. (1327–1377) brachte wohl zuerst seine Leihgeber in spektakuläre Bedrängnis. Zwei Florentiner Bankhäuser gingen seinetwegen Bankrott, unter anderem auch ein Zeugnis für den transnationalen Geldverkehr.

Söldner boten aber auch besondere Qualifikationen für das Kriegshandwerk. Man warb um Fußknechte und um die berühmten englischen Bogenschützen. Seit dem 13. Jahrhundert waren italienische Armbrustschützen eine begehrte Unterstützung der Reiterei, mit ihrer neuen und exakteren Schusswaffe, und seit flämischen und Schweizer Siegen von Fußknechten mit langen Lanzen über die schwerfälligen Panzerreiter warb man auch da um »Reisläufer«, um die junge Generation in übervölkerten Landstrichen, aus Brabant, die »Brabanzonen«, aus der Schweiz, aus dem Armagnac. Friedrich II. warb auch Mohammedaner an, deren Treue durch keinen päpstlichen Bannspruch zu erschüttern war. Nach den Hussitenkämpfen von 1419 bis 1435 empfahlen sich tschechische Söldner mit ihren Haubitzen, ihren Wagenburgen, ihrem Angriffselan und ihren Belagerungskünsten, und der Kölner Erzbischof fand keinen Makel an seiner Kriegspolitik, als er 1447 die böhmischen Ketzer in Dienst stellte, um seine ungetreue Stadt Soest zu bekämpfen. Kaiser Maximilian, ein Freund der neuen Artillerie, ließ Kanonen gießen und warb Landsknechte für weit mehr Geld, als ihm zur Verfügung stand. Die bedenkenloseste Geldverschwendung betrieb aber wohl Kaiser Karl V. (1516–1556). Er führte 30 Jahre, seit dem Sieg bei Pavia 1525, fast immer Krieg oder bereitete sich auf einen nächsten Waffengang vor, gegen die französischen »Erbfeinde« seiner Dynastie, gegen die protestantischen Ketzer in seinem deutschen Reich und gegen die größte Gefahr des Abendlands, die Türken. In seiner Kriegskasse verschwanden die Reichtümer der spanischen Silberflotten aus der Neuen Welt, ganz abgesehen von spanischen, burgundischen, deutschen und päpstlichen Hilfsgeldern.

Krieg gab es auch zur See, und dafür auch Söldner. Eine besondere Berühmtheit erreichten da die Kaperkrieger, die der Herzog von Mecklenburg und entthronte König von Schweden 1389 zur Bekämpfung der Dänen anwarb. Sie erhielten das Recht zur Freibeute gegen dänische Schiffe anstelle von Sold, das galt für ihren Lebensunterhalt, für ihre »Viktualien«. Diese »Vitalienbrüder«, untereinander nicht ohne Organisation und nicht ohne Selbstrechtfertigung, entwickelten sich aber bald zur allgemeinen Plage und wurden in längeren Kämpfen von allen Ostseeanrainern bis 1435 besiegt. Ihre Anführer, vor allem der in Hamburg hingerichtete Klaus Störtebeker, gerieten zum Objekt einer ausgiebigen Mythenbildung, um von aller Piraterie abzuschrecken.

Nach und neben Lehenspflicht und Söldnertruppen trat ein neues Element in die Relation von Geld und Krieg, als 1095 Papst Urban II. auf einem Konzil in Clermont zu einem Kreuzzug aufrief. Das war ein ganz unerhörtes Unternehmen ohne Kaiser und König. Gerade danach war auch die Situation: Der deutsche wie der französische Herrscher standen im Kirchenbann. Und der englische, Wilhelm der Rote (1087–1100), war davon nicht weit entfernt. Der Aufruf galt also keinem der Herrscher und Sachwalter der Christenheit, sondern zunächst und besonders dem französischen Adel, ehe sich deutsche und englische Ritter anschlossen. Ihm standen dementsprechend auch nicht die bisher üblichen Steuerpraktiken für Kriegskosten zur Verfügung. Er zielte vielmehr auf »private« Initiative, auf Freiwilligkeit der Gläubigen, mit der die Kirche seit je ihre Existenz finanzierte. Franzosen stellten auch immer wieder die Führer und die Hauptkontingente in der Kreuzzugsgeschichte. Im Prinzip, auch bei späteren Zügen mit Monarchen an der Spitze, waren die Unternehmungen aber auf freiwillige Finanzierung durch die Teilnehmer ausgerichtet, waren bewaffnete Pilgerfahrten, die auch bisher jeweils in den Möglichkeiten des Einzelnen standen. Diese fast zweihundert Jahre immer wiederholten kostspieligen Kriegszüge wurden also durch ihre Teilnehmer finanziert oder durch kirchliche Institutionen, fromme Stiftungen und schließlich doch auch wieder durch königliche Ressourcen, deretwegen beispielsweise Ludwig IX. (1226–1270), wegen seines Kreuzzugseifers heilig gesprochen, die französischen Finanzen ruinierte.

Eben als Ersatz für die herkömmlichen weltlichen Kriegszüge, für Geld und Kommando von Herzögen und Königen, entstanden im Heiligen Land noch im ersten Kreuzzug die fortan so genannten Ritterorden. Adelssöhne, wie sie sich bisher den mönchischen Bewegungen angeschlossen hatten, verpflichteten sich zu einem mönchischen Leben im Krankendienst und bewaffneten Pilgerschutz. Die Organisation der bald vier großen Ritterorden aus Frankreich, Italien und Deutschland wurde über Schenkungen und Stiftungen und auch durch eigene Kreditgeschäfte zu Faktoren in der Geldwirtschaft, letztlich, um Kreuzzugskosten zu bestreiten. Sie führten lange militärische Auseinandersetzungen um die Rückeroberung Jerusalems, danach gegen die osmanische Expansion und Rückzugsgefechte gegen den Islam bis ins 16. Jahrhundert. Ihre Kassen finanzierten direkt und indirekt kleinere Kriegszüge und Besatzungspolitik im nahen Orient. In Spanien wirkten drei mächtige nationale Ritterorden im Interesse der »Reconquista«. Die von ihnen gelenkten Geldströme bildeten ein ständiges Finanzpotenzial und weckten dabei die königliche Begehrlichkeit so skrupellos, dass ein berüchtigter Prozess König Philipps IV. von Frankreich den Templerorden um 1314 mit einem Justizskandal und falschen Zeugen vernichtete.

Häuser

Wir hausen

Straße und Haus sind Gegensätze. Das zeigt die Lebenswirklichkeit vor tausend Jahren wie heute auch. »Komm herein!« »Hinaus mit dir!« Das gilt in tausend Varianten, nicht nur biblisch mit dem Extrem, dass da draußen, eben vor dem Haus, Heulen und Zähneknirschen sei. Nein: auch Freiheit und die offene Welt, entgegen der dumpfen Enge. Aber Enge ist auch Schutz, die Straße ist Freiheit und Gefahr zugleich, heute wie ehedem. Um beides, mit beidem, haben wir unsere Welt gebaut, seit wir überhaupt sesshaft geworden sind. Das war bei uns, wie man schätzt, vor zehntausend Jahren, seit man den Acker bebaute, seit der nach aller Wahrscheinlichkeit nicht schlagartigen, sondern allmählichen Veränderung, die gleichwohl einem plötzlichen Umschwung gleichgesetzt wird, wenn man von einer »Revolution der Jungsteinzeit« spricht. (Gordon Childe, vgl. König 1997, 34) Diese Revolution setzte ein, seit der Mensch imstande und geneigt war, das schützende Dach, die bergende Höhle nicht mehr nur zu suchen, sondern auch selber zu bauen und damit den Ort seines Daseins zu bestimmen.

Die Bibel, unser grundlegendes Geschichtsbuch, überspannt diese stille Revolution. Dort ist noch von den Zelten der Stämme Israels die Rede und von ihren wandernden Herden. Zelte sind eine Alternative zum Hausbau, sobald man die Höhlen verlassen hat. Beduinen wohnen noch heute als Nomaden in Zelten im biblischen Land. Jurten gibt es in Asien als normale Wohnunterkünfte. Zelte zählen bei uns zum Reisebedarf, zum militärischen Gerät, zur Jagdausrüstung. Andererseits wohnten die Israeliten zumindest in der ägyptischen Gefangenschaft in festen Behausungen, mit Türpfosten, wie man sich erinnern mag. Aber doch wieder ließen sie ihre Häuser leichten Herzens zurück, als sie mit Moses ins Gelobte Land aufbrachen. Wahrscheinlich handelte es sich um Hütten, leicht zu ersetzen.

Das Haus war und ist die Grundlage aller unserer Kultur. »Cultura« heißt lateinisch der Ackerbau, der es überhaupt erst möglich machte, dauerhaft von einem begrenzten Stück Land zu leben und sich da »häuslich« niederzulassen. »Heimat« ist im Deutschen geradeso mit dem Heim verbunden wie »domov« im Tschechischen oder Polnischen mit »dum«, dem Haus, oder wie das lateinische »domus« mit dem altlateinischen »domi«, zu Hause sein. Wir haben auch nur ein und dieselbe Formel für das Land, das es zu »bebauen« gilt, und das Haus, das darauf »erbaut« wird. Beides »baut« der Bauer, auch »Baumann« im älteren Sprachgebrauch. Mit »Haus und Hof« beginnt die europäische Geschichte.

Nach dieser Redensart von Haus und Hof denken wir allerdings schon in gesellschaftlichen Strukturen, die heute wie damals zum Haus gehören. Das Haus ist trotz aller Wandlungen, die es seit der industriellen Revolution erfuhr, noch immer ein fester Bestand unserer Daseinsvorstellungen. »Bin ich der Fremdling nicht, der Unbehauste ...« Wir reden von »unserem Haus«, auch als Mieter, und das wird nur gelegentlich eingeschränkt auf »unsere vier Wände«. Wir unterscheiden Hausfriedensbruch von Landfriedensbruch als Straftatbestände. Das Haus ist noch heute, wie schon vor tausend Jahren, ein Schutz vor Durchsuchungen, ja eigentlich schon vor dem Betreten durch die Organe der Staatsmacht. Eine solche Durchsuchung, etwa nach einem gestohlenen Pferd, durfte auch vor tausend Jahren nicht in jedem Haus gehalten werden. Man sprach damals nicht von »Hausdurchsuchung«, sondern von »Heimsuchung«. Wir benützen das Wort noch immer, aber wir haben ihm eine andere Bedeutung gegeben. Eine Heimsuchung ist für uns heute eine schlimme Belastung durch Krankheit, Unfall, Missernte. Ursprünglich war der Begriff klar auf das Haus bezogen. Eine »Heimsuchung« gab es eben nicht auf der Straße. Der häusliche Freiraum war im alten Rechtsverständnis deutlich fassbar und begrenzt durch die Dachtraufen, durch den Zaun, durch »Tor und Tür«. Ein Haus schützt noch heute auch gegen die öffentliche, gegen die staatliche Gewalt, nicht nur gegen die Gewalt von der Straße. Es behütet uns auch, wenn die »öffentliche Hand« nach uns greifen will: Der in Kriminalfilmen immer wieder vorgeführte Schutz vor unerlaubtem Eindringen in ein Haus oder in eine Wohnung ist nicht erst eine Errungenschaft moderner Verfassungen. Die haben ihn nur zu Papier gebracht. Es handelt sich bei diesem grundsätzlichen Schutz vor jeder Art von willkürlichem Betreten des Hauses, gar vor Verhaftungen oder

Verhören, um uralte Freiheitsrechte, die mit dem Hausrecht seit mehr als tausend Jahren verbunden sind. Modern daran ist, dass sie heute jedem Bürger zustehen, auch wenn er kein Haus hat, sondern nur eine Mietwohnung. Aber einen »festen Wohnsitz« muss er haben – und diese Bestimmung ist die gegenwärtige und noch immer gültige Variante des alten Hausrechts. Wir halten es für schlimm, wenn jemand »obdachlos« ist, kein Dach über dem Kopf hat, kein Haus. Auch deshalb, weil man ihn bei Verdacht ohne weiteres verhaften kann. Wer einen festen Wohnsitz hat, bleibt vor einem solchen schnellen Zugriff verschont.

Man hat die Entstehung des modernen Staates, ein großes Thema historischer Forschung, mit dem wachsenden Vorstoß der Obrigkeit in die Privatsphäre in Verbindung gebracht, hat sie als »Sozialdisziplinierung« bezeichnet (Oestreich 1970, 397 f.), die anhand von Tausenden von Gesetzen, Verordnungen, Gerichtsurteilen und anderen schriftlichen Willensäußerungen der städtischen, grundherrlichen und fürstlichen Obrigkeiten in den einzelnen Regionen Europas studiert werden können. (Ogilvie 1997) Eigentlich sind alle die vielfältigen Maßnahmen, auch im Verein mit der Kirche, mit ihrem neuen konfessionellen Eifer auf beiden Seiten, oder auch nur mit dem Streben besonders um das geistliche Heil der Untertanen bemühten Herrschaft zum Trend in der Entwicklung der öffentlichen Aufsicht über das Privatleben geworden. Sie sind Vorstöße und schließlich zum erheblichen Teil Einbrüche in die alte Sphäre des Hauses als Rechtsraum zur Entfaltung des Lebens einer kleinen, durch Verwandtschaft zusammengehaltenen Gruppe, der Familie. Beziehungen zwischen Männern und Frauen, Eheschlüsse und Verwandtschaft, Geburt und Tod, Kleiderordnung, Spiel und Tanz, Feste und Trauer, Ruhetag und Arbeitsleben spielen sich im Haus ab oder gehen davon aus. Auf dem Höhepunkt staatlicher Dominanz war alldem ein »Spielraum« gesetzt und damit die Entfaltung begrenzt im Rahmen einer »bürgerlichen Ordnung«. Entgrenzungen, wie wir sie heute in der Gesellschaft beobachten können, brachte dann erst die Konsumgesellschaft aus sich selbst hervor.

Dagegen herrscht auf der Straße die Öffentlichkeit, und wir wissen alle, dass »auf offener Straße« andere Strafen gelten als »im Schutz der eigenen vier Wände«. »Öffentlichkeit« herrschte auch vor tausend Jahren schon im allgemeinen Verständnis, sie herrschte etwa auf dem Dorfplatz, im Gegensatz zum umzäunten Hofgelände. Öffentlichkeit war dabei nicht nur ein Rechtsbegriff, sondern natürlich auch Kommunikationsraum, lange vor unserer so genannten »modernen Zeit«, und sie stand überdies im Gegensatz zur »Heimlichkeit« des Hauses. Soziologen irren, wenn sie Öffentlichkeit erst in den neueren Jahrhunderten suchen. (Roquette 1996)

Wir teilen das Haus einem Hausherrn zu und einer Hausfrau, als ob das ein besonderes Bestimmungsmerkmal wäre, weit einfacher in dieser Beziehung zu einem »Hausstand« zu erklären als etwa umfassendere Geschlechterrollen von Mann und Frau. (Illich 1982) Wir kennen die Haustochter und den Hausknecht, auch den »Sohn des Hauses«, ja sogar noch den Haushund. Der Hausgenosse wie der Hausrat sind soziale wie sachliche Organisationsbegriffe, die noch immer Verständnis finden und seit dem Spätmittelalter auch eine eigene Literatur. Haus und Hof wie, aus etwas jüngerem Verständnis, Haus und Garten bilden feste Vorstellungen. In weiten Gebieten Europas ist eigener Hausbesitz ein unbestrittenes Lebensziel. Abgesehen von den Metaphern zum eigenen Hausstand zählt das eigene Haus nach wie vor zu den bevorzugten individuellen Lebensplanungen, auch zu den Sparzielen in unserer gesellschaftlichen Ökonomie. Ungefähr die Hälfte der Europäer erstrebt es oder hat es erreicht. Kurzum: Wir denken allgemein, selbst unter wirklichkeitsfremden Umständen, in »Häusern«, wenn wir unsere Lebenswelt charakterisieren, und trotz »Hochhäusern«, auch trotz der planmäßigen sozialistischen Wohnungspolitik, die jahrzehntelang die alte bürgerliche Lebenswelt mitsamt ihrem Mittelpunkt, dem eigenen Haus, zu zerstören suchte, sind wir zum Denken in Häusern auch im ehemals sozialistischen Europa zurückgekehrt. Das eigene Haus zählt, nicht ohne einen Hauch von Pathos, allgemein ohne Zweifel zum Bestand bevorzugter, selbst illusionistischer Daseinsvorstellungen. Wohlbehaust oder dürftig: Wir hausen noch!

Holz oder Stein, das ist die Frage

Im Grunde bauen wir unsere Häuser noch nach dem gleichen Plan wie vor tausend Jahren. Wir bauen Keller, Küche, Kammer, Stube, Tor und Fenster und ein Dach über allem. Wir bauen in Stockwerken, was man vor tausend Jahren auch schon verstand. Freilich sind moderne Hochhäuser und Wohnmaschinen von anderer Art. Jedoch der Grundplan

ist spätestens seit dem 13. Jahrhundert der gleiche geblieben bis zu den
»Mietskasernen« des Frühkapitalismus. Seit 1250 etwa erscheint im
nördlichen Europa der Hausbau voll ausgebildet, so wie er noch um
die Mitte des 19. Jahrhunderts das industrielle Zeitalter erreichte. Das
gilt nicht nur für das hölzerne Haus, das Blockhaus, das Fachwerkhaus, sondern auch für das steinerne, soweit es nicht Kloster, nicht Kirche, nicht Burg, sondern Bürgerhaus war.

Holz oder Stein: Das ist die Frage. Nicht etwa eine Frage des Geldes
oder nicht des Geldes allein. Sondern eine Frage des Herkommens,
und damit eine Frage regionaler Gegebenheiten, Gewohnheiten, Fer-
tigkeiten. Also eine Frage der Kultur. Fachwerk ist nördlich der Loire
zu finden, in Südengland, in Skandinavien, in Deutschland, im östlichen Mitteleuropa, noch heute gepflegt, kaum mehr gebaut, über
Sprach- und Nationalgrenzen hinweg.

Nehmen wir an, ganz am Anfang unserer Baukultur hätte man mit
Holz gebaut, überall, auch am Rand des Mittelmeeres. Überliefert ist
von diesem Stand der Zivilisation nichts. Der Brand Roms, den Nero
gelegt haben soll, ließ nach der Überlieferung das hölzerne Rom unter-
gehen und ein steinernes an seiner Stelle entstehen. Überliefert ist auch
nur wenig von den Holzbauten in den nördlichen Gegenden. Sie hinterließen allenfalls schwer erkennbare Pfostenlöcher. Das »Harder-
haus« in Aufkirchen bei München, ein quadratisches Blockhaus mit
einem Raum, das die Dorfgemeinschaft vielleicht vor tausend Jahren
dem Dorfhirten als Dienstwohnung anbot und das noch jetzt auf dem
Dorfanger steht, zählt wohl zu den seltenen Holzbauten, die wenigstens das letzte Jahrtausend überstanden haben. Andere Holzhäuser
respektablen Alters haben sich seltener erhalten. Freilich lässt sich die
Verbreitung der alten Blockbauten noch erkennen. In Skandinavien
wie kurioserweise im alten deutschen Siedelgebiet in Nordböhmen
reicht sie bis in die Gegenwart.

Schwierig war für den urtümlichen Holzbau die Herstellung dichter
Wände. Denn die Lage runder Stämme übereinander gibt keine fugen-
freie Fläche und die Bemühung, die Zwischenräume mit Erde und
Moos zu füllen, keine dauerhafte Lösung. Ohne Säge und ohne Beil,
ohne Eisengeräte bietet sich nur die Möglichkeit, Stämme zu spalten,
um einigermaßen ebene Elemente für eine Wand zu gewinnen. Urtümlich war die Aufstellung von gespaltenen, zur gleichen Höhe in die
Erde eingegrabenen Stämmen mit den Innenflächen nebeneinander,
also eine Wand aus senkrechten, durch Spaltung einigermaßen ebenen

Bauminnenseiten, am oberen Ende verschränkt durch einen Baumstamm zur Auflage für Dachbalken. Schon die ersten Metallwerkzeuge machten die Mühe leichter, aber erst ein Beil mit eiserner Schneide ließ Flächen gewinnen, erst die Säge ermöglichte die Herstellung von Brettern. Das gelang im Süden zweifellos früher als im Norden, weil die Eisenzeit im Mittelmeerraum ein halbes Jahrtausend früher begann als nördlich der Alpen. Gleichwohl war noch um die Jahrtausendwende, als Beil und Säge bereits zum Werkzeug gehörten, die Herstellung hölzerner Wände aus mehr oder minder geglätteten Baumstämmen mühsam.

Daher suchte man Ersatz beim Fachwerk. Ein Balkengerüst aus gespaltenen Baumstämmen, oft krumm, aber in parallelen Formen zur Stütze für die vier Außenwände, entstand in Skelettbauweise, zu behauen mit dem Beil oder mit dem Drechsel, einer quer gestellten, noch heute in Skandinavien bekannten Axt. Zu sägen war schwer und daher teuer, wenn auch in Bildern seit tausend Jahren belegt. Man sprengte lieber das Holz längs seiner Struktur mit kleinen Keilen, wie man sie noch heute verwendet. Wände aus Weidengeflecht wurden zwischen den Balken befestigt und mit nassem Lehm verdichtet. Noch modernes Fachwerk ist ähnlich gebaut, obgleich man seit drei-, vierhundert Jahren die Zwischenräume mit vermörtelten Ziegeln füllt. Aus Weidengeflecht gefertigte Wandfüllungen ließen sich bereits vor dem Bau herstellen, zumindest in ihrer Grundstruktur vorfabriziert, was einiges sagt über die Beschleunigung der Bauarbeit. Geachtet wurde auf die symmetrische Anlage der Balken, schräg oder gerade, die sich später in dunkler Farbe elegant abhoben vom weiß gekalkten Flechtwerk. Der Trevisaner Venantius Fortunatus, den seine Wanderlust bis nach Poitiers führte (Brunhölzl 1996, 118), dichtete um 600 ein Loblied auf hölzerne Häuser und wollte sie Steinbauten vorziehen, nachdem er beide Arten auf seiner Wanderung zwischen den Grenzen ihrer Verbreitung und wohl in Klöstern und an den Höfen der franko-romanischen Großen kennen gelernt hatte. Ging es da um Fachwerk? Ging es um Blockbauten im fachlich schon arrivierten Süden?

Gedeckt wurde mit Schilf oder Stroh, ursprünglich auch mit Birkenrinde, auf die man Rasenziegel legte. Fester war ein Dach jahrhundertelang und noch heute aus Holzschindeln, und seit dem Spätmittelalter, zum Schutz vor der enormen Brandgefahr, auch aus Ziegeln, was freilich die Dachkonstruktion recht belastete. Die Ziegeldeckung kam aus der Klostertradition und von der südlichen Steinbauweise nach Norden. Sie kam wohl mit Christentum und Klosterkultur. Ein respektloser Name für die aufeinander passenden Formen heißt deshalb auch: Mönche und Nonnen.

Aber man baute nicht immer »Häuser«, am wenigsten auf dem Dorf. Dort, wie uns die Buchmalereien oder Tafelbilder, später die vielen bildlichen Berichte in Holzschnitt und Kupferstich zeigen, war eher die hölzerne Hütte zu finden, in Blockbau oder mit Bretterwänden, als das stolze Fachwerkhaus. Mitunter haben die freilich flüchtig vor zwei-, dreihundert Jahren gebauten Almdörfer als temporäre Wohnbauten für die Sommersaison in der Sennwirtschaft diese Bauweise überliefert bis in unsere Tage – auch ihre sparsame Kunst, zu verschränken und zu verzahnen, sodass kein Eisenstück vonnöten war an Fenster, Tür und Wand und kein Schmied mithelfen musste.

Fachwerk war in Arbeitsteilung sehr rasch zu erstellen. Das Gerüst war in wenigen Tagen errichtet, das Strohdach bei gutem Wetter schnell »eingedeckt«, und ein »Richtfest« wurde auch früher schon gern gefeiert zum Dank für die Zimmerleute, die das Fachwerk »errichtet« hatten. Dann erst ließen sich die vorgefertigten Bauteile aus gewundenen Weidenzweigen zwischen den Balken befestigen und solcherart »Wände« bilden, die »Stockwerke« einziehen, Türen und Fenster »anschlagen«. Damit war erst einmal der Bauherr und seine Familie »unter Dach und Fach« gebracht.

Steinbau, aus teurem, oft von weit her transportiertem Material, das der »Steinmetz« behauen musste, der »maçon«, wie er französisch noch heißt, oder aus Ziegeln aufgemauert, ist weitaus langwieriger. Ein Steinhaus war für gewöhnlich um einen gewichtigen Raum reicher: um das Fundament, den Keller, *cellarium*, von den Römern übernommen, gewölbt, den ganzen Bau tragend. Das Fachwerkhaus kannte hier allenfalls eine Falltreppe in einen vor Wärme geschützten Vorratsraum unter dem Fundament. Im gemauerten Keller, in der ursprünglichen Baugrube, wohnte nicht selten der Bauherr mit seiner Familie als Notunterkunft unter einem primitiven Bretterdach monatelang, einfach so lange, bis die Maurer den Keller gewölbt hatten und die erste Treppe nach oben führte. So entstand manches Haus, besonders im Zeitalter des raschen Städtewachstums, unmittelbar vor den Augen der wartenden künftigen Bewohner. Auf ein Fachwerk musste man oft nur Tage warten.

Für die Kontinuität des Steinhauses zeugen viele mehrhundert- bis tausendjährige Häuser in England, in Frankreich, in Italien, Spanien, in Böhmen, Polen oder in Deutschland – auch große Häuser, etwa das Overstolzenhaus in Köln, das Dollingerhaus in Regensburg, das Haus »Zur steinernen Glocke« auf dem Altstädter Ring in Prag. Das Steinhaus unterscheidet sich vom Fachwerk nicht nur im Material wie in der Bauweise; natürlich auch in seiner Geschichte, denn es kam aus dem Mittelmeerraum zu uns und trägt den ganzen Entwicklungsgang der Steinkultur in sich.

Das alte Haus hat Wände, Dach und Ecken. Eine Tür ist unerlässlich, aber Fenster, problematisch für die Tragfähigkeit einer Wand, müssen nicht überall sein. Natürlich sind sie in jedem Haus notwendig, nicht nur im Rathaus von Schilda, aber nicht in jeder Wand, und man ist sparsam damit. Ins Fachwerk kann man sie leichter einfügen. Im Fachwerk in Balken gerahmt, im Steinhaus überdeckt mit einem steinernen Fenstersturz, aus einem Stück gehauen, oder kunstvoll überwölbt und von einem Schlussstein zusammengehalten, sind Fenster immer eine Unterbrechung des festen Wandgefüges und auch manchmal nicht fugendicht. »Window«, das englische Fenster, und »vinduer«, dänisch, verraten noch entsprechende Schwierigkeiten. Fenster werden mit einem Fensterladen geschlossen, und sie sind mit Tierhaut bespannt oder, schon als ein rechter Luxus, mit Glas in kleinen runden Scheibchen, »Butzen«. Planglas ist erst eine Technik der letzten dreihundert Jahre.

Die Gotik gestaltete Fenster mit der größten Meisterschaft ihrer Steinmetzen im Hinblick auf die statischen Probleme, und es sind nur wenige Fälle bekannt, wonach Gewölbe ihrer Großbauten einstürzten, die nach den Regeln der Kunst, vielleicht Faustregeln, auf fenstergeschmückten Wänden und tragenden »Diensten« aufruhten. Glasfenster gibt es häufiger wohl erst seit dem 12. Jahrhundert, aber nicht ohne frühe kostbare Vorläufer. Die Glasmalerei der gotischen Kirchenfenster unterstützt die Vorstellungen von Himmel und Heiligen für die Gläubigen in strahlend bunten Farben. (CVMA 1970 ff.) Sie ist ein künstlerisches Ausdrucksmittel eigener Art.

Etwa um die Jahrtausendwende hielt eine wichtige Neuerung Einzug in unsere Häuser, hat sie wohnlicher gemacht im Norden oder zumindest ein Grundbedürfnis befriedigt oder doch besser versorgt: der Herd. Ursprünglich mit freiem Rauchabzug unter dem Dachfirst von einer Feuerstelle am Boden, dann mit einem »Rauchfang«, einer Esse über einem aufgemauerten Feuerplatz, die zum besseren Zug sich

nach oben verjüngte und zur leichteren Herstellung an eine Giebelwand des Hauses angemauert wurde. Auch lebte die alte römische
Heizungstechnik in einigen ausgezeichneten Bauwerken noch fort,
wie in den Klosterbauten auf der Insel Reichenau. Nördliche Bauern-
häuser aus Fachwerk, Stall, Scheune und Wohnkammern unter einem
Dach, heizten von einer offenen Feuerstelle mit Rauchabzug an den
Firstenden, noch ohne Kamin, bis ins 17. Jahrhundert. Im Spätmittel-
alter entwickelte sich die Heiztechnik weiter bis zum Kaminbau aus
Ziegeln, der den Anschluss mehrerer Kamine in der sonst ungeheizten
Behausung erlaubte, und zum Bau von Kachelöfen mit je eigenem
Rauchabzug.

Das alte Haus war rechteckig oder quadratisch. Rundformen blieben exotisch, wie etwa die Trulli in Apulien. Das sind vier bis sechs
Meter im Durchmesser, gut drei Meter in der Höhe ohne Mörtel sorg-
fältig aus flachen Steinen aufgeschichtete Rundbauten, nach uralter
Kunst, wie es scheint, konisch mit einiger Stützhilfe in einer so genannten unechten Kuppel endend. Ihre Herkunft, ihre Vorbilder und Meister kennt man nicht. Sind die runden Trulli, weiß gekalkt, mit und
ohne Fenster, mit einem Schlupfloch als Eingang und einer Feuerstelle
in der Mitte, Reste einer uralten Steinkultur, die mit ihrer Kunst, Steine im Kreis im festen Verbund zu legen, bis in die graue Vorzeit zu-
rückgreift? Sind sie ein Notbehelf für Unbehauste aus dem 16. Jahrhundert, denen ein wohlmeinender Graf, wie man erzählt, einen
Ausweg wies? Gibt oder gab es Parallelen auf Sardinien, Sizilien, in
Spanien, in den ältesten Regionen der Steinzeitkultur?

Der Untergrund konnte Großbauten möglich machen oder nicht.
Archäologie und Ethnologie zeigen beides. Manche Häuser sind »auf
Sand gebaut« und der Baugrund musste deshalb durch hölzerne Lat-
tenroste befestigt werden. Andere stehen auf blankem Fels. Venedig,
Amsterdam, Stockholm, Hamburg ruhen in ihrer alten Bausubstanz
noch heute auf Eichenpfählen. Wir wissen nicht recht, mit welcher
Technik sie einst in den Grund gerammt wurden. In Paris und in
Rom gewann man unmittelbar aus dem Kellerbau auch das Bauma-
terial, leicht zu bearbeitenden Tuffstein, und das blieb die wichtigste
und auch die billigste Voraussetzung für den steinernen Hausbau bis
heute.

Fachwerk wie Blockbau, also die hölzerne Bauweise, kennzeichnen
den Hausbau im nördlichen Europa bis ins vorletzte Jahrhundert. Anfangs galt das auch für kirchliche Bauten. »Holzkirchen« ist kein ganz

seltener Ortsname. »Steinkirchen« korrespondiert dazu und zeigt die Ausnahme. Auch spielt dabei die ferne römische Vergangenheit wohl keine Rolle, sondern das unmittelbare Herkommen und zuletzt auch die Kosten. Allerdings zählte doch die Kunst des Steinbaus zu den Statussymbolen von Kirchen und Herren, das »feste Haus« als Stützpunkt der Herrschaft für Klöster und Adel, eingeschlossen bald das reiche Bürgertum.

Manches Steinhaus in der Stadt zeichnete sich durch Erker aus, die nicht nur der Verzierung galten, sondern auch der Verteidigung. Oder es war gar als Wohnturm gebaut, nach italienischem Vorbild, wie wir sie noch heute etwa in den skurrilen Formen von San Gimignano finden, war wohl durch Kaufleute nach dem Norden tradiert in den oft erst heutzutage freigelegten wehrhaften Turmbauten der reichen Fernhändler in Regensburg, Prag und Nürnberg. Allein schon die Steinmauer gab Sicherheit. Die Wand eines Fachwerkhauses kann man dagegen mit einer Lanze durchbohren. Auch war ein enges Nebeneinander von Fachwerkhäusern eine ständige Brandgefahr, der sich meist kein Einhalt gebieten ließ, manchmal ein katastrophaler Anlass zur Stadterneuerung. Der große Brand von London, vor den Augen Europas im Jahr 1666, vernichtete die hölzerne Stadt und schuf Platz für das neue London, wie wir es kennen, dem weithin das Mittelalter fehlt.

Steinbauten unterlagen der Brandgefahr in geringerem Maß. Sie dominierten im Süden. In den Städten drangen sie auch schon früh weithin nach Norden vor, namentlich in kirchlicher Tradition, in den alten Klöstern, wie etwa am Rhein und am Bodensee, in Trier und in Köln, auf der Insel Reichenau und südlich der Donau bis Weltenburg und Niederaltaich, in der kaiserlichen Pfalz in Aachen, im französischen Westen und in England ebenso, in Paris und in den flämischen Handelsstädten. Zumindest für kirchliche Bauten lässt sich in der ältesten Baugeschichte im westlichen Deutschland, in Frankreich und England und im alten so genannten »Großmähren« zwischen March und Thaya eine Beziehung zwischen der römischen Steinbaukunst und dem Weg der christlichen Mission erkennen. Sowohl die schlichten Rundkirchen aus der romanischen Frühzeit in Böhmen und Mähren als auch der etwa gleichzeitige anspruchsvolle Idealplan für Klöster, einem Abt Wala zugeschrieben und mit dem Kloster St. Gallen in Verbindung gebracht, ins späte 9. Jahrhundert datiert und eine weit gespannte Anlage als Wirtschaftsbetrieb umschließend, vermitteln ein Bild des architektonischen wie ökonomischen Fortschritts, den die Mönchskultur brachte, und verbinden es zugleich mit der Steinbaukunst des Mittelmeerraums.

Dabei ist nicht der Stein das bevorzugte Element, zumal das edelste Material, der Marmor, dem Norden ebenso fehlt wie dem Süden das Holz. Das Kernstück der von den Römern übernommenen Steinbaukunst ist in Wirklichkeit der Mörtel. Er ist im Umgang mit dem Steinbau erst von den Römern erfunden worden und durch ihre Vermittlung uns im Norden bekannten Steinbauten eigen, nachdem andere uralte Praktiken im Umgang mit Steinen Voraussetzungen dafür geschaffen hatten.

Mörtel wurde entdeckt. Im ersten Jahrhundert vor unserer Zeitrechnung fanden römische Architekten eine besondere Eigenschaft von Vulkanerde. Mit Wasser versetzt, erhärtete sie nach dem Trocknen wie Stein. Diese nach einer kleinen Stadt am Golf von Neapel, heute Pozzuoli, benannte Potuolanerde fand sich überall in tieferen Lagen um den Vesuv und erlaubte nicht nur die feste Verbindung zwischen den Steinen, sondern auch einen neuartigen Mauerbau im »Gussverfahren« mit wieder verwendbaren Holzverschalungen. (Schneider 1997, 264) Das galt auch für Gewölbe und Kuppeln. Die neue Gussmörtel-Technik wurde nun »sowohl für Nutzbauten als auch für Palastanlagen und Tempel überhaupt keine Seltenheit mehr«. (Schneider 1997, 264 f.) Das Pantheon in Rom mit 43,30 Metern Spannweite ist seinerzeit unter den Kaisern Trajan und Hadrian um die Wende des ersten nachchristlichen Jahrhunderts in dieser Technik erbaut worden. Bis heute hat kein Architekt diesen Kuppelbau übertroffen. Vergeblich versuchten die Stadtväter von Florenz, ihre Domkuppel 1436 noch 78 Zentimeter weiter zu spannen. (Schmidtchen 1997, 393) Ja sogar im Zeitalter des Betons ist das Pantheon in Rom der größte Kuppelbau bis heute geblieben. Dabei hatte das Mittelalter, im Norden wie im Süden, erst spät gewagt, seine Großbauten mit Gewölben zu schließen anstelle hölzerner Dachkonstruktionen. Abgesehen von der »mirakulösen Aachener Rundkirche« (Untermann 1999, Bd. I, 158), jenem architektonischen »Gelenk zwischen Spätantike und Mittelalter« (Wundram, 2000, 25), findet man nordalpin erst seit einem Kirchenbau in Tournus in Burgund im frühen 11. Jahrhundert überwölbte Kirchenschiffe. In Deutschland entstand ein Dachgewölbe über dem damals schon hundert Jahre alten Speyerer Dom erst Jahrzehnte später.

Inzwischen mörtelte man aber längst nicht mehr mit der Erde von Pozzuoli, sondern verwendete in Nachahmung eines Vulkanausbruchs bei großer Hitze »gebrannten« Kalk, der danach mit Wasser gelöscht wurde und mit Sand versetzt, mit dem er nach dem Trocknen eine feste Masse bildete, Steine band, aber auch in sich selbst fest und zum Gussverfahren mittels Holzverschalungen geeignet wurde. Diese Technik begleitete Groß- und Kleinbauten aus Steinen durch das ganze Mittelalter bis in unsere Zeit. Schon um die Jahrtausendwende sind große Mörtelwannen zum Mischen bei Kloster- und bei Kirchenbauten archäologisch belegt, später auch in Bildern dargestellt, und es gab Rührwerke für mechanischen Betrieb, denen man eine Stundenkapazität von etwa einem Kubikmeter Mörtel nachsagt. Buchillustrationen vom 12. bis zum 15. Jahrhundert zeigen immer wieder Mörtelrührer bei der Arbeit. Spätmittelalterliche Arbeitsverträge rechnen mit ihnen in besonderen Lohnfestsetzungen ab. (Binding 1993, 313 ff.)

Holz oder Stein: Das Mittelalter brachte zwischen dem 10. und dem 19. Jahrhundert in dieser Hinsicht keine grundsätzliche Neuerung. Erst mit der Erfindung des Betons, erst um die Mitte des 19. Jahrhunderts ermöglichte eine neue Bausubstanz, auch noch mit Eisen armiert, eine neue Bauweise ohne Rücksicht auf die bisherigen Gebote der Statik. Erst damit beginnt die Gegenwart in der Baukunst.

Vom Leben und Sterben im Haus

Der einzige Fortschritt in der Geschichte, der sich auch wirklich gegen jeden Zweifel beweisen lässt, trotz allen Mangels an schriftlichen und an zuverlässigen Quellen, wie er die Historiker immer wieder bei ihrer Arbeit stört, ist das Wachstum der Bevölkerung. Kein Fortschritt ohne Wenn und Aber: Epidemien, Missernten, Kriege behindern ihn. Alle möglichen Arten gesellschaftlicher Ordnung suchen ihn dagegen zu fördern. Bevölkerungsvernichtung ohne weitere Bedingungen, weit über alle Kriegsgräuel, ist die unmenschlichste aller Handlungsweisen, die sich überhaupt denken und nur selten in der Weltgeschichte finden lässt. Sie stößt alle Ordnung um.

Die Ordnung der mittelalterlichen Gesellschaft war allerdings ständig bedroht von Hunger und Krankheit. Zumindest im Vergleich mit unserer Lebensweise lässt sich hierin ein Charakteristikum sehen. Natürlich nur ein relatives, weil alles Leben unter allen Umständen dem Tod gegenübersteht, nicht aus Zufall, sondern weil der Tod in Wahrheit die oberste Größe in aller historischen Ordnung bedeutet. Er ist der einzige absolute Orientierungspunkt in unserem Dasein. Es scheint, als wäre dieser Ordnungsfaktor im Bewusstsein unserer gegenwärtigen Zeit eingedämmt, gezügelt in seiner Unberechenbarkeit oder zurückgetreten gegenüber vielen anderen Ablenkungen. Vor tausend Jahren begleitete er jeden einzelnen Menschen zu jeder Stunde und auf jedem Weg. Denn die Sicherheit des Daseins war für jedermann um ein Erhebliches geringer. Auch die allgemeinen Lebenserwartungen, in Zahlen ausgedrückt, scheinen nach unterschiedlichen Schätzungen mitunter nur bei 35 Jahren anzusetzen. (Lopez 1967, Russel 1958) Aber hier trügt die Statistik, denn die Säuglingssterblichkeit drückt alle Berechnungen.

Mönche, regierende oder schreibende, die am ehesten ihr Lebensalter offenbaren, scheinen mit siebzig, achtzig Jahren die längste Lebensspanne erreicht zu haben. Vielleicht hat das nicht nur mit der asketischen Lebensweise zu tun, sondern ist auch darin begründet, dass es hinter Klostermauern vor Hunger und Krankheit sicherer zu leben war. Außerhalb waren Hunger und Tod enger verbunden in der mittelalterlichen Welt, wo ja bekanntlich nicht selten Schmalhans Küchenmeister war. Umgekehrt war ausreichende Nahrung allein schon enger verbunden mit hinreichender Vitalität. Und allgemein gilt auf jeden Fall, verbunden mit den politischen wie den wirtschaftlichen Entwicklungen: »Seit dem 10. Jahrhundert waren die Zeichen klar und unmissverständlich: Die Bevölkerung wuchs.« (Lopez 1976, 29)

Wenn man dafür nach absoluten Zahlen sucht, steht man wieder einer breiten Palette von Schätzungen gegenüber. Selten einmal lassen sie sich in halbwegs konkrete Zahlen umsetzen, nach Haustüren, Schornsteinen, Häusern zu zählen. Aber ein wichtiger Indikator ist der vom 10. bis ins 14. Jahrhundert währende Landesausbau, der sich allmählich vom Nordwesten bis Nordosten verbreitete, jeweils offensichtlich fünf, sechs Generationen währte und nicht nur neue, sondern auch weit effizienter bewirtschaftete Äcker einbrachte.

So spricht man von einer Bevölkerungszahl von mehr als einer Million im englischen Bereich des Doomesday Books, jener einzigartigen Landesaufnahme nach der Eroberung Süd- und Mittelenglands durch die Normannen, die bis 1348, bis zur großen Pest, auf 3,8 Millionen angewachsen sein soll (Fossieer, Paysans 1984, 18). Man schätzt, von divergenten Mutmaßungen abgesehen, im Allgemeinen, dass in England, Frankreich, Deutschland und Skandinavien die Bevölkerung von derselben Zeit an bis zum Jahr 1200 von 12 auf 35,5 Millionen gewachsen sei, oder von 12 um die Jahrtausendwende bis zur selben Zahl vor 1340, dem Ausbruch der Pest. (van Houtten 1980 HSWG, 18) Man vermutet im zeitgenössischen Frankreich bis dahin eine Bevölkerungsdichte von etwa 38 Personen auf den Quadratkilometer, in Deutschland 25, nach Osten hin mit abfallender Tendenz und weit weniger in Polen oder in Ungarn. Man geht dabei von Bevölkerungsdichten von zwei bis fünf in vorkarolingischer Zeit aus, als es eher nur Siedlungsinseln gab anstatt zusammenhängende Landbesiedelung, und illustriert das etwa mit der Münsteraner Tieflandsbucht, einem bekannten agrarintensiven Gelände, wo seinerzeit nur ein Neuntel der heutigen Ackerfläche bestanden haben soll. (Bosl 1971) Genauere oder zumindest einheitliche Zahlen sind noch Forschungsaufgabe. Zu illustrieren ist nur die Rasanz des Wachstums, die allerdings durch Pest, Seuchen und Hungerjahre wiederholt Einbußen erlitt bis zum säkularen Siegeszug der Hygiene im 19. Jahrhundert: Damals sank um 1830 schlagartig die Kindersterblichkeit. Und von 1800 bis 1900 nahm, nach den nun schon ziemlich zuverlässigen Angaben, die Zahl der Europäer von 187 auf 401 Millionen zu.

Nicht die Zahlen, sondern die Zusammenhänge sind wichtig: Im Laufe dieses 19. Jahrhunderts verschwand nicht nur die hohe Kindersterblichkeit, sondern auch die Seuchenbelastung. Es gab seit 1844 auch keine Hungerkrisen mehr. Und seit 1893 versiegte der deutsche Auswandererstrom nach Amerika, fortgeführt allerdings noch immer durch Ost- und Südeuropäer.

Wahrscheinlich begleiteten den Menschen viele Mangelkrankheiten, von denen wir kaum wissen, und setzten allgemein das Lebensalter um die fünfzig Jahre fest, in Klöstern, die allerdings den besten Einblick ermöglichen, bei regelmäßiger Lebensweise wie gesagt manchmal erheblich höher, ausgenommen die Zisterzienser. Dieser Orden, in den ersten Mönchsgenerationen mit religiösem Eifer mit besonders rigider Lebensweise und stets nah beim Wasser siedelnd, scheint seine Angehörigen unwissentlich der Tuberkulose ausgesetzt zu haben, wohl der ältesten Infektionskrankheit, die sich posthum ermitteln lässt.

Sichtbar stärker verbreitet war die Lepra, Aussatz, »miselsucht«, auch sie infektiös unter einigermaßen bekannten Bedingungen, aber eingeengt durch strenge Isolationsmaßnahmen, wie sie schon aus der Bibel bekannt sind. Im Mittelalter siedelte man die armen Kranken in Leprösenhäuser aus, wo sie freilich besucht und beköstigt wurden. Wunderheilungen gab es nicht. Den Traum davon erzählt das rührende Versepos des Hartmann von Aue. (Hartmann von Aue 1961)

So blieb diese Hoffnung immerhin im Bereich des Möglichen, ebenso wie die Erkrankung des reichen Rittersohnes warnend über allen Ständen steht. Warum schließlich die von Nordafrika bis an die Nordsee verbreitete Seuche, medizinisch erst im 20. Jahrhundert erforscht, zugleich mit der Beulenpest im 14. Jahrhundert verschwand, ist aber bis heute ungeklärt. (McNeill 1978).

Die Pocken dagegen, noch im 20. Jahrhundert als tödliche Kinderkrankheit gefürchtet, lassen sich deutlicher definieren als durch die weltweiten Impfungen beendet, die man seit dem Ende des 18. Jahrhunderts praktizierte, ohne die Erreger schon zu kennen. Sie gelten heute, wohl zu Unrecht, als ausgestorben. Im Mittelalter waren sie wahrscheinlich endemisch eine der Ursachen für die hohe Kindersterblichkeit. Von geringeren Ausbrüchen oder von einzelnen Opfern der Seuche wird oft nicht berichtet. Umso mehr aber wird zum Thema die Beulenpest, nach einem Ausbruch im 6. Jahrhundert lange Zeit im Westen unbekannt, aber seit 1347 die schlimmste Geißel der westlichen Christenheit, mit stets neuen Wellen nach jungen heranwachsenden Opfern suchend, sobald eine kritische Masse nicht mehr immunisierter Menschen nach einem vorangehenden Ausbruch herangewachsen war. Pest und Tod sind feste Verbindungen in der Mentalität der späteren Jahrhunderte, Totentänze, Gerippe und Menschen allen Alters und aller Stände sind die makabre künstlerische Ausdrucksform in Miniatur und *al fresco*, wochenlange Todesangst beutelte die Gemüter immer wieder vom mittleren 14. bis ins 17. Jahrhundert, als endlich die Pest, noch früher als die Cholera, überwunden schien. Die letzte Choleraepidemie hingegen wütete um die Mitte des 19. Jahrhunderts, sechs Generationen vor uns.

Aus Küche und Keller

Bevölkerungsdichte hängt auch von den Ernährungsmöglichkeiten ab. Im Übrigen ist die mittelalterliche Küche für lange Zeit eine Epoche von Brei und Suppe, von Kohl und Erbsen, von Bohnen und Rüben, viel häufiger als von Fleisch und Fisch oder gar von Braten, den man bekanntlich nur aus den besten Stücken schneidet. Dass man auch Gedärme und Innereien aß, haben unsere Köche schon vergessen. Selbst die Erinnerung an die Berliner Rindsleber und an das Münchner Lüngerl, an Milz, Herz und Hirn und an die böhmische Kuttelsuppe ging mit der Angst vor der Rinderseuche dahin. Till Eulenspiegel wusste im norddeutschen 14. Jahrhundert offenbar noch weitaus mehr vom Braten und dass man ihn schon von weitem riechen kann, und in seiner ironischen Weltverkehrung galt ihm das gelegentlich für den vollen Genuss. Die spanische Lausbubengeschichte über Lazarillo von Tormes lässt uns das Leben eines armen Straßenkindes ahnen, und Jan Hus erzählt vom Dasein eines hungrigen Prager Chorknaben, der aus einem Stück Brot einen Teller für den Erbsenbrei formte, die Armenspeise, um sich satt zu essen. Das Ei, gekocht leicht transportabel, gebraten schon ein halber Luxus aus der Pfanne, wohl oft auch roh aus der Schale getrunken, hat noch heute in unserer Sprachwelt einen Vorzugsplatz. Zweifellos zählt es zu den praktikabelsten Nahrungsmitteln.

Brei sättigte die ärmsten Esser noch weit bis in die neuere Zeit. Sein wichtigstes Werkzeug war der Löffel, nicht einmal immer ein Teller, denn bekanntlich gossen findige Wirte den heißen Brei in Vertiefungen einer spannendicken Tischplatte. Das sparte Geschirr. Aber mehr vom Brei, der Volksnahrung bis weit in die Zeit der niederländischen Genrebilder: Es ging um Hirsebrei im einfachsten Fall. Denn Hirse ist das einzige Getreide, das sich zu Brei kochen lässt, ohne dass es vorher durch eine Mühle gehen muss, um geschrotet zu werden. Wie geerntet, so gegessen. Der Hirsebrei, der herkömmlichste, war das Um und Auf des einfachen Lebens so sehr, dass man ihm auch zumutete, dem wackeren Esser schließlich den Weg ins Schlaraffenland zu weisen, zu den gebratenen Tauben. Mancher findige Esser im Getriebe des städtischen Wirtschaftslebens hatte wohl einen kürzeren Weg entdeckt – aber damit kämen wir allzu schnell vom Hungertuch zum reichen Tisch der Wucherer und Pfeffersäcke. Drei Tische unterschied nämlich ein sozialkritischer Zeitgenosse 1527, einen reichen, einen mittleren und einen armen. Er entwarf eine Utopie, um die Menschen nicht an den reichen, sondern an den mittleren Tisch zu führen. Dort könnten alle satt werden. Nahrung und Sozialordnung stehen bei diesem Bild in engem Zusammenhang. (Seibt 2001)

Am Tisch der Armen ging es oft um Erbsenbrei oder Bohnen, ganz weit verbreitet von der Loire bis an die Weichsel. Auch so ein Gericht konnte ohne weitere Bearbeitung verkocht werden und sättigte so weit, dass es in mancher Hinsicht die armen Leute versorgte, ehe die Kartoffel zur Armenspeise wurde. Das war aber erst zweihundert Jahre nach Kolumbus. Erst damals fand auch der Mais den Weg auf die Tische der Armen, aber nur im Mittelmeerraum. Im Norden gedieh er nicht ohne chemische Hilfe. Überhaupt währte in der Küche das Mittelalter bis über die Schwelle des Industriezeitalters, auch in ihrer Einrichtung. Noch die Witwe Bolte briet vor hundert Jahren ihre Hühner am offenen Herd unter der Esse zum frechen Zugriff für die Spitzbuben Max und Moritz. Noch vor fünfzig Jahren war derselbe offene Herd unter der Esse in Italien, in Spanien, in Südfrankreich auf dem Land fast die Regel, wo man den Ofen nicht auch zum Heizen haben musste, sodass ein Dreifuß über dem Holzkohlenfeuer genügte, ein Kessel an einer Kette, um stets warmes Wasser zu haben. Braten über dem offenen Feuer nahm einen weitaus größeren Raum ein als in unserer Küche, ein Bratspieß gehörte zum Standardgerät. Backen konnte man natürlich nicht auf einem solchen Herd, der nichts anderes war als ein Steintisch unter dem Rauchabzug. Zum Backen rief der Bäcker, der ohnehin oft allein im Dorf den großen Ofen für das Brot besaß.

Ein solcher Backofen ist nämlich an sich schon wieder ein besonderes Zeugnis für den Konservatismus in der Küchenkunst. Erst vor hundert Jahren löste ihn mitunter der Dampfbackofen oder die elektrische Beheizung ab, aber seit dreißig Jahren hat ihn die ökologische Bewegung wieder eingeführt. Nun also: Brot wird nicht über einem loderndem Feuer mit Rauchabzug gebacken, sondern es wird in uralter Weise auf heißen Steinen hergestellt, wie man sie vor Jahrtausenden schon für Fladen benützte. Zu einem solchen Vorgang erhitzt man den aus großen Steinen gemauerten Backofen nicht etwa von unten, sondern es müssen die Steine mit Feuer, am besten von Hartholz oder Holzkohlen, belegt und dadurch erhitzt werden. Ist der gesamte Boden der Ofenhöhle gehörig heiß, holt der Bäcker die Glut heraus, säubert die Steinfläche und schiebt die Brotlaibe hinein. Muss man noch viel erläutern, um diesen Vorgang in seiner Urtümlichkeit in die weite

Vorzeit oder zu seinen unveränderten Traditionen zu verweisen? In Urzeiten legte man nur Teigfladen oder Fleischstücke auf die Steine in der Feuerstelle. Der gemauerte Backofen mit Rauchabzug mag mehr als tausend Jahre alt sein und brachte zweifellos einen gewaltigen Fortschritt im Umgang mit dem Feuer.

Vorwärts ins Mittelalter: Die Hitze der Steine im Backofen hält lange genug, um nicht nur leichte Weizenbrote, sondern auch die schweren Sauerteiglaibe zu backen. Wenn der Steinboden nur mehr wenig Hitze von sich gibt, dann ist er recht für den leichtesten Teig, für den Kuchen. Nun also ruft der Bäcker in die Nachbarschaft, und die Hausfrauen bringen die Backbleche. Dabei sind die Kinder unsere Chronisten, das Lied ist noch lebendig und bietet bekanntlich auch gleich ein Kuchenrezept: »Backe, backe, Kuchen! Der Bäcker hat gerufen …«

Aber auch was sonst noch in der Küche entsteht, ist heute, nein, nur gerade bis hin zur *nouvelle cuisine* mit ihren Salaten und Gemüsen, so alt wie vor tausend Jahren. Großmutters Rezepte haben alles treulich bewahrt. In Topf und Pfanne, mit Speck und Schmalz, mit Pfeffer und Salz essen wir fast noch, wie gesagt, ohne Rücksicht auf Rohkost und Vitamine, geradeso wie vor Jahrhunderten, nach derselben Werteskala, die das gebratene Fleisch, neuerdings wohl abgesehen von Wachteln, Staren, Tauben, an die oberste Stelle rückt und das Gemüse gering schätzt, ausgenommen Artischocken und Spinat. Alles andere rangiert verächtlich unter Kraut und Rüben. Besondere Schaustücke bieten dabei die regionalen Spezialgerichte, die provenzalische Fischsuppe, das italienische Saltimbocca, »Hüpf ins Maul«, der pfälzische Saumagen, die schwäbischen Maultaschen, die böhmische Svíčková und die baltischen Piroggen. Kein Fortschritt in der Küche also seit der so genannten »Vergetreidung«, der Steigerung der Getreideerträge im nordalpinen Landesausbau, und seit der folgenden Fleischwelle, die etwa zweihundert Jahre später einsetzte, Zeichen des Wohlstands auch am »mittleren Tisch« mit Lebendtiertransporten in Herden aus Ungarn und Polen, aus Dänemark und Böhmen nach dem Westen, nach Frankreich, den Niederlanden und Deutschland. Was sich dabei bis heute geändert hat, ist allenfalls eine Einschränkung der barocken Fülle. Den Wert der weniger üppigen, dafür aber gesünderen Kost entdeckte erst das 20. Jahrhundert mit seinen »Reformkochbüchern«. Die Reformation in der Küche fand erst vor hundert Jahren statt und überhaupt erst, seit man nicht nur zu kochen wusste wie seit tausend Jahren, sondern auch zu kühlen. Hier setzt die Gegenwart an.

Bis dahin begleitete der Hunger die drei Tische, und dem Armen war er natürlich am nächsten. Er drohte jährlich mit Missernten, mit der berüchtigten Mutterkornbildung, einem Getreidepilz, der beim Menschen »Antoniusfeuer« auslöst, Fieber, Nervenreiz, Gliedersterben, und in Frankreich epidemisch auftrat. Nasse Sommer verdarben die Ernten oft regional, schwere Missernten führten in ganz Westeuropa seit dem 14. Jahrhundert zu Hungersnöten. Getreidespeicher, Schrannenhäuser, die man seitdem in den Städten anlegte, halfen nur aktuell. Die Fastenwochen im Spätwinter ließen oft die Not zur Tugend werden. Der Landesausbau war zumindest in Westeuropa an seine Grenzen gelangt, die Reserven vor dem Bevölkerungswachstum ebenso.

Nach Missernten 1316 und 1317 erlöste die große Pest seit 1347, der die Satten wie die Hungrigen zum Opfer fielen, die Hungrigen vielleicht mehr, die europäische Demographie von einem scheinbar unlösbaren Bevölkerungsdruck. Erst nach hundert Jahren verebbten die Pestwellen, und erst nach zweihundert Jahren stieg der Bevölkerungspegel von neuem.

Und was hatte der mittlere oder gar der reiche Tisch zu bieten? Brot, wie gesagt, aus hoffentlich gesundem Korn, seit die »Vergetreidung« die Breinahrung abgelöst hatte, für die Reichen seit dem 12., 13. Jahrhundert. Gemüse, darunter besonders eingesäuertes Kraut, unentbehrlich für den Winter in einer Zeit, die keine Kältekonservierung kannte. Grünkohl, Sprossenkohl, die man auch von frostigen Feldern ernten konnte. Rote und andere Rüben, die sich im Winter einkellern ließen. Hülsenfrüchte aller Art, die ohne weiteres überwinterten. Fische zu jeder Jahreszeit, eingesalzen oder getrocknet und geräuchert zu konservieren, die auch von Fastengeboten ausgenommen waren. Wild, das zu jagen Adelsprivileg war, aber trotzdem den Tisch bei Rittern, Grafen, Fürsten nach Abfallanalysen nicht ganz so reichlich versorgte, wie man vermutet hatte. Im Ganzen war der reiche Tisch üppig bis »überflüssig«, und dann auch mit gesundheitsschädigenden Folgen. Kaum aus Bewegungsmangel, wie unter unseren Lebensbedingungen, sondern nach weit verbreiteter Übersäuerung der Nahrung grassierte die Gichtkrankheit aus einseitiger Ernährung durch Rind- und Schweinefleisch. Karl V., und auch ein so mäßiger Esser wie Karl IV., waren jahrzehntelang zwei hochgeborene Opfer.

Dörrfleisch, Rauchfleisch, Salzfleisch, Stockfisch und überdies die oft etymologisch verkannte »Salami« unterschiedlicher Nationalität, hart getrocknete Salzwurst, fabrizierte und konsumierte auch der Süden. Das sind die wenigen Proben vom Umgang mit konserviertem Fleisch, namentlich in den berühmten Regionen der Produktion von luftgetrocknetem Schinken. Nördlich von Loire und Alpen griff man stattdessen im Winter in den Wurstkessel. Denn nur im kälteren Milieu ließ sich gekochte und im Rauch einigermaßen gebeizte Wurst für eine Zeit haltbar machen. Die mitteleuropäische Wurstkultur hat ihre eigene Folklore.

Auch der Käse kannte seine Grenzen, aber das nicht im Hinblick auf seine Haltbarkeit. Es scheint vielmehr, dass die Kunst des Käsekochens ursprünglich aus dem Süden kam, sei sie in römischer, sei sie schon in keltischer Almwirtschaft gediehen. Im römischen »Alteuropa« bis zum Limes jedenfalls bekannt, damit auch in den Alpen wie vor allem im gallorömischen Westen, ist Kochkäse offenbar erst im Mittelalter über Elbe und Oder hinausgekommen. Die germanische wie die slawische Barbarenwelt kannte trotz ihres großen Milchkonsums außer Rahm und Butter augenscheinlich nur Quark.

Nachbarhäuser: Dörfer

Bis heute wissen wir nicht recht, wie eigentlich Dörfer entstanden sind. Das klingt kaum glaubhaft, außer man fragt etwas gründlicher als auf den ersten Blick nach einer gemeinsamen Erklärung für vielerlei Entwicklungsformen, die wenigstens einigermaßen das Rechte trifft. (Lütge 1937; Bosl 1979; Rösener 1996; Tewes 1997) Der äußere Anschein könnte dazu verleiten, ein Dorf als Ansammlung von Nachbarhäusern anzusehen, die einander allerdings nicht näher kommen, als es die Anlage von »Haus und Hof«, von Wohn- und Wirtschaftsgebäuden für den bäuerlichen Bedarf notwendig macht. »Nachbar« heißt schließlich: »der nächste Bauer«. Diese Definition ist nicht so falsch, dass man sie verabscheuen müsste. Brauchbar ist sie nicht. Es gibt natürlich Dörfer mit Häusern im engen Schulterschluss. Aber was bewog Bauern zur gemeinsamen Siedlung, wenn nicht die Nutzung eines gemeinsamen Brunnens oder Baches, der gemeinsame Schutz vor Wölfen, die gemeinsame Nutzung einer begrenzten Ackerfläche? Nicht einmal die Verbindung von Dorf und Bauern, die durchgehende Verbreitung bäuerlicher Lebensformen, lässt sich allgemein annehmen, denn es gab, zum Beispiel östlich der Elbe, auch schon »Handwerkerdörfer« vor tausend Jahren, es gibt

Winzerdörfer und Fischerdörfer. Andererseits kann man aber doch davon ausgehen, irgendetwas von Agrarproduktion in Dörfern aller Art zu finden, und das nicht nur bis an das Ende des vergangenen Jahrtausends, sondern auch noch mitten in der Industrieentfaltung. Man denke nur an das Angebot von Häuschen, Garten und Kuh in der Werbung für Bergleute im Ruhrgebiet vor hundertfünfzig Jahren, an die »Industriedörfer« in Zentralfrankreich wie im Sauerland, in Schwaben und im Erzgebirge, an die »Eisenbauern«, *kovorolnící*, in den nordmährischen und oberschlesischen Montangebieten. Generell ist das Dorf freilich der Lebens- und Arbeitsraum von Bauern. Aber in England, in Schweden, in Dänemark, in Westfalen und im alten Bayern leben die Bauern noch heute in den bekannten Einzelhöfen mit dem jeweils nächsten Zugang zu ihren Äckern.

Nun galt aber längst der Grundsatz: Kein Land ohne Herr, und das hieß auch: kein Dorf ohne Herr. Sind Dörfer also das Ergebnis grundherrlicher Disposition? Die moderne Dorfgemeinde ist kaum zweihundert Jahre alt. Aber bäuerliche Gruppensiedlungen entstanden aus allen möglichen Anlässen in ganz verschiedenen Zeiten und gesellschaftlichen Ordnungen. Zumeist auch aus dem Gutdünken der Ansiedler: In der Nähe eines Herrn und seiner schützenden Burg, auf einem schwer zugänglichen Bergvorsprung, in Insellage, Hafenlage, vor allem aber so nahe als möglich bei den Äckern. Auch Dörfer mit besonderer Funktion lassen sich finden im Dienst eines Herrn, oder Siedlungen an Passstraßen, wo man Saumtiere und Treiber von den Dörflern mieten konnte. Ortsnamen erzählen oft die unberühmte Dorfgeschichte, die kein Chronist zu würdigen wusste. Die Schweizer wie die Dithmarscher fühlten sich ohne Herren, also »frei«, und verteidigten ihre Freiheit, ähnlich Dorfbewohner in Savoyen oder in Tirol, die »Sieben Gemeinden«, die Ladiner, die Graubündner. Hier verweist die Dorfgeschichte auf bäuerliche Selbstverwaltung, erkämpft, behauptet, verloren, wie auch immer.

Es gibt allerdings »Gründungswellen« in der Dorfgeschichte, und damit auch Elemente von Planung und Ordnung aus Herrenhand, namentlich im Landesausbau. Die vorgeschichtlichen Siedlungen bildeten einst allenfalls Inseln im Wald, in Heide und Wiesenlandschaft. Wo viel Raum war, konnte man die besten Winkel aussuchen. Dörfer in der spanischen Meseta drängten sich in windgeschützten Tallagen. In Umbrien suchten sie die Hügelrücken, um vor den Erdrutschen an den Hängen verschont zu bleiben. Schon vor mehr als tausend Jahren wusste die bäuerliche Weisheit zu unterscheiden zwischen leichten und schweren, guten und schlechten Böden, zwischen Löss und Kalk, braun und schwarz. Dörfer im kroatischen Karst liegen in den fruchtbaren Lehmschichten in Gruben und Tälern der Karsthorizonte, und die ältesten Ansiedlungen zwischen Lippe und Ruhr haben sich nach den Lössinseln im Boden gerichtet. (Tewes 1997) Das gab Anlass zur Siedlung nahe beieinander, zur »Dorfbildung«.

Von anderen Zwängen abgesehen, die Boden und Klima bereithielten, schuf aber nun eben erst die umfassende Rode- und Ausbauwelle im nordalpinen Europa, die sich vom 11. bis zum 14. Jahrhundert über ganz Europa verbreitete, einen umfassenden Prozess von Agrarplanung und Gebote zur Gruppensiedlung. Da wurde, je länger, desto besser, ein Vorgang der Landgewinnung erprobt und ausgeklügelt, Land abgesteckt, Bauernstellen ausgemessen, wurden Bauernsiedlungen mit Bach, Anger und Rodefläche geplant. Viele Siedlungen in den ehemaligen Wald-, Sumpf- und Mittelgebirgsregionen Europas sind auf diese Weise zu Dorf- und Pfarrgemeinden geworden und bis heute geblieben, und dies generell »von unten« organisiert, von den unternehmenden Klöstern, Grundherren, und von ortskundigen und finanziell potenten Unternehmern, »Lokatoren«, oft auch finanziert auf Kreditbasis in erstaunlich moderner Nutzung von Renditemöglichkeiten.

Man verlieh auf Zins, und weil man die Zinseszinsrechnung noch nicht kannte und übte, zahlte man feste Zinsleistungen über Generationen hin. Nur selten hat von Fürsten und Königen betriebene Planung den Vorgang mitbestimmt, wie an der Straße der »bastides«, der kleinen befestigten königlichen Agrarstädte in Zentralfrankreich, oder bei dem Versuch in Süddeutschland, einen »staufischen Territorialstaat« zu bilden mit Rothenburg, das heißt »Rodeburg«, als Mittelpunkt. Meist agierten hier eine grundherrliche Mittelschicht und ihre früh entwickelten städtischen Kapitalhelfer. Diese hochmittelalterliche Landesorganisation aber prägte mit ihren Flurgrenzen, mit ihren Dorf- und Stadtanlagen und damit eben auch mit ihren Siedlungsformen bis in unsere Zeit das Gesicht unserer Landschaft und schuf die grundlegenden Figuren von Straßendorf, Angerdorf, Waldhufendorf, Rundling. Selbst das Bevölkerungswachstum im Lauf von tausend Jahren verwischte diese Grundzüge nicht.

Kaum ein Dorf wurde nach dem Ende des Mittelalters noch »gegründet«, wenn auch eine gewisse Anzahl aus wechselnden Ursachen

wieder »wüst« geworden ist. Im Großen und Ganzen hielt sich das
europäische Siedlungsbild mit seinen Flurgrenzen und Feldrainen bis
zur Sozialisierung und Kollektivierung im östlichen, bis zur »Flurbereinigung« und zum großen Bauernsterben im westlichen Europa während des 20. Jahrhunderts. Nur die gemeinsame Siedlung nach Vorteil
und Nutzen und nach der mit den Siedlern vereinbarten Planung durch
ausbauwillige Grundherren zu irgendeiner Zeit gab also einmal den
Anstoß für die Bildung oder Begründung von Dorfgemeinden mit gemeinsamen Aufgaben, mit Nachbarschaftshilfe und politischer Gestalt, und erst das »kataklytische« 20. Jahrhundert verwischte oder
löschte die alten Siedlungsbilder.

Wie aber auch immer: Auch die vielleicht verschwimmenden Dorf-
grenzen am Großstadtrand haben noch heute Bezugspunkte, die ihnen
selbst bei abnehmender Geschlossenheit noch eine gewisse Zusammengehörigkeit verleihen: den Dorfplatz, den Dorfbrunnen, das Dorf-
wirtshaus, den Dorf»krug«, die Kirche, den Friedhof.

Dorfgemeinden und Pfarrgemeinden liefen in ihrer Entwicklung
vielfach parallel, identisch sind sie nicht. Nach ihrer älteren, dorffer-
nen Entwicklung an den Herrensitzen, in Klöstern und Kollegiatstif-
ten, kam die Kirche erst in einer zweiten Entwicklungsphase seit der
Jahrtausendwende für gewöhnlich ins Dorf. Ihre Funktionen, seit sie
nur erst einmal mit ihrem Segen, mit ihren Sakramenten die Gläubigen erreicht hatte, haben den Dörfern allerdings für Jahrhunderte ein
Gesicht gegeben mit Kirche und Kirchhof. Die Kirche war oft Ver-
sammlungsort und mitunter auch tonangebend bei Dorfnamen als
Holz-, Stein-, Feld-, Tal-, Ober- oder Unterkirche, oder noch häufiger
mit den vielen Ortsnamen in ganz Europa auf S., St., und Sv. Hier ist
der himmlische Schutzpatron der Dorfkirche zum Ortsheiligen geworden. Die Kirche war auch seit dem 12. Jahrhundert imstande, jedem
Dorf einen ihrer speziell dafür ausgebildeten Diener zuzuordnen, die
alte wie auch später die reformierte Kirche in ihren verschiedenen Organisationsformen, mit unterschiedlicher, aber seit fünfhundert Jahren
jedenfalls in jeder Konfession mit akademischer Ausbildung. Erst spät,
viel zu spät, folgte der Staat mit der Dorfschule. Nicht nur mit dem
Grundherrn bis 1789 oder 1848, sondern auch mit dem Pfarrherrn,
mit Maiern, Schulzen, Richtern oder Lehrern blieb das Dorf ein Orga-
nisationskern für mehr als neun Zehntel der Menschen seit tausend
Jahren, für zwei Drittel immer noch vor hundert Jahren für alle ihre
Lebensprobleme. Erst im letzten, im 20. Jahrhundert gewann die Stadt

das Übergewicht und die Dörfer im Siedlungsbild und im Verkehrs-
netz städtischen Anstrich.

Haus an Haus: Städte

Städte gibt es in allen Kulturen rings um den Globus. Nun sind die
europäischen, die westlichen, die Städte im lateinischen Abendland
von Ragusa bis Narvik, von Lemberg bis Brügge, von Edinburgh bis
Bari von eigener Art und haben diese Eigenart auch schließlich mit ihrer, mit der »westlichen Zivilisation« seit zweihundert Jahren meist
gewaltsam dem ganzen Erdball mitgeteilt. Und das nicht etwa, weil sie
die größten gewesen wären. Die größten europäischen Städte des Mittelalters waren offenbar im muslimischen Spanien zu finden, außerhalb des lateinischen Abendlands, etwa Córdoba, dem man einhun-
derttausend Einwohner schon im 10. Jahrhundert nachsagt, und
Sevilla mit achtzigtausend vor der christlichen Eroberung. Einhundert-
tausend Einwohner erreichte Paris wohl erst als französische Haupt-
und Residenzstadt im 15. Jahrhundert mit der aufstrebenden Königsmacht und dem wachsenden französischen Zentralismus. Köln, die
größte deutsche Stadt, vereinte damals gut vierzigtausend Menschen.

Betrachtet als eine Ansammlung von Häusern, hat eine Stadt erklärlicherweise viele Wurzeln. Ein Hafen, eine Furt, eine Kreuzung mögen
dafür seinerzeit Ursache gewesen sein, ein »Marktplatz« der Anlass.
Lange Zeit stritten die deutsche und die polnische Forschung über
»präurbane« Siedlungsballungen, denen zwar das westliche Markt-
recht und eine Bürgergemeinde fehlten, nicht aber die Marktfunktion
für den Fernhandel. Als soziales Gebilde lässt sich die Stadt jedoch
noch feiner definieren. Antik wie vielfach auch noch frühmittelalter-
lich unter dem Schutz eines Herrn entstanden, sodass sich die Polis
unterhalb einer Akropolis entfaltete, unterhalb einer »Oberburg«, wo
der Herr mit seinen Kriegern hauste, lässt sich ihre Entstehung im Mittelmeerraum vielfach aus einer solchen Lage deuten und oft auch im
mittelalterlichen nordalpinen Europa wiederholt finden. Beim Herrn
und seinesgleichen sind auch die Priester und ihre Tempel angesiedelt,
wie die alten Burgkirchen in nicht wenigen christlichen Siedlungen um
die Jahrtausendwende. Wenn irgend möglich, liegt dieser Bezirk etwas
erhaben und damit nicht nur distanziert von der übrigen Siedlung, sondern er ist auch besser zu befestigen. Palisadenreste, Erdwälle zeugen

dafür schon zu vorgeschichtlichen Zeiten. Noch heute lassen die Ruinen die sozialen Unterschiede erkennen, etwa in den Siedlungen des 9. Jahrhunderts im ältesten bekannten westslawischen Großreich des Frühmittelalters am Unterlauf von March und Waag. Die jüngeren ostslawischen Städte nannten den befestigten Herrschaftsbezirk einen Kreml, ein Name, der offenbar von hölzerner Befestigung rührt. Der Moskauer Kreml ist ein Weltbegriff. Aber es gab noch andere und ältere Kreml, wie die von Nowgorod oder Kiew. Westslawische Siedlungskerne bildeten sich um einen Hradschin, einen Burgberg, und man vergisst meist, dass nicht nur Prag noch heute seinen berühmten Hradschin hat, sondern auch, weniger berühmt, die Stadt Plauen.

Nicht die Größe und nicht etwa das kulturelle Niveau gaben der europäischen Stadt ihren besonderen Charakter. Setzt man einmal als Maßstab das religiöse Leben, das bestimmende Element aller mittelalterlichen Kultur, und die weitgehende Vollendung von Fürsorge und Vorsorge, dann waren die klösterlichen Zentren zweifellos den Städten überlegen, oft bis zu ihrer Säkularisation im 18., 19. Jahrhundert, auch waren sie mitunter in überdimensionalen Baukomplexen nach festem Plan angelegt, wenn auch nicht zu Klosterstädten vereinigt, wie in der östlichen Christenheit, aber in weit ausgreifenden Funktionsbauten, zugleich Infrastruktur für die dörfliche Umgebung. Allenfalls dass Städte später die Klöster in ihrer Bedeutung ablösten, ist ein besonderes europäisches Kriterium, lässt sich aber nicht einfach mit dem Ende des Mittelalters datieren.

Städte jeder Art sind vornehmlich Wirtschaftszentren. Das trifft Städte nicht immer und überall: Jerusalem beispielsweise ist wohl nicht aus ökonomischen Erwägungen placiert und gebaut worden. Auch Rom war ein antikes Herrschaftszentrum und kein Handelsplatz, als mittelalterlicher Papstsitz von mäßiger Größe und keine Wirtschaftsmetropole. Die wirtschaftliche Bedeutung der Städte entspringt einer auffälligen Produktionsteilung von Agrarproduktion, Handwerk und Handel in der europäischen »Intensivierungsphase« seit dem 11. Jahrhundert und ist dann allerdings ein Kennzeichen der Stadtentwicklung in der gesamten lateinischen Welt. Vor allem übt man sich in der Stadt in abgeleiteten Wirtschaftsformen, man wirtschaftet meist nicht mit der Urproduktion, also nicht mit Getreide, Fleisch und Fisch, Wild und Geflügel, Eiern und Milch, Öl und Wein. Aber Butter und Mehl, Brot und Schinken, Stockfisch, Hering und Bier, das kann man hier erwarten. Auch alles Handwerk, selbst das, mit dem auch der Bauer sich versorgen kann, und erst recht jenes für den feineren Bedarf entfaltet sich auf städtischem Boden. Dazu noch alles, was getauscht werden kann und soll und was der Überfluss mitteilen will oder die Ferne vermittelt: Die Stadt ist die Markt»stätte«, der Stapel- und letztlich Umschlagplatz für Fern- und Transithandel, sie vermittelt das Kreditwesen und gebiert die Produktenbörse. Sie ist oft auch die »Münzstätte«, so für den Florin aus Florenz, den Heller aus Hall, für Tournosen aus Tournus, Dukaten aus der Dogenstadt Venedig, für den Groschen aus Kuttenberg, ja noch für den späten Taler aus Joachimsthal.

Augenscheinlich finden wir in der Stadt mehr Häuser als auf einem Dorf, die alle dicht beieinander stehen, meist »giebelständig« ohne Lücken oder »traufenständig«, wenn dahinter Hof und Garten breiteren Raum beanspruchen. Die meisten Städte drängen sich zudem innerhalb eines Mauerrings, der, oft dick und hoch, mit Türmen verstärkt und mit kleinen Festungen zum Schutz der Tore, Burgencharakter gewinnt. Vornehmlich aber finden wir in der Stadt das gepflegte Leben, die feineren Lebensumstände, aber auch größeres Gewicht und bessere Voraussetzungen zum politischen Geschäft. Dazu zählt auch die Fähigkeit der Stadt, sich zu verteidigen, besser zumindest als das Dorf auf dem »flachen«, turmlosen, dem offenen Land, dem allenfalls eine Verschanzung, eine »Landwehr«, ein Zaun, *town*, *Tein* oder Gatter im Unterschied zur Stadtmauer Schutz bietet. Die Stadt ist befestigt, der älteste gemauerte Schutzwall nordalpin seit Römerzeiten ist aus Regensburg 917 bekannt. Die Stadt kann zur großen Festung werden, ein Städtebund kann zugleich Festungskette sein. Sie behauptet demnach politische Autorität, sie hält gar Soldaten.

Und gewiß zu guter Letzt: Die Stadt weiß sich dem Himmel näher. Sie pflegt den Umgang mit ihm, sie baut Kirchen und Altäre, sie nennt sich gar »heilig« wie Rom, Santiago, Paris, Köln oder Prag, sie hat womöglich, wie die alten italienischen Städte, einen Bischof als obersten geistlichen Diener und ist damit ein besonderer Hüter der Religion.

Es gab bis zur Renaissance keine Baupläne für die Stadt. Das heißt aber gewiss nicht, es hätte keine Planung gegeben. Der Grundriss einer römischen Stadt wurde vom Harusper, vom Priester gelegt, nach dem Norden ausgerichtet, war damit dem Polarstern verbunden und der kosmischen Weltordnung. (Münter 1957) Die Stadtkultur im Mittelmeerraum, im letzten vorchristlichen Jahrtausend ringsum an allen seinen Küsten verbreitet, griff über die Alpen erst in den ersten Jahrhunderten der christlichen Zeitrechnung, und wir wissen nur von Ausgrabungen, dass auch da schon Städte zu finden waren, zumindest mit sozialen Unterteilungen, Krieger und »Adelige« getrennt von den Handwerkern und Bauern. Doch wo aus den vorschriftsmäßig rechtwinklig angelegten römischen Legionslagern die ersten Städte entstanden, also in West- und Westmitteleuropa, soweit es einmal römisch war, finden die Archäologen Stadtgrundrisse mit entsprechender kosmischer Ausrichtung. In Spanien, in Frankreich, in England sind viele Städte römischen Ursprungs mit militärischer Vorgeschichte, bei uns gibt es eine Siedlungskette links des Rheins und südlich der Donau von Xanten bis Basel, von Kempten bis Wien. Handelsplätze in der Barbarenwelt an Flüssen und Küsten gab es daneben ohne römisches Zutun seit dem 7., 8. Jahrhundert, wie das slawische Torgau, benannt nach »trg«, »der Markt«, nicht etwa nach einem deutschen »Tor«, oder das wikingische Haithabu an der Ostsee.

Feste Stadtformen gibt es aber nicht. Erst die Zeit des Landesausbaus, im 12. Jahrhundert im Westen, im 14. Jahrhundert noch im östlichen Mitteleuropa, ließ Städte um einen Markt, nach alten Vorstellungen auch Ring, Ringplatz, entstehen, meist übrigens nicht um eine Kirche, mit rechtwinkligen Gassen, und natürlich muss man da von einem Straßenplan sprechen. Kaiser Karl IV. ließ 1348 um seine alte Hauptstadt Prag zum größeren Ruhm seines Reiches eine Neustadt bauen, die das größte Stadtareal des mittelalterlichen Europa darstellte, großzügig und durch eine weite Mauer umschlossen. Er lud Christen und Juden mit Steuererlässen zur Ansiedlung ein. Aber die Neugründung war noch in den neueren Jahrhunderten nicht ganz aufgesiedelt. Offenbar war sie bis ins Einzelne geplant nach Straßen, Plätzen und Pfarrkirchen als »Substruktur« (Lorenc 1982), vielleicht auf einem Reißbrett aus Holz, vielleicht auf einem Reißboden aus gekalkter Erde. Ein Plan ist nicht erhalten, aber eine Nebenstraße trägt noch heute den Namen »die Ungeplante«.

Die meisten Städte blieben ungepflastert, aber im Süden wie in Flandern wusste man schon zur Zeit der letzten Staufer einzelne Straßen oder Plätze mit hölzernem oder steinernem Pflaster regenfest und sauber zu machen. Doch diese Fürsorge ließ anderswo lange auf sich warten, sodass noch der Wiener kaiserliche Gesandte um 1800 in der Hauptstadt des Königs von Preußen in Berlin gepflasterte Straßen vermisste. Stadtgestaltung pflegte dann allerdings erst die Renaissance, in Italien voran, durch Plätze und Brunnen, durch Kirchen und Rathäuser, *palazzi communali*, *hôtels de ville*, zu deren Bau die Bürger im Norden noch im 13., 14. Jahrhundert eine besondere Genehmigung erkaufen mussten von ihrem Stadtherren, Kaiser, König, Fürst, Abt oder Bischof. Brunnen, damals nicht nur als eine Notwendigkeit für die Einwohner, sondern auch als Schmuck, wurden erst seit dem Spätmittelalter in Verbindung mit Markt- oder Versammlungsplätzen gestaltet. Hier sind die Prager beispielsweise aber nicht sonderlich hervorgetreten. Auch ihre große Denkmalkunst der letzten hundert Jahre ließ alle ihre Schöpfungen trocken.

Brückenbauten

Brücken sind natürlich Bestandteile des Straßenbaus, aber ebenso gehören sie zur städtischen Bausubstanz. Kaum eine Brücke ohne Stadt, kaum eine Stadt ohne Brücke. Auch Brücken unterlagen der Grundfrage aller europäischen Hausbauten: Stein oder Holz, und die steinernen, die noch heute Bestand haben, stehen manchmal seit sieben-, achthundert Jahren. So wenig wie der Hausbau sind sie dabei jahrhundertelang in ihrer Bautechnik verändert worden, ehe Beton und Gusseisen um die Mitte des 19. Jahrhunderts ihnen neue Bauweisen und neue Gestalt gaben.

Die wenigen alten, oft die Jahrhunderte überdauernden Brücken fanden zunächst vielfach in Holz Verwirklichung, manchmal zum Schutz mit Dachkonstruktionen, wie noch heute im unwirtlichen Alpenklima oder wie der Ponte Vecchio in Florenz. Oder sie führten auch als Pontonbrücken über sanfte Gewässer und waren dann beweglich, im Winter eingezogen. Einige aber entstanden aus mediterraner Baukunst unbekannter Tradition als dauerhafte Anlagen in Stein. Manche Brücke aus Römerzeiten hielt sich in Italien oder in Spanien bis heute. So war im Norden im 12. Jahrhundert der »miraculosus pons Ratisbonae« über die breite und kräftige Donau gebaut worden, die »wunderbare Regensburger Brücke«, die noch heute steht. In Koblenz gab es die etwas jüngere »Balduinsbrücke« aus dem 14. Jahrhundert, heute nur mehr zur Hälfte erhalten und genutzt. Berühmt ist auch die nach ihrem Vorbild gebaute Prager Karlsbrücke, die nicht zuletzt der Brückenheilige Nepomuk im Barockzeitalter noch einmal bekannt gemacht hat und die noch vor hundert Jahren auch dem gesamten Prager Lastenverkehr diente. Die »Brücke der Kaufleute« über die Saône bei Lyon, der »pons mercatorum«, ist wohl der Ursprung für die Entwicklung der Stadt zur französischen Wirtschaftsmetropole vom 11. bis ins 17. Jahrhundert. Der »pont d'Avignon« über die Rhône aus dem 12. Jahrhundert ist zur berühmten Ruine geworden, einer der großen alten Baureste in dieser Stadt neben dem Papstpalast.

Die Kunst des Brückenbaus in Stein beruht auf der Tragfähigkeit nebeneinander gereihter Tonnengewölbe und ihrer Pfeiler. Sie wird gesteigert durch eine Lastenverteilung über das Ganze von einem bis zum anderen Brückenkopf, und deshalb haben die kunstreicheren Brücken auch nicht nur von Bogen zu Bogen, sondern von einem Ende zum anderen noch eine Wölbung in sich mit dem Höhepunkt in der Mitte. Das Wölben mit Hilfe hölzerner Gerüste über einem Wasserlauf ist erklärlicherweise eine besondere technische Leistung. Nicht minder groß ist die Leistung der Steinmetze, die viele Steine exakt zu vielen Bögen gefügt haben, immer im Hinblick auf die keilförmige Gestalt eines jeden solchen Steines und auf die Passform des Schlusssteins. Die Überwölbung des Ganzen verlangt noch einmal alle Genauigkeit, und man kann nicht denken, dass die Steinmetzarbeit ohne genaue Zeichnungen, ohne Grundriss und Aufriss auf einem Reißbrett, einem glatten Holz nämlich, ehe Papier zur Verfügung stand, hätte ausgeführt werden können.

Ein »miraculosus pons«, eine so wunderbare Brücke, wirft natürlich auch ihren Schatten in abergläubische Köpfe. In Regensburg entstand die Brücke nur durch einen Bund des Baumeisters mit dem Teufel. Das erste Lebewesen, das über die fertige Brücke kam, wollte der für seine Hilfe haben. Die Brücke selber war dann auch ein technisches Meisterwerk. Am Fuß der acht Bogen, aus denen sie besteht, musste man Wasserstuben graben, wasserfreie Räume schaffen, um die Pfeiler aufzumauern, im 12. Jahrhundert, noch ohne die Hilfe von Kolbenpumpen, zweifellos eine beachtliche Leistung. Zurück zum Teufelspakt: Das erste Lebewesen, das dem Vater fröhlich über die fertige Brücke entgegensprang, war des Baumeisters Töchterlein. Um der furchtbaren Buße für den verwegenen Vertrag zu entgehen, pfiff der Baumeister schnell seinem Hund. Den holte dann, wie man in Regensburg weiß, mit wütendem Pfeifen der geprellte Teufel.

Auch die Kinder können noch heute ein Lied vom gefährlichen Brückenbau singen, weil es eigentlich bei diesem Handel um uralte Magie ging: Ein Mauerwerk wird erst fest, wenn man etwas Lebendiges darein einschließt, wenn man auf diese Weise die losen Steine

»bannt«. Kinder singen also, nachdem sie mit erhobenen Armen einen Gang geformt haben: »Wir woll'n die gold'ne Brücke bau'n, Kaiser Hipolaris! Geht alle, alle durch, geht alle, alle durch, den Letzten woll'n wir fangen, mit Spießen und mit Stangen.« Der Name des Kaisers ist nicht verbürgt. Aber die Drohung für den Letzten kann einen noch immer schaudern machen. Gott sei Dank werden heute nicht mehr viele goldene Brücken gebaut, außer denn für ungeschickte Politiker.

So weit von goldenen und von großen Brücken über viele hundert Jahre. Selbstverständlich waren sie nicht alle Teufelswerk. Wandernde Bauleute errichteten sie jeweils mit ihren über die Zeiten hin überlieferten Künsten, geheimnisvoll, weil nur in mündlicher Tradition bewahrt, und die Bürger trugen höchstens durch Spenden und Zölle dazu bei, auch durch Almosen frommer Bruderschaften, wie in Avignon oder auch in Frankfurt an der Oder, die eigens zu diesem Zweck gegründet worden waren. Denn der Brückenbau war ein frommes Werk für alle armen Pilger, für die reichen auch. Brückenzölle sollten noch in unseren Zeiten die Kosten decken – die vier neueren Prager Moldaubrücken, die man neben der berühmten alten aus Kaiser Karls Zeiten erst im späten 19. Jahrhundert errichtete, haben heute ganz unbeachtete Mauthäuschen an jedem Ufer. Da mussten die Passanten, auch die Prager Bürger selber natürlich, ein paar Heller Brückenmaut zahlen, wenn sie vorüberkamen. Zollfrei haben die berühmten einbogigen Brücken in Florenz und Venedig die Gegenwart erreicht. Sie lebten ebenso von antiker Steinbautechnik. Aber auch sie hatten oft hölzerne Vorläufer, so wie man auch die großen Kirchen erst mit hölzernen Dachstühlen versah, ehe man sie zu überwölben wagte.

Ein einsames Wunder, nicht im Brücken-, sondern im Wasserbau, bildet der Stollen, den die Mönche des alten Petersklosters in Salzburg im 12. Jahrhundert durch den allerdings weichen Nagelfluh des Mönchsbergs schlugen: In nur sechs Jahren gelang es einem »artifex«, einem Ingenieur namens Albert, den Fels auf 370 Meter Länge, zwei Meter Höhe und einem Meter Breite zu durchstoßen und Bahn für die Wasserführung in die Brunnen des Klosters und in die künftige Stadt zu brechen. Die barocke »Rossschwemme« im Stadtzentrum von Salzburg zehrt noch heute von dieser Quelle. (Ludwig 1997, 140 f.)

Feste Häuser: Burgen

Zu dem wenigen, was unsere Schulweisheit vom Mittelalter vermittelt, gehören die Burgen. Sie sind sozusagen der allgemein sichtbare Überrest jener »romantischen Zeiten der Ritter und Knappen« in Heines ironischer Erinnerung. Hinreichend romantisch bemalt und besungen sind ein paar hundert berühmtere unter den fast zwanzigtausend großen und kleinen Überresten der mittelalterlichen militärischen Architektur in Deutschland, vor allem solche, die den Blick am Rhein, an der Elbe, der Saale, in den europäischen Mittelgebirgen, im französischen Zentralmassiv, in Apulien oder in Schottland so recht einfangen, wie es eine Ruine mit Bergkulisse oder als stilles Wasserschloss nun eben vermag. Man darf annehmen, dass sich die Zahl in der übrigen Christenheit noch vervielfachte, auch wenn Deutschland aufgrund seiner politischen Struktur im Lauf des Mittelalters zu einer besonderen Domäne des Burgenbaus geworden ist. Gleichviel: die meisten Burgen sind Ruinen.

Die Perspektive macht's. Den Rittern haben wir ihre unordentliche steinerne Hinterlassenschaft verziehen, zumal sie oft erst lange nach ihrer Zeit in jenen wüsten Zustand versetzt wurde, den wir heute so gnädig mit Poesie verdecken. Im Übrigen sind ihre Höhenburgen, Wasserburgen, Turmhügelburgen, zentral oder axial im Grundriss und nach einer eigenen, der zeitgenössischen Kunstgeschichte jeweils nur lose folgenden Architektur ein europäisches Charakteristikum, von den Kreuzrittern mit großen Höhenburgen in den Vorderen Orient getragen, gelegentlich zu Prunkbauten entwickelt, meist aber dem Verfall durch Wind und Wetter ausgesetzt, tatsächlich anschauliche Überreste der mittelalterlichen, in ganz Europa verbreiteten aristokratischen Wehrhaftigkeit mit losen Varianten an der europäischen Peripherie.

Die Burg war ein befestigter Herrensitz, für große wie für kleine Herren, sie war Edelsitz für den alten Adel, nach »thegnright«, Reckenrecht, altangelsächsisch zumindest durch einen Zaun mit großem Tor ausgewiesen, oder sie war Amtsgebäude für die Boten des Königs, *sheriffs*, in Deutschland Amtssitz der Ministerialen, in Frankreich der *baillies* oder anderer ritterlicher Diener. Sie war wohl in ihren Frühformen in den unruhigen Zeiten vor der Jahrtausendwende auch Zuflucht für die Landbevölkerung und demnach ursprünglich mitunter groß und nicht immer bewohnt, ehe sie nach der Konsolidierung der europäischen Großherrschaften nicht mehr der Abwehr von Sarazenen, Mauren, Slawen, Magyaren und Wikingern diente, all der plündernden Abenteurer, sondern der inneren befestigten Ordnung. Insofern waren am Burgenbau auch weiterhin die kleinen wie die großen Herren interessiert, der König nicht zuletzt, aber nur die englischen Könige waren seit der normannischen Eroberung 1066 imstande, die Kontrolle über den Burgenbau in ihrem Reich konsequent zu halten und nicht genehmigte Burgen, genauer, bereits nicht genehmigte Mauern, schleifen zu lassen. Die Intention verfolgten ähnlich alle anderen europäischen Herrscher, um adeligen Eigenherrschaften keine Basis zu geben, aber mit geringerem Erfolg.

Burgen sind in Italien seltener. Sie sind dort mitunter in antiker Kontinuität gehalten worden, als *castra* oder *castella*, aber ihre Entwicklung war gestört von den Eroberungen der Langobarden und der Normannen im 7. und im 11. Jahrhundert, die sich meist neuer Befestigungsanlagen zum Schutz ihrer Oberherrschaft bedienten, oder der Sarazenen auf Sizilien. Vorläufer des anspruchsvollen Steinbaus mit Turm, Mauer und Palas waren im Norden Erdburgen, vielleicht in Anjou zuerst errichtete Holztürme auf künstlichen Erdhügeln, die in der Burgenforschung so genannten »Motten«, mit Gräben und Palisaden verstärkt, die sich von Westfrankreich bis an den Niederrhein finden. Die zentrale Fortifikation, ein runder oder eckiger, zunächst wohl aus Holz, bald aus Steinen errichteter Turm, »Donjon«, vielleicht von Dominium, Herrschaft, abzuleiten, bildete später den Kern allen Burgenbaus und fand in Deutschland den Namen Bergfried. Die Königsburg an der Themse bekam schlechthin den Namen: the Tower of London. In Wasser- wie vornehmlich in Höhenburgen war der Turm Aussichtspunkt ebenso wie letzte Zuflucht. Er wurde in große Anlagen eingefügt mit Herren- und Gesindehaus, auch mit Ställen und Werkstätten, mitunter durch mehrere Mauern und lange Zugänge um den Berghang geschützt, linksläufig, damit sich die Angreifer schlechter mit dem Schild decken konnten, wenn sie bergwärts stürmten. Das zeigt noch die größte, freilich schon etwas zeitferne mitteleuropäische Burganlage in Hochosterwitz in Kärnten.

Ulrich von Hutten, der zu Anfang des 16. Jahrhunderts eine kampflustige Feder führte, hat das Leben auf der heimischen Steckelburg in Franken einmal als wenig anziehend beschrieben, als Chaos aus Enge, Lärm und Gestank, Stall und Jagd, mit einem Durcheinander von

Bauern und Vieh, Hunden und Gewappneten. (Schmidtchen 1997, 411) Denn eine Burg war meist auch Wirtschaftsbetrieb mit »Vorwerk«, Scheunen und Unterkünften für Knechte und Mägde. Die Steinmauern, meist ohne Putz, nur selten mit Wandteppichen in den Wohnräumen, blieben das ganze Jahr über zugig und kalt, nur da und dort mit einem Kamin in einer »Kemenate« für das bald zum Personenbegriff variierte »Frauenzimmer«.

Kein Wort von hygienischen Einrichtungen. Allenfalls hatten überhängende Erker Abflussfunktionen. Ein regelrechter Abtritt findet sich selten vor dem forschenden Auge der Burgarchäologen, vielleicht war er überhaupt von alters her Stiefkind der Burgenbauer, denn er ist, wie ein Nachschlagewerk verrät, »als gesonderte Einrichtung im freien Germanien vor der Karolingerzeit nicht nachweisbar«. Da ist es schon bemerkenswert, dass die älteste böhmische Höhenburg im uralten Pfraumberg, auf der Grenze nach Bayern, seit tausend Jahren bekannt, in einer Kammer eine massive Granitplatte mit kreisrundem Loch und einem Abfluss nach unten installiert hat.

Eine kontinuierlich bewohnte oder immer wieder renovierte Anlage, wie Luthers Wartburg, war dagegen ein komfortabler Großbau. Die prachtvollen so genannten Loire-Schlösser, ursprünglich mit Festungscharakter, zählen zur besten Burgenarchitektur zwischen Spätmittelalter und Renaissance, aber mit ihren sanitären Anlagen ist es auch nicht zum Besten bestellt.

Höhen-, Wasserburgen, Motten: Ihre Entstehung liegt um die Jahrtausendwende, ihre Ausgestaltung im Innern fand in der böhmischen Burg Karlstein bei Prag ihren europäischen Höhepunkt. Aufgebaut als Abbild politischer wie sakraler Hierarchie, mit drei Türmen in aufsteigender Linie, mit Palas und Gesindehaus, mit weiten, freskenverzierten Repräsentationsräumen, edelsteingeschmückt an den Wänden ihrer Kapellen (Seibt 1996), nie erobert und nie geplündert, noch heute wie ein Kindertraum bunt und kostbar, wie sie vor zweihundert Jahren einem ihrer ersten modernen Bewunderer erschien, dem Kölner Antiquar Sulpice Boisseré.

Burgen aller Art sind in ihrer Anlage, ihrer Rechtsbedeutung und ihrer Funktion für Verteidigung und Verwaltung eines der Charakteristika des europäischen Geschichtsprozesses, in der Verbindung von Verwaltungs- und Wehrorganisation, von Grund- und Landesherrschaft nur in Europa und nirgends anderswo zu finden.

Königshäuser

Unsere großen alten Hotels haben, vom Namen angefangen, etwas von aristokratischen Stadtresidenzen bewahrt, etwas von vornehmen, nicht bürgerlichen, sondern fürstlichen »Stadtpalais«, königlich initiiert als »hôtel du roi« und seinerzeit sofort nachgeahmt vom hohen Adel in allen Landen auf dem Kontinent, nach französischem Vorbild in dem bekannten Bemühen, es dem König gleichzutun. Die »Grande révolution« und ihre Nachbeben haben die Originale zerstört, entfremdet, verstaatlicht und verwohnt. Reiche »Hoteliers« waren aber schon vor zweihundert Jahren bemüht, solche aristokratischen »hôtels« auf ihre Weise mit dem zugehörigen Komfort, dem äußeren Anschein und nicht zuletzt den livrierten Dienern in jeweils stilgerecht zwei Farben und mit silbernen Borten zu einem Prestigeobjekt im Gastgewerbe zu machen. Das war ein Stück Adelsrestitution zu Reklamezwecken. Die neuen Palais unterschieden sich von den alten freilich nicht nur durch die Rezeption antiquierter Baustile oder den späteren Zugriff auf die volle Pracht des Gründerstils, sondern auch durch ihre simple Ökonomie. Sie kosteten Geld! Zuvor vergab lediglich Trinkgeld, wer vom König oder adeligen Hausherrn als Gast geladen war. Der Gast, der sich in den neuen Hotels selber einlud, musste seine Rechnung zahlen.

Das war freilich ein merklicher Unterschied. Er lässt uns gelegentlich die Herkunft unserer Hotellerie, oder, wohl dezenter gesagt, die Herkunft der gehobenen Etablissements, die nicht »Zum Roten Ochsen« heißen und nicht »Zum Grünen Baum«, nach ihrer königlichen Gastlichkeit definieren und den Unterschied zu Gasthaus, *youth hostel* und Motel ein wenig leichter bestimmen. Fremde Kulturen blieben bei dieser Nachahmung feiner aristokratischer Lebensart übrigens bis heute ausgeschlossen. Es gibt wohl nirgends ein Hotel zum Kaiser von China.

Es ist ganz klar, dass diese Hotelkultur Brosamen aufgriff von der königlichen Tafel und eine Bezeichnung für das gehobene Gastgewerbe zum Begriff machte, ein uraltes übrigens aus der Gemeinsamkeit der Indoeuropäer. »Hôtel«, »hostel«, dem das tschechische »hostinec« sprachlich nahe steht, zielt auf den Gast, »hostis« in der lateinischen Muttersprache unserer Kultur. Die Sache selbst ist damit nicht zureichend erfasst, nur eine besondere Erscheinungsform. Ein Hotel ist nun eben doch kein Wirtshaus. Im Wirtshaus herrscht der Wirt. Im Hotel, so hat es den Anschein, residiert ein hoher Herr, am Ende gar der König, und mit ihm lebt seine Dienerschaft. Dort erwartet man vielleicht einen Hofstaat, den der Hotelgast heute kaum mehr mitbringt ins Hotel, aber ohne den unsere Hotelkultur keinen Ursprung hätte. Die Deviation zum Motel aus dem amerikanischen Autotourismus ist die ohnmächtige Widerspiegelung Alteuropas in der neuen Welt der Konsumenten. Hotelkultur wäre in solchen Formen stillos.

Das »Hôtel du Roi« war ursprünglich also ein Haus des Königs, ein gastfreies Haus zwar für die zu Hofe Geladenen, aber kein Gasthaus. Echte Königshäuser haben ihre eigene Geschichte von Mykene bis Windsor Castle, aber sie haben, und darüber kann man eine Weile nachdenken, keine alternative Geschichte. Auch der König wohnt in einem Haus wie alle anderen, gewiss in einem schöneren und größeren, gewiss in einem »festen Haus«, das sich mindestens durch vier Erker an den Ecken als verteidigungsfähig und damit als Schutzbau erweist, sodass ein solcher König, nachdem er im 14. Jahrhundert seine Burgen verlassen hat und in die Stadt zieht, noch immer in einer Festung wohnt, in einem Schloss, was nichts anderes heißt als »verschlossenes« oder vielleicht deutlicher »verschließbares« Haus. Ein König wohnt auf keinen Fall in einem runden, hohen oder einsamen Turm, seit er seine wehrhaften Pfalzen oder andere befestigte Plätze nicht mehr besucht, auch nicht in einer Eremitage und nicht in einem Kloster, wiewohl man ihn dort immer wieder einmal beherbergt und entsprechende Räume bereithält, »Kaisersäle« im deutschen Klosterbarock.

Warum, das ist wohl noch der Frage wert, hat der König seine Pfalzen verlassen, weshalb braucht er sie nicht mehr und zieht in ein meist neues Schloss in die Stadt, in eine Residenz? Einmal gewiss deshalb, weil das Leben auf den Burgen unbequem ist, und zweitens, weil Burgen unsicher wurden, seit man mit größerem Einsatz, vor allem auch mit Einsatz der neuen Pulvergeschütze und mit so viel Zeit, als für einen Krieg gegen einen König nun einmal nötig ist, eine jede Burg erobern kann. Deshalb sind auch die Pfalzen verfallen, mehr als 150, die in Deutschland je bestanden, mehr noch als in Frankreich. Das Schloss in der Stadt ist sicherer, und bequemer ist es auch.

Der König muss auch nicht mehr reisen von Pfalz zu Pfalz, um überall Gericht zu halten und ein Vorratshaus nach dem anderen in begrenzter Frist zu leeren mit seinem Gefolge. Die Dinge liegen nun vielmehr umgekehrt. Der König kann im Rahmen der Geldwirtschaft alles Nötige an seinen Hof kommen lassen, und ebenso alle Regierungsgeschäfte. Der König residiert. Die Stadt, die er dazu erwählt hat, wird zur Residenzstadt. Das ist nicht immer die größte Stadt im Lande, aber meist doch eine namhafte. Und die Regierungskunst des Königs und seiner Diener besteht darin, die Residenzstadt zur Zentrale zu machen. Deutschland allerdings, das größte unter allen unseren Königreichen, hatte immer ein Hauptstadtproblem, sogar bis zur Gegenwart, das man in England, in Spanien, Frankreich, Russland, Dänemark oder Polen nicht kannte. Die Kaiserstadt Wien, erst im 16. Jahrhundert etabliert, lag an der Peripherie des alten Reiches, und Berlin, ihre Nachfolgerin seit dem 19. Jahrhundert, liegt ebenso.

Der König wohnt also, das gilt seit dem späteren Mittelalter, in einem Schloss in der Stadt, das nicht nur ihm und seiner allgemein großen Familie Herberge gibt, sondern auch Schutz und Raum für sein Gefolge und seine Dienerschaft. Er wohnt nicht unbedingt und jedenfalls nicht von vornherein im Kreis der Großen, obwohl die Großen des Landes mit eigenen festen und schönen Häusern, Adelspalästen, in den Städten die Nähe des Königspalastes suchten, aber nur die Nähe, nicht etwa die Eingliederung in den Königshof. Der König wohnte wie ein ganz großer unter kleineren und kleinen Hausherren, und seine Königsherrschaft erschien wie das Abbild jeder Art von Hausherrschaft. Seine »Hausfürsorge« wurde Regierungsmaxime, noch ehe es Staatsräson und Nationalökonomie gab. Seine Dynastie wurde sichtbar zum »Haus«, das Haus Habsburg, das Haus Valois, das Haus Wasa, das Haus Windsor. Man hat deshalb auch alle alten Herrschaftsmaximen aus der Hausherrschaft herleiten wollen. (Brunner 1949; dagegen Opitz 1994, Fuhrmann 1997, Gröbner 1996 mit Kritik an Überzeichnungen)

Allerdings dient zur näheren Beschreibung der königlichen Herrschaft besser noch die feste Wortbindung von »Haus und Hof«, denn der Königshof ist in diesem Zusammenhang als der »Hofstaat« die Bezeichnung für die Gesamtheit der »Dienerschaft«, der hohen wie der niederen, Kanzler und Kanzlei, Räte und alle anderen Hoffähigen. Gemeint ist damit auch die Herrschaftsorganisation, seine Lehens- und Gefolgsleute, im Allgemeinen auch mit Frauen und deren Dienerschaft.

Die vielen Pfalzen, die seit dem 8. Jahrhundert als Wohnsitze für Könige und Herzöge im alten Frankenreich entstanden, eigentlich auch schon Paläste, »palatii« in der Sprache der alten Römer, verfielen im Lauf des Mittelalters. Sie hatten ursprünglich eine unmittelbare Verbindung zum Wald ihrer Umgebung als dem herkömmlichen Lebensraum der Menschen im ganzen nordalpinen Europa, auch als dem eigentlichen Königsland, sodass man »Pfalzen und Forsten« in deutschen Forschungen zu einem besonderen Begriff für die ältesten Verwaltungsformen machte. Die großen und die kleinen königlichen Stützpunkte, es gab auch ein »Pfalzel« bei Trier, lagen im königlichen oder herzoglichen, schier unendlichen und scheinbar herrenlosen Wald im Westen und Norden, auch in Heide und Sumpf (Schürer 1952), in jener Landschaft, die unbesiedelt erschien und deshalb nach römischem Recht als Fiskalland galt, »Staatsland«. Ein wenig davon gab es auch nach dem Vorbild von »Edwards' palatium« in England, das allerdings nie eine vergleichbare »Pfalzenlandschaft« entwickelte wie beispielsweise verspätet noch das hochmittelalterliche Skandinavien.

Dass die großen Herren danach, in einer lang anhaltenden Entwicklung, das wilde Land verließen, dass die Königsburgen nicht mehr, wie im Märchen, im Wald, sondern in den Städten oder besser am Rande der städtischen Zentren zu suchen waren, den Märkten nahe, die Märkte schützend, auch nützend, aber ihnen nicht verbunden und möglichst am Stadtrand, nicht eingeschlossen durch die Stadtmauern, sondern mit eigenem Ausgang am Mauerring, das kennzeichnet neben vielem anderen insgesamt den Sieg der antiken, der steinernen Mittelmeerkultur über die Holzbauweise des Nordens.

Das Haus Gottes

Europa ist ein Land der Kirchen. In der Skyline von New York dagegen geht die St. Patricks Cathedral schlichtweg unter. Man muss sie, ganz klein, zwischen Wolkenkratzern suchen. Ein solches Sakrileg kennt man in der Alten Welt nicht. Weder in Paris noch gar in Rom, und nicht einmal in Berlin, der jüngsten europäischen Metropole, muss man die Kirchen zwischen Hochhäusern suchen, ja eigentlich dominieren sie noch. Selbst unter der Sowjetherrschaft haben sie in Moskau, Warschau, Prag und Budapest ihre repräsentative Position behauptet. Das muss nicht als Bekenntnis gelten. Es ist eine einfache Tatsache und neben anderem eine grundlegende Legitimation der Alten Welt.

Eine andere Eigenheit, die aber diesmal nur das einstmals römisch-katholische, westliche Europa auszeichnet, mehr noch: die es vielfach in Gegensatz stellt zum alten, in dieser Hinsicht konservativen, zählebigen, östlichen, orthodoxen, betrifft die Bedeutung der Kirchen für die Entwicklung der gesamten Kunst: die Baukunst, die Malerei, die Skulptur und Plastik, ja auch die Musik, die Vokal- wie die Instrumentalkunst, das Orgelspiel: Die gesamte Kunstentwicklung des westlichen, des römisch-lateinischen Europa, des so genannten Abendlands, hat unter seinen Kirchendächern Platz. Die Kunst auf Herrenhöfen gleich welcher Art, wenn auch gepflegt, aber in weitaus geringerem Maß, kennt nur wenig, das nicht auch Kirchenkunst sein könnte, wie die Lyrik der Troubadours, der Minnesänger, oder, viel später, die antiken Themen in der Bildkunst der Schlösser und Palais oder die Gestaltung öffentlicher Plätze seit der Renaissance. Weltliche Kunst war zudem unbeständiger, dem Verfall und der Zerstörung ihrer Bauten, Bilder, Bücher ausgeliefert, weil ihre materiellen Grundlagen nicht durch die Scheu vor dem Sakrileg Schonung erfuhren. Erst der Humanismus schuf ihr eine nüchterne kirchenferne Grundlage, eine eigene »weltliche« Kunst.

Die Kirchen des westlichen Europa oder des lateinischen Abendlands, wie man in diesem Zusammenhang mit der größten Berechtigung sagen kann, sind ohne Zweifel zuallererst die Hüter der organisierten Religiosität. In dieser Funktion erreichen sie auch noch das kleinste Dorf, sodass ein beachtlicher Prozentsatz aller Häuser in dieser Region nicht Wohnhäuser sind, sondern Gotteshäuser. Das mag allenfalls in der Zahl, in der Verbreitung, im Aufwand überraschen. Heidnische Religiosität im nordalpinen Europa, germanische, slawische, baltische, war meist unbehaust und auch insofern »barbarisch«. Kirchen haben allem Steinbau lange Zeit ihre Formen gegeben, sodass er sich, mehr noch als Kloster- und Herrenbauten, vornehmlich und überwiegend hier von der spätantiken Tradition über die so genannte Romanik zu Gotik, Renaissance und Barock, mit allen seinen Zutaten, mit Plastik und Malerei entfaltet hat. Nicht Burgen, Schlösser und Paläste: Die Kirchen vor allem haben veranlasst und schließen ein, was unsere Kunsthistoriker zu demonstrieren haben, und im Allgemeinen handelt es sich dabei auch um das Beste, was eine Kunstepoche jeweils zu bieten hat, von der römischen Tradition bis ans Ende der barocken Welt.

Ein Verlust unserer Kirchen wäre also richtig ein Gesichtsverlust für

Europa. Die Kirchen sind die Museen Europas, klein oder groß, namhaft oder provinziell, Klosterkirchen, Kathedralen, Dorfkirchen eingeschlossen. Auch wäre unersetzlich, wenn wir nicht mehr hören könnten, was in Kirchen gesungen und gespielt wird. Manche Liedertexte für den Volksgesang freilich erscheinen entbehrlich.

Das betrifft auch das Mäzenatentum für diese oft weit über die unmittelbaren Bedürfnisse frommen Lebens gewachsenen Großbauten, den Kölner, den Reimser, den Mailänder Dom, die Westminster Abbey, das Ulmer Münster oder gar lange Zeit die größte Kirche der Christenheit, das riesige Münster von Cluny in Burgund, bis zu seiner Zerstörung in der Französischen Revolution größer noch als der Dom von St. Peter im Vatikan, dem erst der moderne Tourismus eine quantitativ angemessene Funktion zugewiesen hat. »Gott allein die Ehre« – die barocke Parole für das fromme Werk, das *opus Dei*, das Haus Gottes, im mittelalterlichen Latein die *fabrica ecclesiae*, die »Kirchenfabrik« mit allem Zubehör, umschließt ohne Übertreibung und krönt allen steinernen Hausbau der mittelalterlichen Welt. Es gibt keinen Fachwerkbau in der Kirchenarchitektur. Die Barbarenkunst hat nur selten, wie in den skandinavischen oder in den slowakischen Stabkirchen, Spuren hinterlassen. Nicht einmal die Stadtplanung der deutschen Nationalsozialisten im neuen Automobilzentrum Wolfsburg kam 1937 ohne Kirche aus.

Manfred Wundram hat die Kunstgeschichte des römisch-christlichen Europa mit dem Toleranzedikt Konstantins 313 beginnen lassen, eigentlich mit dem Gründungsdatum des öffentlichen Kirchenbaus. Erst die Erlaubnis zum öffentlichen Bekenntnis – noch lange nicht die Erhebung zur Staatsreligion – hat die christliche zur öffentlichen Kunst erhoben, hat sie allgemein sichtbar gemacht und damit ein wesentliches Merkmal aller künstlerischen Kultur erfüllt. Dabei setzte sofort ein Wandel im Kunstempfinden ein, nämlich das »Zurücktreten aus der Welt der Realität« in der Körperlichkeit von Plastik und Malerei, der antiken räumlichen Staffelung in der Architektur zugunsten des Neben- und Übereinanders, Ausdruck eines ideellen, jenseitsgerichteten Kunstempfindens. (Wundram 2000, 16 f.) Die anthropomorphe Antike mit ihrem diesseitigen Lebensraum wurde abgelöst durch den jenseitsbezogenen Gottesbegriff des Christentums.

Kaum lässt sich der Zusammenhang in wenigen Worten und an wenigen Beispielen so deutlich machen wie an der Schnittstelle von Ost und West. Im lebendigsten Erbe des alten Römerreiches, in Ravenna, kann man ihn mit wenigen Tatsachen untermauern durch die politische Chronologie, die den Osten hinter die Adria zurücktrieb, die Apenninhalbinsel ganz für den Westen gewann, sie freimachte für die päpstliche Herrschaft, die im alten Rom bestehen blieb, aber ebenso das alte Italien auch entblößte für die folgenden Eroberungen der Westgoten, Vandalen, Ostgoten und Langobarden, der Franken und der Deutschen, für ihre Plünderungen und Verwüstungen. Die westliche Kunstprovinz geriet währenddem in eine Übergangsphase vom Vandalismus bis zur Umformung des römischen Imperiums zum Heiligen Römischen Reich. Diese Entwicklung ermöglichte eine neue künstlerische Elitenbildung zunächst in den Klöstern und führte zur kunstgeschichtlich bedeutsamen »Translatio Imperii«, der Übertragung der römischen Kaiserwürde an die Frankenkönige nach Aachen und an die deutschen über den Rhein – in einzelnen Stationen vom mediterranen Süden zum nordalpinen Nordwesten, von Theoderich zu Karl dem Großen, zu Barbarossa, zu Karl V., zur großen Klosterkunst, Kirchenkunst, bis zur weltoffenen Motivsuche im humanistischen Bildungskanon.

Aber auch die Kunstgeschichte kennt sozusagen eine Translation, die Übertragung des jahrtausendealten künstlerischen Umgangs mit Stein, Farbe und Schrift aus dem Mittelmeerraum. Damit ist die Entfaltung der Kunstgeschichte des Abendlands umschrieben. Denn auch die Schrift hatte jahrhundertelang kalligraphischen Charakter. Und das mit allen Attributen des religiösen Denkens, seit der künstlerischen und religiösen Hinterlassenschaft in den unterirdischen Friedhöfen, den Katakomben, bis zur Ausdünnung des religiösen Anliegens in der Architektur von Klassik und Historismus im 19. Jahrhundert. In diesem Entfaltungsgang, der von der westlichen Kirchenkunst ausgeht und sie begleitet, ist aber auch die künstlerische Trennung von West und Ost aus dem römischen Erbe inbegriffen mitsamt ihren Anteilen. Denn anders als in den religiösen Bauten des Islam, anders als in jüdischen Gotteshäusern, in denen jede bildliche religiöse Darstellung verboten war, beschränkte sich die christliche Kunst nicht auf Ornamentik, obwohl ebenfalls an Wänden, Geräten, Bildern, Büchern kunstvolle Entwürfe dieser Art zu finden sind, gleich und mitunter ähnlich der islamischen und der jüdischen Sakralkunst. Der vergleichbare Reichtum zudem an germanischer, an irischer Ornamentik im Zusammenhang westlicher Kirchenkunst ist bekannt. Aber die christliche Kirchenkunst hat sich an der besonderen Aufgabe biblischer

Darstellungen entfaltet, die in jüdischer und vergleichbar in islamischer Architektur, Wandmalerei, Mosaiken völlig fehlen. Im Bild zu zeigen, was das Wort vermittelt, war Sakrileg bei Juden und Muslimen. Hier trennten sich schließlich auch Katholizismus und Orthodoxie, allerdings nach längerem Streit um einen Kompromiss.

Der griechische Osten, und nach ihm das orthodoxe Russland, wollten nämlich doch immerhin zweidimensionale Darstellungen gelten lassen, in Farbe und Mosaik, aber keine Reliefs und erst recht keine Vollplastik, weder innen noch außen am Kirchenbau. Im Westen entschied dagegen ein Erlass Karls des Großen 784 zugunsten der vollen Breite der darstellerischen Möglichkeiten. Diese Entscheidung wurde die Basis der fortan reichen Entfaltung in Stein und Holz und Farbe. Das hielt über die Jahrhunderte den christlichen Osten zurück von der Teilnahme an der westlichen Entwicklung und ist noch bis in unsere Zeiten ein Grund für den Mangel an Bildhauerkunst in Russland wie in Griechenland. Das unterschied und unterscheidet die gesamte Kirchenkunst innen wie außen und wirkt auch noch in den Bereich der Profanbauten bis hin in die bürgerliche Gründerzeit um 1900: Die reichen Bürgerhäuser in Moskau, in Odessa und selbst in Wladiwostok wie in Saloniki zieren keine Figuren.

Aber auch in der römisch-katholischen Kirche war Großplastik aus Stein oder Metall erst nach der Jahrtausendwende entwickelt und nicht einfach aus der berühmten antiken Bildhauerkunst herzuleiten. Die verfiel im Gegenteil oft dem christlichen Ikonoklasmus. Von römischen Resten, vornehmlich Grabmalskunst, abgesehen, zählen das Gero-Kreuz im Kölner Dom, das Ludger-Kreuz im Werdener Kloster, beide überlebensgroß und aus dem 9. Jahrhundert, die Essener thronende Madonna, 72 Zentimeter hoch, aus dem 10., zu den Anfängen. Unbekannter Herkunft sind alle drei, wenn auch gewiss nicht zufällig in einem Raum erhalten, der um die Jahrtausendwende offenbar als die führende Kunstlandschaft in der nordalpinen Christenheit bezeichnet werden kann. Im Übrigen sind wir schnell bei der Kleinplastik: dem Tassilokelch, dem Lotharkreuz, Elfenbeinschnitzwerk. (Mittelalter im Ruhrgebiet. Katalog)

Deutschland, oder was wir bei loser Definition dafür nehmen wollen, die Landschaften um die wechselnde Herkunft der Kaiserdynastien, der Karolinger, der Sachsen oder Ottonen, der Salier und der Staufer, auch noch die politische Bühne der Luxemburger und der Habsburger, hat in dem letzten Jahrtausend niemals den ersten Platz besetzt in der Geographie der abendländischen Kunst. Deshalb sind auch die Gotteshäuser in Deutschland nicht führend in der europäischen Architekturgeschichte. Aber zur Zeit der Sachsenkaiser und noch der Salier war das Land zwischen Rhein und Maas, auch den alten Hellweg entlang von Köln bis an die Unstrut und nach Magdeburg, so anzusprechen. Da entstand als der größte romanische Kirchenbau der Speyerer Dom, da sind die prächtigen romanischen Kirchen in Köln auf kleinem Raum gebaut worden, die zu ihrer Zeit nichts Vergleichbares hatten. Das ist denn auch der Entwicklungsraum der nach der Sachsendynastie so genannten ottonischen Kunst. In diesem Raum entstanden die romanischen Großkirchen von Mainz, Limburg, Worms, Essen und Corvey, Magdeburg, Paderborn und Hildesheim.

Da finden sich auch die großen Leistungen der biblischen Bildkunst: Buchillustrationen, ergänzt noch durch die Leistungen klösterlicher Schreibschulen in Echternach, auf der Reichenau, in Werden an der Ruhr, in Luxeuil, in Bobbio und in Bamberg. Nur ein einziges Mosaik aus karolingischer Zeit ist erhalten. (Wundram 2000, 35) Es zeigt die alttestamentarische Bundeslade. Spätere Bildfolgen um die Jahrtausendwende sind konzentriert auf lange missverstandene apokalyptische Themen (Johannes Fried), auf christologische und, je länger je mehr, auf mariologische Szenerien oder auch auf symbolische Parallelen zwischen dem Alten und dem Neuen Testament, wenn man mit diesen Hinweisen ein wenig Übersicht in eine schier unübersehbare Vielfalt bringen kann. Auch gibt es Bezüge zu den Titelheiligen der einzelnen Kirchen, die sich der vorsichtig zu definierenden Chronologie der Heiligenverehrung zuordnen lassen. Maria gewinnt eine besondere Bevorzugung für alle Königspfalzen, und auch der Erzengel Michael erhält so etwas wie eine Reichsfunktion, die flüchtige Betrachter offenbar nicht immer entdecken. Die schier grenzenlosen Möglichkeiten biblischer Verbindungen mit Raum und Zeit zeigt wohl am eindringlichsten im Rahmen der Ikonographie das Bildprogramm des Doms von Siena. (Ohly 1977)

Der Einfluss dieser Bilderbibel in unseren Köpfen ist nicht zu unterschätzen: Dass Gott ein alter Mann mit weißem Bart ist, steht nicht in der Bibel. Dieses Unverständnis des Monotheismus und zudem der Trinität verdanken wir vielmehr den Bildern in unseren Kirchen!

Christus bleibt natürlich immer im Mittelpunkt der Bildbezüge, aber auch da ist eine Unterscheidung wohl nicht unangebracht: Vor

dem 12. Jahrhundert werden vornehmlich seine Wundertaten dargestellt, der siegreiche Christus ist der Held und Weltenüberwinder. Mit
dem wachsenden religiösen Individualismus, mit dem Übergang vom
einfachen Aktivismus in der Begegnung zwischen Welt und Überwelt
zur Würdigung der passiven Weltüberwindung als der besonderen
christlichen Botschaft wächst die künstlerische Einfühlung in den Lei-
densweg Christi. Die Passion rückt in den Vordergrund unserer religiösen Bildkunst. Christus ist der Gemarterte, der Schmerzensmann.
Der Akzentwandel widerspricht nirgends dem biblischen Bericht, aber
er lenkt ihn, richtet die Begegnung mit dem Göttlichen auf eine
menschliche Dimension. Auch die *pietà*, die sitzende Gottesmutter
mit ihrem toten Sohn auf dem Schoß, erschüttert die fromme Andacht
seit dem 12. Jahrhundert in berühmten und unberühmten Nachbildungen der Folgezeit und führt zu einem der Geheimnisse der Mariologie. Dem Volksempfinden im 14. Jahrhundert verdanken wir dann
die Bildfolgen der Passion, nicht nur in den berühmten Blättern von
Albrecht Dürer, sondern auch in Tausenden von Kreuzwegdarstellun-
gen unterschiedlicher Qualität noch heute in jeder Kirche. Der Bezug
ist noch lebendig. Zeitgenössisches Gewicht gewann darin der eiserne
Kreuzweg von Otto H. Hajek vor dem Berliner Nachkriegsbau Maria
Martyrum, den Opfern der Hitlerzeit gewidmet.

Es gibt viele Gemeinsamkeiten in der Baukunst der Gotteshäuser im
Abendland – es gibt auch Trennendes. Es gibt Klosterkirchen und Herr-
scherkirchen, Bischofskirchen und Stadtkirchen, und für jede Art suchten ihre Mäzene, Bauherren, Bauträger nach besonderem Ausdruck.
Es gibt zeitliche Höhepunkte: Für die so genannte Hochromanik im
europäischen Nordwesten ist Köln als der wohl einmalige Sammel-
punkt mit räumlicher römischer Tradition am besten belegt mit dem
Großbau der Kirche Maria am Kapitol nach einem römischen Tempel-
bau. Es gibt viele Großbauten zwischen Nivelles und Magdeburg, mit
dem Übergang zu gewölbten Decken anstelle der hölzernen und mit
der gleichsam vorgotischen Auflösung der massigen Wände wie in der
Benediktinerabtei St. Étienne in Caën. Es gibt schließlich in diesem
nordwestfranzösischen Raum die Geburt eines neuen, jahrhundertelang den lateinischen Kirchenbau beherrschenden und in seiner Eigenart von der Antike unabhängigen Stils der erst viel später so genannten
Gotik, bei uns volkstümlich oftmals als Kirchenkunst schlechthin betrachtet, während sich daneben und gleichzeitig im südlichen Europa
ganz andere Architekturlandschaften entwickeln, normannische, aqui-

tanische, mozarabische, westfranzösische unter byzantinischem Einfluss, auch venezianische, sizilianische. Die Slawenländer und Ungarn blieben in diesem Zusammenhang ihren ravennatischen Rundkirchen noch etwas länger treu oder übernahmen Einflüsse aus der deutschen Nachbarschaft. Die Entwicklung auf der Apenninhalbinsel lässt sich nicht einmal regional erfassen. (Wundram 2000, 74)

Im nordalpinen Kirchenbau herrschte danach am längsten die Gotik in ihren Entwicklungsformen, vom 12. bis ins 16. Jahrhundert, geprägt vom »königlichen« Stil der Kathedralen, gebrochen erst durch die Wirren und einen verbreiteten, nicht ausnahmslos wütenden Bildersturm im Zeitalter der Reformation. Er nahm den Kirchen vieles von ihrer musealen Funktion und zugleich auch von ihrer Aufgabe, als »Gotteswerk« die Leistungsreligiosität ganzer Stadtgemeinden anzuspornen. Er setzte Nüchternheit an die Stelle der über das Auge angeregten Meditation. Er schuf Predigthallen anstelle der liturgischen Andachtsräume und füllte sie mit Betstühlen.

Die Reformation, in den folgenden hundert Jahren im nördlichen Abendland im auf und ab wogenden Kampf um geistige Vorherrschaft verbreitet, war aber keine Epoche kirchlicher Kunstentfaltung, weder in den alten noch in den neuen Organisationsformen. Sie zerbrach mit hartem Schlag die Höchstleistungen der Spätgotik in Flandern, Brabant, Burgund. Für eine Zeit dominierte in der Architektur das weltliche Haus, der Fürstenbau, das städtische Rathaus, die Festung.

Danach zerfiel die abendländische Kunstlandschaft. Eine neue große Epoche tat sich im Süden auf, aber sie wirkte jetzt nicht mehr europaweit, sondern beschränkte sich auf die katholischen Kirchen und wirkte mit wenigen Ausnahmen, mit Proben, eigentlich Fremdkörpern, im protestantischen Kirchenbau. Auch war sie im weltlichen Baustil, in Schlössern und Palästen, ungleich stärker vertreten als die gotische Kunst vor ihr. Und doch blieb sie überhaupt die letzte große Epoche eines umfassenden, langfristig entwickelten Baustils bis heute. Das Barock, die schwungvolle, aber »schiefe« Baukunst und Abkehr von gotischem Formempfinden ging als Kirchenkunst im Westen unter in der kirchenfeindlichen Französischen Revolution, in Mitteleuropa in der nicht minder kirchenfeindlichen so genannten Säkularisation von Reich und Kirche und ließ sich nicht wieder erwecken durch die Restauration eines Bundes von Thron und Altar. Zugleich ging damals das großartige europäische Mäzenatentum unter, das geistliche, mit der meist unbeachteten Leistung seiner Stifter in den vergangenen sie-

benhundert Jahren, aber auch das weltliche von Stadt- und Dorfgemeinden. Kirchenfürsten und Adelsgrößen, Könige und reiche Bürger,
Klostergemeinschaften, kleine und auch sehr große, taten sich im Barock zum letzten Mal oft staunenswert hervor. Weil die Prälaten im
Reichsgebiet fürstlichen Rang hatten, schlug sich auch in ihrem barocken Mäzenatentum noch einmal der große Atem der Kunstentwicklung nieder. (Braunfels 1982)

Das Barock präsentierte zum letzten Mal die jenseitsbezogene
Kunst, den Hausbau um Gottes willen mit allen Details frommer Architektur, Säulen und Figuren, Malerei und Reliefs, Marmor und
Gold. Die Ausläufer dieser Kunst fielen zusammen mit einem der größten Bilderstürme, die Europa erlebte, um die französische Kirchenkunst zum guten Teil zu zerstören, Gebäude und Innenarchitektur,
Schmuck und selbst Malerei. Sogar die Stürme der Hussitenzeit oder
der deutschen Reformation waren milder geraten. Nur türkische Herrschaft in Ungarn bot Vergleichbares. Europa zerstörte sich selbst.

Kleider, Werkzeug, Waffen, Krieg

Von Kleidern

Sollte man wieder bei der Bibel beginnen? Bei Adam und Eva? Beim berühmten Feigenblatt? Jedenfalls ist bei dieser bis heute unbestrittenen Darstellung das vorherrschende Bedürfnis aller Bekleidung auf das Äußerste reduziert, in einem milden Klima, wie es zweifellos im Paradies geherrscht hat. Ein zweites und fast ebenso wichtiges Motiv unseres Themas trat noch hinzu: Für alle die Hunderte Darstellungen der Szene in Öl, in Holz und Stein weisen sich der Mann und die Frau neben ihm mit ihren Feigenblättern ohne Frage als unsere Ureltern aus. Denn Kleider machen Leute.

Aber ein Feigenblatt genügt nur im Paradies. Damit also wieder zum ersten Grund aller Kleidersorgen. Anzumerken ist nur, dass er, der Wunsch nach Schutz und Wärme, zu keiner Zeit den anderen ganz verdrängt zu haben scheint, und diese doppelte Absicht gilt scheinbar bis heute: sich zwar zu verhüllen, aber doch nicht ganz ohne jede Selbstdarstellung. Wir gerieten in Aussagenöte, wenn wir ebendiesen Doppeleffekt im Einzelnen verfolgen wollten. Freilich, während das Feigenblatt nicht viele Möglichkeiten anbot, suchte jener zweite Wunsch zu allen Zeiten nach neuen Realisationen.

Das beginnt schon beim Material. Nicht das Feigenblatt, sondern das Fell war wohl eine erste solche doppelbödige Realisierung; Hasenfell, Hirschleder, Bärenhaut. Oder gar das Löwenfell, mit dem sich der ganz Starke empfahl. Der mittelalterliche Pelzhandel vom russischen Nowgorod nach dem Westen hielt es massenweise vornehmlich mit den anschmiegsamen Fellen, mit Eichhörnchen, Marder, Zobel, Hermelin, mehr als mit Fuchs und Wolf. Gegerbt und gebündelt, wurden sie westwärts transportiert, und man verarbeitete sie zu Kappen, Kragen, Handschuhen und wärmenden Wämsen. Zobel und gar Hermelin waren freilich das Privileg der Großen, daran erinnert noch heute

manches Wappenbild. Das mitteldeutsche Leipzig wurde schon früh
ein wichtiger Umschlagplatz, seine »Rauchwaren« bis ins 20. Jahrhundert eine Messespezialität.

Aber der Reihe nach: Bis dahin war das Fell längst Luxus. Leinen
und Wolle hatten im Mittelalter ohne weiteres den Vorrang. Textilien
waren denn auch nach der Getreideherstellung die Grundproduktion
der mittelalterlichen Jahrhunderte, ihre Verleger und Händler teilten
sich einen guten Teil des bürgerlichen Reichtums. Textilien zählen
noch heute zu den lebensnotwendigen Gütern. Nicht Holz, nicht Eisen
lassen sich mit der Bedeutung von Leinen und Wolle vergleichen, auch
nicht Werkzeug und nicht Waffen: Kleiden muss sich der Mensch vor
allem, gleich nachdem er seinen Hunger gestillt hat.

Die Sorge darum war lange Zeit Frauensache. »Domiseda, lanifica«, sagt eine altlateinische Redewendung, nein, ein Lobeswort auf die
tugendhafte Frau: »Sie saß zu Hause und webte.« Gleichwohl, ob
Bäuerin oder Königin, die bekanntlich mitunter gar Stroh zu Gold
spinnen konnte, im Ansehen der Leute war eben das nicht nur Frauensache, sondern auch Frauentugend. Penelope, die auf ihren Odysseus
wartete und sich der lästigen Freier erwehren musste, täuschte alle
Welt mit ihrem Webrahmen und wurde dabei ernst genommen.

Das war der Sache nun freilich auch angemessen. Spinnen, Weben
und das vielleicht noch ältere Stricken sind bekanntlich ganz langwierige Arbeiten. Von irgendeinem Anfang an waren sie unersetzlich, jedermann bewusst, denn: »Schneidri, Schneidra, Schneidrum! Und wären nicht die Schneider, wir hätten keine Kleider, und liefen nackt
herum!«

Dieses muntere Liedchen wiederum macht klar, dass die feinere, die
professionelle Art des Umgangs mit dem Textilproblem dann doch
wieder Männersache wurde, Berufssache. Aber das erst seit der Professionalisierung im späteren Mittelalter, seit Schmied, Müller, Bäcker,
Wagner, Zimmermann eben ihren Anfang nahmen, seit der Intensivierung der Agrarwirtschaft. Eulenspiegel, der niederdeutsche Spaßmacher, der antibürgerliche Narr, befasste sich mehrfach mit den Schneidern.

Spinnen blieb gleichwohl auch danach noch vornehmlich Frauensache, nur das Weben ging guten Teils in männliche Hände. Eine der
frommen Laienbewegungen des 12. Jahrhunderts, die Humiliaten,
hatten sich ebendiesem demütigen Handwerk verschrieben. Bei ihnen
lebten Männer und Frauen in Häusern gemeinsam, spannen und wo-

ben. Der Orden war in Oberitalien verbreitet, kirchlich nie anerkannt und wurde vielleicht nicht nur von den Rechtgläubigen bekämpft, sondern auch von der handwerklichen Konkurrenz. Denn er nahm einiges von künftiger manufaktureller Organisation vorweg und war wirtschaftlich erfolgreich.

Von Urzeiten an und bei allen Völkern war aber wohl weibliche Geduld konkurrenzlos und am ehesten imstande, die Fäden zu ziehen, gleich ob aus gebrochenem und gehecheltem Flachs oder von geschorenen oder gekämmten Schafen oder, am feinsten zu verspinnen, in Lyon und in Oberitalien seit dem 12. Jahrhundert verbreitet, aus dem Kokon der Seidenraupen. Der feine Faden entstand auf die gleiche Weise wie die dicken Taue auf den Reeperbahnen. Die allerdings wurden von Männerhänden gedreht.

Bildkräftig blieb, dass auch der Faden des Schicksals von Frauen gesponnen wurde, von den drei Nornen Urd, Werdandi und Skuld. Die drei Schwestern spannen den Lauf der Zeit und erhoben die ursprüngliche und bis ins Zeitalter der Dampfmaschine unentbehrliche Frauenarbeit zur Metapher für die Weltgeschichte. Ihr Faden war ursprünglich gar nicht rot, sondern farblos wie der Alltag. Erst die Hände der Männer färbten ihn.

In der Wirklichkeit gab es freilich Unterschiede im Material: Leinen, von kargen Flachsäckern, blieb längere Zeit ein bäuerliches Produkt von schlechten Böden, und die Leineweber waren danach weit ärmer als die Tuchweber. Erst als im 13. Jahrhundert ägyptische Baumwolle zunächst Oberitalien und hundert Jahre später auch die deutschen Leinengebiete auf der Alb von Konstanz bis Ulm erreicht hatte, weil sich aus Flachs und Baumwolle Barchent weben ließ, blühte das Gewerbe auf und belebte einen neuen Handelszweig im Textilgewerbe. Es suchte sich sogar neue Wege, »Baumwollstraßen«. (v. Stromer 1978). Wolltuch aber, leichteres wie schwereres, fand seine Hauptproduktion von alters her in der Toskana und in Flandern und machte seine Weber wohlhabend, seine Händler und Verleger aber reich, in Florenz wie in Brüssel. Das Gewerbe nährte auch eine große Zahl von Lohnarbeitern bei der Veredelung des Gewebes, beim Färben, Walken und Scheren, sodass beide Regionen, die Toskana wie Flandern, im späteren Mittelalter mit rund 80 Einwohnern auf den Quadratkilometer die größte Bevölkerungsdichte aufwiesen, die in jenen Zeiten zu erreichen war, und Getreide einführen mussten. Die reichsten Bürger, die das Mittelalter hervorbrachte, die über ihr Geld schließlich zu nichts Geringerem als zu Fürsten aufstiegen, kamen gleichermaßen aus dem Textilgewerbe: die Medici in Florenz und die Fugger in Augsburg. Jacques Cœur aus Bourges, der über das ganze Mittelmeer agierende Großkaufmann und Finanzier König Karls VII., war der Sohn eines Pelzhändlers.

Gesponnen – gewebt. Als man beides zu mechanisieren verstand, mit Spinnrad und Webstuhl, begann im Textilgewerbe die Neuzeit. Als man aber gar die Spindeln und danach die Webstühle mit Dampfkraft betrieb, begann die industrielle Revolution, brach unsere Gegenwart an.

Pardon, das sind vielleicht allzu schnell markierte Beobachtungspunkte. Nur: Falsch sind sie nicht! Der Übergang vom Spinnrocken zum Tretspinnrad ging natürlich in einigen Schritten vor sich. Das Flügelspinnrad, von Leonardo da Vinci um 1490 skizziert, machte es möglich, den Faden vom Rocken zu drehen und gleichzeitig aufzuspulen. Es wurde noch zu Anfang des 20. Jahrhunderts in Europa benützt. (Schmidtchen 1997, 522) Etwas stärker gebrochen erscheint der Entwicklungsgang vom Webrahmen zum Webstuhl. Da beherrscht seit dem Spätmittelalter der waagrechte Trittwebstuhl das Handwerk, in Variationen für verschiedene Rohstoffe. Dann verändert aber im 16. Jahrhundert der Bandwebstuhl zumindest regional die Herstellungsbedingungen ganz nachhaltig, denn er ermöglichte mechanisch mit Wasserkraft die Arbeit an mehreren Stoffbahnen zur gleichen Zeit. Das hatte natürlich eine starke Rückwirkung auch auf die Produktionsmenge, auf den Umfang der Lohnarbeit und auf Löhne wie Preise.

Sieht man ab von der Frage, was bei Spinnrad wie beim Webstuhl jeweils in Europa erfunden wurde oder was etwa der technische Transfer aus Asien brachte und damit die Entwicklung beeinflusste, so sind doch beide Geräte spätestens bis zur großen Pest um 1348/49 bekannt und werden dann lange Zeit nicht mehr grundsätzlich verbessert. Hauptmanns hungernde Weber arbeiteten 1844 offenbar an Geräten, die sich in ihrer Technik nur wenig von mittelalterlichen unterschieden.

Aber eine starke Arbeitsteilung wurde inzwischen eingeführt und veränderte die Textilherstellung organisatorisch weit stärker als die technische Entwicklung. Die ökonomische Rationalisierung mit Manufakturen, Hausgewerbe und Verlegern wurde eine nachhaltige wirtschaftliche Kraft für ganze Landstriche. Sie wurde daneben auch ein Sozialproblem mit regional ganz unterschiedlichen Folgen.

Nicht weniger noch war freilich dem Wandel der Zeit unterworfen, was dann aus Gespinst und Gewebe wurde. Um gleich das Wichtigste und Beständigste anzusteuern: Es hat sich unverändert durch die Jahrhunderte in der Sprache erhalten und ist, nach dem Sprachverständnis, noch heute in Mode: das Kleid. Sich zu kleiden, gilt im Deutschen noch immer als universale Bezeichnung. Auch erweist sich in diesem Zusammenhang wieder einmal die europäische Kulturgemeinschaft: in Fresken und Miniaturen, in den frühesten mittelalterlichen Illustrationen, gemalt und gestickt, geschnitzt, gemeißelt und gegossen, nach allen diesen Auskunftsmitteln also trugen bis ins 12. Jahrhundert und noch darüber hinaus Männer wie Frauen, im Prinzip auch Hoch und Niedrig, das gleiche Untergewand, die Ersteren mehr oder minder knielang, die anderen knöchellang, und die Armen trugen nichts anderes als eben: das Kleid.

Freilich war diese unisex gehaltene Kleidung älterer Herkunft. Unsere Bildquellen zeigen das von den Anfängen an. Man kann an die römische Tunika denken, auch an die kurze Männerkleidung, die auf Bildern in den Gräbern von Etruskern, Griechen und Römern zu finden ist, auch an den noch heute von Männern getragenen weiten Burnus in Nordafrika. Das universale Kleid erscheint schlechthin der menschlichen Physis angemessen. Eine Tuchbahn, doppelt genommen, mit einem Schlupfloch für den Kopf und zweien für die Arme. Fertig für Mann und Frau.

Die Diener auf dem Teppich von Bayeux um 1100, die Arbeiter auf den zahlreichen Miniaturen von Kirchen- und Burgenbau oder dem immer wieder kopierten Turmbau zu Babel, Männer wie Frauen, die ritterlichen Dichter wie ihre weiblichen Verehrerinnen in der Manessischen Liederhandschrift, die Figuren im frommen Lehrbuch vom »Garten der Lüste« der Nonne Herrad von Landsberg, die biblischen wie die gegenwärtigen Gestalten im Perikopenbuch der Prager Äbtissin Kunigunde und die Bauern in den Monatsbildern *al fresco* wie *en miniatur* in den frühen südfranzösischen Dorfkirchen sind allesamt geradeso gekleidet. Ausnahmen scheinen nicht bekannt.

Natürlich genügt ein solches Kleid, mit oder ohne Ärmel, genäht oder kunstvoll aus einem Stück gewoben wie der biblische Rock Christi, dem nördlichen Klima nicht. Da gibt es seit der Antike für die Männer Hosen. Die Römer unterschieden ihre nördliche Nachbarschaft, jenseits des Apennins und jenseits der Alpen, und sie bezeichneten das fernere und kühlere, das nordalpine Gebiet als *Gallia braccata* und das nähere, Venetien und die Poebene, als *Gallia non braccata* – das behoste und das unbehoste Gallien. Dabei ist das Wort *bracca*, wohl keltisch, verwandt mit *bruech*, *bruch* im Niederdeutschen und auch mit den englischen *breeches*. Die Hosen stehen dabei jeweils im Plural in den europäischen Sprachen, so wie unser deutsches Wort nach wohl gut zweitausend Jahren noch, wie die englischen *trousers*, die französischen *pantelottes*, die italienischen *pantaloni* und die tschechischen *kalhoty*. Und merkwürdigerweise: Auch wir sagen noch in alter Sprachtradition »ein Paar Hosen«. Es ist aber immer nur eine, die man damit noch heute bezeichnet, kein Paar, nicht zwei. Die Sprache hat nur bewahrt, dass es sich ursprünglich um ein Paar handelte, Beinlinge, Strümpfe, mindestens seit dem 12. Jahrhundert aus Wollgewebe hergestellt, vielleicht in Flandern, zum Beispiel in Brügge produziert, als dort so genannte *cousen*. »Sie waren, heutigen Strumpfhosen vergleichbar, in ganz Europa als Beinkleid begehrt.« (Ludwig 1997, 108)

Unklar bleibt, wie und ob darunter noch Unterwäsche getragen wurde. Die Zisterzienser jedenfalls, so sparsam gekleidet wie der arme Mann, erscheinen nach ihrer Ordensregel nicht nur barfuß in ihren Schuhen, sondern auch bloß unter ihrer Kutte, wie nach einer englischen Anekdote im 12. Jahrhundert einer ihrer Äbte anschaulich beklagt. Auf Holzschnitten des 15. Jahrhunderts, etwa bei der Anleitung zum Aderlass, trägt das »Lassmännchen« dagegen für gewöhnlich eine knappe Unterhose. Ob das im Bild überall verbreitete Lendentuch Christi eine Rolle spielte, bleibt dunkel. Ähnlich unklar ist die Rolle eines »Bruechgürtels«, an dem man die Beinkleider jeder Art, vornehmlich auch die wollenen Strumpfhosen befestigte, abgesehen von Strumpfgürteln und Hosenbändern jeder Art (vgl. die Anatomia des Guy de Vigeganot, Hägermann 2001, 237). Erst seit dem 14. Jahrhundert unterlag die Hosenmode wohl einmal einem grundlegenden Wandel, einer jener technischen »Revolutionen« vergleichbar, die man auf manchen Gebieten dem 14. Jahrhundert zuschreibt. (Seibt 1978)

Dabei geht es um die Verbindung der Hose, fortan mit geschlossener Naht im Schritt, mit dem Wams. Dort wurde offenbar das Kleidungsstück befestigt. Man kann sich denken, dass durch einen solchen »Hosenträger« neue Probleme bei der täglichen Benutzung entstanden. Aber wie auch immer: Die Beweglichkeit bei erheblichem Kälteschutz war deutlich gewachsen, und das Ansehen der so Ausgestatteten auch. Einer der wenigen Berichte bringt die Neuerung auch unmittelbar mit dem neuen Lebensgefühl nach der glücklich überstandenen Pest in Verbindung: »Da hob die Welt zu leben an und fröhlich zu sein und machten die Männer neue Kleidung«, schreibt der Limburger Chronist 1350. Neue Kleidung, tatsächlich. Männerkleidung. Schnell verbunden auch mit männlicher Würde, ein materialisierter Vorteil. Zweifellos waren auch mehrere weibliche Röcke übereinander nicht vergleichbar mit der thermischen Schutzfunktion einer Hose, und die Beweglichkeit darin wuchs erheblich. Jetzt konnte man zudem sehen, »wer die Hosen anhatte«. Und bekanntlich sprach auch die Weigerung der so mannhaften Kriegsherrin Jeanne d'Arc, ihre Hosen abzulegen, mit bei Verurteilung und Feuertod 1431 als »Hexe«. (Thomas 2000)

Die Hose hat also wirklich Geschichte gemacht. Männergeschichte natürlich, wobei sie immer ein schlichtes Kleidungsstück blieb, anders als Weste, Jacke, Bratenrock. Die waren aus buntem Tuch, aus Seide mitunter, bestickt, farbig, auch noch als Frack in Schwarz ein Prunkstück gegenüber der bescheidenen Hose. Dazu trat, vielleicht seit ebendieser neuen Lebenswonne nach der Pest, vielleicht aber auch nur in neuer Funktion als Hosenträger, das Wams, die Weste, wo die Hose angenestelt war, noch ehe man Hosenträger benutzte. Die dreiteilige Kombination bestimmt noch heute unsere Mode. Dabei ging die kurze, die Bundhose, bei einem reichen Träger oft aus Seide, bekanntlich in der Französischen Revolution unter. Der Adel hat sie verloren. Die »sansculotten«, die »Ohnehosen«, die einfachen langen Beinkleider, siegten seither in der Herrenmode, seit den letzten hundert Jahren mit Bügelfalte. Die getreue Volkstracht aber hat die Bundhose in vielen Gegenden Europas bewahrt, nicht nur in der bayerischen Trachtlerwelt als hirschlederne, auch in dunklem Stoff in vielen Varianten. Taschen in solche Hosen zu nähen war lange Zeit ein besonderes Kunststück der Schneider, mühselig, und minderte die Haltbarkeit. So trug man das Wichtigste am Gürtel, das Messer, die Geldkatze.

Die Grundelemente der Männerkleidung bestimmten lange auch die Architektur der Uniform: Man trug den Rock, den bunten Rock des Königs, nicht etwa seine bunten Hosen. Nur einmal in der Modegeschichte hatte die Hose bekanntlich aufgemuckt. Im Zeitalter der Renaissance hatte man den Rock zum Wams zurückgeschnitten, wenn auch aus buntem Zeug und ausladend mit langen Pluderärmeln. Aber er reichte damals eben nicht unter die Gürtellinie, er ließ darunter die

Pluderhose bis zum Gürtel sehen, was man zuvor als unschicklich empfand, und nicht genug damit: Aus Schneidertechnik entwickelte sich zwischen den gebauschten Hosenbeinen eine ebenfalls gebauschte Öffnung, mit kleinen metallenen Häkchen zu verschließen, die so genannte Schamkapsel, natürlich nur in der Kleidung der Reichen und Hochgestellten. Ähnlich hatte man ein verständliches Problem auch an der Eisenrüstung gelöst, die man viel umständlicher ablegen konnte, und auch die bunten Pluderhosen waren offenbar schwierig zu öffnen. Augenscheinlich ging es dabei aber nicht nur um eine unentbehrliche Öffnung. Denn im Ansehen des Ganzen war die Betonung jenes Körperteils durchaus nicht im Sinn der christlichen Moral. Nun sagt man jenem 16. Jahrhundert jedoch allgemein manches nach, was sich mit dem Eifer der Reformatoren auf den Kanzeln gar nicht vereinigen lässt. Vor der sittlichen Gefährdung durch Schlitze, Taschen, Rüschen in der Kleidung ganz im Allgemeinen warnte Shakespeare als erfahrener Zeitgenosse. Erst zwei Generationen später wechselte die bunte Pracht der Pluderhosen und wohl auch die lockere Frauenmode unter dem Einfluss der strengen Spanier zum schuldbewussten Schwarz in Röcken und Hosen, für lange Zeit eine Modefarbe von Puritanern und Pietisten.

Die Reformation sah in dieser Hinsicht die geteilte Christenheit wieder einig auf dem Weg zu Neuerungen, und nur die Mönchskutte hat ihre alte Form bewahrt. Der Talar von Richtern und Professoren lässt ebenfalls noch ein Stück Mittelalter lebendig sein, er ist in der Regel noch ohne Knöpfe, und man mag darüber grübeln, warum man mittelalterlich wird, wenn man feierlich sein will. Die flotte Kritik deutscher Studenten von 1968 an den tausendjährigen Talaren ist jedenfalls wieder einmal nur die halbe Wahrheit. Unter den Talaren sind ja doch ganz gewöhnliche Anzüge, graue, wie wir schätzen, unansehnliche, oder allenfalls nichts sagende Kleider, weil heutzutage auch Frauen Talare tragen.

In unseren Zeiten hat sich allerdings eine neue Revolution in der Hosenmode ereignet, unscheinbar zuerst, dann mit der Militär- und mit der Wirtschaftsmacht Amerikas im letzten Jahrhundert über den ganzen Globus verbreitet. Es wäre weltfern, die Neuerung zu ignorieren. Ein jüdischer Schneider namens Levy, der vor mehr als hundert Jahren aus Deutschland nach den USA emigrierte, begann in der Neuen Welt eng anliegende Beinkleider aus billigem Genueser blau gefärbtem Segelleinen für seine Kundschaft zu nähen, Jeans nach dem englischen Namen für die italienische Stadt, und eroberte damit bis heute die Hosenwelt. Und wie es scheint, steht diesen Hosen die Welt offen.

Im Übrigen, auch wenn die Historiker nur erst wenig Monographien zum Thema verfasst haben, wäre die Vernachlässigung des weiblichen Kleides neben der männlichen Standardkleidung der letzten halbtausend Jahre sträflich, unhistorisch, auch mentalitätsgeschichtlich unverständlich. Männerhose und Weiberrock traten in diesen fünf Jahrhunderten einander gegenüber, aber nur die Hose hatte immer wieder Befestigungsprobleme. Das Kleid dagegen, das lange, von der Schulter schicklicherweise zumindest bis in die Wadenmitte, behauptete sich für die Frau. Es blieb allenfalls in seiner Funktion auch für Männer in der konservativsten Gesellschaftsgruppe, die Europa kennt: bei den Priestern. Nach päpstlichem Wunsch sollen die katholischen auch neuerdings wieder die im 18. Jahrhundert einigermaßen reformierte schwarze Soutane tragen und keine Hosen.

Ein für die Alte Welt wichtiges Kleidungsstück haben wir vergessen, das auch unsere Designer heute gar nicht mehr beschäftigt, ja, das wir scheinbar gar nicht mehr haben müssen, außer im Sport oder bei ganz schwerer Arbeit: den Handschuh. Schon der Name ist im Deutschen kurios und verbindet Hand und Fuß. Natürlich kannte man einen Kälteschutz für die Hand aus Stoff oder Fell schon lange. Die Fingerhandschuhe dagegen erscheinen wohl aus byzantinischer Tradition ein Vorrecht der Vornehmen, belegt im Zeremoniell der Kaiserkrönung und dann bei der Investitur von Bischöfen. Lederhandschuhe schützen die Schwerthand. Die Handschuhe hielten sich als Kavaliersattribut, so wie es einen Angehörigen der *gentry* ausmachte, »Handschuh zu tragen und sich auf dem Markt übervorteilen zu lassen«. (Trevelyan). Karl V. trägt, auf einem berühmten Gemälde von Tizian, lässig seinen linken Handschuh in der Hand, während der rechte die Hand umschließt, und Karl IV. ließ seinen linken Handschuh zurück als Unterpfand für einen geschenkten Wald. (Herzogenberg Katalog 1978) Der Handschuh, in den Ring geworfen, konnte auch den ganzen Mann vertreten, wie der Hut im Wilden Westen.

Das Hemd soll nicht vergessen sein, wiewohl es in seine Rolle als generell benütztes Unterkleid wohl erst mit der Einführung der Barchentweberei schlüpft und uns fortan näher ist als der Rock. Tatsächlich beginnt mit der Hemdenmode ein gewisser Luxus im Kleidungswesen, den sich zuvor nur wenige leisten konnten, wie jener Geck bäuerlicher Herkunft in einem sozialkritischen Gedicht des 13. Jahr-

hunderts mit einem Seidenhemd. (Werner der Gartenäre) Ärmere
Männer kamen wohl auch ohne Hemd zurecht, seit die Kleidermode
sich zur Frauentracht entwickelte und die Männer Hosen trugen.
Wieder erinnert uns ein Märchen: Der König sucht das Hemd des Zufriedenen. Einen Zufriedenen zu finden in seinem Reich zeigt sich
aber als ganz schwierig, und als seine Boten endlich einen aufgespürt
haben, einen armen Hirten, da stellt sich heraus, dass er kein Hemd
besitzt.

Auch Knöpfe haben eine interessante Historie. So weit man sehen
kann, ist allerdings die Kulturgeschichte des Knopfes noch nicht geschrieben. Sie beginnt offenbar schon beim Knoten, der im Bayerischen eben deshalb auch »Knopf« heißt. Jedenfalls kann man mit Hilfe
eines Knotens auch heute noch zwei Schlaufen miteinander verbinden,
etwa bei einem Dufflecoat oder beim Husaren-Dolman. Aufwendiger
verwendet man dazu auf einer Seite einen Knebel, lateinisch *malleo-
lus*, kleiner Hammer, der fester in der Schlaufe hält. Der Knopf, »die
Knospe« in slawischen Sprachen, aber ist fürs Knopfloch gedacht, und
das allein ist ein kleines und eben erst spät entwickeltes Schneider-
kunstwerk, denn es will auch eingesäumt sein, um fester zu halten.
Solche Knöpfe, Knäufe, französisch *boutons*, tauchen seit dem
13. Jahrhundert auf (Vavra LMA 1996) und gelten zugleich für den
solideren Umgang des Schneiders mit seiner Kunst. Ein rundum ge-
säumtes Knopfloch durch Nadel und Zwirn gibt dem Knopf also einen festen Halt, und der selber, aus Bein, Horn, Silber, Edelstein oder
gar Gold, bekommt erst im 15. Jahrhundert metallene Konkurrenz in
Häkchen, Hafteln und Ösen, »aufgepasst wie ein Haftelmacher« – wie
man doch die alten Sprüche beachten sollte. Eine eigene Zunft betrieb
die Herstellung von Knöpfen, verwandt mit den »Paternosterma-
chern«, die Perlen für die in den Händen der Gläubigen viel benützten
Gebetesschnüre herstellten, die so genannten Rosenkränze, auf deren
Gebrauch eine eigene spätmittelalterliche bis barocke Frömmigkeit
aufbaut bis heute.

Der Knopf aber wird zum Schmuckstück auf dem eleganten Damen-
kleid wie auf dem noch lange verzärtelten Männerrock und zur bitte-
ren Notwendigkeit an der Männerhose. Er wird bloßer Schmuck,
handgroß aus getriebenem Messing als »Hosenantuer« an der Bundhose der westböhmischen Egerländer, oder er wird, mit einer Erbse im
Inneren, zum Schellenknopf an der Narrenkappe. Seit dem 17. Jahrhundert spielt er eine Rolle in der militärischen Ästhetik auf des Kö-

nigs buntem Rock, wo man seither bis heute bestimmte Knöpfe immer schließen, andere aber offen tragen muss. Der Kadett Friedrich Schiller hatte damit bekanntlich seine Mühe.

Auch Holz spielt eine Rolle unter unseren Kleidungsstücken. Nicht genäht, sondern geschnitzt, ein wirklich zumindest weit, wenn nicht ganz über Europa verbreitetes Kunststück: Holzpantinen sind gemeint. Wir wollen nicht vergessen, dass man sie in Bayern wie bei den Ostfriesen finden kann, bei den Franzosen sowohl wie, vor allem und sprichwörtlich, bei den Holländern, in Italien, in England und in Portugal. Holzschuhe zu schnitzen war oft eine Nebenarbeit für den Winter, eine Bauernarbeit für geschickte Hände. In Deutschland war es auch ein zünftiger Beruf, und die reiche Nürnberger Kaufmannsfamilie Holzschuher erinnert noch an die Aufstiegsmöglichkeiten dabei. Holzschuhe zu schnitzen ist Kunst im alten Sinn, ist Können, eine Fertigkeit, deren Ergebnis man zu Markte tragen konnte. Es war natürlich auch eine Kunst, die ihre Regeln hatte, was das Holz, was die Werkzeuge, was die Qualität betrifft. Unbekannt bleibt, wie diese Kunst von der Provence ins Allgäu gewandert ist oder vom Stammland der niederländischen Oranierfürsten im Siegerland zu den so genannten Niederländern in Nordböhmen und ob sie überhaupt gewandert ist. Denn die Pantinen ähneln einander hier und dort so sehr wie die Füße ihrer Träger.

Auch Trippen sind Holzschuhe. Sie erinnern an die Fußbekleidung von Geishas. Ein fußgerechtes Brett auf Stollen mit Halteriemen. Aber sie sind nicht zum vornehmen Trippeln gedacht, sondern zum unvermeidlichen Weg über die Straße, die nur selten gepflastert ist und den gepflegten Fuß durch Staub oder Pfützen schreckt. Trippen sind wohl nur für wenige Schritte gedacht. Aber verbreitet scheinen sie schon gewesen zu sein, Ausgrabungen unter dem alten Straßenniveau brachten sie immer wieder im nördlichen Frankreich wie im westdeutschen Duisburg zutage.

Vornehmerweise trägt man freilich Leder, für Pantoffeln, Stiefel, Stiefeletten, Bundschuhe. Für das gepflegte Innere des Hauses, für Stube oder Diele, für Holz-, Stein- oder gar Teppichboden. Auf Darstellungen höfischen Lebens trug man Ledersohlen an Strümpfen, wie feine Schuhe. Die zog man dann aber nicht aus, wenn man eintrat, nicht wie im Orient oder in Asien. Schuhe sind bei uns Hausgenossen, und damit haben sie einen anderen Rang als vor dem Beduinenzelt oder selbst vor einem japanischen Teehaus.

Damenschuhe können aus feinstem Saffianleder sein, in Spanien nach arabischem Muster gefertigt, oder es sind grobe, erst seit dem Spätmittelalter in links und rechts, groß und klein unterschiedene Bundschuhe, schon über den Leisten geschlagen, »Kuhmäuler«. Mit dem jeweils linken Schuh seines Publikums trieb bekanntlich Eulenspiegel Schabernack, ein Zeugnis, dass es zu seiner Zeit, um 1350, schon Schuhe passend nach der Fußform gab. Der Hinweis fügt sich gut in die Tendenz der feineren Schuhmacherei seit dem 14. Jahrhundert. (Vavra LMA 1995) Stiefel können eine Zwischenstellung haben, grob oder fein. Sie geleiten durch den Straßenschmutz oder tragen über den Acker. Straßen- und Arbeitsstiefel zieht man freilich aus im gepflegten Haus. Dazu gibt es einen Stiefelknecht, ein Brettchen in Form eines Ypsilons, vorn erhöht, mit dem einen Fuß hinten festzuhalten, wenn man den anderen mit dem Absatz des Stiefels in die Zwinge vorn am Brettchen klemmt, um den Fuß aus dem Stiefel zu ziehen. Oder es gibt wirklich die zweibeinige Variante, den lebendigen Stiefelknecht, der Fuß und Stiefel seines Herrn zwischen seine Beine nimmt und fest daran zieht. Eine jahrhundertelang geübte und ironisierte Geste, ein echter Knechtsdienst. Moderne Reitstiefel, Röhrenstiefel, haben sich erst im 19. Jahrhundert entwickelt. Immerhin trugen die Reiter um die Jahrtausendwende und wohl schon länger Lederschuhe mit wadenlangem Schaft und erhöhter Fersenpartie, sodass man Sporen daran befestigen konnte.

Den Stiefel benutzte man eher im nordeuropäischen Raum mit seinem feuchten Klima. Im Süden, gar auf klassischem Boden, dominiert für Fußgänger noch lange die antike Sandale, auch sie mit Schuhriemen, die zu lösen schon die Bibel als subalternen Dienst bezeichnete. Einige Mönchsorden haben sie auch nach dem Norden getragen. Im Übrigen aber ist der europäische Schuh hoffähig, trotz Holzpantinen oder Trippen. Ja er wird sogar zum Schmuckstück, auch zum skurrilen. Zu Zeiten der hochstilisierten Höflingskleidung, der spitzen, schleiergezierten Damenhüte und der weit ausholenden Ärmel trägt man Schnabelschuhe bei Hofe, auch wenn man in ihnen schlecht laufen kann, und findet Nachahmer der Modetorheit in den Städten.

Die Kunst der Lederbearbeitung wird im Übrigen schon seit mehr als tausend Jahren berufsmäßig betrieben, vom Schuhmacher, Schuster, das ist der Ledernäher und anfänglich wohl auch der Ledergerber, der Lederstrumpfmacher. Der Bundschuh, um den Knöchel, zusammengehalten mit einem Lederriemen, ist wohl seit Urzeiten in Gebrauch. Es gibt schon bronzezeitliche Funde. Die feinere Variante, mit einer Naht auf der Oberseite, wird heute nach dem indianischen Mokassin benannt, weil sie eben bei uns nicht bekannt war. Aber nicht aus der Neuen Welt kam sie zu uns, sondern aus dem Orient.

Dem Schuster, der ein verhältnismäßig teures Lederstück über seinen Leisten zu schlagen verstand, tritt in den einzelnen Sprachen immer wieder der Flickschuster, *bongler*, *cobbler*, *ciabattino*, zur Seite, der das gute Stück, denn es war zu teuer zum raschen Verschleiß, so lange als möglich haltbar machte. Oder der Altschuster, so benannt mit der Gründlichkeit des deutschen Zunftwesens, der mit billigerem Altleder zurechtkommen musste. Die nötige Bekleidung für den Fuß fehlt oft bei armen Leuten. Im strengsten Winter ging ein armer Mann mit Fußlappen im Holzschuh, und sonst, was wir heute so gar nicht mehr kennen, ging er barfuß. Aber auch Könige gingen gelegentlich barfuß, zur Buße. So Kaiser Otto III., als er in großer Ehrfurcht im Winter 1000 an das Grab des heiligen Adalbert trat, und Heinrich IV., als er im Februar 1077 bußfertig vor Papst Gregor IV. erschien, im seither berüchtigten Canossa. Barfuß gingen noch viele unserer Großeltern in ihrer Kindheit, nicht zur Buße, sondern aus Sparsamkeit, zumindest im Sommer. Barhaupt ging man dagegen seltener als heute, von Respektgrenzen abgesehen. Übrigens: beides gerade umgekehrt wie im Orient, wo man die Schuhe vor der Moschee auszieht und nicht ohne Kopfbedeckung in die Synagoge tritt.

Von Hüten nun also. Sie fehlten fast immer bei der Arbeit, genauer, bei der unfreien Arbeit. Die vielen Figuren von Dienern ihrer Herren auf dem Teppich von Bayeux, um 1100, sind alle ohne Hut. Dagegen tragen die Arbeiter an einem französischen Großbau 1448 allesamt Kopfbedeckungen, zum Schutz oder vielleicht eher zum Zeichen ihres Status als freie Lohnarbeiter oder Handwerker. (Seibt 1987, 223) Hüte sind nämlich auch Symbol für soziale Positionen. Sie fehlen nie einem Reichen, gar einem Hochgestellten, einem Ritter, Fürsten, König. In der Tellsage ist Geßlers Hut ein Herrschaftszeichen. Ein Hut fehlt dem Mönch, aber nicht dem Prälaten. Hüte sind Rangzeichen in der kirchlichen Hierarchie für Bischof oder Kardinal. Der Hut fehlt in späteren Zeiten keinem Bauern im Wirtshaus, das Kopftuch oder die daraus gefertigte Haube keiner Bäuerin. 1215 gebot die Kirche den gelben Judenhut oder andere gelbe Kennzeichen.

Merkwürdig: Mit dem Kopftuch können wir anscheinend nicht mehr umgehen. Die Millionen Flüchtlinge und Vertriebenen im letzten Krieg, großenteils Frauen, Russinnen, Polinnen, Ostdeutsche, die deutschen »Trümmerfrauen« aus den ersten Nachkriegsmonaten mit ihren hochgebundenen Kopftüchern haben wir kaum mehr in Erinnerung. Aber das islamische Kopftuch stört die Öffentlichkeit und hindert die junge Muslimin, in den deutschen beamteten Schuldienst einzutreten.

Ein Hut ist nicht gesponnen und nicht gewoben. Er ist aus Filz. Dabei begegnen wir dem dritten noch heute gepflegten Versuch, aus Fäden ein Stück Tuch zu machen, neben dem Weben, das aus dem Flechten hervorging, und dem Stricken, das aus dem Knüpfen entstand. Filz zu machen ist weit urtümlicher. Tier- oder Menschenhaar, kurz oder lang, wird gekocht, gedämpft, gewalkt, gepresst und dann von neuem eingeweicht und zurechtgezogen. In Russland wurde das Material auch noch bis ins 20. Jahrhundert von der Hausfrau urtümlich gekaut, um es zu erweichen und zu verbinden. Filz ist älter als Leinen und Tuch, so recht ein archaisches Produkt. Mit heißem Wasser lässt sich Filz auch formen. Man macht daraus aber keine Kleider, sondern formt die Klumpen zu Pantoffeln oder zieht sie zu Stumpen als Urform der Hüte. Der Hut wurde zum Symbol für die ganze Person. Politiker »nehmen ihn«, wenn sie ihr Amt aufgeben. Der Hut ist auch Standeszeichen, bäuerlich oder bürgerlich, mit Hutschnur, mit Gamsbart, mit Hahnenstoß und was man sich so darauf stecken kann. Man zieht ihn mit freundlicher Geste, um sich zu empfehlen, im 20. Jahrhundert noch ebenso wie auch schon im 15. (Heimann/Havránek 1998, Titelbild)

Bei alledem ist ein Bauernhut einem Bürgerhut nicht gleich, auch erfuhr der wie jener beachtliche Wandlungen. In Frankreich erwies sich die Baskenmütze in unserer Zeit nicht etwa als Abzeichen für die baskische Unabhängigkeit, sondern als praktisch. Die Mitteleuropäer übernahmen sie in den zwanziger Jahren, als sich die Rundfunktechnik verbreitete, und nannten sie »Radiomütze« wegen der kleinen Antenne in der Mitte. In ihrer Einfachheit wurde sie vom Sonnen- und Regenschutz der südfranzösischen, der spanischen und baskischen Fischer und Arbeiter demonstrativ zur Kopfbedeckung der Intellektuellen, Kennzeichen antibürgerlicher Lebensweise. Mit dieser Symbolik rutschte die Baskenmütze leicht nach links, international.

»Mein Hut, der hat drei Ecken ...« Das Liedchen knüpft an Formen des 17. Jahrhunderts. Die runde Kopfform wurde ursprünglich eingerahmt durch eine breite Krempe, und irgendwann gefiel es der Mode, diese Krempe von drei Seiten gleichmäßig nach oben zu schlagen. Der Kopfschutz blieb, aber das Gesicht trat deutlicher hervor, die Kopfbedeckung wurde kompakter und im Ganzen beweglicher. Da war dann auch kein Platz mehr für den herkömmlichen breiten Federschmuck. Stattdessen fanden sich Borten, Knöpfe, Kokarden – der Dreispitz führt in die Zeit der wachsenden Uniformität, ja der Uniform, und hält sich bis weit ins 19. Jahrhundert. Als Zweispitz ist er noch heute Diplomatengala.

Die Hutmode kennt auch noch andere Auswüchse, und das nicht nur in der Damenmode. Hat einst der drei, vier Spannen hohe »Zuckerhut« des 13. Jahrhunderts Epoche gemacht, mit Schleiern verziert, so schuf ein vergleichbarer Drang nach Selbsterhöhung bei den Männern im 19. den Zylinder, mit dem Kopfumfang als Grundfläche, aber ebenso zwei Spannen bis fast halbmeterhoch. Die Manchestermode ließ ihn gar mit mechanischer Klappvorrichtung einiges ausgleichen an seiner doch unbestritten extremen Formgebung, zum leichteren Transport. Der Zylinderhut hat zwei Kriege überlebt. Den Kalten Krieg nicht.

Stattdessen wurde nach den vielen Uniformmützen 1945 ein runder, weicher Herrenhut mit unterschiedlich breiter Krempe zum Allerweltsobjekt aus mehr oder minder gutem Filz. Auch er ist bedroht von der »coolen« Umkehr allen *outfits* durch die US-Freizeitmode, die Baseballmütze, aber zugleich mit der Bildung neuer Gentlemaneliten ist seine Zukunft noch nicht abgeschrieben.

Natürlich waren Kleider auch schon vor der alarmierenden Revolution unserer gesamten textilen Welt durch Jeans und Unisex nicht wenig beeinflusst von der Schaffung neuer künstlicher Gespinste seit den dreißiger Jahren des letzten Jahrhunderts und von dem Absturz der bürgerlichen, der »zivilen« Welt in heißen und kalten Kriegen.

Jahrhundertelang war das Material für Gespinst und Gewebe unverändert geblieben. Seit Baumwolle und Seide im Spätmittelalter war nichts Neues hinzugetreten. Die neuen Kunstseiden machten Mode mit einem Schlag, ohne viel Aufsehen, passenderweise gerade im Neuaufbruch Europas nach dem letzten Krieg, als gehörten sie zu den Errungenschaften des Friedens, der Sieger, oder überhaupt der neuen Lebensform. Aber der uralte, urmenschliche Drang nach Selbstdarstellung wich keinesfalls dem Verzicht auf Unterschiede in Qualität und Mode, so wie er jahrhundertelang schon mit künstlichen Barrieren, mit »Kleiderordnungen« und »Kleiderverboten« Unterschiede nach

Rang und Stand auch äußerlich kenntlich gemacht hatte. Neu in unseren Tagen ist demgegenüber die absolute Herrschaft der monetären Unterschiede, die sich mit den natürlichen Qualitäten von Jugend und Anmut eigenartig verbunden haben in einem bisher unerhörten Reichtum von so genannten modeschöpferischen Spitzenkreationen mit äußersten, aber selbst geschaffenen, scheinbar grenzenlosen Ansprüchen auf das bisher noch nie Dagewesene, Schockierende, inmitten einer weitgehend egalitären und einfallslosen Gesellschaft. Die Kleiderwelt des Mittelalters bewegte sich demgegenüber in einem langsamen Wandel, der ohnehin nur den »oberen Zehntausend« zugänglich war. Die große Menge der Menschen trug sich demgegenüber in herkömmlichen Bekleidungsformen, und das bei seltenem materiellen Wechsel, nicht unwandelbar, aber nicht dem Modezwang unterworfen, sondern dem Zwang der Standesgrenzen.

Verbote und Verpflichtungen machten sie namentlich nach der Entstehung der städtischen, nichtadeligen Wohlhabenheit im Spätmittelalter zum Standesproblem. Kleiderordnungen in den einzelnen Städten und Regionen regelten, wer welches Tuch, welche Farbe, welche Form, welchen Pelz und welchen Schmuck nicht tragen durfte oder umgekehrt zu tragen verpflichtet war. Diese Regelungen schieden zuerst Mönche, Klerus und Laien, dann Adel, Bürger und Bauern, wobei sich die Zweckmäßigkeit zur Regel verdichtete. Seit dem 13. Jahrhundert wurden die jüdischen Einwohner durch bestimmte Kleidervorschriften auf kirchliches Betreiben gekennzeichnet. Das schloss aber »reiche« Kleidung der wohlhabenden Juden nicht aus. Spielleute, Studenten und dienendes Gesinde aller Art waren nicht minder gehalten, sich nicht »über ihren Stand in ihrer Kleidung zu erheben«. Die Ordnungen zeugten eher von allgemeinem Wohlstand, als dass sie der stets vorhandenen Armut Rechnung trugen. Nur die freiwillige Armut im Namen des Evangeliums verließ die Zwänge dieses Gefüges und trug Wohlstandsprotest zur Schau.

Die einfachste, die ärmlichste Kleidung ihrer Zeitgenossen wählten die Bettelmönche im 13. Jahrhundert um den heiligen Franz von Assisi aus Protest gegen den Reichtum zum Ordensgewand, sodass sie bis heute das arme Mittelalter in ihrem Habit am besten darstellen, mit einem Strick anstelle eines teuren Ledergürtels. Auch die anderen Bettelorden zeigen sich noch heute in dieser einfachen Kleidung, wenn auch ohne den Superlativ der Aufbruchsgeneration. Erst der proletarische Gleichheitskonsens in sozialistischen Diktaturen und der weltweite freie Wohlstandsdissens in unseren Jahrzehnten entwickeln ein ähnliches Verhältnis zu ihrem Äußeren, allerdings ohne religiösen Eifer oder gar Einbindung in asketische Lebensformen.

Modetransfer aus den höfischen, bald auch den städtischen Zentren wirkte auf den großen Verkehrswegen bis in Einzelheiten. Höflinge aus der Umgebung der Königin Beatrix von Burgund, der zweiten Gemahlin Barbarossas, erregten im 12. Jahrhundert Aufsehen in Deutschland durch ihre Kleidung und weil sie rasiert waren – und bald Nachahmung. Ein seltener Bericht über west-östlichen Kulturtransfer. Die sorgfältige Pflege von Kleidung und Körper ging immer wieder von den Höfen aus, und die kleinen oder großen Sitze von Grafen, Fürsten und Königen waren auch Kommunikationszentren für Mode und Lebensart. Paris errang bekanntlich seit dem 12. Jahrhundert als stabile Königsresidenz dabei eine besondere Position, die sich noch über die Monarchie erhalten hat. Aber auch, oft unbeachtet, das Prag der letzten Přemysliden und vornehmlich Karls IV. beherbergte »den deutschen Hof« in der Zeit, als die Staufer in Italien residierten und die Habsburger erst einmal bescheiden in Wien eine Bleibe gefunden hatten. Das Mittelalter war schon lange zu Ende in anderen Bereichen, ehe die Monarchien ihre kulturprägende Kraft an die bürgerlichen Großstädte der letzten beiden Jahrhunderte abgaben. Die feineren Fragestellungen nach der Rolle der Damen dabei, der Hofdamen wie später der salonfähigen in der Oberschicht der bürgerlichen Welt, sind noch lange nicht ausgeschöpft. Sie umfassen jedenfalls Lebensart im weitesten Sinn, und die jeweils neue, allerseits beifällige Art, sich zu kleiden, ist ein Teil davon.

Weniger wandelbar war die Uniform. Sie war im Unterschied zur Mode ein konservatives Element, wie die Tracht im Landleben. Sie ging einher mit der Geschichte der stehenden Heere, war Festungskleidung zunächst, so wie die Armee unter Waffen nach den bunten Söldnerheeren des Dreißigjährigen Krieges aus Festungsbesatzungen bestand. Erst im 19. Jahrhundert baute man Kasernen, und erst vor hundert Jahren trat der bunte Waffenrock zurück vor den Tarnfarben in unterschiedlicher nationaler Perspektive. Die einen hielten Grau für das Beste, sich der Feindsicht zu entziehen, die anderen Blau, die dritten Khaki, erprobt im Indienkrieg. Aber noch immer war der nun einfarbige Waffenrock geschmückt mit Kragenspiegeln und Ärmelknöpfen, und erst vor fünfzig Jahren trat er zugunsten der Hose zurück. Es war die siegreiche US-Armee, die den neuen Look mit stets korrekten Bügelfalten bei nur mehr gürtellanger Jacke nach Europa importierte, während ihre östlichen Waffenbrüder die Hemdbluse noch mit Koppel über die ungebügelte Hose in kurzen Marschstiefeln zogen, Zeugen einer volkstümlichen Bekleidungsweise, die sich lange in Osteuropa als Bauerntracht hielt. Der amerikanische *new look* aber, der die Kehrseite des GIs bis zum Gürtel freigab in unbekümmerter Nichtachtung des guten Tons von ehedem, der machte Mode mitsamt den exakten Bügelfalten. Man trug für eine Weile Gürtellinie mit Lumber- und anderen Jacks im 20. Jahrhundert. Nicht ohne Bedeutung für die konservative militärische Moral war hier schließlich die Frage der Kragenspiegel bei der deutschen Wiederbewaffnung. Zunächst verneint zugunsten einer eher »demokratischen« Form, am Ende aber doch in dezent verkleinertem Format wieder auferstanden, ermöglichte sie jedenfalls auch die Rückkehr der roten ästhetisch interessanten Muster für die neuen Generale. Bürger in Uniform hin oder her: Weit unbekümmerter der verdammten preußischen Tradition gegenüber zeigte sich hier die Nationale Volksarmee. Der Kalte Krieg hat auch sie mit auf einen zum Glück nur imaginären Soldatenfriedhof genommen.

Wodurch unterschied sich die »nördliche« von der »südlichen« Kleidung? Natürlich durch die Schutzfunktion. Die antike Kleidung war nicht selten vornehmlich Sonnenschutz. Der arme Mann im Süden war auch gekennzeichnet durch seine sonnverbrannte Haut anstelle der vornehmen Blässe der nicht arbeitenden Oberschicht. Dennoch wandelte sich auch die Kleidung im Mittelmeerraum zugleich mit der Entwicklung des Nordens. Die mittelalterliche Bildkunst hat uns manches davon bewahrt. Und merkwürdigerweise hielt man in der christlichen Bildkunst die zentralen Figuren der biblischen Geschichte in alter, in wirklich oder vermeintlich antiker Kleidung fest, auch wenn die Umstehenden zeitgenössisch gewandet blieben: Maria in Toga und Frauenmantel, mit dem Schleier, den die byzantinische Kleidung der vornehmen Dame vorschrieb. Die Erzengel in der Toga oder in byzantinischer Hofkleidung, Gottvater im antiken Herrengewand. Nur der Teufel blieb nackt.

Von Werkzeug und Handwerk

Werkzeug – Handwerkzeug, das von Hand zu Hand ging – schließt einen wichtigen Entwicklungsgang in der menschlichen Urgeschichte ein. Mit Respekt sollten wir Hammer und Beil betrachten, Zeugen der ursprünglichsten menschlichen Mühe ums Dasein und doch gleichzeitig schon vor mehreren tausend Jahren so passend geformt, so handgerecht ausgedacht, dass auch die moderne Zeit nichts zu verändern fand, bis zum Ersatz von Holz, Leder, Horn, Stein, Messing und Stahl durch ihre Kunststoffe. Der Schmiedehammer, der Schusterhammer, der Hammer des Zimmermanns haben lange Formtraditionen. Das Beil des Metzgers, eigentlich der »scharfe Hammer«, hat verblüffend getreu seine Formen behalten, verglichen mit fünfhundert Jahre alten Illustrationen, und die Axt des Holzhauers findet sich schon im 12. Jahrhundert. Die Säge, zwar schon der Antike bekannt, setzt bei uns erst besondere Schmiedekünste voraus, aber schon im 12. Jahrhundert sind Entwicklungsformen belegt, zweihundert Jahre später ist die wachsende Zahl von Holzbrettern bei Truhen, Tischen, Schränken ohne die Entwicklung handlicher Sägen, ja gar schon Sägemühlen, undenkbar.

Das Steinmetzgerät bis vor hundert Jahren hält einem Vergleich mit römischem Werkzeug stand. Es hat seine Formen behalten, seine ausgeprägten Nutzungseffekte in Handgriffen, Hämmern und Meißeln, die sich schon in der Antike ausbildeten. Das »Gezäh« des Bergmanns diente der Suche nach Gold und Silber in den freilich einst waagrecht oder schräg dem Berg abgerungenen Stollen. Alles Werkzeug korrespondiert mit dem Material, das seit Jahrtausenden der menschlichen Arbeitskraft zur Verfügung steht. Am Ursprung aller Hilfen für die findige Hand standen Beil und Messer, im Anliegen ihrer Nutzbarkeit schon in der Steinzeit vorgebildet. Das Schmiedewerkzeug vermehrte sie vornehmlich um die Zange, der Schneiderbedarf um die Schere, mit berühmter Herstellung in Sheffield, und beide sind in ihren Funktionen dem übrigen Gerät um eine Reflexion voraus.

Dazu traten Hilfsgeräte, die dem jeweiligen Werkstoff zugedacht waren. Alle könnten heute noch auf der Werkbank liegen und wären nicht unnütz, nur dass ein kleines Elektrogerät an seiner Stelle schneller bohrt, sägt, feilt, schleift. Hammer und Zange sind noch immer unersetzlich. Form und Ansehen der alten Werkzeuge gewannen mit dem Anstieg der Eisenproduktion seit dem 12. Jahrhundert an Härte, an Brauchbarkeit, an Gewicht. Der Spaten zum Beispiel, ursprünglich ein »Grabscheit«, also aus Holz, erhielt einen Eisenkranz und bald überhaupt ein stählernes Blatt. Die Sense ersetzt schon im 12. Jahrhundert die Sichel bei der Grasmahd, aber erst zweihundert Jahre später wird sie noch härter gestählt und schneidet seither das Getreide.

Bis weit in das 18. Jahrhundert kannte man dafür nur Schmiedestahl, das heißt das spröde Element des gegossenen Eisens, der Kohlenstoff, wurde so weit als möglich herausgeklopft aus der glühenden Masse, seit dem Spätmittelalter auch mit Hilfe von Hammerwerken, und mit Blasebälgen erhitzt, um zu verglühen. Erst die verbesserte Stahlproduktion des späten 18. und 19. Jahrhunderts brachte noch einmal eine Veränderung im Bereich der Werkzeuge und ihrer Herstellung durch besseren Stahl in größerer Menge.

Die wichtigste Einsicht daraus ist auch ohne weitere Einzelheiten zu summieren: Trotz vielfacher Verbesserungen, trotz deutlicher Wirkung von Fortschritt im Einzelnen bei der Bearbeitung von Stein, Holz, Textilien und Metall beherrschte doch tausend Jahre lang das Herkömmliche den Arbeitsgang. Die beiden großen Impulse im Modernisierungsprozess im 14. und im 19. Jahrhundert rühren nicht von neuen Werkstoffen und neuem Werkzeug, sondern von neuen Energiequellen zur Vervielfältigung der menschlichen Arbeitskraft, also von neuen Impulsen zum Antrieb der alten Künste, freilich mit Folgen für den Bau neuer Maschinen. Der mechanische Webstuhl, die mechanische Spinnmaschine waren neu im Sinne dieser neuen Betriebsenergie. Aber sie beruhten noch auf menschlicher Arbeitskraft. Die große Neuerung des 14. Jahrhunderts war die Mühlentechnik. Die große Neuerung des 19. Jahrhunderts war die Dampfmaschine.

Das Mittelalter war ebenso eine Zeit der Mühlen wie der Burgen. Um 1100 soll es allein im normannischen England 5600 Mühlen gegeben haben. (Ludwig 1997, 77) Wassermühlen kannte schon die Antike. Windmühlen lernte man im Spätmittelalter zu bauen, vielleicht über arabische Vermittlung aus Spanien. Einfache Wassermühlen erreichten schon vor tausend Jahren überall in Europa erstaunliche Zahlen, offenbar gesteigert durch die wachsende Getreideproduktion im Landesausbau. Müller waren dementsprechend nicht nur angesehene, sondern auch unentbehrliche Leute und standen in unterschiedlichen Relationen zur Grundherrschaft, denn es gab herrschaftliche Mühlen, städtische und bäuerliche im Eigenbetrieb.

Alle die vielfachen Mühlenwerke, die dazu verhalfen, Getreide zu mahlen, Stoffe zu walken, Blech zu hämmern, Papier zu rühren, Holz zu sägen, traten vor zweihundert Jahren zurück vor der Multiplikation aller Kräfte, wie sie die Dampfmaschine möglich machte und die Kohle als eine vorher nur selten, in England wie auch im deutschen Ruhrgebiet als Heizstoff genutzte Energiequelle. Noch tiefer mit ihren Konsequenzen griff danach die Eisenbahn ins Leben der Menschen ein. Der Weg auf den Schienen, die Zugkraft der Lokomotiven ließ binnen kurzem alles zehnmal schneller und stärker sein: Zehnmal mehr Menschen fanden Platz in einem der Eisenbahnwagen als in den Personenkutschen, zehn Wagenladungen hatten in einem Güterwagen Platz, und das Ganze fuhr auf den neuen Schienenstraßen zehnmal schneller als Pferd und Wagen.

Die wirtschaftliche Entwicklung in ihrem allmählichen Fortschritt ohne große Sprünge vorherzusehen, kennzeichnet das Wirtschaftsdenken der vorindustriellen, in dieser Hinsicht insgesamt beschränkten »mittelalterlichen« Welt. Außer dem Pulver, das zunächst aber nicht gerade der Wirtschaft diente, ist sprichwörtlich nichts so ganz Neues erfunden worden im Mittelalter. Die neuere Wirtschaftsweise, die sich aus der neuen Technik um Kohle und Stahl entfaltete und dabei durch die Eisenbahn mit den anspruchsvollen stählernen Gleisen ihre eigenen besonderen Bedürfnisse schuf, wobei sich ihre Basis ständig erweiterte, kennzeichnet seit zweihundert Jahren eine wirklich neue Welt und ihre wenn auch nicht unbeschränkten, so doch in großem Wurf vervielfachten Möglichkeiten. Die ließen sich nicht mehr in gerader Linie vorhersehen.

Zur neuen Betriebsenergie trat unvermittelt die Elektrizität, und ihre Motoren ermöglichten seit kaum hundert Jahren nicht nur die Energiegewinnung in großen, teuren und räumlich aufwendigen Anlagen, sondern kamen ebenso im Kleinformat jedem Handwerker zu Hilfe. Noch Karl Marx, der um 1870 seine Prognosen über die Wirtschaftsentwicklung im Kapitalismus formulierte, ging in die Irre, weil er den Untergang des Handwerks prophezeite, das aus Kapitalmangel mit den teuren Dampfmaschinen nicht würde mithalten können. Die kleinen, billigen, ohne den Aufwand von Kohle und Dampfkraft laufenden Elektromotoren ließen gerade das aber zu. Ähnlich wandte sich die Verkehrsentwicklung nach zwei Generationen plötzlich wieder von der Schiene auf die Straße und begann sie zu pflegen, seit das Auto, der Kraftwagen, nach glattem Straßenbelag verlangte. Die Straße machte sogar der in Jahrzehnten bewährten Schiene den Weg streitig, seit die billigen Dieselmotoren vor achtzig Jahren handsam wurden und nicht mehr nur die großen Schiffsschrauben drehten, sondern in kleinem Format auch Lastkraftwagen betrieben. Die Atomkraft, allein imstande, ohne Schadstoffausstoß riesige Energie freizusetzen und den Energiebedarf der Zukunft zu decken, ist erst bis heute noch unausgeschöpft und vorschnell bekämpft in ihrer Entwicklung wegen mangelnder technischer Sicherheit. Aber das letzte Wort über sie ist das wohl nicht.

Es soll kein falscher Eindruck bleiben von der Modernität des Handwerks, das noch heute ein Drittel unserer Wirtschaftsproduktion bestreitet und gerade in Mitteleuropa eine dichte Organisation entwickelte. Man sagt, um 1500 habe es in seiner Kunstfertigkeit den Höhepunkt erreicht. Das gilt gewiss für die Harnischschmiede, die Brustplatten mit Ätzzeichnungen verzierten und so die Radierung erfunden haben. Oder für die Büchsenmacher, die den gefährlichen Umgang mit Pulver handhabten, die »Seelenachse« in ihren Büchsen zu richten wussten und zur Exaktheit ihrer Geräte auch noch verzierte Schäfte aus erlesenem Holz fügten. Es gilt auch für die Feinschmiede, die an den Uhren die schweren Gewichte durch Stahlfedern zu ersetzen wussten und so die Taschenuhr schufen, das »Nürnberger Ei« und viele Automatenwerke mit beweglichen Figuren. Für Schreiner und Drechsler wird man eher das Barockzeitalter als die hohe Zeit ihrer Kunstentfaltung benennen. Goldschmiede lieferten Feinarbeit zu allen Zeiten, und die Augsburger Silberschmiede hatten um 1600 europaweiten Ruhm.

Noch ein besonderes Handwerk ist zu nennen, das die spätmittelalterliche Laienwelt von den Klerikern übernahm und schließlich möglichst jedermann in die Hand drückte: das Schreiben. Vorausgeschickt sei, dass Lesen und Schreiben, heute undiskutierte Bildungsvoraussetzung, nicht immer zusammengehörten. Adeligen, die ihre Diener hatten, oder Frauen, die nicht im Geschäftsleben standen, war oft nur das Lesen vertraut. Die Schrift der mittelalterlichen Bildungswelt war im Allgemeinen kunstvoll, durchlief die Zeit in großen Wandlungen und unterschiedlichen Stilen und bedurfte längerer Schulung.

Im Mittelmeerraum schrieb man bis ins 7. Jahrhundert auf Papyrus, hergestellt nach ägyptischem Rezept. Im Norden, wo es an den rechten Schilfstängeln mangelte, benutzte man Pergament, eine nach Pergamon benannte, enthaarte Haut von Kalb, Ziege oder Schaf, und diesen teuren Schreibstoff lange Zeit nur für wichtige Vertragstexte oder für die kostbaren Bücher. Schreiben war Mönchsarbeit, die ganze Buchproduktion hing bis ins 12., 13. Jahrhundert davon ab, die gesamte uns bekannte lateinische Literatur ist uns durch ihre Federn übermittelt worden. Man schrieb mit Rohrstängeln auf Papyrus oder mit Gänsekielen auf Pergament, aber auch noch auf Papier bis ins 19. Jahrhundert, als man es dann seit dem 14. Jahrhundert nach chinesischem Rezept zu machen gelernt hatte. Man schrieb über all die Jahrhunderte hin mit Tinte, schwarzer, meist aus Galläpfeln und Metallsalzen, rot aus Mennige oder Zinnober. Mennige, *minium*, diente auch zur Umrahmung von Illustrationen, die daher »Miniaturen« heißen, nicht etwa wegen ihrer Größe. Man schrieb zwar auch Kurzschrift oder eine nicht selten, vor allem im Universitätsbetrieb, sehr »flotte« Kursive. Man unterschied bis über den Buchdruck hinaus besondere Buchschriften von der oft kalligraphisch auch bizarr ausgeformten Schrift der Urkunden.

Im frühen Mittelalter gab es berühmte klösterliche Schreibschulen. Seit dem 12. Jahrhundert kennt man schon wandernde Spezialisten, oft zwei für Schrift und für Schriftschmuck und Illustrationen. Spätestens seit den Bedürfnissen der Kaufleute, der Wirtschaft mit dem dringenden Ruf nach dem geschäftsfördernden Medium, gab es städtische Schulen für Laien, und mit den spätmittelalterlichen Universitäten wuchs auch die Zahl der Schulmeister, der Magister, die mit dem Weg in die Laienwelt die akademische Karriere beendeten oder verließen. Schreiber aber, Sekretäre mit oder ohne amtliche Position, denn Sekretär kommt von »geheim«, gab es bis ins späte 19. Jahrhundert. Denn auch dieses Handwerk wurde erst durch eine Maschine abgelöst, ging damit allerdings mit einem Schlag in Frauenhände über: die Schreibmaschine.

Die Kunst des Bronzegusses diente im christlichen Zeitalter lange Zeit einer sehr friedlichen Tätigkeit, nämlich dem Glockenguss, der Herstellung von Taufbecken und der Anfertigung von Reliefplatten für Kirchenportale. Auch goss man Messing aus Kupfer und Zink für kirchliche Kleingeräte und für Pokale, wofür Aachen seit Römerzeiten bekannt war. Ursprünglich mag durch den frommen Zweck die Fertigkeit in den Händen von Mönchen gelegen haben, ehe sie wandernde Spezialisten zugleich mit ihren Geheimnissen übernahmen. Die ältesten berühmten Werkstätten, wie die Bernwards von Hildesheim um die Jahrtausendwende oder in Magdeburg, in Verona, in Florenz im

12. und 13. Jahrhundert, sprechen für die klösterliche Herkunft. Die bedeutenden Arbeiten der späteren Zeit sind immer wieder mit städtischen Mäzenen verbunden, wie etwa Florenz mit seinem Baptisterium, oder mit fürstlichen Auftraggebern für eine besondere Herrscherdarstellung zu Pferde. Der erste Berittene aus Bronzeguss ist aber wieder ein Heiliger und wohl um 1377 zu frommem Zweck aufgestellt. Das ist St. Georg auf dem Prager Hradschin, fast lebensgroß, eine Schöpfung sonst nicht weiter bekannter Siebenbürger Brüder. Das Metier blühte danach zur besonderen Verherrlichung reitender Herrscher, bis sich im 19. und 20. Jahrhundert die meist national betonte Denkmalkunst seiner bediente. Glocken hat man stets gegossen, kleine wie große.

Alles Handwerk und damit alle wirtschaftliche Produktion in den Städten war in Zünften, Zechen, Gilden, Gaffeln organisiert, in guilds, arts, artegiane, corporations. Die »Regeln der Zunft« oder »die Regeln der Kunst« grenzten zwar den Handlungsspielraum der Mitglieder ein und auch die Produktion, aber das geschah der Qualität wegen oder auch, oft überschätzt, wegen der Konkurrenz. »Kunst« war in der alten Sprache ein weiter Begriff für alle Handarbeit, für den Schreiner wie für den Maler. Und auch die Bilder malten, waren in »Künsten«, in Zünften organisiert. Der qualifizierende Begriff vom Künstler war noch nicht entwickelt, aber für alle galt: »Kunst bringt Gunst«. Die Kunst setzte Regeln für Arbeit und Verkauf, aber sie machte ebenso neue Künste möglich. Hölzer, Steine und Farben fanden in Spanien, in Oberitalien und in Frankreich ihre Meister. In Deutschland waren seit dem 12. Jahrhundert Grabsteine aus alpinem rotem Marmor begehrt, aber der Transport, besonders ins nordöstliche Deutschland, war teurer als die Bearbeitung.

Es hatten sich im Nürnberger Schmiedehandwerk, das in Deutschland führte, rund achtzig Zünfte gebildet. Auch die Kölner, die Solinger, die Oberpfälzer Schmiede waren berühmt wegen ihrer Kunst und in fachlich getrennten »Künsten« organisiert. Überhaupt darf man nicht vergessen, dass in Deutschland 60 Prozent des europäischen Eisens gefördert und bearbeitet wurde, und nicht die Rohproduktion, sondern die Meister der Kunst, vom Grobschmied bis zum Zirkelschmied, sorgten für den Export und hielten damit auch über die Grenzen des städtischen Wohlstands hinaus ihre Heimatstädte am Fernhandelsnetz.

Der Mythos des Eisens

Wie groß im Rahmen der Schmiedekunst der deutsche Anteil war an der Entwicklung des mittelalterlichen Kriegsgeräts, bleibt dahingestellt. Aber eine »Spitzenstellung« wird dem gesamten deutschen Montanwesen wie der Metallverarbeitung im 15., 16. Jahrhundert immer wieder bescheinigt. (Johannsen 1925; Schmidtchen 1997, 360; Endres 1987, 285; Sprandel 1987, 129) Die spätmittelalterliche Fachliteratur kennt Villehard de Honnecourt, das *Buch der Natur* des Konrad von Megenberg und den *Bellifortis* des Konrad Kyeser von Eichstätt als die bekanntesten Quellen und Leonardo da Vinci als den ideenreichsten Erfinder für eisernes Kriegsgerät. Aber Leonardo um 1500 gehört eigentlich schon in eine neue Zeit der Zeichner und Konstrukteure, der Fachleute mit besonderem »Ingenium«, der Ingenieure, die über Festungsbauten im 16. Jahrhundert den Weg zu den großen Auftraggebern fanden, zu einer neuen mathematisch-geometrischen Bildung und überhaupt zu einer neuen Intellektualität, die der alten humanistischen Bildung Konkurrenz machte. Diese neuen Meister der mechanischen Künste mit Zirkel und Reißbrett suchten Wege zu neuen Waffen, neuen Geräten und neuen Festungen für die Kriegskunst, und weil sie für ihre Ideen stets Interessenten auf den Thronen fanden, geriet ihre Kunst auch in den Ruf, dem technischen Fortschritt am besten zu dienen. Danach ließ man auch den Krieg nach einem antiken, aber nicht humanen Sprichwort den Vater aller Dinge sein.

Das ist er nicht. Vielleicht ist es, in einer freien Variante, eher der Wettbewerb oder die Rivalität, auch die Not, die bekanntlich erfinderisch macht. Auch in jenen Jahrhunderten, in denen man Kriege immer wieder mit neuen eisernen Erfindungen bedachte, trug das Kriegsgerät, wie es das berühmte Buch *Bellifortis* zeigt oder selbst wie es Leonardo da Vinci ausdachte, nur wenig bei zu Sieg oder Niederlage. Die meisten, oft skurrilen Kriegsgeräte aus dem *Bellifortis* sind ohnehin niemals gebaut worden, so wenig wie sein weit nützlicheres Dampfbadehaus, das darin ebenfalls entworfen ist.

Aber es blieb genug, um die Kunstfertigkeit im Umgang mit Eisen anzuregen. Auch schlug sich dabei diese oder jene neue Kampftechnik nieder, vornehmlich alles, was den billigen Fußtruppen einen Vorteil bot vor den schwer gerüsteten Reitern. Mitunter gelangen spektakuläre Siege: zum Beispiel den Mailändern 1176 gegen das Ritterheer Barbarossas, den Flamen 1302 bei Kortrijk gegen die französischen Panzerreiter in der berühmten »Sporenschlacht« und 1315 den Schweizern gegen die Reiter der Habsburger. Noch heute schwingt etwas wie sozialer Triumph nach in den von manchem Mythos verdunkelten Berichten. Einen Weg zu dieser Überlegenheit gegenüber den wohl gerüsteten adeligen Aufgeboten scheint der Umgang mit langen Lanzen gewiesen zu haben und die besondere Übung damit bei den »Lanzknechten«, wie wohl der richtige Name für die seit dem Spätmittelalter in Massen rekrutierten, aber oft schlecht gerüsteten Söldner lautet.

Eine andere billige Waffe für Fußsoldaten wurde die »Hellebarde«, mit langer Geschichte seit dem 13. Jahrhundert. Auch ihr Name ist nicht mehr recht herzuleiten, aber in Varianten vom deutschen Wortlaut in alle europäischen Sprachen eingedrungen, vielleicht ein Hinweis auf die Erfinder. Die Sache selbst ähnelt einem Beil auf einer mehr als mannshohen Stange. Sie bietet eine der Möglichkeiten für den Fußsoldaten, sich mit einem der bis dahin unangreifbar überlegenen Panzerreiter anzulegen, nämlich ihn vom Pferd zu ziehen oder im Fußkampf mit der größeren Distanz von seinem Schwert zu operieren. Fortan spielte dieses Kriegsgerät offenbar eine wachsende Rolle, ebenso wie die Fußsoldaten selber, meist Söldner. Die Kriegsgeschichte seit dem 14. Jahrhundert, wo die Hellebarde auch zum ersten Mal genauer beschrieben wurde, trägt dem Rechnung. Schmuckfroh verzierte man das Beil und seine Halterung mit Ornamenten, und man mag sie noch im bortenverzierten Korporalsstab des 18. Jahrhunderts, ja gar noch in der Paradewaffe der Schweizer Garde in Rom wieder erkennen.

Gefahr für die schwer gepanzerten und unbeweglichen Reiter steckte auch in der Treffsicherheit der Bogenschützen. Ihre Waffe blieb über Jahrhunderte unverändert, »to bent a bow« war in England eine Mannesprobe schon vor tausend Jahren. Die Eschenhölzer wurden im Spätmittelalter bis von der oberen Weichsel importiert. Da kam im 12. Jahrhundert aus dem Orient die Armbrust nach Europa. Auch sie ist nicht nur für den Schützen, sondern auch für den Philologen interessant. Der Name kommt von *arcuballista*, Bogenschleuder, also weder von Arm noch von Brust. Besser als das Wort überzeugt die Treffsicherheit. Der Stahlbogen, bei den stärksten Modellen schließlich mit einem kleinen Flaschenzug zu spannen, versandte Eisenbolzen, die einen Harnisch noch auf hundert Schritt glatt durchschlugen. Armbrust-

schützen, vor der Pulverschießkunst gern gemietete Söldner, trugen das
ihre bei zum Niedergang der ritterlichen Kampfmoral.

Der besondere Mythos unter den Waffenschmieden begleitete die
Schwertschmiede und ihre Geheimnisse, bekanntlich nicht nur in der
europäischen Kultur. Die größte Geduld forderte aber wohl die Herstellung von Ketten- oder Panzerhemden, unentbehrlich für den Panzerreiter vom 10. bis ins 15. Jahrhundert, ehe sie, Erfolg der verbesserten Blechschmiedetechnik, durch die Plattenharnische abgelöst
wurden.

Man unterscheidet bekanntlich Waffen zum Schutz und solche zum
Angriff. Und man muss beachten, dass seit der Jahrtausendwende bis
zum allgemein prätendierten Ende des Mittelalters zu Zeiten Karls V.
die geharnischten Reiter mit langer Lanze den Kern der militärischen
Kräfte bildeten. Ein Krieger war, wer Pferd und Schwert und Kettenhemd besaß, oder auch nur ein Pferd, wie die *caballeros* im spanischen
Grenzgebiet gegen die Mauren, oder wer eine solche Eisenrüstung in
aller Unschuld mit Mord und Totschlag geraubt hatte, wie der junge
Parzival. So sind auch uns noch die mittelalterlichen Kämpfer vornehmlich als »Eisenmänner« bekannt. Im 10. Jahrhundert war der Panzerreiter die rettende Abwehr gegen Wikinger und Magyaren. Im 14. Jahrhundert steckte seine Kampftechnik bereits in unsicheren Konditionen
gegen Bogen- oder Armbrustschützen und gegen Lanzenkarrées. Im
16., in den Landsknechtschlachten zwischen den Truppen Karls V. und
Franz I. von Frankreich, bildeten sie allmählich nur mehr in bestimmten taktischen Situationen die entscheidende Kraft, sodass manches
Kunstwerk der Harnischmacher oder Plattner eher zur Paraderüstung
gedieh. Das gilt etwa von den meisten Museumsstücken und von dem
weltbekannten »gemalten Reiterstandbild« Kaiser Karls V., von Tizian
geschaffen. Der Kaiser trägt da nicht mehr die klassische Deckung der
mittelalterlichen Panzerreiter, den schweren Schild am linken Arm. Es
fehlt ihm auch die zugehörige lange Lanze, am Brustharnisch »einzulegen«. Stattdessen hat er in der Rechten nur eine kurze, eine »halbe Stange« nach der Fechtersprache, und das, wie man sagt, aus Gründen der
ästhetischen Balance. Er sitzt mit weitem Blick mutterseelenallein auf
seinem Pferd, er reitet über ein menschenleeres Feld, so wie sein gesamtes Herrschaftsimage in der Interpretation Tizians den Herrn der Welt
immer einsam und ohne Untertanen ausweist. (Seibt 1990) Jedenfalls
ist er nicht mehr sachgerecht gerüstet. Auch damit zeigt sich der militärisch durchaus erfahrene Karl als der in Wahrheit »letzte Ritter«. Die

schwere Reiterei allerdings, mit Helm und Harnisch zum Brustschutz und mit schwerem Säbel, wurde noch 1870 in die Schlacht geführt. Lanzen waren gar bis 1914 Ulanenbewaffnung.

Die Ritterrüstung begann jedenfalls mit dem Kettenhemd. Das Panzerkleid mit kurzem Arm, oft aber mit Kapuze, war aus Tausenden fingernagelgroßen Ringen geschmiedet, die nicht etwa ineinander verschweißt, sondern Stück für Stück vernietet wurden, sodass in mühsamer Arbeit ein recht haltbarer Körperschutz entstand. Der Bilderteppich von Bayeux zeigt um 1100, wie Diener auf quer durch die Ärmel geführten Stangen Dutzende solcher Kettenhemden für ihre Herren zum Schlachtfeld tragen. Der Nutzen einer solchen Schutzkleidung hing natürlich von der Qualität des Stahls ab, und darin wetteiferten mehrere Hersteller. Aachen, Nürnberg, Köln hielten lange den Handel mit diesem bis zum 14. Jahrhundert unentbehrlichen Rüstzeug in Händen, aber auch die spanischen »Katalanschmiede«, die für »Bayenfahrer« im Golf von Biscaya über See ihre Waren bereithielten. Ebenso berühmt war der Stahl aus Schweden, aus dem Orient oder dem englischen Mittelwesten. Dazu traten Schwert- und Messerklingen, berühmte schwedische Halbfertigfabrikate, die wieder zu einem Teil in Deutschland, in Solingen etwa mit bekannter Qualitätsmarkierung, oder in Toledo vielleicht mit arabischer Kunstfertigkeit ausgeschmiedet wurden. (Johannsen 1925) Die Hanse beherrschte den Eisenmarkt im nördlichen Europa, auch in England mit seinen berühmten Scherenschmieden von Sheffield, und davon hatte auch das Hansekontor in London seinen Namen, der »Stahlhof«.

Seit dem 14. Jahrhundert löste der Plattenpanzer die Kettenhemden ab. Dazu und für viele andere Zwecke war Eisenblech notwendig. Dafür war die Oberpfalz wohl der führende Hersteller, mit den vielen Blechhämmern an den Bächen und Flussläufen im Besitz einzelner »Hammerherren«, die 1387 miteinander in der »Großen Hammereinung« das erste europäische Kartell schlossen. (Oberpfalz 1987) In Verbindung mit Nürnberger und Amberger Kaufleuten und schließlich auch unter landesfürstlicher Ägide entstanden Werkstätten zur Veredelung des Schwarzblechs mit Hilfe von erzgebirgischem Zinn zu Weißblech, das europaweit exportiert wurde, in die Mittelmeerländer ebenso wie nach England. Daneben war Draht ein wichtiges deutsches Exportgut, aus den Drahtmühlen im Sauerland ebenso wie in der Oberpfalz, abgesehen von französischen Werkstätten. Sensen wurden im sauerländischen Plettenberg ebenso in bekannter Qualität hergestellt wie in steirischen und in Kärntner Schmieden, und es war schon bald verboten, sie gerade an den Schäften zu befestigen. Damit wurden sie nämlich zur gefürchteten Waffe aufständischer Bauern.

Im Humanismus fand die Schmiedekunst auch ihren gelehrten Autor in der Person des Nürnberger Humanisten Georg Agricola. *De re metallica*, vom Metallwesen, hieß sein Traktat, der vom Erzabbau bis zur Stahlhärtung alle Arbeitsgänge mit Eisen, Blei, Kupfer und Zinn beschrieb und viele ins Bild setzte. Es begann mit dem Gießen, »eine der frühesten handwerklichen Tätigkeiten überhaupt« (Schmidtchen 1997, 384), seit der älteste harte Werkstoff, der Stein, vom Metall verdrängt worden war.

Eine besondere Spezialität blieb der Bronzeguss, wie gesagt zunächst den Glocken, seit dem 15. Jahrhundert auch den Kanonen zugedacht. Jedes Mal also mit großem Schall verbunden, nach dem Geschützdonner auch noch mit tödlicher Ladung. Beides erlaubte keine Fehler. Hier war der Fortschritt zäh, aber unaufhaltsam. Bei Glocken, Reliefs und auch schon in der Großplastik entwickelt, fand der Bronzeguss bei der Herstellung von Kanonen ein neues, weites Feld. Weder Holz noch Eisen waren dafür recht geeignet, ehe die Technik des Stahlgusses vor gar nicht allzu langer Zeit entwickelt war. Bei aller Fortschrittsgläubigkeit muss man doch hervorheben, dass die europäischen Kanonen, wohl die bedrohlichste Waffe, die der Kontinent bis in unsere Gegenwart hervorgebracht hat, vom Spätmittelalter bis in die Mitte des 19. Jahrhunderts aus dem uralten, aus dem allerersten Metall gegossen worden sind, mit dem sich unsere Kultur überhaupt im Weltgeschehen vor fünftausend Jahren hervortat: eben aus der Legierung von Kupfer und Zinn, aus Bronze. Die ersten Geschütze, ihre Schöpfer und ihre Meister, schleuderten Steine und später Eisenkugeln gegen Burgmauern, mit wechselndem Erfolg. Die böhmischen Hussiten waren wiederum die Ersten, die in den zwanziger Jahren des 15. Jahrhunderts kleine »Feldschlangen« und großkalibrige »Haubitzen« auch taktisch einzusetzen wussten. (Heymann 1955) Böhmische Söldner waren deshalb und wegen anderer Kriegskünste noch jahrzehntelang gesucht, auch in kirchlichen Diensten.

Die Waffenproduktion hatte verschiedene berühmte Zentren. Über die Jahrhunderte hin galt bei uns Suhl im Thüringer Wald für Handbüchsen als führend oder Pistoia in Italien für Pistolen. Aber schon damals bildeten sich die künftigen Rüstungsschmieden der modernen Welt heraus, in Zentralfrankreich, in Nordwestengland, in Lothringen, im Ruhrgebiet, in Mittelböhmen und in Nordmähren. In Schweden entwickelte König Gustav Adolf I. um die Mitte des 16. Jahrhunderts ein besonderes Zentrum für den Geschützguss, als wolle er sein Land vorbereiten auf die große kriegerische Zeit, in der sein Nachfolger Gustav Adolf II., neunzehnjährig, als »der Löwe von Norden« auftrat, um den deutschen Protestantismus zu retten und überdies seinem Land einen Brückenkopf jenseits der Ostsee zu sichern. Auch der Schwedenkönig Karl XII., drei Generationen später, stützte seine Macht auf Kavallerie und Kanonen und forderte damit die Großmacht Russland heraus. Danach brauchte man lange Zeit keine Kanonen mehr und auch keine große Politik im kleinen Schweden.

Goss man die Bronzegeschütze noch ohne allzu feste Standortbindung, so in Innsbruck um 1500 nach Kaiser Maximilians Vorliebe, so richteten sich die Zentren der modernen Rüstungsindustrie von Eisen und Stahl nach der Wirtschaftsgeographie. Hinterließ der ruhmbegierige Maximilian in Innsbruck nicht nur seine Artillerie, sondern auch ein monumentales Panoptikum aus Bronzeguss mit der Schar seiner gewappneten und »angesippten« Vorfahren, vom Frankenkönig Chlodwig angeführt, so entstanden die modernen Kanonen schließlich seit der Mitte des 19. Jahrhunderts mit ihren Gussstahlrohren in den Zentren der englischen, französischen, deutschen Stahlproduktion. Krupps »dicke Berta«, ein Mörser mit damals weltweit größtem Kaliber aus dem Jahr 1912, lässt sich auch als Symbol deutscher Rüstungshypertrophie zitieren, die zugleich mit diesem Namen zurückgriff auf Landsknechtssitten, als man Geschütze noch nicht in Serie fabrizierte und dann mit ihnen auf Du und Du stand. Die »dicke Berta«, in Wahrheit ein Hochtechnikprodukt auf Schienen, wurde zum unheiligen Symbol der Materialschlachten.

Ohne die großen Kaliber, aber ganz gewiss mit großem handwerklichen Aufwand entstanden die Jagdwaffen. Jagd war von alters her ein adeliger Beruf. Auch hatte sie international ihre Spielregeln und Gesetze. Es gab Treibjagden und Pirschjagden, wie heute auch noch, und Hetzjagden, an denen teilzunehmen Kirchenmännern verboten war. Der englische Streit um »hunting the fox« lässt uns noch etwas von ihrer Eigenart ahnen. Für alles benötigte man spezielle Waffen. Eine besondere Rolle spielte für die Pirsch die Armbrust. Im 12. Jahrhundert aus dem Orient importiert, war sie zunächst eine Jagdwaffe, wie wir uns erinnern, und für den ritterlichen Kampf geächtet, da, wo das ehrliche Schwert entscheiden sollte. Frühe Konkurrenz zwischen

Technik und Moral! Natürlich siegte die Technik über kurz oder lang, und so mancher Eisenmann starb an einem kleinen Eisenbolzen.

Jagdwaffen fielen seltener der Plünderung oder dem Verlust anheim, und deshalb wurden sie auch besonders geschmückt. Noch heute sieht man teure Jagdflinten mit eingelegtem Perlmutt und fein geätzten Beschlägen.

Saufeder und Hirschfänger dienten gleichermaßen nicht nur dem letzten Stich, sondern auch vorher und nachher den schmuckfrohen Waidmännern, und das blutige Handwerk umgab sich mit Eleganz. Dennoch war das Leben im Wald ein zeitweiliger Ausstieg aus der Zivilisation. Auch war es ein Refugium der Männerwelt. In Märchen und Legenden, in Gleichnissen, in Jagdbräuchen: Der Krieg mit den Tieren, ein gar nicht seltenes Motiv der humanistischen Malerei, führte mitunter auch in eine Gegenwelt und diente einer fiktiven Gerechtigkeit. Da konnten auch die Hasen schießen!

Jagdglück und Kriegsglück

Die Jagd ist älter als das Mittelalter. Gewiss hatte sie auch da noch ihre Berechtigung, als Waidwerk alles umfassend, was Gott nach biblischem Spruch dem Menschen zu seiner Nahrung gegeben hat, alle Tiere, Vögel und Fische eingeschlossen, und als Schutz gegen Wölfe und Füchse. Aber nur der Fischfang ist biblisch legitimiert. Schon Esau, der sein Erstgeburtsrecht verkaufte, ist Jäger, »weil er ein Sünder war«. So und nicht umgekehrt las man's bei Augustinus und dazu den Zusatz: »Und wir finden kaum einen heiligen Jäger in den Heiligen Schriften. Heilige Fischer finden wir.«

Das ist eine fundamentale Gegenstellung zu jener Neigung, Haltung, Lebensweise, die man leichthin zum noch immer lebendigen Erbe der mittelalterlichen Welt zu zählen geneigt ist. Die Jagd ist viel älter, und sie hat das Mittelalter überlebt. Aber sie ist ein widersprüchliches Element in der mittelalterlichen Welt. »Kultur und Jagd« wird immer wieder einmal beschrieben. Nicht wenige Stimmen zählten die Jagd aber zur Antikultur. Jagd vermittelt uns vermutlich archaische Denkweisen, Jagdzauber, Techniken, Bräuche. Die Technik freilich hat sie völlig verändert. Wenn auch unsere seit langem schießenden Jäger manches von den alten Jagdgewohnheiten übernommen haben: die Grundlagen nicht mehr.

Jagen heißt nämlich mittelalterlich: dem Wild nachlaufen, es stellen, mit ihm kämpfen und es mit der Blankwaffe töten. Jagd ist in diesem Sinn Treibjagd, Hetzjagd, Netzjagd. Jagd ist auch Kampf mit Bären, Ebern, Wölfen. Jagen kann man mit Hilfe von Hunden, Falken, Pferden, und »hunting the fox« ist noch heute im englischen Publikum nicht unumstritten. Aber das eben ist nur ein Stück der alten Jägerei.

Man beachtet kaum, dass die mittelalterliche Kirche vom heiligen Augustinus im 4. Jahrhundert bis zu den Reformatoren im 16. die Jagd ablehnte und teils erbittert bekämpfte. Manches aus dieser Auseinandersetzung hat die Volksmeinung freilich in seiner Aussage entschärft oder gar umgedreht: so etwa die Geschichte mit dem Hirsch, der einem hochgeborenen Jäger plötzlich mit einem strahlenden Kreuz im Geweih erschien und ihn damit auf die Knie zwang. Der Hirsch stand sichtlich unter dem Schutz des Kreuzes, der Jäger bekehrte sich, jagte nie mehr und wurde Mönch. Die Jagdfreunde haben die Aussage dieser dem heiligen Eustachius und später dem heiligen Hubertus zugeschriebenen Vision aber geradezu umgekehrt und daraus so etwas wie eine christliche Garantie für das edle Waidwerk gelesen.

Deutlicher sind die Erzählungen vom heiligen Blasius, einem Bischof im 3. Jahrhundert, der Tiere heilte und bei dem sie vor ihren Jägern Zuflucht suchten. Nicht nur die Heiligenlegenden, auch die Märchen flechten an diesem Strang. Nur der böse Wolf wird zu Recht erlegt, aber das Brüderchen, das zum Reh wurde, wird vom Schwesterchen beschützt.

Genoveva, eine unschuldig von ihrem Mann Verstoßene, wird im Wald von einer Hirschkuh ernährt und gerettet und verkörpert überhaupt in der in Frankreich wie in Deutschland weit verbreiteten Sage die verfolgte weibliche Unschuld. Sie wird zur Heiligen. Der Wald ist die schützende Gegenwelt für den jungen Parzival und seine Mutter Herzeleide, ehe er in das trügerische und gefahrvolle Abenteuer nach draußen aufbricht.

Eindeutig sind die Aussagen des Kirchenrechts. Mönche durften nicht jagen oder vogelstellen, fischen wohl. Immer wieder finden sich im Kirchenrecht Verbote und Maßregeln gegen die »Wollust der Jagd«, die »voluptas venandi«, vornehmlich jeder Art von Hetzjagd zugedacht, aber vor dem Einsatz weit tragender Schusswaffen war das Wild kaum anders zu »erjagen«. Die Armbrust, seit dem 12. Jahrhundert aus Arabien eingeführt, war vielfach nur zur Vogeljagd zugelas-

sen. Dem Hochwild, dem wirklich »würdigen« Gegner, trat man mit
Spieß oder Hirschfänger gegenüber, wenn es die Hunde »gestellt« und
sich daran »festgebissen« hatten; oder man trieb es in den See und jagte vom Kahn aus, ein besonders in Oberbayern beliebter Jagdsport.
Die Sprache des Jagens, nicht nur die bekannten jagdgerechten Fach-
ausdrücke, sondern auch die Denkfiguren, haben wir noch tief in unseren Gedanken.

Namentlich die sogenannten »Renaissancen« im 12. und im 15. Jahrhundert haben sich der Polemik gegen die Jagd angenommen, was bisher im Zusammenhang noch keine rechte Deutung fand. Johannes von
Salisbury (ca. 1136–1180), in Frankreich gebildeter Scholar aus der
frühen Universitätsgeschichte, der als Bischof von Chartres starb, ein
Kenner der zeitgenössischen Bildungsliteratur und im Dienst der kirchlichen Diplomatie auch in Politik und Gesellschaft erfahren, verurteilt
die Jagd aufs schärfste in seinem *Policraticus sive de nugis curialium*,
»Policraticus oder von den Torheiten der Höflinge«. Sein Zeit- oder
vielleicht gar Studiengenosse Walter Map (1130–1210), Pariser Magister wie er, schrieb ein Werk gleichen Titels, zwar ohne den sensiblen
zeitkritischen Anspruch, verfolgte aber die gleiche Jagdfeindschaft. Er
stand dem englischen König nahe, einem großen Jagdfreund, »der lieber das Gebell seiner Hunde hörte als den Choral seiner Kapläne«.

Beider Urteil ist einhellig: Jagd ist unchristlich, ohne Unterschiede.
Sie lässt »verwildern«, den Respekt vor der Natur und dem Töten vergessen. In diese Richtung weist schon die Charakteristik des rauen
Jägers Esau und des gewandteren und feineren Jakob in der »Glossa
ordinaria«, der Grundlage aller scholastischen Bibelkommentare.

Es gab keinen Anlass im Lauf der Folgezeit, das kanonische Verdikt über die Jagd zu ändern, und andererseits keinen Anstoß im adeligen Daseinskanon, der Jagd zu entsagen. Sie gehörte zu den »Sieben
Ritterkünsten«, die man den freien Künsten nachgeahmt hatte, sie
schlug nicht wenige kleine und große Herren in Bann, vor allem solche, die mit Treibern und Hunden immer wieder große Jagden veran-
stalteten und sich ebenso tagelang allein mit wenigen Jägern im Wald
aufhielten, in Zelten, Hütten und bald auch Jagdschlössern in der
Waldeinsamkeit hausend, pirschend, spürend, hetzend mit Horn und
Hund.

Das Thema gehörte zweifellos zu den delikaten Auseinandersetzungen zwischen Adel und Kirche. Und die Kirche hielt sich durchaus
nicht zurück mit ihrem Urteil. Nach dem Psalmentext dürstete der

Hirsch nach der Quelle der Wahrheit, und der unschuldig Verfolgte wurde nicht selten in einer Jagdszene festgehalten. Die Aversion ging gelegentlich noch weiter. Die Apsis der alten Kirche in Königslutter in Niedersachsen, der Begräbniskirche Kaiser Lothars, zeigt an der Außenwand einen von zwei Hasen gefesselten Jäger. (Gosebruch/Gädecke, 1989, 10 f.) Hasenbilder erscheinen schon im 13. Jahrhundert als Drolerie in Buchillustrationen in gleichsam menschlicher Position, auch gejagte Jäger. Die Renaissance ist in Bild und Wort deutlicher. Im berühmten mährischen Schloss Butschowitz ist ein »Hasengericht« als Deckengemälde angebracht, das freilich einen robusten Jäger noch nicht erschüttern muss. Bei Thomas Morus und seinen Nachfolgern im Entwurf von utopischen Staaten sind die Jäger den Metzgern gleichgestellt: unentbehrlich, aber nicht sonderlich ehrbar.

Das edle Jägerleben war Adelsrecht. Nur selten durften die Bauern mithalten, in den Alpenregionen etwa, und manchenorts hatten sie zumindest Anteil an der Jagd auf Niederwild. Die Saatschäden mussten sie überall ertragen. Teils durch Wildfraß, teils durch Wildverbiss im Jungwald, teils durch die Treibjagden, die nicht selten rücksichtslos durch die Saaten gingen.

Aber die Adelsjagd war mehr als ein Standesprivileg. Sie war ein Stück Daseinszweck für viele Herren und Fürsten, und mehr noch: Sie war, und das bis in die jüngste Vergangenheit, auch ein Stück Daseinsbestätigung aus einer längst vergangenen Welt, die wir noch heute im Ohr haben. Die Jagd, sagte der Spanier José Ortega y Gasset noch vor wenigen Jahrzehnten, habe im »Glücksrepertoire des Menschen stets den ersten Platz eingenommen«. (Ortega y Gasset 1998, 82) Das ist nun eine Feststellung ohne besondere aristokratische Konnotierung. Aber sie trifft einen in vielen Generationen adeligen Daseins festgehaltenen Kern vornehmlich adeligen Landlebens. Jagdglück war mehr als »Ernteglück«, woran jedem Bauern gelegen war. Nicht das günstige Wetter, sondern allein schon die Begegnung und dann der gelungene Kampf mit dem Tier, selbst mit dem Friedtier, der die Kräfte des Jägers nur bedingt auf die Probe stellte, das »Aufspüren«, »Stellen« und »Erlegen«, wurden und werden noch immer als besonderes »Waidmannsheil« erachtet und auch so dokumentiert: in archaischen Formen, wenn der Jäger ein Zweiglein in das Blut des getöteten Wildes taucht und sich auf den Hut steckt. Oder wenn er, in ganz Eurasien verbreitete Trophäe, das Geweih, das Fell, den Kopf des Beutetieres an seinem Haus, an seiner Wand befestigt. Das aber gilt wiederum nur für »edles

Wild«, Fuchs, Dachs, Luchs allenfalls eingeschlossen. Niemand nagelt Hasenohren an die Wand.

Hochmögende Potentaten aber zählten und vermehrten ihre Jagdbeute bis ins Unersättliche. Hundert oder gar zweihundert Hirsche erstochen zu haben mit eigener Hand, nicht nur »erlegt«, sondern eben mit jener Handbewegung ins Herz getroffen zu haben, die auch dem Torero zur besonderen Aura verhilft, das beweist seit undenklichen Zeiten »Jagdglück« als womöglich numinose Selbstbestätigung, so wie alles Glück dem Menschen von oben überkommt und Auserwählung verheißt. Jagdglück gilt noch immer als Beweis schicksalhafter Auserwählung. Hunderte von Radierungen und Gemälden, die in fürstlichem Auftrag den obersten Jagdherren inmitten seiner Beute zeigen, belegen seine adelige Potenz, letztlich seine Herrschaftsqualität von einer ganz anderen Seite, als sie im Zeitalter der Sozialpolitik einen Wahlkandidaten auszeichnen muss. Jagd heißt aber auch für den Jäger ganz persönlich Aussteigen aus dem Alltag und für Stunden, Tage, Nächte mit dem Tier auf gleich sein, in seinem Lebensraum, im Wald, und in seinen Lebensumständen, bei Flucht oder Kampf.

»Es ist das Jagen eine tapfere und ritterliche Übung und dem Adel gleichsam ein Praeludium belli, darinnen sie lernen ... ihre Waffen und Gewehre geschicklich brauchen, Kälte, Hitze, Regen ... Durst und Abmattungen zu erleiden ... Darum die Jagt von großen und berühmten Potentaten allzeit geliebt und getrieben worden ... Denn sie ist eine Gemütserquickung, eine Schwermutsvertreibung, eine Feindin des Müßiggangs und aller daraus entspringenden Laster ...« Der österreichische Landedelmann Wolfgang Helmhard von Hohberg (1612–1688), selber eher ein Mann der Feder, schreibt das gegen Ende des 17. Jahrhunderts. (Brunner 1949, 292 f.) Was er damit ausspricht: Allein schon das Abenteuer der Jagd ist persönlichkeitsbildend als körperliche Herausforderung. Was er nicht sagt: Jagdglück ist ein Zeichen persönlicher Erwählung, aus atavistischen Erfolgsmaßstäben in unseren Daseinshorizont geraten, und es hat Ansehen noch heute.

Krieg

Natürlich hängen Jagd und Krieg zusammen und sind doch wieder grundverschieden. Noch heute nach Absicht und Waffen unterschiedlich und doch gemeinsam im Angriff gegen einen vier- oder zweibeinigen Feind, hat der Krieg ein besonderes Ethos ausgebildet. Und gibt es dort »Jagdglück«, so gilt der Krieg gar als ein Gottesurteil, und fast ist man geneigt zu sagen, auch noch heute. (Cramm 1955; Contamine 1980)

Der Feind im Krieg ist freilich ein ganz anderer als das Wild im Wald. Hier geht es nicht nur um die flüchtige Beute, hier gelten Taktik und Strategie, und die Entwicklung der Kriegstechnik folgt einem ganz anderen Ernst als die Entwicklung neuer Jagdgeräte.

Auch hier kann man bei der Antike beginnen, die zumindest über die ersten Begegnungen den Barbaren ihre Waffen und Weisheiten vermittelte, die jedoch nicht einfach zu kopieren waren ohne die zugehörige Gesellschaftsordnung. Aber wir wissen so gut wie nichts von frühen allgemeinen Volksaufgeboten, und schon die Begrifflichkeit ist von späteren Zeiten geliehen und führt womöglich in die Irre bei der Definition, ein solches Aufgebot hätte aus allen Waffenfähigen bestanden. Mehr das Recht, Waffen zu tragen, als die Fähigkeit, damit umzugehen, mögen die Zeit vor der Jahrtausendwende bestimmt haben, und jedenfalls waren die potenten Kräfte nicht in irgendeiner Form von Landwehr zu finden, sondern im berittenen Gefolge wohlhabender Herren, die sich den Unterhalt von persönlich freien »Kerlen« leisten konnten, die oft von weit her kamen und lebenslang, wenn auch am Tisch ihrer Herren, einfach Söldner blieben.

Schwert und Schild waren unter diesen Umständen die unentbehrlichen Attribute eines Kriegers, und eben auch die Gewissheit, dass kein anderer Herr einen solchen Gefolgsmann als seinen Diener beanspruchen und in seinen Dienst fordern konnte. Man musste in diesem Sinn »frei« sein für den Gefolgsdienst. Die Ausrüstung ähnelte mit Schwert, Schild und Ross antiken Utensilien, nur dass die römischen Schwerter kurz waren, für den Fußkampf geeignet, die fränkischen wie die sächsischen lang, vom Pferd her zu führen.

Und wichtiger noch: dass die Antike keine Steigbügel kannte. Woher und wann sie das Mittelalter eingeführt hatte, lässt sich so wenig sagen wie bei ein paar anderen Gegenständen des täglichen Lebens auch. Man denkt, dass sie die Awaren als Lederschlingen von China hergebracht hätten. Mehr kann man aussagen von den Folgen: Mit den Steigbügeln erst saß der Mann fest im Sattel, konnte weitaus wendiger fechten und vor allem: Von diesem festen Sitz her konnte er auch eine feste Lanze unter den Arm klemmen und ins Ziel führen, ohne sie aus der Hand zu geben, wie das leichte römische *pilum*, die Wurflanze der Legionäre, oder wie einen kurzen und ebenso leicht zu schleudernden Speer.

Zum Reiterkampf solchermaßen gerüstet, fehlte noch ein ausgiebiger Körperschutz. Den vermittelte teilweise der Schild, in wechselnden Formen, teils leicht und rund, teils schwerer und länglich, die ganze linke Seite deckend. Aber Brust und Hals und auch die rechte Seite blieben dann noch immer unbedeckt. Da empfahl sich das bereits erwähnte Kettenhemd, von den Kelten erfunden, von der römischen Armee mit kurzem Arm übernommen, seit dem 9. Jahrhundert im Norden Europas weit verbreitet, als Schutz gegen Pfeilbeschuss und nicht allzu wuchtige Hiebe.

Pfeil und Bogen, beides wohl ursprünglich Jagdwaffen, wurden zu späteren Zeiten wichtig, als sich Söldnerheere und eine rudimentäre Taktik auf dem Schlachtfeld, der »Walstatt«, entwickelt hatten und auch der »Feldherr« nicht mehr voran gegen den Feind ritt, sondern von einem der fortan sprichwörtlichen Hügel das Geschehen beobachtete und zu dirigieren versuchte. Das allerdings war lange aus mangelnder Disziplin ein schwieriges Geschäft. Denn turniergeübt, suchten die gepanzerten Ritter als Kern der Truppe noch weit bis ins 14. Jahrhundert Einzelkämpfe, möglichst mit bekannten Kämpen, um sich an ihnen zu erproben oder im Sinn ritterlicher Ideale allein schon durch ein »Treffen« berühmt zu machen. Seit Stauferzeiten standen dem aber Pfeilschützen im Wege, die in schneller Schussfolge reitende Angreifer zu verwirren trachteten. Die Abwehr von Kavalkaden mit festen Lanzen, Picken oder Spießen brachte seit den Feldzügen Barbarossas gegen den lombardischen Städtebund nennenswerte Effekte. Dabei maß sich das reitende, das ritterliche Element immer wieder an infanteristischen, stadtbürgerlichen, unaristokratischen, bürgerlichen Kräften. Die Entscheidung fiel wohl nicht erst durch die Pulverwaffen. Weit eher drängten große Einheiten diszipliniert operierender Fußkämpfer die Reiter zurück oder zogen die Schwerfälligen von den Pferden.

Ein besonderes Kapitel Kriegsgeschichte schrieben gewiss die Kreuzzüge durch die Begegnung mit neuen Waffen, wie der Armbrust, und leichter Reiterei. Aber mehr wog wohl, was die Kreuzfahrer an Belagerungskunst im Orient entwickelten oder lernten. (Schmidtchen 1994)

Rekrutiert zur Verteidigung der böhmischen Reformbewegung 1419, vornehmlich der populären Kelchkommunion für Laien, schufen die hussitischen Kämpfer bäuerlicher oder kleinstädtischer Herkunft, die sich seit Anfang des 15. Jahrhunderts vor allem und mit langem Nachhall hervortaten, aus Alltagsgeräten ihre gefürchteten Waffen, und ihr genialer Feldherr, der einäugige Ritter Jan Žižka von Trocnov, lehrte sie, ihren Tross zu Wagenburgen zusammenzuschließen und die ersten Kanonen, deren sie habhaft werden konnten, als taktische Artillerie einzusetzen. (Heymann 1969)

Seine »Militärordonnanz«, eine Kampfordnung in Versen, vor der Schlacht zu singen, schärfte Disziplin und kriegerischen Eifer ein. Sie wurde im folgenden Jahrhundert immer wieder kopiert und ist vielleicht die Grundlage der künftigen Ausbildung für das Fußvolk geworden. Eben dieses Fußvolk, als »Lanz«-knechte wegen seiner Hauptwaffe von Reiterei kaum mehr zu schlagen, erreichte bei gutem Ausbildungstand nacheinander in Schweizer, süddeutscher, spanischer Herkunft einen besonderen Ruf. Ein »Neuer Orden« nannten sich gelegentlich Kaiser Maximilians Truppen, eine Anspielung mit tatsächlich einem wahren Kern.

Im Ganzen war das Kriegswesen Männersache, ebenso wie die Jagd. Und geradeso wie die Jagd war es Glückssache, wenn auch eine ernstere, aber mit jenem Schuss Unwägbarkeit, der seit je Zuflucht bei himmlischen Mächten suchte. Jagdglück hatte etwas vom heidischen Charisma an sich, und Krieg war gar Gottesurteil. Die Kirche lehnte beides ab, sie schränkte die Jagd ein, und sie legte dem Krieg sittliche Regeln auf: Nur der Verteidigungskrieg war dem Christen erlaubt, und von Augustinus bis zu Luther hat man dazu biblisch fundierte Grundsätze angeführt. Die Hussiten haben sich besonders darum bemüht, denn sie hatten unter den drei Bedingungen wohl die schwierigste zu beweisen. Zum erlaubten Krieg, dem gerechten Krieg, dem *bellum iustum*, gehörte zuallererst der gerechte Kriegsgrund, die »gute Sache«, zweitens die humane Kriegführung und schließlich die legitime Autorität. Thomas von Aquin hatte das noch einmal für die nächsten Jahrhunderte befestigt. (Beestermöller 1995) Just die legitime Autorität war natürlich das Problem einer jeden Revolution, auch der hussitischen, und dieses Problem drängte, weil 1420 ein Kreuzzug drohte. Ein theoretisches Problem, vielleicht überschätzt in seiner praktischen Bedeutung für Jan Žižka und seine Scharen mit Morgenstern und Wagenburgen. Es wurde ausgefochten von den Magistern der Prager Universität, soweit sie noch bestand, und brachte eine Serie von Traktaten hervor. (Seibt 1999)

Das Thema von Krieg und Frieden übernahmen nach den Reformatoren die Naturrechtler. Ihr Part war aber viel schwieriger, weil sie nicht die gerechte Sache von Erb- und Eheverträgen zu rechtfertigen hatten, den einzigen, wenn auch oft weit hergeholten »gerechten« Kriegsgrund des bibelgläubigen Mittelalters, sondern den neueren Egoismus der Staatsräson.

Im Großen und Ganzen blieb durch all die Zeiten das Kriegswesen zwar jederzeit präsent, aber mit dem Schwert war man nicht so schnell bei der Hand. Nur wenige große Schlachten haben das Gesicht Europas verändert: Die arabische Eroberung Spaniens und Siziliens, die Gründung und Expansion des Frankenreiches fanden keine vergleichbare Fortsetzung. Das Erbrecht der Dynastien bewahrte davor, und nur mehr die Eroberung Englands 1066, die Schlacht von Bouvines 1214, wo die Franzosen siegten und die Welfen die deutsche Krone verloren, die Schlacht von Crécy 1346, wo die Engländer nicht nur die Franzosen schlugen, sondern auch beinahe die Luxemburger Dynastie ausgelöscht hätten, der Sieg der Hanse über den Dänenkönig Waldemar Atterdag 1364 haben europäische Bedeutung. Die Schlacht von Tagliacozzo 1268, die den letzten Staufersproß das Leben kostete, die Schlacht von Dürnkrut 1278, mit der sich die Habsburger in den Sattel schwangen, mag man noch in weiter reichender Bedeutung dazuzählen, oder die Schlacht von Nancy 1477, die Karl dem Kühnen zum Verhängnis wurde. Die Schlacht von Mohacs 1526 beendete das ungarische Mittelalter und brach den Südosten aus der christlichen Einheit für lange Zeit. Aber schon die zweite langfristige Veränderung der um die Jahrtausendwende einst konsolidierten Staatenwelt, die Aufteilung Polens 1772 bis 1794, war nicht das Ergebnis einer Schlacht, sondern diplomatischer Übereinkünfte der polnischen Nachbarn. Europa ist nicht aus Schlachten geboren, und große Kriegsherren wurden immer wieder in die alte Ordnung zurückgedrängt.

Allerdings bildete die Erbfolge noch immer Anlass zum Krieg. Die französische Expansion nach Oberitalien, abgewehrt in der Schlacht von Pavia 1525 durch die Truppen Kaiser Karls V., und noch der Spanische Erbfolgekrieg 1712 machen deutlich, dass der gerechte Kriegsgrund Nummer eins, die Erbfolge, sei sie auch reichlich konstruiert oder umstritten, das Kriegsrecht so lange beherrschte wie die Legitimität der Monarchien. Erst Napoleon setzte sich mit dem Recht der Revolution darüber hinweg, nachdem noch die Eroberung Schlesiens durch die Preußen mit dubiosen Erbansprüchen gerechtfertigt wurde.

Seither freilich ist das Erbrecht vor dem Nationalegoismus, dem »sacro egoismo«, so gut wie völlig zurückgetreten. Die »Befreiungskriege« gegen Napoleon vereinten Mitteleuropa zu einem deutschen Bund, und die Kriege um die Gründung des so genannten zweiten deutschen Kaiserreiches waren wiederholt von Bismarck mit Umsicht provoziert worden. Danach ging man freilich im Hinblick auf den technischen Fortschritt vorsichtiger mit Kriegsplänen um.

Das bewahrte nicht vor der Katastrophe des großen europäischen, noch nicht wirklichen Weltkriegs von 1914. Hier ging Europas Kriegsmoral, wie sehr sie noch immer galt, in den Materialschlachten unter, und das Vertrauen der Truppen auf allen Seiten in die Kriegskunst und die humane Kriegführung ihrer Generäle auch. Ohne jede Rechtfertigung aus dem alten europäischen Reservoir folgte dann der nächste Krieg als Kampf der deutschen Herrenmenschen für eine Welterneuerung durch den Sieg der nordischen Rasse. Als dieser Krieg wirklich zum Weltkrieg wurde, ging er verloren für die Theoretiker des Rassenwahns. Allerdings riss er die europäischen Mächte unverschuldet mit in die Tiefe, vor allem Polen, England und Frankreich, die sich Hitlers Wahnsinn tapfer entgegengestellt hatten. Erst die beiden neuen Weltmächte entschieden den Krieg und sorgten bald danach für eine noch fürchterlichere Kriegsform: den Atomkrieg. Er war großenteils der Zivilbevölkerung zugedacht, wie die bis heute gottlob einzige Probe davon an zwei japanischen Großstädten zeigte. Das Gleichgewicht des Schreckens zwischen den USA und der UdSSR weckte doch wieder das moralische Element und ließ Europa nur zum Opfer eines »Kalten Kriegs« werden, ideell und wirtschaftlich ausgetragen, auch das schlimm genug für die Opfer. Die künftige Kriegsmoral wird vermutlich in globalen Zusammenhängen entschieden.

III. Die Entfaltung Europas

Die alten Reiche

Woher die Macht kam

Eine Geschichte der Macht im mittelalterlichen Europa muss zwangsläufig bei Karl dem Großen beginnen, zweihundert Jahre vor der Jahrtausendwende. Denn Karl war der erste und mächtigste Herrscher
nach der Größe und der Dauer seines Reiches bis heute, und seine
Herrschaft bildet daher auch den besten Ansatz für Spekulationen
über Möglichkeiten und Mentalität der Mächtigen. Dabei wird
»Macht« hier einmal mit der Elle gemessen, nämlich mit der Größe
eines beherrschten Landes und freilich auch mit der Dauer einer solchen Herrschaft. Das ist nicht selbstverständlich. Denn auch die mittelalterlichen Jahrhunderte wussten die Macht des Geldes zu schätzen,
und in der Gestalt des Papsttums erst recht die Macht über die Seelen
der Menschen. Dennoch: Macht ließ sich letztlich in einer agrarischen
Welt unmittelbar nur mit der Herrschaft über Land in Verbindung
bringen, mit der Fruchtbarkeit und den Bodenschätzen eines Landes
und mit der Zahl seiner Krieger.

Macht aber war von vornherein auch verbunden mit ihrer eigenen
Rechtfertigung. Das heißt zwar, dass man politische Macht nicht
durch Argumente erstreiten konnte. Aber man konnte sie damit in den
Köpfen der Menschen befestigen und ihre Ausweitung vorbereiten.
Macht hat immer Recht. Das heißt umgekehrt: Ohne Rechtfertigung,
mag sie einsichtig sein oder nicht, schlägt der Mensch seinesgleichen
nicht den Kopf ein. Es bleibt wohl offen, wieweit diese Einsicht tröst-
lich erscheint für die Opfer. Für die Täter ist sie allemal bindend. Denn
es gilt, nach dem Kirchenvater Augustinus: »Ohne Recht wären die
Staaten nur große Räuberbanden.«

Im mittelalterlichen Europa, im westlichen lateinischen wie im östlichen griechisch-slawischen, ging alle Rechtfertigung vom alten Rom
aus. Konstantin der Große, der »Gründer« Konstantinopels, schuf in

seiner neuen Hauptstadt im Osten, in Konstantinopel, um 317 deshalb ein »Zweites Rom«. Für Karl »den Großen« genügte es um 800 nicht, das Frankenreich von seinen ursprünglichen Grenzen zwischen Loire und Rhein bis an die Pyrenäen und den Harz ausgedehnt zu haben. Der Frankenkönig wurde vielmehr zum Imperator Augustus, der Frankenherrscher wandelte sich, übrigens nicht ohne Widerstand am eigenen Hof, zum römischen Potentaten und erklärte Aachen zum »Neuen Rom«. Der Moskauer Großfürst Iwan (Johannes) III. machte um 1500, nach der Eroberung Konstantinopels durch die Türken, Moskau zum »Dritten Rom« und vertrat seither die oströmische Kaisertradition in Osteuropa mit seinen Nachfolgern bis 1917.

Ein Erstes, ein Zweites, ein Drittes Rom: Nur das römische Programm rechtfertigte das Kaisertum, und dabei, damals wie heute, verhalf die Macht auch umgekehrt zur Durchsetzung ihrer Ideologie. Am Hofe Karls lernen wir demzufolge auch politische Theorie kennen, wie sie fortan die europäische Machtpolitik begleitete. Hier setzte die politische Tradition aller Reichsbildungen ein. Die Britischen Inseln blieben außerhalb. England ging einen eigenen Weg und kämpfte im 10. Jahrhundert mit den Dänen. Irland war in wenig bekannte Kleinherrschaften und Klosterregionen aufgeteilt. Spanien war arabisch und ließ sich von Karl nicht erobern. Westslawen und Skandinavier übten die ersten Schritte zu Großherrschaften, noch fern vom karolingischen Horizont. Böhmen, Polen und Ungarn entstanden als Großherrschaften erst im 10. Jahrhundert oder um die Jahrtausendwende. Rom selbst, die antike Machtzentrale, spielte damals unter der päpstlichen Herrschaft machtpolitisch kaum eine Rolle, so wichtig sein faktischer Besitz und der ideelle Anspruch auf seine Hinterlassenschaft auch immer war. Allein die Bürgerschaft hat sich doch zu Zeiten der aufrührerischen »Kommunalbewegungen« in Oberitalien auch selbst zu Wort gemeldet, hat sich von einem Arnold von Brescia im 12. Jahrhundert bis in die revolutionäre Position gegen Papst und Kaiser führen lassen und hat eine lange unbeachtete »Renovatio Senatus« politisch kultiviert, ehe ihre Position zugleich mit den Staufern um die Mitte des 13. Jahrhunderts unterging. (Strothmann 1998) Ein Nachspiel mit Cola di Rienzo 1347 konnte sie nicht erneuern. (Seibt 1984)

Die islamische Macht in Spanien folgte dem Vorbild Mohammeds von der Einheit von Religion und Politik in priesterlicher Hand. Politische Macht in Mittelitalien war bald mit dem päpstlichen Stuhl in

Rom verbunden. Politische Herrschaft in Unteritalien war nach wechselnden Vorzeichen byzantinisch oder sarazenisch, dann normannisch, staufisch, zuletzt spanisch. Das Reich Karls wurde nach seinem Tod in seiner östlichen Hälfte zum »Heiligen Römischen«, und seit dem 12. Jahrhundert bemühten sich auch die anderen Königreiche im Westen wie im Osten Europas in ähnlicher Weise um Sakralisierung ihrer Macht durch kirchliche Krönung ihrer Könige, durch Schutzheilige, durch wundersame Verbindung ihrer Dynastien mit dem Numinosen. (Graus 1975; Reinhard 1999)

Macht verhieß anfangs Gefolgschaft, Sklaven und Vieh, in einfachen Begriffen, und Reichtum schloss Raubzüge nicht aus. Die Wikinger, die Waräger, die Magyaren, die Sarazenen suchten im 10. Jahrhundert bei ihren Raubzügen zunächst einmal nach solchen Machtgrundlagen. Wirtschaftliche Macht, Geld, zählte noch nicht dazu, und Land, die agrarische Basis, trat eben erst mit der Bildung von Großherrschaften in den Gesichtskreis der Mächtigen. An der Schwelle der Großmachtbildung um Kiew stand der Handelsweg nach Konstantinopel, von den Warägern entdeckt und behauptet. Es gab zwar auch außerhalb von Raub und Handel bedeutende Schätze. Nach archaischer Tradition pflegte man sie zunächst zu horten, nicht zu veräußern. Der Nibelungenhort erinnert noch daran. Silber und Gold, die ein Fürst erwarb, dienten gutenteils nur zur Darstellung seiner Macht und allenfalls zum Geschenk an Verbündete und Diener, noch ehe man sie etwa seit dem 12. Jahrhundert zu Münzen schlagen und solcherart in Wirtschaftsmacht umsetzen konnte. Noch heute hat England seinen »Kronschatz« im Tower und Russland im Kreml, Deutschland in Wien und Spanien in Madrid, mit einer blendenden Fülle künstlerisch wertvoller und teurer Kleinodien, unökonomisch dem Kreislauf des Geldes entzogen und zum Ansehen in doppeltem Sinn bestimmt. Auch die Kirchenschätze, oft freilich mit Reliquien bestückt und damit auch noch ins Sakrale erhoben, bleiben bis heute geradeso dem Ansehen vorbehalten nach Art der uralten Hortschätze und ohne Rücksicht auf ökonomisches Management. Die moderne dynamische Mentalität stößt hier auf eine ganz andere Form des Besitzdenkens, eine vormonetäre, wenn man will, und weil nicht nur die großen, sondern auch die kleinen Mächtigen Schätze horteten, lässt sich ermessen, welche Dynamik durch das Vordringen der Geldwirtschaft hatte freigesetzt werden können. Walther von der Vogelweide, der bekannte und den Veränderungen seiner Zeit um 1200 zugewandte Sänger, preist »den Waisen«, den größten Edelstein in der römisch-deutschen Krone, und tadelt gegen Ende seines Lebens die adelige Gesellschaft wegen ihrer binnen einer Generation entwickelten Rechenhaftigkeit: »… die können niuwan sorgen, owê, was tun sie so?!« – »Die können nichts als sorgen, o weh, weshalb tun sie so?« Wird man einmal von der vor unseren Augen entfachten Börsenmentalität so ähnlich reden?

Aber auch die monetäre Art von Machtübung, reichen Städtebünden, der weit gedehnten Kaufmannsmacht der Hanse und besonders italienischen Handelsstädten eigen, führte am Ende des Mittelalters noch lange nicht in die Zukunft Europas. (Blockmans 2001) Geradeso wenig wie die rohe Macht der Schwerter in den Händen von Goten, Vandalen und Burgundern, der Langobarden, ja selbst der Normannen auf römischem Boden am Anfang des Mittelalters Bestand hatte. So muss man fragen, was denn Karls Reichsbildung in einen besseren Stand versetzte, um trotz folgender Erbfolgestreitigkeiten und Teilungen, trotz der künftigen Macht des Geldes in königlichen und bürgerlichen Händen, am Ende doch tausend Jahre zu überdauern? Denn seine westliche Hälfte, die französische Monarchie, ging nicht früher zugrunde als 1793, und seine östliche, das alte Deutschland, kurz nachher 1806. Das heißt im säkularen Rückblick, dass Karls Reich, zwar geteilt unter seinen Enkeln und deren Nachfolgern, links und rechts des Rheins erst nach tausend Jahren und fast zur gleichen Zeit aus der Geschichte verschwand.

Demnach müssen wir tiefer schürfen bei der Frage nach den Ursprüngen der Macht in Europa: Karls Reich beruhte auf den Eroberungen der Frankenkönige im nördlichen und mittleren Gallien seit dem fünften Jahrhundert. Die Franken eroberten, aber anders als die Goten oder Langobarden zur selben Zeit in Italien, anders als die Vandalen in Nordafrika: Sie glichen sich den Besiegten an. Ihre Könige, zuvor Arianer wie alle Ostgermanen, missioniert zur Zeit einer Abspaltung vom »orthodoxen« Christentum im byzantinischen Ostreich, übernahmen das römisch-katholische Christentum. So gab es keinen religiösen Gegensatz zur galloromanischen Bevölkerung. Die fränkischen Krieger enteigneten auch nicht generell die römisch-gallischen, die »welschen« Gutsherren, sie betonten nicht die Macht des Schwertes, sondern wurden offenbar großenteils mit dem weiten, noch unbesiedelten, zuvor römischen Staatsland in Gallien ausgestattet, mit Wald und Heide. Die Franken »romanisierten« sich in vieler Hinsicht, sie assimilierten sich. Dementsprechend »frankisierten« sich die Gallo-romanen. Die Nachfahren des römischen Senatorenadels übernahmen Teile der fränkischen Herrschaftsorganisation, sie stellten noch lange die kirchlichen Würdenträger in Klöstern und an Bischofssitzen, sie bildeten, bald mit den Franken versippt, eine kirchlich-politische Einheit des Friedens, entwickelten religiöse Intellektualität in neuen Klöstern und alten römischen Bischofsstädten. Sie stellten Äbte, Domherren und Bischöfe, die das spätantike Latein schriftlich tradierten und galloromanisch sprachen; sie vermittelten den Steinbau, wenn auch nur als Provinzkunst, und geistliche Kultur in Buch und Musik, wenn auch mit der Gefahr für die römische Zentrale, eine romferne Landeskirche zu bilden. Romanische, irische, angelsächsische Mönche trugen das fränkische Bildungswesen, entwickelten wohl auch die neue Agrartechnik, nicht römisch, sondern den nordalpinen Verhältnissen angepasst, Dreifelderwirtschaft, Rodearbeit, Wendepflüge. Sie stützten sich auf die seit Jahrhunderten ansässige gallorömische Bevölkerung, deren Daseinsvorstellung schon seit zwei, drei Jahrhunderten christlich geprägt war. Die kirchliche Anerkennung des erfolgreichen Eroberers Chlodwig-Ludwig (482–511) legte zuerst einmal den Grund zum fränkischen Großreich, mindestens so tragfähig wie die langen fränkischen Schwerter. Es gab keine Aufstände. Es gab ein neues Volk im weiten Wellenschlag der historischen Entwicklung, die »Franzosen« links des Rheins und, etwas komplizierter in ihrer Entstehung, rechtsrheinisch die Deutschen.

Währenddem war diese Großherrschaft freilich auch durch neue Organisationsformen stabilisiert. Militärische Gefolgschaft wurde ermöglicht und belohnt durch Verleihung von Landgut, und diese Gutsherrschaft auf Zeit gesichert durch einen »Lehenseid« in wechselweiser Bindung von »Herr und Mann«. Dieses Lehenswesen als fränkische Innovation machte danach in halb Europa Schule, vornehmlich im westlichen, und überall dort trug es jahrhundertelang zur politischen Stabilität bei bis in die Neuzeit. Bis 1806 galt in Deutschland, bis 1848 gar in seiner südlichen alten habsburgischen Hausherrschaft, der Lehenseid zwischen Herrscher und Hochadel als Staatsakt. Zugleich wurde so die archaische Gefolgschaftstreue zur christlichen Lehenstreue geläutert, die den Eid über alle anderen Bindungen erhob. Das Nibelungenlied macht diesen dramatischen Wechsel von der Sippentreue zur Lehenstreue in seinen verschiedenen Fassungen und Entwicklungsformen anschaulich. Allerdings, in Klammern angemerkt,

zeigt dasselbe in Deutschland so hochstilisierte Epos auch die barbarische Verbreitung von Betrug und Verrat unter allen möglichen Umständen, an Brunhild, Siegfried, Gunther und Hagen, woraus sich bekanntlich der dramatische Knoten schürzte.

Herrschaftsstrukturen

Wir müssen noch einmal innehalten, um uns der rechten Voraussetzungen für unsere Umschau zu versichern: Die Menschen lebten im
ersten Jahrtausend zwar im selben Raum wie wir heutigen Europäer
auch, aber nordalpin, einigermaßen entfernt von der alten römischen
Zivilisation, lediglich in »Siedlungsinseln«. Der größte Teil des Landes
war Wald und Heide, war römisches Fiskalland, danach fränkisches
Königsland, und es gab daher genug, was an die Großen zu vergeben,
was für den künftigen Staatsaufbau als Königsbesitz, dynastische
»Hausmacht«, zum Kitt werden konnte. Die Organisation dieses ver-
bliebenen Königsbesitzes, das römische Staatsland von ehedem, gestützt auf die neuen Pfalzen oder die alten Römerstädte, ließ ein loses
Verwaltungssystem in den Händen von Königsbeamten entstehen, den
fränkischen Grafen. Boten und Richter des Königs reisten in seinem
Auftrag zur wichtigsten königlichen Pflicht, soweit er ihr nicht selber
genügen konnte, und das war, Gericht zu halten, Recht zu sprechen,
besonders auch unter den Großen, und damit Frieden zu wahren. Die
klarste Form fand dieses System in dem erst spät, sozusagen vor unseren Augen nach den undurchsichtigen Vorgängen anderswo in der
Frühzeit, eben erst 1066 normannisch eroberten England. Dort war
nach dem neuen rigoros gehandhabten Recht der Eroberer alles Land
Königsland, an die normannischen Ritter nur verliehen in unbestreit-
baren Rechtsformen, und aller altsächsischer adeliger Eigenbesitz war
aufgehoben. (Strayer 1975)
    Die Sammlung der Ernten auf Königsland in den Scheunen der Pfal-
zen, die einfachste Form einer Naturalsteuer, wartete auf den reisenden König und seinen Hof, oder zumindest auf seine Grafen und deren
Gefolge. Das umgekehrte System, die Zentralisierung von Abgaben
und Leistungen, von Macht und Gericht in einer Hauptstadt, und damit das gesamte zentralistische Denken, das unsere Vorstellung von
Machtausübung bestimmt, verbot sich solcherart von selbst, und keine der frühen Herrschaften übte sie. Erst die Zukunft der europäischen

Monarchien gehörte dem zentralen System, denn erst Geld ließ sich in Zentralen sammeln, weil es nicht nur nicht stank, nach einer allzu oft bemühten Spruchweisheit, sondern vornehmlich, weil es nicht schimmelte. Frühe Gesetzessammlungen nach römischem Vorbild sollten schon im 7., 8. Jahrhundert die herkömmlichen mündlich überlieferten Volksrechte zur Grundlage rechtlicher Ordnung erheben und eben damit »römische« Verhältnisse herstellen, im Frankenreich ebenso wie bei Bayern, Westgoten oder Langobarden und bei den Angelsachsen unter der im Übrigen vom Festland unabhängigen Herrschaft Alfreds »des Großen« (871–899). Dieses weit gespannte Herrschaftssystem überstand in der Mitte des 8. Jahrhunderts im Frankenreich einen ersten Dynastiewechsel, gestützt auf die faktische Macht einer Sippe von Parvenüs, eben jener viel berufenen Karolinger. Sie lösten die alte, schrittweise entmachtete Königssippe ab, die schon zu ihrer Zeit legendenumwobenen Merowinger. Diese Ablösung war von den Machtverhältnissen längst vorgegeben, erforderte aber eben auch noch eine besondere Legitimation gegenüber der archaischen Ideologie vom götternahen Königsgeschlecht, und daraus entstand im westlichen Europa, mit einem kurzlebigen Vorspiel im vorislamischen, westgotischen Spanien, eine unerhörte und fortwirkende legitimatorische Neuerung: die Königskrönung. Damals wurde die Salbung und Krönung eines Königs durch den Papst oder einen Bischof eingeführt, nach biblischem Vorbild, um den Karolingern aus kirchlicher Hand zu geben, was die vorangehende Königssippe aus heidnischer Tradition ihnen voraushatte: das uralte Geblütsrecht, die vorrömische und noch archaische Rechtfertigung der Macht aus mythischem Herkommen. So siegte auch in diesem Bereich die kirchliche Ideologie über die heidnische Tradition.

Karl, König seit 771, erwies sich wie die meisten Frankenherrscher, neue wie alte, als ruheloser Eroberer. Er begann 772 einen dreißigjährigen Krieg zur Unterwerfung und Christianisierung des Sachsenlandes. Seine Missionspläne sicherten ihm die Unterstützung der Kirche, deren Macht er gleichermaßen vermehrte. Zwischendurch besiegte Karl die Langobarden, zwar keine Heiden, sondern arianische Christen, doch jedenfalls keine Katholiken. Sie hatten Ober- und Mittelitalien besetzt und beeinträchtigten den päpstlichen Bewegungsraum. Karl führte dabei Krieg gegen seinen eigenen Schwiegervater und schickte ihn ins Kloster. Er eroberte Friaul, Istrien und Oberitalien. Er schlug danach in Ostelbien die Slawen und die Awaren an der Donau. Er machte die Böhmen tributpflichtig und ordnete römische Papstwirren. Da krönte ihn der Papst zu Weihnachten 800 nach Salbung und unter Akklamation der Römer in der Peterskirche zum Kaiser. Vorausgegangen war eine mühsame Fahrt Leos III. nach dem Norden, ein Besuch in der neuen Pfalz in Paderborn 798, wo er sich im eroberten Neuland vor dem mächtigsten Mann in der lateinischen Christenheit durch einen »Reinigungseid« gegen römische Vorwürfe rechtfertigen musste. Das hatte die Verhältnisse wohl in Karls Sinn geordnet. Ob er zwei Jahre danach nun seinerseits in Rom die Krone wirklich aus der Hand Leos III. annehmen wollte oder ob er, wie das in Konstantinopel bei Kaiserkrönungen üblich war, sich nicht lieber selber die Kaiserkrone aufgesetzt hätte, ist bis heute umstritten.

Jedenfalls hielten die Päpste fest an ihrem neuen Krönungsrecht, denn es war wichtig für ihr machtpolitisches Stützkorsett. Papst und Kaiser, Kaiser und Papst gaben dem lateinischen Abendland fortan die virtuelle Spitze, der Macht das Recht. Der Bund war geschlossen. Er war auch sofort umzusetzen in Politik: Der Kaiser beschützt den Papst, und der Papst krönt den Kaiser. Ein Grundstein für die Politik der nächsten dreihundert Jahre im westlichen Europa, in dem nun erst und für alle Zukunft klar vom byzantinischen Ostreich abgegrenzten lateinischen Europa, das damit gleichrangig wurde mit dem Kaisertum in Konstantinopel. Dort nannte sich der Nachfolger Konstantins zwar in deutlicher Konkurrenz auch »Herr der Römer«, »Basileos ton Rhomäon«, obwohl er in unseren Augen treffender »Herr der Griechen, Slawen und Anatolier« hätte heißen sollen, und der westliche sollte eigentlich »Herr der Franken, Sachsen, Bayern, Slawen, Langobarden« genannt werden und etwas später, von 952 bis 1806, »Herr der Deutschen, Italiener, Südostfranzosen und Slawen«. Eine berühmte Buchmalerei jener Zeit zeigt das auch. Aber es blieb in der Intitulatur jeweils gleichermaßen beim römischen Kaiser, Imperator Augustus hier und Basileos dort. Der Ostkaiser musste sich schließlich mit den westlichen Emporkömmlingen arrangieren, und das ging zeitgenössisch nur durch einen Ehebund. Davon später.

So entstand im katholischen Westen aber doch etwas anderes als im orthodoxen Osten, nämlich ein deutlich zweipoliges Modell von politischer und kirchlicher Macht. Im Osten war die kirchliche Macht dem Kaiser gegenüber nur durch einen von insgesamt fünf Patriarchen der universalen Christenheit repräsentiert, nicht durch den Nachfolger des heiligen Petrus selbst. Man kann auch sagen, Rom tat mehr als Konstantinopel, um seine Diplomatie in politische Ansprüche dem Kaiser gegenüber umzusetzen, und hatte dabei das bessere Gedächtnis. Die Ansprüche im Westen zielten vielleicht schon immer aufs Ganze, aber sie tendierten tatsächlich zum Dualismus. Der Basileos des Ostens, »Herr über die Rhomäer«, hatte keinen vergleichbar renommierten geistlichen Herrscher neben sich. Der Papst in Rom drängte überdies immer wieder auf die kaiserliche Anerkennung seiner Landesherrschaft in Mittelitalien, als Geschenk Konstantins deklariert, oder als besondere Übereinkunft mit späteren Herrschern, jedenfalls eine der berühmtesten Fälschungen der europäischen Geschichte (Drabek 1976, 65 ff.), die noch das Abkommen um den Vatikanstaat mit dem italienischen Königreich 1929 begleitete. (Fuhrmann 1972)

Vom Osten unterschied sich das westliche Kaisertum überdies auch noch durch seine innere Vielgestalt. Anders als dort, traten im Westen nämlich um die Jahrtausendwende insgesamt acht Königreiche hervor, die nach einer Entfaltungsphase allesamt den Kaiser durchaus nicht als ihren Herrn ansahen, sondern als ihresgleichen, allenfalls mit einem besonderen Ehrentitel. Weil sich in diesem Streben um Gleichrangigkeit auch für sie ein kirchliches Krönungsrecht ausbildete und eine besondere Vorrangstellung eines Erzbischofs mit Krönungsrechten unter dem Klerus, verfestigte sich auch hier jeweils ein Abbild von königlich-kirchlichem Dualismus. Latent trug das Modell von weltlicher Herrschaft nach kirchlicher Krönung, das Beispiel von Trennung und Verbindung, von »weltlich« und »kirchlich«, bereits den Zwiespalt in sich von Machtanspruch bei den Gekrönten und Moralanspruch bei den Krönenden. Und es sprach, nach derselben einfachen Mechanik, die den Kaiser in Aachen sein ließ und den Papst in Rom, auch gegen die Residenz beider in einer gemeinsamen Hauptstadt: Weder in Aachen, Paris, London noch in Krakau, Buda, Lund wohnten König und Erzbischof miteinander hinter den gleichen Mauern, auch nicht im jüngeren Madrid. Das schottische Königreich bleibt von 1292 bis ins 15. Jahrhundert ohne Erzbischof. Der Prager Hradschin bildet da die große Ausnahme, aber der böhmische Bischof wurde erst 1344 zum krönungsberechtigten Erzbischof erhoben.

Die Geschichte der Macht im westlichen, im mittelalterlichen Europa ist also nicht zu erklären ohne einen weltlich-geistlichen Dualismus, und der nicht ohne Karl und seinen Aufstieg zum neuen römischen Kaiser in der ehemaligen westlichen Hälfte des antiken

Römischen Reiches und seinem nordalpinen Appendix bis weit in den barbarischen Norden. Und Karl nicht ohne die Kirche. Die Kirche freilich wiederum nicht ohne Rom. Die weltliche Macht ist begrenzt und begleitet von geistlicher Macht, Kaiser und Papst, Könige und Kirchenfürsten stehen miteinander in dualistischer Einheit. Titel und Idealbild tragen diese Konstruktion bis ins 20. Jahrhundert. Sie findet Ausdruck in jener inneren Bindung an alle Autorität, die von der Kirche sanktioniert oder mit ihren Möglichkeiten garantiert wurde: im Eid. Lehenseid, Untertaneneid, Krönungseid, Amtseid in vielen Formen. Der Eid, das Sakramentum, kirchlich wie in der Volkssprache beinahe einem der sieben Sakramente gleichgesetzt (Prodi 1993, Einleitung), schon im westgotischen Spanien des 7. Jahrhunderts kirchenrechtlich definiert, machte das Christentum zum Stabilitätsfaktor für alle Herrschaft, so wie sie einmal christianisiert war. In der politischen Wirklichkeit geriet das System am Kirchenbann gegen Kaiser und Könige schon 1076 und in den Folgejahren in Turbulenzen. Aber noch heute – »so wahr mir Gott helfe!« – wird es in der modernen Vertragsdemokratie zu Hilfe gerufen. Macht wird aber nicht nur erobert, sondern auch erwünscht und erbeten. Das zählt zu den Geheimnissen der menschlichen Gesellschaft, damals wie heute. Macht verheißt nicht nur Gewalt, sondern auch Gerechtigkeit, Ordnung, Harmonie. »Die schreckliche, die kaiserlose Zeit« weckt auch die Angst vor dem Chaos.

Die Macht der Großen

Die Königsmacht hatte aber noch einen anderen Konkurrenten. Das waren die Herzöge, Dogen, *duces*, auch *wladiwoji* im Slawischen, »Heerführer«, Anführer von »Stämmen«, und das sind die in Mittel- und Ostmitteleuropa bei Germanen und Slawen gut erkennbaren Kristallisationskerne großräumiger politischer Organisation vor der Konsolidierungsphase von Königreichen um die Jahrtausendwende. Sie bildeten die »Großen«, Magnaten, Wojewoden, Fürsten im späteren Aufbau der Königreiche, sie regierten, herrschten, regelten die öffentlichen Dinge mit unterschiedlicher Amtsgewalt in den Herzogtümern, Provinzen, Wojewodschaften, klein oder groß, mit unterschiedlicher Bindung nach unten und oben in nationalen Varianten des gesamten Karlserbes und seiner Folgereiche, aber auch in den Nachbildungen außerhalb und in den italienischen Seerepubliken. Ältere und jüngere Stammesherzöge sind dabei zu unterscheiden, je nach dem Organisationsprozess (Wenskus 1986), wobei die älteren meist bei der Bildung von Großreichen entmachtet wurden, ausgerottet, eingegliedert, auch das mit weitem Spielraum, wie der Bayernherzog Tassilo, den Karl nicht wie üblich umbringen, kastrieren oder blenden ließ, sondern nur ins Kloster schickte als humane Liquidierungsmaßnahme, oder der Sachsenherzog Widukind, den er gar nach seiner Taufe begnadigte und dessen Nachfahren als sächsische Herzöge hundert Jahre später Karls Königs- und Kaiserkrone erwarben. Sprichwörtlich grausam waren die schottischen Potentaten, die auf dem Höhepunkt ihrer Rivalitäten einander rücksichtslos ermordeten, wie Shakespeare seinen Landsleuten vorführte, oder die Przemysliden, die ihre Konkurrenten in Ostböhmen ausrotteten mit Frau und Kind. Nicht anders im burgundischen Frankreich. In jüngeren, zivilisierteren Zeiten konnten sich Herzöge unterwerfen und danach lange in gewissen Machtstellungen halten, bis sie, wie in Frankreich, durch die überlegene Zeugungskraft der kapetingischen Monarchie beerbt wurden, zuletzt noch in der Bretagne 1536, oder mit Seitenlinien des Königshauses besetzt, wie die Herzogtümer von Orléans und von Burgund, was die Ausbildung des Föderalismus nach deutschem Beispiel zumindest hemmte.

In Polen behielten die Magnaten mit ihren Herzogtümern das große Wort und behinderten eine handlungsfähige Königsmacht bis zum Untergang der Monarchie im 18. Jahrhundert.

Gewaltsame und wechselseitige Vereinigungsversuche zwischen Polen und Böhmen in der ersten Hälfte des 11. Jahrhunderts misslangen, führten aber zur Ausrottung der Slawnikidenherzöge und zur endgültigen Trennung eines an sich nahe liegenden westslawischen Vereinigungspotenzials, nachdem die Magyaren hundert Jahre zuvor die Verbindung der West- mit den Südslawen von der Ostsee bis zur Adria durch ihren Einbruch nach Pannonien für immer unterbrochen hatten. Die nördlichen slawischen Herzogtümer Mecklenburg, Pommern und Schlesien bestanden unter ihren Fürstenhäusern unterschiedlich lange und gingen im Deutschen Reich auf.

Erbrecht

Sterben und Erben hängen noch heute zusammen. Die zugehörigen Regeln gelten im Großen und Ganzen in Europa überall. Auch Häuptlinge, Fürsten, Monarchen hinterließen ihre Macht nach dem Erbrecht. Das Erbe der Herrschaft war aber meist kein Erstgeburtsrecht. Das heidnische Familienerbrecht spielte noch lange mit, und die Erbschaften »zur gesamten Hand«, das heißt für alle Söhne, schlugen sogar noch im 16. Jahrhundert bei Teilungen durch. Königreiche waren seit der Jahrtausendwende gewohnheitsrechtlich vor solchen Teilungen gefeit. Landesadel und Kirche beharrten auf Einheit. Auch englische und französische Herzogtümer waren sicher, aber in Polen wucherten sie, in Deutschland waren nur die weltlichen Kurfürstentümer davon ausgenommen. Im Allgemeinen stand der Landesadel dagegen. Erbanspruch jeder Art beruhte jedenfalls auf familiären Bindungen, galt mitunter auch für Frauen oder wurde, oft weit wichtiger, auch durch Mütter übertragen. Erbrecht hing lange am dynastischen Besitzdenken, erst spät, erst im 16., 17. Jahrhundert, setzte sich dagegen »Staatsräson« durch, das heißt: Rücksicht auf die Stände und die Untertanen und auf Bestand und Wohl des Staatswesens.

Erbrecht war nicht christlich, aber bei seinem biblischen Vorbild eigentlich auch nicht heidnisch zu nennen. Kirchenämter oder Kirchenbesitz ließ sich nicht vererben. Der Klerus trat aus diesem Rechtsgefüge ganz und gar heraus, ohne Ehe, ohne Sippe, ohne Erben, kleine Stücke persönlichen Besitzes, Bücher, ein Pelzmantel, Truhen und Stühle allenfalls ausgenommen. Laien strebten dagegen nicht nur danach, sondern auch nach der Erblichkeit von Amt und Würden, von der Dorfobrigkeit, »Erbschulzen«, bis zum städtischen Ratsamt, überall in der Christenheit. Die Ansprüche auf gewisse, ursprünglich zeitlich befristete Ämter gerieten dabei in die große Politik. Auch hier kann man weit unten anfangen: Burglehen, die den dienenden Adel, den »Ministerialenadel«, unter verschiedenen Bezeichnungen auch außerhalb des ausgeprägten Lehensrechts in seiner Daseinsberechtigung berührten, darüber hinaus die höheren Ämter und Würden, Grafschaften, Markgrafschaften, Herzogtümer, auch Lehenherrschaften über weite Bereiche. Nach altem Herkommen war alle Macht zu vererben. Der neuere Weg zugunsten einer beweglichen Herrschaftsführung führte zum begrenzten Herrschaftsauftrag an »Beamte«. Der künftige Weg führte auch zur Einmannherrschaft auf dem Königsthron anstelle von Teilungen. Das musste man nicht rechtfertigen mit dem Recht der Erstgeburt, das die Bibel immerhin dokumentiert, auch wenn es sich um ein Linsengericht verkaufen ließ. Es ergab sich ohne weiteres aus dem zeitlosen Willen zur Macht. Dennoch war ein solches Recht der Erstgeburt erst zu Ende des Mittelalters allgemein anerkannt.

Wieder hilft der Verlauf der Dinge zur Anschauung. Noch Karls Herrschaftsmodell, mit dem wir unseren Rückblick begonnen haben, litt unter diesem Mangel. Denn Karl selbst erbte das Reich gemeinsam mit seinem Bruder Karlmann und wäre vielleicht nicht »der Große« geworden, hätte er seine Herrschaft lebenslang mit ihm teilen müssen. Aber sein Bruder starb bald. Auch fügte es nur ein Zufall, dass seine Erben nicht sofort nach ihm das Riesenreich teilten. Denn nach der langen Regierungszeit überlebte ihn nur mehr ein einziger legitimer Sohn, und deshalb gab es keinen Streit um die Nachfolge. Doch in der nächsten Generation drängten erst drei, dann vier Enkel zum Erbe und es kam zu Teilungen. Die politische Geographie empfahl West und Ost als Teilungsprinzip, dazu noch ein Mittelreich von der Nordsee bis zur Riviera, das man später Lotharingien hieß. Der Name für einen Teil davon lebt noch heute. Aus Westfranzien wurde Frankreich, Ostfranzien wurde zu Deutschland. Erst nach dem Ende der Karolinger, die im Osten ausstarben mit König Ludwig »dem Kind« 911, im Westen mit Lothar V. 987, kam es gleichsam zu einer Zerreißprobe. Wer sollte nun erben? Sollte man die beiden Reichshälften abermals teilen? Da erwies sich der Zusammenhalt der beiden Herrschaftsgebilde unter neuen Königen jeweils stärker als der Rückgriff auf die fernere Verwandtschaft. Damit war das dynastische Erbrecht zugunsten des politischen Zusammenhalts der Großen, der Herzöge und ersten Würdenträger, im Ostreich wie im Westreich überwunden.

Das dynastische Erbrecht spielte im Lauf der Zeit den einzelnen europäischen Königsfamilien ganz unterschiedlich mit. Allgemein anerkannt etwa seit dem 12. Jahrhundert als Recht des Erstgeborenen und danach des jeweils Ältesten aus der männlichen Nachkommenschaft, oder aber des nächsten Verwandten auch über weibliche Verbindungsglieder, in England auch auf Frauen ausgedehnt, nicht nur, wenn es um Witwen oder Mütter ging, bescherte es nur einem der acht oder zehn europäischen Königreiche Stabilität: Frankreich. Kastilien und Aragon, von den Mauren befreit, führte es 1466 über eine Heirat zum Kö-

nigreich Spanien zusammen. England musste sich mit Mord und Totschlag wiederholt auf den rechten Thronerben einigen. Polen, Böhmen, Ungarn holten Könige für ihre Erbprinzessinnen im Einverständ-
nis ihrer Großen im Bedarfsfall aus der Nachbarschaft. Deutschland
aber, nach dem Ende der Karolinger seit dem 10. Jahrhundert Erbe des
Kaisertitels bis 1806, musste bis zum Ende des Mittelalters etwa alle
hundert Jahre oder immer nach vier Generationen einen neuen König
suchen, weil die alten Dynastien ohne Nachkommen abgegangen waren. Die Ursache könnte man billigerweise in der deutschen Italienpolitik suchen, denn dem deutschen Herrscher fiel jeweils eine Aufgabe
zu, vor der die anderen Könige in Europa verschont blieben: Er musste, wenn er in Deutschland zum König erhoben und gekrönt war, auch
noch nach Italien ziehen mit Heeresmacht, um in Rom zum Kaiser gekrönt zu werden. Das brachte ihm keinen Machtzuwachs, sondern nur
einen von seinen Kollegen auf den europäischen Thronen zudem immer wieder bestrittenen Ehrenvorrang. Aber es brachte so manchem
unter den etwa 36 anerkannten deutschen Herrschern einen frühen
Tod. So scheiterte deutsche Italienpolitik immer wieder an Malaria
und an dem Fieber der Pontinischen Sümpfe. Eine solche Herausforderung hatte weder die französische noch die englische, die polnische
oder die ungarische Königsherrschaft zu bestehen. Die sächsische und
die staufische Dynastie gingen auf diese Weise unter, dazwischen mit
Kaiser Lothar 1137 auch die salische. Ebenso wären die Luxemburger
beinahe schon in ihren ersten Jahren im italienischen Fieber dahinge-
schmolzen, die letzte mittelalterliche Dynastie, die ein Jahrhundert
deutscher Geschichte überspannte, ehe die Habsburger seit 1437 un-
unterbrochen auf dem deutschen Thron saßen, bis 1740 als letzte
Habsburgerin eine Frau, Maria Theresia, mit großer Mühe das Habs-
burgererbe behauptete und ihr Mann zum Kaiser gewählt wurde.

Königswahl

Die Machtübernahme durch einen neuen Regenten hatte jeweils ihre
Regeln: Diese Regeln galten prinzipiell überall, aber sie waren in
Frankreich bei der ungebrochenen Dynastiefolge vom 10. bis ins
18. Jahrhundert weit zurückgetreten. In England nicht, sodass hier
immer wieder einmal die Großen bei unklaren Nachfolgeplänen mit-
sprachen und dass hier auch 1215 eine Magna Charta, das heißt ein

großes Garantieversprechen, die Mitsprache dieser Großen regelte. (Hindley 1990) Das Königreich Polen zerfiel gar bei Erbansprüchen des jeweils Ältesten in der königlichen Verwandtschaft, dem so genannten Senioratsprinzip, im Streit in eine Mehrzahl von Teilfürstentümern und musste im 14. Jahrhundert von Grund auf neu errichtet werden. Auch in Böhmen zeigten sich Tendenzen des Senioratserbrechts. Faktisch setzte sich aber doch das Recht des Erstgeborenen durch, wiederholt gestützt durch den Eingriff aus Deutschland oder, gerade umgekehrt, im allgemeinen Widerstand gegen deutsche Wünsche verwirklicht, jedenfalls ohne weitere Zersplitterung. Dänemark litt wiederholt unter Bruderkämpfen, dabei spielte auch die Vereinigung aller drei skandinavischen Königreiche eine Rolle. In Ungarn galt bald der Machtanspruch der Magnaten, ehe 1526 die Habsburger kamen. Auch hier gab es 1222, fast gleichzeitig wie in England, eine große Mitsprachegarantie für den Adel, eine »Magna Charta«. Frankreich in seiner kaum ernsthaft erschütterten Thronfolge ausgenommen, war die Nachfolgeregelung jedem europäischen Königreich gelegentlich als besonderes Problem aufgetragen und in Deutschland durch Regelungen am besten ausgereift. Schließlich wurde sie hier auch in einem Gesetzwerk von 1356 schriftlich festgelegt. Das Mittelalter kannte keine geschriebenen Verfassungen. England, Ungarn und eben Deutschland hatten immerhin Bruchstücke davon.

Rund vierzigmal traten in Deutschland die sieben, zuletzt zehn deutschen Königswähler, die »Kurfürsten«, zur Wahl zusammen. Und nach alter Überlieferung musste das »auf fränkischem Boden« sein. Drei Bischöfe und vier weltliche Fürsten, am Ende des 18. Jahrhunderts drei und sieben. Seit jener schriftlichen Wahlordnung von 1356, der so genannten Goldenen Bulle, sollte immer in Frankfurt gewählt werden. Es gab danach nur einmal noch eine zwiespältige Entscheidung. Hier zeigt sich eine deutsche Eigenheit in der gesamten mittelalterlichen Staatlichkeit: Deutschland hatte in vieler Hinsicht eine »unmoderne« und zudem eine in sich inkonsequente Herrschaftsstruktur. Es fand nicht zur absoluten, zentralistischen und beamtengestützten Königsherrschaft wie Frankreich und nicht zum ausgewogenen parlamentarischen Gleichgewicht wie England. Seine »Herrschaftsidee«, seine vormoderne »Staatsräson«, beruhte stattdessen auf einem gediegenen Miteinander im Rahmen eines geheiligten Nachbarschaftsverbands, in dem aber in wachsendem Maß »Landesfürsten« eine Rolle spielten, Herzöge und Grafen, die bei unterschiedlichen Gelegenheiten mit einer Hand voll Königsrechten zur »Territorialherrschaft« aufgestiegen waren und seit 1220 und 1232 vom Kaiser als »Reichsfürsten« bezeichnet wurden, »principes Imperii«, sowohl als geistliche als auch weltliche. Sie bildeten ein Gegengewicht zur Königsherrschaft in Deutschland, die Herzogtümer Luxemburg und Savoyen eingeschlossen, aber auch, oft unbeachtet, eine Hilfe für die wachsenden Herrschaftsaufgaben, die der König zentralistisch innerhalb der für lange Jahrhunderte größten Herrschaftsfläche Europas wohl nicht hätte bewältigen können.

Der Weg zum Fürstenstaat im Einzelnen hat die deutsche Landesgeschichte generationenlang beschäftigt: Wie wird man Untertan? Oder: Warum fühlt man sich eher als fürstlicher Untertan denn als königlicher? Oder: Warum verloren die deutschen Herrscher ihre obrigkeitlichen Rechte, während ihre französischen Standesgenossen imstande gewesen sind, diese Rechte allmählich zu mehren?

Man bemerkt unschwer, dass es sich hierbei um Fragen des 19. Jahrhunderts handelt, in dem der Staat als politische Größe zur höchsten Entfaltung kam.

Hier geht es nicht um Macht im europäischen Wettstreit, wie man leicht erkennt, sondern um innere Herrschaftsstrukturen, mitunter sehr diffizil verfolgt, um »Innenpolitik« für den König, allerdings auch um »Außenpolitik« für die deutschen Fürsten, ehe sie 1648 auf diesem Feld tatsächlich mit der Entmachtung des Kaisertums endgültig freie Hand bekamen. Das »Reich« ist an dieser friedlichen Selbstauflösung seiner inneren Rechte durch äußere Mächte, nämlich durch die französischen, schwedischen und dänischen Sieger, noch nicht zerbrochen. Es gab auch danach noch ein Bedürfnis nach Zusammenhalt, ja sogar noch einen Wettstreit unter den Fürsten um die Kurfürstensitze. Es gab ein Gefühl der Zusammengehörigkeit, das sich nicht aus der gemeinsamen Sprache nährte, denn der Friedenskongress zu Münster und Osnabrück sprach lateinisch, ein Teil der Bevölkerung im Reich sprach niederdeutsch, wie die niederländischen Generalstaaten, und das Oberdeutsche war links des Rheins, in Luxemburg etwa oder im Elsass, noch lange nicht als allgemeine Hochsprache anerkannt.

Als man 1663 für dieses Deutschland einen »immer währenden Reichstag« beschloss, das heißt eine ständige Gesandtenversammlung aller deutschen Territorialfürsten mit Sitz in Regensburg, hatte Ludwig XIV. in Frankreich bereits das französische Parlament entmachtet und auf die Rechtsprechung beschränkt. Das Parlament hatte damit sein vornehmstes Recht verloren, die Steuerbewilligung, und wurde auch nicht mehr einberufen bis zum unentbehrlichen Zusammentritt wegen des drohenden Staatsbankrotts 1789. Man kennt die Folgen. In England allerdings wurde zur gleichen Zeit, nämlich 1688, das Parlament zu einer selbständigen Institution, losgelöst vom Königshof und damit auch eine eigene Instanz für politische Entscheidungen. Die Souveränität liegt fortan beim »King in Parliament«, bei dem auch räumlichen Zusammenwirken von Monarchie und Ständevertretung.

Einen solchen Rang hat der »immer während Reichstag« in Regensburg nicht entfernt erreicht, war er doch als Gesandtenkongress ein Schritt in eine noch ungewisse Staatsform – allein der Name zeigt die Verlegenheit seiner Baumeister. Die Vorläufer der europäischen Demokratie sind im deutschen Herrschaftsmodell nicht zu finden, so wenig wie in Frankreich bis zur Revolution der Stände von 1789. Auch findet man nicht wie in England das Beispiel eines maßvollen Kompromisses für die künftige Zusammenarbeit von Parlament und Krone. Auch findet man im Reich nicht die Ursprünge der modernen Beamtenverwaltung wie in Frankreich, sondern »das Reich« lebt auch nach der Reformation noch immer von den kirchlich gesegneten Ansätzen zu einer immer wieder erneuerten Einung aus religiös legitimiertem guten Willen, aus politischer Billigkeit im Rahmen einer Mehrzahl von Herrschafträgern, mit einer immer wieder kritisch von den so genannten Landesfürsten beschnittenen Zentralmacht. Das war ein an sich interessanter Ansatz für einen tragfähigen Föderalismus, der das gesamte politische Gebilde kaum fähig machte zu aggressiver Politik, nachdem der habsburgische Versuch einer gewaltsamen Rekatholisierung in dreißig Kriegsjahren endgültig gescheitert war. Das Heft in der Hand hatten nun die ungleich kleineren, aber weit wirksamer strukturierten »Landesstaaten« mit dem im Lauf der letzten Jahrzehnte beachtlich angewachsenen Brandenburg-Preußen und dem schon in spätmittelalterlicher Tradition straffer verwalteten Österreich. Das ist mit anderen Definitionen im Sinn der modernen Staatswerdung als zentralisiertem Machtmonopol freilich nicht vergleichbar. Der Jurist Samuel Pufendorf hat dieses Reich denn auch mit einem Monster verglichen, womit er nicht ein Ungeheuer meinte, sondern die Ungestalt dieses harmlosen Staatsgebildes, das sich in die gelehrten Schubfächer nicht einfügen ließ. Juristen denken abstrakt. Das Reich aber fand noch lange Anschauung in seinen alten Heiligen, in der besonderen

Verehrung des heiligen Michael, der eigentlich gar kein Heiliger war im Sinn des Kirchenrechts, sondern eine Symbolfigur, und im alten Zeremoniell von Wahl und Krönung der Kaiser, die dieses Reich mehr repräsentierten als regierten.

Im »deutschen Michel« wurde der Reichsheilige zum Identifikationsbegriff, ähnlich wie in einem besonderen, Hoch und Niedrig noch unmittelbar vor der Reformation im Sinn der alten Frömmigkeit umschließenden frommen Bund, in der Rosenkranzbruderschaft, gegründet in Köln in Anwesenheit von Kaiser und Hochadel 1475. Diese Gebetsvereinigung zur Pflege einer neuen, mit einer Gebetsschnur gestützten Meditationsform hatten sich der Kaiser und sein Sohn Maximilian damals verbunden, dazu eine Anzahl von Kur- und Reichsfürsten und natürlich die höheren kirchlichen Würdenträger, und waren dabei durch die Eintragung in Bruderschaftsbücher über das ganze Reich mit dem einfachen Volk in wechselweisem Gebet vereint. Das alles nun wiederum Maria zu Ehren, neben dem herrschaftsverbundenen Erzengel Michael der Schutzpatronin von Kaiser und Reich, von Reich und Arm seit dem Hochmittelalter.

Die enge Verbindung von Thron und Altar aber, an sich erst ein Schlagwort aus der Restaurationspolitik des 19. Jahrhunderts, hielt sich nicht nur in katholischen Fürstentümern. Auch die deutschen Landesfürsten, Katholiken wie Protestanten, suchten nach ihr, bestärkt durch den Augsburger Religionsfrieden, und machten damit den Staat doch wieder zur Glaubenssache.

Adel

Der »Adel«, das ist das Kollektiv der Mächtigen, der »Edlen«, derer, die auf Landerbe sitzen und daher zu den »potentes« zählen, die also auch politische Potenz haben im Gegensatz zu den »pauperes«, den Armen. (Bosl 1993, 250 ff.) Die wiederum müssen nicht immer Habenichtse sein, aber eben Ohnmächtige gegenüber denen, die zu Pferde sitzen und das Schwert führen.

Woher und wann? Für die Geschichtswissenschaft, die allen Ereignissen hinterherblickt und deshalb professionell zum Besserwissen neigt, bildet es ein bitteres Eingeständnis, hier aus vollem Herzen sagen zu müssen: Das wissen wir nicht. Sehen wir von unklaren Urzeiten ab, die uns darüber gar nichts hinterlassen haben, dann ist »Adel« immer und überall schon da. Es geht um eine Schicht, um eine Minderheit von mitunter kaum einem Hundertstel in alten Gesellschaften, die höheres Ansehen genießen, nicht weil ihre Angehörigen besser und klüger waren, irgendwann, in Urzeiten, sondern weil sie richten, verwalten, führen konnten. Wenn wir noch eindringlicher fragten, käme wohl heraus: weil sie besser zu sterben verstanden. Aber so genau muss Geschichte nicht immer fragen. Es handelt sich um die Nachfahren derjenigen, die in Notzeiten die anderen schützen konnten oder so angesehen wurden oder die als Geiseln zuerst vom Feind umgebracht wurden, wenn sie sich ihm nicht unterwarfen. Manche glauben, das seien seit Urzeiten die Stärkeren gewesen, die Reiter, welche die Bauern und Hirten »überschichteten«; manche glauben an einen komplizierteren Ausleseprozess, und niemand weiß es. Wie auch immer: Polen, Tschechen, Ungarn, Deutsche, Franzosen, Spanier, Italiener hatten schon ihren Adel, ehe sie Geschichte schrieben, und nur den Engländern können wir bei Gelegenheit der bekannten Eroberung ihrer Insel ein wenig zusehen, spät genug, wie beschrieben 1066, und dabei nicht gerade die Fundierung der Demokratie beobachten. Vielmehr ritten sie nach dem Bilderteppich von Bayeux in Kettenpanzern im Gefolge Wilhelm des Eroberers, er selbst eine Person im vollen Sinn dieses Beinamens und mit zweifelhaften Ansprüchen auf den vakanten englischen Thron, über das grüne Gefilde bei Hastings, um dort die angelsächsischen Adeligen und ihre Anführer entweder zu erschlagen oder nach Frankreich zu vertreiben. Ihrem Herrn, dem Herzog der Normandie, ganz und gar ergeben, wie ein siegreiches Heer nun eben für eine Zeit zusammengeschweißt ist, waren sie auch untereinander durch Blut und Wein verpflichtet. Sie sprachen französisch und herrschten fortan über die englischen Bauern – ja fast bis zum heutigen Tag. Hier, und nur hier, ist der Mantel der Geschichte des Adels ein wenig zu lupfen, und überall anderswo hält er dicht.

Damit wissen wir schon viel von den Wegen der alten, vorhistorischen Politik, womöglich schon alles, nimmt man noch dazu, dass bei diesen »Oberen« die Verbindung zu ihren Sippen eine Rolle spielt mit ausgeprägtem Ahnenbewusstsein, dass es relativ strenge Vermeidung von Mesalliancen gibt und dass die Aufnahme in einen solchen Sippenverband über die Ehe zwischen den Sippen »Freundschaften« schafft, also politische Verbindungen schlägt, dass sie auch Über- oder Unterordnung bedeutet, dass Frauen dabei das politische Potenzial sind, denn sie bringen die kommenden Generationen hervor mit allen

Bindungen und Beziehungen, sie gebären die künftigen Brüder und Schwestern für neue Verwandtschaft oder zur Bestätigung der alten.

Deshalb ist es auch in manchem Sippendrama wichtig, auch die Frauen umzubringen, nicht nur ihre Kinder, will man eine Sippe »mit Stumpf und Stiel« ausrotten.

Wir wissen damit zwar noch immer nicht, weshalb jene winzige Minderheit mit »blauem Blut« besser geeignet sein sollte, alle Übrigen zu vertreten, zu verteidigen, anzuführen. Aber wir können uns denken, dass es nicht nur die Bindung der Beherrschten an die Herrschenden gibt durch Treue oder gar durch Eid, sondern auch, dass Blutsverwandtschaft unter den Herrschenden besondere Zusammengehörigkeiten schafft. Die vielen Sagen von Bruder-, Schwester-, Verwandtenmord berichten eben gerade von dem Unerhörten in diesem Zusammenhang, vom blutigen Sakrileg. Denn die Regel und das Gesetz gelten dem Schutz der Verwandtschaft und folgen ursprünglich der Pflicht zur Blutrache. Im Übrigen, aber auch das gibt keine Antwort auf die Frage nach dem Woher und Wann, sind jene auserwählten Oberen, in der Form einfachen Elitendenkens, auch dem Numinosen nahe. Es spukt von Rechts wegen nur in Schlössern. Merkwürdig, dass wir das in vielen Sagen zu erzählen wissen, ohne den rechten Respekt vor Adel und Ahnfrau zu bezeigen.

Vielleicht soll man es mit dieser apodiktischen Behauptung gut sein lassen. Allenfalls lässt sich noch anführen, was uns schon einen großen Schritt weiter führt in die mysteriöse mittelalterliche Gedankenwelt: Adel hat eine besondere Beziehung zum Tod. Er darf ihn nicht fürchten, er muss sich, als christlicher Adel, des Lebens im Jenseits sicher sein, im Andenken seiner Sippe, im Himmel des Christentums, so wie er es wohl vorher im Heidenhimmel war, er muss vorbildlich die allgegenwärtige Angst der Kreatur vor dem Tode, das Grundgefühl allen beseelten Daseins, zu überwinden trachten. Und er muss seine Ehre wahren. Er hat dazu nicht nur ein Recht, sondern die Pflicht, im Namen seines Ansehens, seiner Rolle in der Diskursgemeinschaft, modern gesprochen, ja sogar wegen des Friedens im Land, um das Recht wiederherzustellen. (Brunner 1959)

Adel darf und muss Fehden führen. Schon Gregor von Tours (ca. 539–594) hat das in seinen »Zehn Geschichtsbüchern« beschrieben, ein umsichtiger Zeuge seiner Zeit aus altem römischen Senatorenadel, wie viele in der geistlichen Oberschicht des alten Frankenreiches. »Fehde« ist aber kein germanisches Sonderrecht, auch wenn unsere

Quellen uns in die älteste Zeit der Frankenherrschaft in Gallien zu-
rückführen oder zu den Isländern. Sie scheint eine atavistische Einrichtung auch anderswo zu sein. Sie verpflichtet zur Blutrache oder zur
Ahndung anderer größerer Schäden und bindet Freunde und Verwand-
te. Sie kann zur Ausrottung ganzer Sippen und ihres Gefolges führen,
wie im Nibelungenlied. Landschädlich wird sie, wenn sie den Gegner
nicht unmittelbar, sondern an seinen Dörfern und Bauern schädigt mit
»Mord und Brand«.

Schon immer suchte die Kirche die Fehde einzudämmen, mit Höl-
lenstrafen und Friedensgeboten, auf Wochentage, auf Personen gerichtet, aber erst die wachsende Königsgewalt dämmt sie ein in
»Einungen« mit Friedenspflicht. Fehde ist nicht Faustrecht, sondern
kennt Rechtsnormen, aber in ihren Auswirkungen ist sie wohl eine
der größten Plagen des Mittelalters, bis sie, kennzeichnend für die
Machtverhältnisse, der Staat mit seinem Gewaltmonopol endgültig
zugunsten des Rechtsweges unterdrückte. In Deutschland geschah das
weitgehend durch den allgemeinen Landfrieden von 1495. Im Ge-
sangbuch der deutschen Katholiken steht noch heute ein Liedertext
von 1522, der den allgemeinen Frieden preist, »All' Fehd hat jetzt ein
Ende«. Reste des Fehderechts, das Duell als standesgemäße Wahrung
der Offiziersehre, beschäftigten die deutsche Militärgerichtsbarkeit
bis 1938.

Eine andere Einsicht führt wieder zurück zur Rekonstruktion des
politischen Modells: Kein König regierte geradewegs über Land und
Leute. Von einem mehr oder minder großen »Hausbesitz« abgesehen,
regieren sie vermittels ihres Adels, durch Herzöge, Grafen, Barone.
Der Adel teilt mit seinem König Verantwortung und Gefahr, er bietet
Rat und Hilfe, er »steuert« im Kreis von seinesgleichen gemeinsam mit
dem König »jeder Not«. Oder konkret: Er bewilligt Steuerzahlungen
seiner Diener und Bauern, und er bestätigt die Notwendigkeit von
Kriegszügen, die er allerdings viele Jahrhunderte hindurch auch selber
»bestreitet«.

Er bewilligt oder verweigert. Er bewahrt sich selbst in wechselweiser Garantie einer jeweils landesweiten Adelsgemeinde, »Landesge-
meinde«, in »Ständeversammlung«. (Brunner 1959) Und damit ist das
Bild erst einigermaßen vollkommen. Der König ist auf den Adel ange-
wiesen, aber auch umgekehrt. Denn der König ist der von allen anerkannte Richter über alle, er entscheidet im Streitfall innerhalb der
Adelsgemeinde über Besitz und Verlust, allerdings auch das möglichst

mit allgemeiner Zustimmung. So sind beide, König und Adel, miteinander verbunden. Ob sie sich noch fester binden, ob die Königssippe Ehebindungen eingeht mit Adeligen oder nur mit ihresgleichen in der »europäischen Familie der Könige«, ob ein König aus dem Adel im Bedarfsfall hervorgehen darf durch Kampf oder Wahl, das entscheidet sich jeweils in Varianten oder in wechselweisen Relationen. Auch verschieben sich die Gewichte im Lauf der Zeit.

Karl, um noch einmal zu ihm zurückzukehren, konnte keinen Krieg führen ohne seine »Großen« und ihre Gefolgsleute, aber er setzte Herzöge ab und ein. Er vernichtete einen guten Teil des sächsischen Adels in Verden an der Aller 782, weil er ihm widerstand, so wie sein Vorgänger den schwäbischen Adel bei Bad Cannstatt 746 vernichtet hatte, und einen anderen Teil mitsamt ihren Leuten deportierte er in Gegenden östlich des Rheins, woraus unter anderem die zahlreichen »Sachsen«-Orte entstanden, auch »Sassen« und zugehörige Varianten. Soweit wir wissen, ersetzte er die freien Stellen meist mit Franken, hochgeborenen, »uradeligen«. Eigentlich ein einfaches Modell.

Die Adelsgemeinde definiert selbst ihre Zugehörigkeit, schließt sich tendenziell ab und versichert sich wechselseitig ihrer Rechte. Diese wechselweise Garantie von Recht und Besitz ist ihr festester politischer Kitt. Sie neigt zur gesellschaftlichen Immobilität, aber sie nimmt im Dienst oder im Auftrag des Königs durchaus Herrschaftsaufgaben wahr und kann damit Einfluss, Ansehen und schließlich Besitz vermehren. Aufsteiger, so genannten »Dienstadel« oder »Ministerialen«, lässt sie jahrhundertelang ihre Inferiorität spüren. Sie erstrebt generell die Erblichkeit ihrer Positionen, während der königlichen Politik hier mit Mobilität der Ämter besser gedient ist. Daraus rühren ständische Auseinandersetzungen, individuelle Spannungen und kollektive Forderungen.

Die Adelsgemeinde ist grundsätzlich defensiv in ihrer Politik, denn die meisten Kriege über die Grenzen dienen der Machtfülle des Königs, nicht ihrer eigenen, und es muss deshalb möglichst glaubhaft die notwendige Verteidigung der Allgemeinheit oder königlicher Rechte dargestellt werden, um eine Versammlung des Adels zur Zustimmung und Teilnahme zu bewegen. Landesverteidigung ist sehr einfach zu demonstrieren: wenn ein Feind die Grenzen überschreitet. Königsrechte muss man etwas ausführlicher erklären. Sie sind sämtlich aus dem Erbrecht abzuleiten. Unverhüllte Expansionspolitik ist daher nicht oft zu finden, und überdies haben die Theologen wie später die Juristen die

Bedingungen eines »gerechten Krieges« einigermaßen definiert, Irrtümer eingeschlossen.

Vielfach hält man das Lehenssystem für die geeignete Folie zum Verständnis der mittelalterlichen Adelsvielfalt. Ein solches Verständnis bietet es wirklich und umgriff auch einen großen Teil der führenden gesellschaftlichen Strukturen. Es sah vor, dass alle Amtsträger in einem Königreich abhängig waren vom König, in abgestufter Form ihres Dienstes, und dass sie für ihren Dienst mit Land entschädigt wurden, das hieß immer auch mit Land und Leuten, dass sie also zu Gutsherren wurden und darüber hinaus allmählich zu erbberechtigten Grundherren, ohnehin die einzige mögliche Entlohnungsform in einer agrarischen Gesellschaft.

Das Lehenswesen war aber nicht schlechthin die Organisationsform der mittelalterlichen Gesellschaft. Zwar juristisch vorzüglich entwickelt schon bei den Karolingern, mit Lehenseid gegen Lehensdienst bei wechselweiser Treuebindung in klare rechtsverbindliche Form gegossen und von oben nach unten abgestuft: Der König vergab Lehen an die großen Herren, die belehnten ihre Diener und die zumindest noch einmal wieder solche mit konkreteren Aufgaben, um Wachdienst auf einer Burg, um Amtsverwaltung in einem Dorf. Eine deutsche Rechtsquelle des 13. Jahrhunderts fasste das in den besonders anschaulichen Aufbau einer Lehenspyramide, an deren Spitze der Herrscher stand, der »Fahnlehen« an die Herren der großen Territorien vergab, das waren die »Landesfürsten«, und die teilten Ämter und Dienstgut immer weiter nach unten sich aufgabelnd bis zum letzten »Einschildritter«, der keinen Lehensmann mehr hatte. Auch hier war die Wirklichkeit weit weniger klar geregelt. Den strengsten Aufbau fand die Organisation aller Amtsträger in England, und das hing mit der späten Eroberung des Landes zusammen. Die normannischen Ritter, die England erobert hatten, erhielten nur Lehen, sie besaßen kein Eigengut. In Frankreich und Deutschland dagegen funktionierte das System nur außerhalb des Eigenbesitzes des alten Adels, das nicht als »Dienstgut« verliehen war, sondern aus altem Herkommen besessen wurde, als »Odal«, Erbgut, und nach Gutdünken seiner Besitzer genutzt werden konnte. Im östlichen Mitteleuropa war das System in seiner feinen Rechtsqualität überhaupt unbekannt und wurde nur in groben Zügen als »Landzuteilung gegen Verdienste« praktiziert, ähnlich wie in Spanien. In Italien konnten auch die Städte als Lehensherren auftreten, unerhört etwa für deutsche, französische oder englische Städte, und so den Aufbau ihrer Territorien erheblich stärken. Außerhalb Italiens hatten Städte kaum oder nur wenig Territorium, höchstens so viel wie heute ein Landkreis.

Das Ringen um die Macht

Damit sind wir nun beim Kern dessen, was vielfach die Dynamik in der »großen Politik« ausfüllte: Erbfälle, Kriege, Verträge. Und das in einer Abfolge von Ursache und Wirkung, sodass hier zuallererst nach dem berühmten roten Faden zu suchen ist. Die Herrschaft des einen und die Mitsprache der Großen schufen das Zentrum der mittelalterlichen Politik, und römische Ordnungsbegriffe wirkten in diesen Zusammenhängen noch lange nach. Allein das Kaisertum war der Verbindlichkeit einer solchen Mitsprache der Großen entzogen, aber in der politischen Wirklichkeit war das natürlich nicht immer wirksam. Auch schützte die Kaiserkrönung vor Absetzung, mit einer sehr frühen Ausnahme, während sich Könige in jedem Land im Lauf der Jahrhunderte immer wieder einmal von ihren Großen verlassen sahen. Das Kaisertum schloss also doch mehr als einen leeren Titel ein, es beanspruchte sozusagen eine virtuelle Weltherrschaft, obwohl das nicht immer deutlich wurde.

Nach den Kindern und Kindeskindern Karls des Großen war dieses Kaisertum in Oberitalien zum Titularstreit abgesunken. Hier beginnt die deutsche Italienpolitik: Otto I., Sachsenherzog, deutscher König und mächtiger und langlebiger Gebieter im Norden (936–973), zog nach Italien, »befreite« und heiratete die Königswitwe und ließ sich in Pavia 952 von den Großen zum König Italiens erheben. Damit erneuerte er die karolingische Herrschaft. Otto hatte Heidenkampf geführt, das Christentum verbreitet, wie ein rechter Kaiser soll, er hatte östlich der Elbe slawische Fürsten unterworfen und die christliche Bastion Magdeburg gegründet, Kloster und Festung, mit großen Missionsplänen bis nach Kiew. Seinem Ungarnsieg 955 sagt man nach, die tief getroffenen magyarischen Kämpfer zur Aufgabe ihrer Kriegszüge und zur Reichsgründung veranlasst zu haben. Zudem war er eben in Italien wieder der Einzige, der dem Papst Schutz und politische Autorität versprechen konnte. So wiederholte sich 962 das Spiel von Beistandsversprechen und Kaiserkrönung wie zu Karls Zeiten.

Man muss hervorheben, dass die hundert Jahre der sächsischen Dynastie, genau von König Heinrich I. 919 bis Heinrich II. 1024, zur großen Zeit der deutschen Geschichte zählen, auch wenn die deutsche Romantik dazu die spätere staufische Epoche erklärt hat. Ein guter Teil der politischen Stärke Deutschlands unter dem sächsischen Kaisertum ist allerdings einfach aus der Schwäche der Nachbarschaft zu erklären: Nur Dänemark hatte um die Nordsee ein Großreich aufgebaut und Südskandinavien wie Ostengland erobert. Der dänische König Knut »der Große« (1016–1035) war seit 1016 Herr eines geschlossenen Reiches rings an den Meeresküsten. Davon abgesehen, war Deutschland im Lauf des 10. Jahrhunderts zur Vormacht auf dem Festland aufgestiegen. Es zog Nutzen vom Niedergang des Königtums in Frankreich, es war beteiligt am Gang der Konsolidierung von Großreichen im östlichen Mitteleuropa, es begrenzte im Bund mit Polen den Schaden der ungestümen Gegenwehr der Elbslawen, die offenbar ohne größere eigene Herrschaftskonzeption vornehmlich in der Gegenwehr einig waren und jede Mission ablehnten, es besiegte, missionierte, konsolidierte die Magyaren 955, hatte früh Heirats- und Missionsverbindungen nach Böhmen. Es hinderte allerdings nicht die Teilung des slawischen Siedlungsgürtels zwischen Ostsee und Adria, sodass durch das Ungarnreich in Pannonien der breite slawische Bevölkerungsraum im östlichen Europa dauerhaft in West- und Südslawen getrennt blieb und der Konsolidierung in Südosteuropa seinen Stempel aufdrückte.

Der Schwerpunkt des allmählich so zu benennenden Deutschen Reiches lag aber zu dieser Zeit im Norden, zwischen Aachen und Magdeburg, an Saale und Unstrut, an Weser und Rhein, an der Via Regia, der ältesten »Königsstraße« von Magdeburg nach Aachen, über Memleben, Goslar, Hildesheim, Paderborn, Soest, Dortmund und Duisburg. Diese zentrale Region königlicher Herrschaft wird später mit jeder der drei folgenden Dynastien ein Stück weiter nach Süden wandern und mit den Saliern in Speyer, mit den Staufern in Rothenburg, mit den Luxemburgern in Nürnberg ein städtisches Zentrum finden, bis ihn die Habsburger am Ende des Mittelalters in Wien angesiedelt haben. Insofern ist die politische Geographie Deutschlands im Mittelalter leicht zu skizzieren. Zunächst jedenfalls entstanden im Norden die bedeutenden Kunstwerke der Zeit: vornehmlich die großen Kirchen- und Klosterbauten der so genannten romanischen Epoche in Aachen, Köln, Essen, Paderborn, Hildesheim, Höxter, Quedlinburg und Magdeburg, eine ganze Reihe heute meist untergegangener Pfalzen, wie etwa Gernrode und Goslar, dazu die ersten Großplastiken aus Holz, Stein, Edelmetall, Bronze, beachtliche Schnitzwerke aus Elfenbein und Buchmalerei mit transzendenten Perspektiven. (Ausstellungskataloge Mittelalter im Ruhrgebiet, Katalog Hildesheim. Paderborn, Europas Mitte um 1000) Diese Kunstwerke ließen darüber hinaus den gesamten deutschen Herrschaftsraum in seiner Klosterkultur hervortreten, von St. Gallen über die Insel Reichenau und die Schreibschulen in Gandersheim, Bamberg, Werden, Hildesheim bis nach Magdeburg.

Unter Ottos Sohn und Enkel gleichen Namens verschmolzen Politik und Religion in eins. Allerdings starben beide jeweils früh auf Italienzügen mit 28 und 21 Jahren, wonach die Kaiserherrschaft in den Händen zweier eigenwilliger, wenngleich bedeutender Frauen lag, der Griechin Theophanu und der Burgunderin Adelheid, in ihrer politischen Ausrichtung nicht eindeutig zu erkennen. Theophanu jedenfalls, oströmische Kaisernichte, die mit ihrer Heirat Sprache, Bildung und Religiosität aus Byzanz nach Deutschland und in die Erziehung ihres Sohnes Otto III. brachte, legte offenbar den Grund zu einer Wendung von der üblichen Machtpolitik zur christlich inspirierten Weltveränderung, in hohem Maß von Mönchsreligiosität bestimmt und vielleicht auch von der Erwartung einer neuen Welt um die Jahrtausendwende. (Wolf 1991; Henrix 1997) Auch hier muss man hervorheben, dass sich Vergleichbares an keinem anderen europäischen Thron etabliert hat, zu keiner Zeit, um die viel verkannte, allein machtpolitisch anvisierte römisch-deutsche Kaiserherrlichkeit zumindest in ihren Anfängen ins rechte Licht zu heben. (Barraclough 1952; Fried 1993)

Otto III., wegen seiner Bildung und seiner Frömmigkeit bestaunt in einem gleich gerichteten Freundeskreis, wegen seines Verzichts auf Machtpositionen in der älteren Generation kritisiert, suchte in engster Verbindung mit den intellektuellen Führern des Mönchtums seiner Zeit, mit dem Abt Nilus in Italien, mit dem Abt Odilo von Cluny und mit dem als Kirchenfürst wiederholt in Prag gescheiterten Bischof Adalbert, besonders nachhaltig nach einem Weg für einen römisch-christlichen Rahmen seiner Politik. Adalbert hatte vergeblich durch sein Bischofsamt politische Verbindungen zwischen Böhmen, Polen und seiner fürstlichen Familie aus dem oberen Elbe-Oderbereich zu schlagen versucht. Die Prager Widersacher vertrieben ihn. In Rom wurde er Mönch, dann Prior im Kloster der Heiligen Bonifatius und Alexius, einem Diskussionszentrum zwischen der westlichen und der östlichen Christenheit, ehe er als Missionar in polnischem Auftrag bei den baltischen Prussen 997 den Märtyrertod fand. Der junge Kaiser Otto aber, in Rom gekrönt durch den von ihm zur Papstwürde promovierten Brun von Kärnten, seinem Vetter, verfolgte weiterhin in einem Kreis enthusiastischer junger Adelsmönche den Gedanken einer christlichen Welterneuerung mit kirchlicher Hilfe, später unterstützt von Papst Silvester II., einem seiner Lehrer. Otto III., nicht »der Große«, sondern »das Wunder der Welt« im Mund seiner Lobredner und im Ansehen seiner Freunde, erhob in einer spektakulären Aktion um die Jahrtausendwende bei einer Pilgerfahrt zum Grab Adalberts den Polenherrscher Boleslaw mit einem Kronreif zum »Bruder und Mithelfer im Imperium« und zum »Freund des römischen Volkes«. Zum römischen Kronreif trat dabei noch die im Norden inzwischen gewachsene christliche Legitimation durch eine Nachbildung der heiligen Lanze, uraltes Herrschaftszeichen burgundischen Ursprungs. Dabei wurde ein polnisches Erzbistum in Gnesen gegründet, Ausweis polnischer kirchlicher Selbständigkeit im Zusammenhang christlicher Kooperation. Vergleichbares geschah im weiteren Verlauf auch in Ungarn mit König Stephan I. und dem ersten ungarischen Erzbistum Gran. Dort spielte für Mission und kulturelle Verwestlichung die Ehe des Königs mit der bayerischen Herzogstochter Gisela (985–1060) eine wichtige Rolle. (Bogyay 1975)

Gegen heidnische Elbslawen und eigensüchtige Römer seine Herrschaftsidee immer wieder behauptend, starb Otto 1002 am Monte Soracte bei Rom einundzwanzigjährig an einer Infektion, man möchte sagen, den Italientod. Mit ihm ging aber seine Politik nicht zugrunde, wie oft zu lesen steht, sondern wurde fortgesetzt durch seinen Verwandten Heinrich II. (1002–1024), den einzigen Kaiser, der je kanonisiert wurde. Der heilige Heinrich gründete das Bistum Bamberg, befestigte die östliche Grenze, stabilisierte die böhmisch-polnischen Verhältnisse, zog dreimal nach Italien, bekämpfte die Normannen in Süditalien und stützte das Papsttum in dem seit einer Schenkung Ottos III. als Kirchenstaat geltenden Mittelitalien, alles ohne nachhaltige Wirkung, aber im engsten kirchlichen Einvernehmen, wie die Kaiser vor und nach ihm. Heilig gesprochen wurde er wegen seiner enthaltsamen Lebensführung. Da war noch immer das mönchische Ideal lebendig. Heinrich und Kunigunde lebten zumindest im kirchlichen Ansehen in einer »Josephsehe«. Nach seinem kinderlosen Tod wurde auch seine Frau Kunigunde zur Heiligen, auch sie ohne Vorbild und

Nachfolgerin in der Reihe der Kaiserinnen. Danach griff die nun folgenreiche Mehrheitswahl von noch nicht näher als Königswähler bezeichneten fürstlichen und bischöflichen Großen auf einen Ururenkel Ottos I. in weiblicher Linie zurück, und damit auf eine neue Fürstensippe – die Salier. Die so genannte Hochromanik feierte daraufhin unter den Saliern, der nächsten Dynastie (1024–1143) ihre Triumphe in den Domen am Rhein in Speyer, Worms und Mainz und den großen Titularkirchen in Köln, die im zeitgenössischen Europa nichts Ähnliches haben.

Nicht schon zu dieser Zeit, trotz des dynastischen Wechsels, sondern erst zwei Generationen später setzte die politische Wirklichkeit in Deutschland wie im gesamten Abendland eine folgenschwere Zäsur. Zwar ist Heinrichs Nachfolger Konrad, als Kaiser und König der Zweite (1024–1039), nach dem wenigen, das wir von ihm wissen, nicht von der geistigen Subtilität seiner Vorgänger. Aus rauerem Holz, musste er zunächst die Lombardei unterwerfen, ehe er in Gegenwart des dänischen und des burgundischen Königs, der ihm bald sein Reich vererbte, in Rom zum Kaiser gekrönt werden konnte. Auch er unternahm ein paar folgenlose Kriegszüge um das Verhältnis zu Polen, Böhmen und Ungarn, setzt sich dann aber als Erbe des burgundischen Königs nicht nur im südöstlichen Frankreich, sondern auch in der später so genannten Provence durch. Ein Kaiser wird fortan und bis ins 15. Jahrhundert drei Königskronen tragen: die fränkisch-deutsche, die italisch-lombardische und die französisch-burgundische. Machtpolitisch wichtiger als das Spiel mit den Kronen war wohl: Ein solcher Kaiser verfügte damit über sämtliche Alpenpässe. Soweit sich überhaupt Politik in der Mitte Europas abspielte, zwischen Nordsee und Mittelmeer, war damit die Herrschaft über die Schwelle aller Nord-Süd-Wege in einer Hand.

Damit hätte aus der Kaiserwürde doch etwas mehr werden können als ein ideologisch begründeter Vorrang. Nicht etwa Frankreich, sondern das dänische Großreich Knut des Großen, über warägische Verbindungen auch mit Byzanz im Kontakt, war für eine Weile der einzige ebenbürtige Partner in Europa. Deshalb heiratet Konrads Sohn Heinrich, der künftige Kaiser, auch eine Tochter Knuts. Aber diese Konstellation füllt nur einen Augenblick. Freilich ist er wert, zumindest vermerkt zu werden: Heinrich, der Dritte nun in der Kaiserreihe (1039–1056), war dann auch tatsächlich wieder ein besonders mächtiger Mann auf dem Kaiserthron und sogar der Letzte, der mit starker

Hand Himmel und Erde vereinigte, nämlich Rom und das Kaisertum, um die politische Vielgestalt Europas auf eine gemeinsame Bahn zu bringen. Auch er war tief beeindruckt von der religiösen Reformbewegung seiner Zeit und konnte betend und büßend nach einem Sieg über das Schlachtfeld gehen. Er konnte aber auch das Papsttum mit starker Hand reformieren. Fünf Päpste setzte er ein, alle aus Deutschland, kurzfristig regierend und zumindest in einem Fall einem Giftmord zum Opfer gefallen, aber doch wirksam das päpstliche Regiment reformierend. (Fuhrmann 1997, 61) Tatsächlich zeigte sich auch bald eine Verbindung zur strengen, meist aus der mönchischen Schule von Cluny hervorgegangenen und gutenteils von jungen Aristokraten getragenen klösterlichen Reformbewegung. Zweimal hielt Heinrich III. mit deutlichem Vorrang seiner kaiserlichen Stellung an der Spitze der Kirche in Italien Reformsynoden ab und setzte Päpste ab und ein. Damit überzog er allerdings auch in den Augen der Reformer die kaiserliche Kompetenz und demütigte das kirchliche Selbstbewusstsein. Er starb mit 39 Jahren 1056, nicht in Italien, sondern auf der Pfalz Goslar im Harz. Er starb zwar keinen Italientod, aber er starb zu früh. Sein Sohn gleichen Namens, wenn auch schon 1053 mit drei Jahren zum König gewählt, um die Nachfolge zu sichern, war erst sechs Jahre alt. Eine lange Vormundschaft sollte ihm und der politischen Entwicklung zum Nachteil werden.

Dieser Heinrich, nun der Vierte (1065–1106), musste mit den Sachsen kämpfen um Königsgut und Ansehen, bald aber auch mit dem Papst um sein und das kaiserliche Ansehen überhaupt. Dieser Papst war auch ein Mönch aus der Schule von Cluny, aber einer der Ersten, die einer Kirchenkarriere unerhörten sozialen Aufstieg verdanken. Es war Hildebrand, »der Sohn des Zimmermanns«, an der Kurie seit der Verbannung Gregors VI. durch Heinrich III. einflussreich und zum Papst zunächst vom Volk von Rom gewählt, danach erst von den Kardinälen eingesetzt als Gregor VII. (1073–1085). Inzwischen hatte sich die päpstliche Kurie wirklich reformiert in Verwaltung und Diplomatie, hatte sich der Vorherrschaft durch den römischen Stadtadel entledigt, eine Papstwahlordnung aufgestellt, wichtig bei dem relativ raschen Wechsel der meist erst im hohen Mannesalter Gewählten, wobei die Mitsprache des Kaisers unberücksichtigt blieb, und hatte sozusagen mönchische Disziplin gewonnen. Nun erstrebte sie kirchliche Selbständigkeit gegenüber allen Laien, auch in deren wohlgemeinter Schutzfunktion, und gegenüber dem Kaiser. Über die Einsetzung des

Erzbischofs von Mailand ging die Auseinandersetzung ins Extrem und endete mit etwas Unerhörtem: mit der Bannung erst der königlichen Räte und danach des Kaisers selbst.

Es gibt ein Elfenbeinrelief, das etwa hundert Jahre früher entstand und Kaiser Otto I. mit Kaiserin Adelheid und Sohn Otto II. unmittelbar zu Füßen des Allmächtigen zeigt. Kaiser und Gott in der engsten nur denkbaren Vereinigung! Ein solches Bild war nun durch den Bann des Papstes in Abrede gestellt und für alle Zeiten vernichtet. Ein gottnaher Kaiser hätte niemals in Kirchenbann geraten dürfen. Der Papst hatte seine Oberhoheit in geistlichen Dingen demonstriert, unterstützt durch die zeitgemäßen Wege seiner Propaganda, und ein großer Teil der christlichen »Öffentlichkeit« hatte das hingenommen. Die kaiserliche Gegenoffensive hatte demgegenüber nur wenig Erfolg. Der junge Heinrich musste Kirchenbuße auf sich nehmen, um seine Herrschaft nicht zu gefährden, er zog nach Italien und bat 1077 in einem seither berühmten und auch weithin missverstandenen Bußakt auf der Burg Canossa um geistliche Absolution. Damit war die Sache des Kaisertums noch nicht vertan für alle Zeiten, auch war die Frage der Bischofsinvestitur noch nicht geklärt. Die Gläubigen sahen sich in die schlimmste Unsicherheit gestürzt. Wer war nun wirklich der Hüter der Christenheit: Kaiser oder Papst?

Eine Generation währte diese Unsicherheit, brachte Aufruhr, Kämpfe, einen neuerlichen Kirchenbann, Vertreibung, Zusammenbruch des geschlossenen Weltbilds, wechselweise Verketzerung. Der allgemeine Anspruch des Papsttums auf Oberherrschaft, nicht nur in geistlichen Dingen, sondern sozusagen in der politischen Moral, Lösung von allem Gehorsam, Aufhebung aller Eide eingeschlossen, traf nicht nur den deutschen Herrscher. Auch der König von Frankreich und der König von England hatten ihre Bischöfe bisher nach Gutdünken fallweise wie Lehensleute eingesetzt, wenn auch mit Zustimmung der Domkapitel, und sie Lehenseide schwören lassen. Im Allgemeinen war die Kirche vom Hochadel regiert worden, in Klöstern geschult, oft auch zu Mönchen geworden, mit dem weltlich regierenden Hochadel verwandt, verbunden, versippt und verschwägert, ein unbekümmert dichtes Netz von Adelsherrschaft hier und dort. Im Machtbereich der deutschen Herrscher hatte das die größte Bedeutung, weil die Kirche hier nicht nur ihre eigene Organisation regierte, sondern auch die weltliche. Kaiser Otto I. hatte nämlich, um gegen Erbansprüche sicherer zu sein und die Adelsverbindungen etwas aufzulockern, seine Bischöfe

zu Herzögen gemacht, mit Land begabt und ihre Bistümer zu Reichs-
land erklärt. Auch Klöster verfügten über großen, wenn auch durch
Schenkungen verstreuten Grundbesitz. Hier drohte durch den päpstlichen Anspruch auf unabhängige Wahl von Bischöfen und Äbten einem guten Stück der Reichsstruktur die Entfremdung.

Man dachte und diskutierte fast fünfzig Jahre, man fand einen Kompromiss, der die ganze lateinische Christenheit erfasste, das ganze
westliche und mittlere Europa, und sich nur im Rückblick als nicht so
schwer erweist, wie er für die zeitgenössische Besitz- und Machtstruk-
tur wirklich war. Er wurde in Frankreich und England früher geübt als
in Deutschland nach schwieriger Übereinkunft durch ein erstes so ge-
nanntes Konkordat, den Vertrag von Worms 1122 zwischen Kirche
und »Staat«, zwischen Papst und Kaiser: Man trennte die geistliche
und die weltliche Sphäre. Im Rückblick erscheint das ganz einfach, fast
selbstverständlich. Dass man sich erst in der zweiten politischen Generation nach dem großen Streit dazu entschließen konnte, macht deutlich, wie eng für die zeitgenössische Vorstellung beides verschränkt
war.

Der Wahl eines Bischofs durch das Domkapitel kam von nun an in
England, Frankreich, Italien und Deutschland mehr Bedeutung zu als
bisher. Erst nach der päpstlichen Einsetzung sollte die weltliche erfolgen. Die »Investitur« eines Bischofs wurde dadurch fortan ein Akt in
zwei Schritten, und nur in Deutschland hatte dabei der Kaiser das
Recht, seine Zustimmung noch vor der Bischofsweihe auszusprechen.
Reste dieser Übereinkunft, die staatliche Zustimmung zu einer beab-
sichtigten päpstlichen Bischofserhebung, haben in entsprechenden
»Konkordaten« noch die Gegenwart erreicht.

»Freiheit für die Kirche!«, »Libertas ecclesiae!« Mehr hatte die
päpstliche Diplomatie allerdings auf die Dauer nicht erreicht. Das persönliche Schicksal beider Kontrahenten litt unter dem großen Streit,
beide starben in der Verbannung, der eine vertrieben durch den Kaiser,
der andere durch den Abfall seines Sohnes. Die umfassenden Ziele
Gregors VII., der in einem Reskript den Vorrang auch noch des kleinsten Geistlichen vor den höchsten weltlichen Würdenträgern postulier-
te, blieben im Untergrund kurialer Gedankengänge und scheiterten,
als sie zweihundert Jahre später Papst Bonifaz VIII. zu praktizieren
versuchte. Der Kirchenbann von 1076 über den Kaiser hat letztlich,
nach zahlreichen Wandlungen der Politik in den seither immer wieder
aufbrechenden Feindseligkeiten, die Einheit der kaiserlichen Rompoli-

tik seit Karl dem Großen zerschlagen, den politischen Abstieg des Papsttums vorbereitet und dem ideellen Verfall der Kaiseridee zum Ausgangspunkt verholfen.

Damit war nun eben auch dem Mythos der Monarchie ein erster Schlag versetzt, der moralischen Wertung politischer Strukturen der Weg gewiesen, mit dem zeitgenössischen Stichwort von der »Freiheit der Kirche« auch die Freiheit moralischer Instanzen gefordert. Der Investiturstreit mit dem Rücktritt der Könige, zumindest der westlichen, und des Kaisers von schrankenloser Kirchenherrschaft, nicht selten als Machtverfall beklagt, ist wohl eher als eine erste Befreiung des politischen Denkens anzusehen.

Übrig blieb zunächst die Spaltung von geistlicher und weltlicher Macht, trotz späterer neuer enger Verbindung nur praktisch überbrückt, als politische Theologie nie mehr glaubhaft zu rekonstruieren. Übrig blieb auch eine Schwächung des Papsttums nach seiner tatsächlichen weltlichen Ohnmacht, im Laufe der Zeit immer wieder deutlich genug hervorgetreten. Übrig blieb der vergebliche Versuch des Mönchtums zu einer gleichsam fundamentalistischen Revolution, und als »Neue Klasse« etablierte sich danach die fortan wachsende Gruppe von kirchlichen Dienern im Kompromiss zwischen Kloster und Welt. Die Entwicklung und Schulung dieser schon bisher nicht unbekannten, bald aber alles umfassenden Dienerschaft der Kirche als »Weltpriester« in enger Verbindung mit der Laienwelt, aber zur Ehelosigkeit, zur Erbenlosigkeit, zur Sippenlosigkeit verpflichtet, schuf erst jene enge Verbindung von Priestern und Laien ohne trennende Klostermauern, die wir gewöhnlich als »Kirche« verstehen. Aber eben gerade im Verständnis des Zusammenwirkens drifteten geistlich und weltlich auseinander, zunächst in den westlichen, danach in allen Königreichen der lateinischen Christenheit.

Unabhängig von dieser inneren Entwicklung im westlichen Christentum blieb seit 1054 bis heute auch eine endgültige Trennung zwischen der westlichen, der katholischen Kirche von der östlichen, in ihrem Sinn allein »rechtgläubigen«, »orthodoxen«, im Streit um liturgische und dogmatische Differenzen. Übrig blieb, noch deutlicher als je zuvor, »die Kirche« in der Welt in ihrer Einmaligkeit allein gestützt auf ihren Machtanspruch über die Seelen und im Übrigen der Parole verpflichtet: »Libertas ecclesiae!«, »Freiheit der Kirche!« Eine solche Losung hat die östliche, die »orthodoxe« Kirche von Konstantinopel nie ausgegeben.

Der Drang nach Osten

Der Geschichte des Schlagworts von einem »deutschen Drang nach dem Osten« muss man hier nicht nachgehen. (Wippermann 1997) Sie ist sehr einfach zu widerlegen, denn es gibt unverkennbar einen europäischen Drang nach dem Osten, der alle Staatswesen auf dem Kontinent nördlich der Alpen und diesseits der Pyrenäen einschließt, natürlich das deutsche auch.

Allerdings ging aggressive Ostpolitik tatsächlich zuerst von der Mitte aus, vom künftigen deutschen Boden: Die Franken Karls des Großen bekämpften und besiegten die Sachsen östlich von Rhein und Weser. Und die Nachfolger Karls, selber nun Sachsen, nahmen die Parole auf, sobald es ging, und erweiterten als Kaiser und Könige die östlichen Grenzen Ostfranziens, später Deutschlands. Dabei drangen sie in das Gebiet der Slawen zwischen Elbe und Oder vor und unterwarfen sie bis zum 12. Jahrhundert als neue künftige Herrschaften Brandenburg und Meißen. Gleichzeitig rückten die slawischen Herzogtümer Pommern und Mecklenburg in den Gesichtskreis des Westens. Unterwandert im Rahmen des Landesausbaus, wurde der dünne slawische Siedlungsbereich nicht nur politisch an das westliche Sachsen gezogen, sondern auch eingedeutscht. Es entstand die dritte Komponente des künftigen deutschen Volkes neben den Süddeutschen und den Norddeutschen, die Ostdeutschen. Westdeutschland dagegen, zwischen Rhein und Maas, rückte in kultureller Zuwendung und seit dem 16. Jahrhundert auch machtpolitisch in den Interessenkreis der französischen Ostexpansion.

Wo sich allerdings, wie in Polen und Böhmen, eine einheimische politische Organisation bereits vor der Jahrtausendwende durchgesetzt hatte und geschützt wurde durch das Christentum vor künftigem Missionseifer, blieb die selbständige politische Ordnung bestehen. Ohne das übernahmen deutsche Adelige und deutsche Missionare die noch nicht im Großen organisierten politischen Landschaften zwischen Elbe und Oder, an Havel und Spree und an Bober und Neiße, die seitdem unter verdeutschten Namen durch die deutsche Geschichte laufen, mit dem späteren Zentrum Berlin, ein Name, der nichts zu tun hat mit einem Bären.

Auch im Südosten gab es eine deutsche Expansion, politische Ausdehnung im Gefolge einer zwischen Donau und Alpen seit dem

8. Jahrhundert angelegten Ostmark, quellengerecht »Ostarrichi«, im slawischen Siedlungsgebiet (Wolfram 1987), die zwar unter dem Einfall und der folgenden Expansion der Magyaren litt, aber zu Ende des 10. Jahrhunderts schon einen neuen Ausbau erfuhr und jahrhundertelang bayerische Siedler anzog. Als Kern eines noch lange in den Alpentälern erweiterten Siedlungsgebiets führte ihre politische Organisation zur Bildung von drei Herzogtümern und der Grafschaft Tirol, mehrfach in Erb- und Heiratsverträgen unter den großen Adelssippen verschoben, schließlich die Grundlage der habsburgischen Hausmacht.

Im Nordosten folgte seit 1226 die vom Reich unabhängige, dem Papst unterstellte Mönchsgemeinschaft der deutschen Kreuzritter mit einer besonderen Territorialorganisation. Von der Weichselmündung der Ostseeküste entlang bis zur Memel eroberten sie in einem blutigen 13. Jahrhundert die alten Siedlungen der einheimischen »Prussen«, »Preussen«, rotteten die Bevölkerung aus oder unterwarfen sie dem Christentum und schufen den wohl bestverwalteten Kleinstaat ihrer Zeit an der Ostseeküste. Die Reformation machte aus der Mönchsrepublik 1523 ein Herzogtum, der Zufall erhob dazu einen nachgeborenen Sohn der benachbarten Dynastie, der Hohenzollern, Markgrafen in Brandenburg. Der Erbfall brachte den ehemaligen Ordensstaat 1619 an die brandenburgischen Hohenzollern. Das neuere Preußen war geboren!

Polens »Drang nach Osten« ist im Frühmittelalter nicht so leicht zu erkennen. Er war auf die Ostseeküste gerichtet, zu den Masuren und Kaschuben, auch nach Preußen, ehe es die Mönche des deutschen Ritterordens mit dem Schwert missionierten, aber auch nach Südosten, nach Kiew, das Boleslaw »der Kühne« 1018 für eine Zeit eroberte. Es gab auch Tendenzen, sich mit den Slawnikiden in Nordostböhmen zu verbinden, und 1004 zogen die Polen auch einmal westwärts vor Prag. Mit einiger Mühe lässt sich in dem durchaus nach allen Seiten lebhaften Polen eine »piastische« Tendenz in der Expansionspolitik erkennen, nach Westen gerichtet, und seit dem 14. Jahrhundert auch eine sehr erfolgreiche östliche, »jagellonische«, die zur Vereinigung mit Litauen führte. Daraus wurde ein Riesenreich zwischen Ostsee und Schwarzem Meer, in steten Auseinandersetzungen mit Russland seit 1492, die anfangs des 17. Jahrhunderts den polnischen König sogar zum Anwärter auf den Moskauer Zarenthron machten. Die polnische Westgrenze dagegen war nach der Aufnahme der schlesischen Herzogtümer in den böhmischen Kronverband 1335 für siebenhundert Jahre stabil.

Ungarn war und blieb die Vormacht des lateinischen Westens in Südosteuropa bis eben zur vernichtenden Niederlage im Türkenkrieg von 1526, gefolgt von der Eroberung von Buda und Pest 1544. Unter den letzten Arpaden im 13. Jahrhundert war es bereits ein »übernationales« Großreich, mit den Königen Andreas II. (1205–1235) und Bela IV. (1235–1270) ausgebreitet über das heutige Kroatien, Dalmatien, Rumänien, im heutigen Verstand von der Adria bis ans Schwarze Meer reichend. Die ungarische Ostexpansion blieb bis zum Einfall der Mongolen 1241 für die Formierung Südosteuropas entscheidend. Danach schuf erst eine neue und für die politische Kulturgeographie Südosteuropas sensationelle Verbindung mit den nach Süditalien geratenen französischen Anjou eine völlig neue Verbindung, die bis zur türkischen Eroberung des Landes nach der Schlacht von Mohacs 1526 wirksam blieb. Unter türkischer Herrschaft schied der Großteil des ungarischen Reichsverbands bis zum Ende des 17. Jahrhunderts aus der europäischen Entwicklung aus.

So weit die Ostexpansion in der östlichen Hälfte der lateinischen Christenheit. Die nördliche ist schnell umschrieben. Nach dem verfehlten Versuch eines Nordseereiches durch Knut den Großen ging sie von Schweden aus, das Finnland eroberte und kolonisierte, ehe es im bekannten Kampf um die Ostseeherrschaft während des Dreißigjährigen Krieges in Deutschland eingriff und nach mehreren Vorstößen nach Polen und Westrussland schließlich im 18. Jahrhundert der russischen Großmacht weichen musste.

Natürlich gab es auch eine italienische Expansion nach Osten, getragen von den Seemächten Venedig und Genua, vornehmlich im Vierten Kreuzzug 1204 durch die Eroberung Konstantinopels, nach Dalmatien und in die Inselwelt von Adria und der Ägäis mit zahlreichen Niederlassungen im Anliegen der Schifffahrtswege. Der größte Coup in diesem Zusammenhang, eben die Eroberung Konstantinopels in venezianischem Interesse, gehört aber ebenso auch zur zweiten Grundlinie europäischer Politik, nämlich der Südexpansion.

Da bleibt nun wirklich nur mehr von der französischen Ostpolitik zu reden, gekennzeichnet nicht durch die Heidenmission wie die deutsche, sondern von der kulturellen Überlegenheit, die Frankreich schon in der europäischen Intensivierungsphase errang, im 11., 12. Jahrhundert nutzte und mit feineren Mitteln, etwa bei der Umwerbung der

Grafen von Luxemburg oder in der Organisation des burgundischen Staatswesens, bis ins 16. Jahrhundert verfolgte. Erinnern wir uns: Karls Reich wurde von den Erben dreigeteilt. Das Mittelreich, von der Nordseeküste bis an die Riviera, sollte dem jeweiligen Kaiser dienen. Es wurde in Wirklichkeit eine Zone kultureller Vermittlung von Westen nach Osten. Politisch schon am Ende des 9. Jahrhunderts den Nachbarn im Westen oder im Osten zugefallen, kulturell aber einer der großen europäischen Transiträume, wurde es immer wieder zur Übergangszone für literarische und religiöse Bewegungen, natürlich auch für den Handelsaustausch von Flandern nach Niederdeutschland, von Burgund ins Elsass, von der Champagne nach Lothringen. »Zwischen Rhein und Maas«, nach dem Titel einer richtungweisenden Kölner Ausstellung vor dreißig Jahren, entfaltete sich nicht nur ein reger kultureller Kontakt, sondern auch eine immer wieder belebte politische Brücke in vielen kleinen Aktionen, mit »Rentenlehen« für deutsche Fürsten, die an den König von Frankreich banden, mit Offerten des französischen Hofes für die Erziehung von Fürstensöhnen aus dem Osten, so wie etwa der Luxemburger, die diese Kontakte besonders pflegten.

Sprachlich zwei- und dreigeteilt in die *langue d'oui* im Norden und die *langue d'oc* im Süden oder in Alemannisch, Rheinfränkisch, Flämisch und Niedersächsisch, wurde dieses Westmitteleuropa mit wandernden Schwerpunkten seinerseits zwischen Genfer und Bodensee seit dem 10., zwischen Maas und Rhein seit dem 12., zwischen Champagne und der Oberrheinebene im 13. und 16. Jahrhundert aber auch zum politischen Kampffeld um die Rheingrenze. Der Kampf um die Rheingrenze ist eines der Exerzierfelder der französischen Ostexpansion, das jüngere, bekanntere. Das vorangehende Ringen an der unteren Rhône und der Saône ist weniger im Blickfeld der Historiker, aber es ist eng verbunden mit dem Aufstieg der französischen Königsmacht im 12. und 13. Jahrhundert. Freilich kann man es nicht einfach modernisierend deutsch-französisch nennen, denn es geht um alte Herrschaftsgebilde, um Burgund, um die Grafschaften Barcelona und Toulouse und um das so genannte Arelat. Es hatte zwar das Reich auf der anderen Seite auf weite Strecken zum Gegenpart, aber es reüssierte durch den Aufenthalt der Päpste in der vormaligen Reichsgrafschaft Arles von 1307 bis 1378 gegen die mittelalterliche südliche Reichspolitik überhaupt und fand den Übergang an Frankreich durch einen diplomatischen Akt, nämlich die Übertragung des Reichsvikariats auf den französischen Thronfolger, den Dauphin, mit der Karl IV. den weit entfernten polnischen Thron für seinen Sohn Sigismund erkaufen wollte. (Seibt 1978; 1982; Kavka 1983) Die französische Königsherrschaft in Südfrankreich hatte ohnehin erst mit den von den Päpsten nachhaltig unterstützten Albigenserkriegen, den kreuzzugsähnlichen Kämpfen gegen die südfranzösischen Katharer um 1213, festere Formen gewonnen. (Lambert 2000)

Die Hanse

Im Zug der Ostexpansion gibt es eine im mittelalterlichen Europa einmalige Bewegung, die nicht einen Herrschaftsbereich betraf, sondern einen Handelsbereich; und nicht von Ritterheeren erstritten wurde, sondern von fahrenden Kaufleuten; die auch nicht auf die Ausdehnung einer Herrschaftszone gerichtet war, sondern auf ein Handelsimperium. Eine solches Imperium war der mittelalterlichen Agrarwirtschaft fremd.

Fahrende Kaufleute schlossen sich im deutschen Sprachraum seit dem 12. Jahrhundert zu Hansen zusammen, meist lokale Genossenschaften mit wechselweisen Hilfsversprechen. Unter den Bedingungen des Seehandels, mit seinen finanziellen und leiblichen Risiken und seinen Fernkontakten, wuchs eine solche Hanse über das herkömmliche Maß und wurde zum besonderen Begriff. Eine wichtige Voraussetzung bildete die endgültige Begründung Lübecks 1158 an der Ostseeküste durch Heinrich den Löwen, die Entwicklung des Salz- und Heringshandels um die Ostseeküste, die Einrichtung der Gotlandfahrten zur Erschließung der ferneren Ostsee durch friesische und westfälische Kaufleute und nicht zuletzt der technische Fortschritt in der Seefahrt, der im 13., 14. Jahrhundert die tiefgängigen Koggen als Segelschiffe entstehen ließ, mit entsprechend höheren Aufbauten. Im Mittelmeer gab es übrigens währenddem eine vergleichbare Entwicklung der katalanischen »naves«.

Die Hanse handelte bald mit allem Möglichen, allgemein im Sinn eines Austausches von östlichen Rohstoffen gegen westliche Fertigwaren. Es ging nicht nur, aber vornehmlich doch um Seehandel. Allerdings gewannen auch die »hansischen Landstraßen« (Wetscherka) Bedeutung, in weitester Ausdehnung, mitunter auf parallelen Trassen, von Brügge bis Nowgorod. Sie machten damit »Epoche« und weite-

ten die alte Königstraße von Aachen bis Magdeburg zur weit gespannten Transitstrecke. 1356 wandelte sich der Personenverbund in einen
Städtebund, und Generalprivilegien, Handelskontore mit gleichsam
konsularischen Diensten, Monopole im Handelsbereich waren die
Vorzüge, die eine Hansemitgliedschaft zu bieten hatte. Andererseits
übte der Verband mit generellen Streiks, mit der »Verhansung«, dem
Ausschluss einzelner Städte vom Genuss seiner Vorrechte und Hilfs-
angebote, und zeitweise auch mit seinen Söldnertruppen zu Lande
und zur See Druck auf alle Widersacher aus. Mehr als 130 Städte gehörten im 14. Jahrhundert dem Bündnis an, darunter die bedeutendsten nördlichen deutschen Fernhandelsstädte wie Köln, Dortmund,
Soest, Bremen, Hamburg, Wismar, Rostock, Riga, Reval. Lübeck war
der »Vorort«. Stockholm wurde im Lauf des 13. Jahrhunderts von
Hansekaufleuten gegründet, ein Städte- und Hafensystem an der Ostseeküste wurde entwickelt und die Landverbindung über acht schiff-
bare Flüsse von Brügge nach Nowgorod geschlagen, Kontore in Bergen, London, Brügge und Nowgorod errichtet. Die Hanse tagte
jährlich, beriet mit Städteboten, beschloss »Rezesse«, und das jahrhundertelang, von 1356 bis 1669.

Hier ist nun die Frage aufschlussreich, warum aus diesem wohl um-
fangreichsten Städtebund der mittelalterlichen Welt keine Staatsmacht
wurde. Alle möglichen Bedingungen kamen dem entgegen, vor allem
auch die Abwesenheit der Königsherrschaft im nördlichen Deutschland und die geringe Entwicklung anderer Herrschaften, ausgenommen der Deutschordensstaat. Der allerdings wurde für alle seine Städte Kollektivmitglied.

Es gibt eine Reihe vordergründiger Antworten. Am weitesten führt
wohl eine Überlegung nach dem Charakter dieses Städtebundes: Er
wurde nie Rechtsperson. Seine Empfehlungen waren nicht bindend für
alle Mitglieder. Seine Fürsorge galt dem Handelsverkehr im kaufmännischen Interesse, nicht im gleichen Maß der inneren Sicherheit oder
der Rechtspflege. Er band damit überhaupt nur Städte zusammen, er
schuf keinen Untertanenverband. »Hanseat« zu sein ist ein Kunstwort
der neueren Zeit und den alten Verhältnissen nicht angemessen. Und
vor allem: Weder die einzelnen, wie eine Perlenkette über das nördliche Deutschland gebreiteten Mitgliedsstädte noch gar die Spitze des
Bündnisses selbst verfügte über namhaftes Territorium. Die entsprechende Fürsorge hätte die Hanse zweifellos zusätzlich belastet. Aber
Aufstieg und Niedergang dieses weit gespannten Städtebundes sind zu-

gleich ein Beleg für die Grenzen der politischen Möglichkeiten von Städtepolitik und ihrer Selbstbehauptungsversuche, die sich in kleineren Bündnisschlüssen am Rhein, in Süddeutschland, in Oberitalien, in Spanien und auch anderswo versuchten: Ohne geschlossenes Territorium keine Herrschaft, ohne Land kein Staat!

Außerhalb von Rumpfeuropa: Inseln und Halbinseln

Die Halbinsel Spanien, maurisch kultiviert und mit mancher Entwicklungtranche weit voraus – und rückwirkend auf den christlichen Osten, haben wir bisher in den großen Zug der Entwicklung in Rumpfeuropa nicht eingefügt. Sie geht auch eigene Wege, bleibt Afrika verbunden und vom großen Entwicklungtrend Europas durch die unwegsamen Pyrenäen getrennt, seit der letzte Westgotenkönig Roderich 711 im Kampf gegen die Araber ums Leben kam. Organisiert seit dem 6. Jahrhundert unter einem Primas, dem Erzbischof von Sevilla, in bemerkenswert straffer Zusammenarbeit mit der königlichen Macht, scheidet die spanische Christenheit danach unter maurischer Herrschaft für Jahrhunderte aus dem Entwicklungsgang des Christentums aus und entwickelt eine eigene Schrift, eine eigene Liturgie und auch eine besondere Gläubigkeit. Arabisches und jüdisches Wissen in Medizin und Philosophie, in Technik und vor allem in sprachlicher Vermittlung von antikem Wissen finden hier ein Tor ins lateinische Mittelalter. Berber und Araber dringen nicht als Eroberer zerstörerisch in Spanien ein, sondern unter der Herrschaft des Kalifen von Damaskus entwickelt sich ein im Wesentlichen für Muslime, Christen, Juden tolerantes Regime, das mit dem Schwerpunkt in Andalusien und schließlich mit dem Zentrum in Córdoba, dem man fünfhunderttausend Einwohner nachsagt, ein straff monarchisches Regierungswesen aufbaut, aber seit dem 11. Jahrhundert in rivalisierende Kleinfürstentümer zerfällt. Das Ganze erscheint wie ein politisches Spiel unter arabischen und berberischen Aristokratensippen, während Kultur und Wirtschaft unabhängig davon eine hohe Blüte erreichten, mit antikisierender Pflege griechischer und arabischer Elemente unter maurischen, jüdischen, christlichen Gelehrten.

Mit Kultur und Fernhandel folgte diese spanische Welt den römischen Spuren und ließ rings um das westliche Mittelmeer und seine

Inselbrücken einen eigenen Beziehungskreis entstehen. Sieben christliche Königreiche, die außerhalb der maurischen Eroberung im Rückzugsgebiet der Pyrenäen entstanden waren und allmählich zu Aragon und Kastilien verschmolzen, gleichzeitig aber auch seit dem 12. Jahrhundert schrittweise alten spanischen Boden zurückgewannen, rangen um politische Erneuerung. Das zivilisatorische Niveau der muslimischen Städtekultur ging bei ihrer Expansion freilich gutenteils verloren.

Solche Expansionskriege mussten gerechtfertigt werden. Das fiel leicht in Spanien, wo man seit mehr als fünfhundert Jahren das Bewusstsein der arabischen Invasion wach gehalten hatte. Denn die Araber, die Ungläubigen, standen fest als die Feinde der Christenheit im Gedächtnis der Kirche, und die Kirche hatte Mittel und Menschen, sie hatte, sie allein, auch über das ganze Land eine von ihr gelenkte und gespeiste religiöse »Öffentlichkeit« hergestellt, lange bevor es eine vergleichbare »weltliche« gab.

Die Araber waren die einzigen Vertreter einer unbezweifelbar fremden Kulturgemeinschaft mit politischer Macht im mittelalterlichen Europa, anders als die verstreuten ohnmächtigen Gemeinden der Juden, aber sie lösten nur selten Betrachtungen über die Vorzüge multikultureller Beziehungen aus. Meist waren sie Feindbild. Im 8. Jahrhundert hatten sie den größten Teil Spaniens erobert, sich für achtzig Jahre sogar an der Riviera in den Seealpen festgesetzt und im Süden für zweihundert Jahre Sizilien in ihren Besitz gebracht. Im 12. Jahrhundert begann man da mit der »Rückeroberung« durch normannische Söldner, zugleich wie in Spanien die »Reconquista«, wo man Helfer aus dem südlichen Frankreich anwarb. 1085 eroberte König Alfons IV. von Kastilien, dem »Burgenland«, im mittleren Spanien das prächtige maurische Toledo, das künftig auch unter spanischer Herrschaft zu einem bedeutenden kulturellen Mittelpunkt wurde. Mit einem großen ideellen Aufschwung zur Kreuzzugspropaganda gliederte sich Spanien danach wieder in den großen Gang der europäischen Politik ein. Allerdings konnte sich an der Atlantikküste, im Angesicht besonderer räumlicher Herausforderungen, ein langer Küstenstreifen im 14. Jahrhundert separieren und nach Norden ausdehnen und gar aus einer Grafschaft zu einem Königreich werden, nach militärischer Auseinandersetzung wohl oder übel toleriert vom alten Mutterland: Portugal.

Nach der Iberischen Halbinsel zur britischen Insel: Natürlich liegt die gesamte Inselgruppe zu nahe am Kontinent und ist zu groß, um ihren eigenen Weg zu gehen oder ein Anhängsel zu werden. Aber sie kann immer wieder als lockende Beute gelten. Das zog nach den Kelten die Römer an, dann die Angelsachsen, nach ihnen die Wikinger. Danach zählt ein guter Teil der englischen Ostküste, mit einem Danewerk als Grenzbefestigung, zum Großreich Knuts des Großen. Schließlich kommen die Wikinger noch einmal, aber nun als »Nordmänner«, als Normannen, nicht aus ihrer alten skandinavischen Heimat, sondern aus der Normandie.

Dieser großen Invasion geht ein Thronstreit voraus. Wilhelm, Herzog der Normandie (1027–1087), romantisierter Nachfahre der seit hundertfünfzig Jahren hier vom französischen König angesiedelten und damit pazifizierten und französisierten Normannen, kann sich auf Erbansprüche berufen, als der letzte angelsächsische König Eduard »der Bekenner« verstorben ist. Seine normannischen Ritter, bei Hastings gelandet, sind den langstieligen Streitäxten der angelsächsischen Kämpfer überlegen, wie der schon mehrfach erwähnte seltene und eindringliche Bildbericht auf dem im Nonnenkloster Bayeux etwa eine Generation später gestickten 75 Meter langen Teppich zeigt, das größte Geschichtsbilderbuch des Mittelalters.

Diese letzte Eroberung der englischen Insel hatte epochale Folgen. Nicht nur für die angelsächsisch-keltische Bevölkerung, die nun mit dem neuen franko-normannischen Element, seiner Ritterkultur, in sprachlicher Überschichtung, für die nächsten dreihundert Jahre dominiert wurde, ehe die Eroberer ihr Französisch aufgaben. Die Eroberung brachte vielmehr auch einen Umbruch für die gesellschaftliche Struktur, weil sechstausend angelsächsische Adelige erschlagen oder vertrieben wurden, ein letztes anschauliches Beispiel für die wohl seit Urzeiten übliche Nostrifizierung einer fremden Bevölkerung durch Überschichtung. Der Eroberer Wilhelm legte zudem noch in anderer Hinsicht den Grund zu einer besonderen Staatlichkeit: Die neuen Herren im Land waren allesamt stärker von ihm abhängig als die festländischen von ihrem König. Ein straffes Lehenssystem sorgte fortan dafür, mit abrufbaren Königsbeamten, mit Verlagerung der Herrschaft nach Westminster, Kloster, Königsgrab und Regierungszentrale in einem, mit der Besetzung der geistlichen und weltlichen Ämter durch Normannen, Franzosen oder Italiener. Das Doomesday Book, ein leider unvollendetes Besitzverzeichnis, angelegt zwanzig Jahre nach der Eroberung, ermöglichte straffe Steuerpolitik. Exakte Rechnungslegung

in einem Schatzamt machte das Königtum zur starken Potenz. Herren-
häuser, *manors*, bildeten die untersten Positionen der Normannenherr-
schaft, von Hörigen bewirtschaftet, von ihren ritterlichen Lehensträ-
gern auch als Gerichtsherren verwaltet. Eine starke Einflussnahme des
Papsttums, wie sie zur selben Zeit die festländischen Herrscher erleb-
ten, wusste Wilhelm zu verhindern. Des papsttreuen Erzbischofs von
Canterbury, Thomas Becket (1118–1170), entledigte sich sein Nachfahre Heinrich II. durch eines der ganz seltenen Attentate auf einen
hohen geistlichen Würdenträger.

Der Königshof, Französisch oder Lateinisch sprechend, wurde zum
geistigen Anziehungspunkt, und Wilhelms Nachfolger verstanden die
Verbindungen nach Frankreich auszubauen. Über Heiraten wuchs der
englische Besitz in Westfrankreich beachtlich. Heinrich II. von Plan-
tagenet (1154–1189), Graf von Anjou, Maine und Touraine, war als
englischer König und Erbe des so genannten angevinischen Reiches
wohl der mächtigste Herrscher seiner Zeit, die deutschen Staufer eingeschlossen. Mit Reformen und straffer Gesetzgebung zeigte er sich
seinem Adel gegenüber von absoluter Machtfülle. Dass Heinrich, seine Gemahlin Eleonore von Aquitanien und ihr Sohn Richard Löwenherz schließlich nicht etwa in Westminster begraben sind, sondern im
westfranzösischen Kloster Fontevrault, der Grablege der Plantagenets, ist kennzeichnend für die politische Geographie dieses Königs-
tums.

Die englisch-französische Verbindung wurde immer wieder kriegerisch unterbrochen und ebenso neu gefestigt. Man hat daraus zwei hundertjährige Kriege konstruiert, aber es ist der Anschauung dienlicher,
wenn man alle die vierhundert Jahre englisch-französischer freund-
feindlicher Beziehungen zwischen 1066 bis 1475 in eins nimmt. Vor
allem vor dem Hintergrund, dass danach England buchstäblich bis ins
20. Jahrhundert sich nie mehr anders auf dem Festland engagierte als
gelegentlich zur Wahrung des bekannten Gleichgewichts unter den
Kontinentalmächten.

Die mit großen Opfern eroberte Königsherrschaft der Normannen
blieb nicht ohne Blutflecken. Die englischen Herrscher sind bis über
die Schwelle der Neuzeit mehr als ihre Standesgenossen auf den europäischen Thronen immer wieder gut für gewaltsame Aktionen gegen
Rivalen und mögliche Rivalen um die Macht, wobei Verwandtenmord
die größte Rolle spielte, der eigentlich auf dem Festland kaum mehr je
ein Königshaus befleckte. Erst eine »Glorious Revolution« erlöste den

englischen Thron 1688, wenn es denn ein Fluch gewesen sein sollte, von dieser Heimsuchung und legte den Grund zu einer konstitutionellen Herrschaft. Ihre »Ostpolitik«, die freund-feindlichen Verbindungen mit Frankreich, gaben sie Ende des 15. Jahrhunderts auf zugunsten einer Westpolitik, die sie über den Atlantik führte.

Der Drang nach dem Süden

Alles das miteinander folgte aber auch einem »Drang nach dem Süden«. Dessen europäische Dimension ist nicht zu bezweifeln. Unklar sind seine wechselnden organisierten Formen. Nur allzu bekannt ist der Versuch germanischer wie slawischer Eindringlinge, sich mit oder ohne römische Genehmigung vom 5. bis zum 7. Jahrhundert des Landes unter der milden und fruchtbaren Sonne und der Errungenschaften der antiken Zivilisation jenseits von Rhein und Donau zu bemächtigen. Der gleichen Tendenz folgte schließlich auch der Frankenkönig Karl, allein schon im Interesse des Papstes auf einen nachhaltigen Erfolg seiner Italienpolitik gelenkt.

Im Übrigen lag »Reichsitalien«, das ist Oberitalien zwischen Acqua Pendente und der Veroneser Klause, zwischen Genua und Venedig, im unmittelbaren Interessenfeld der römisch-deutschen Herrscher, teils erfolgreich bis zum »Stauffersturz« von 1266 behauptet, teils in sinnloser Prestigesucht immer wieder von neuem erobert, um das mitteleuropäische Herrschaftsgebiet über die Alpenschwelle hinaus zusammenzuhalten. Barbarossas, des Stauferkaisers Friedlich I. (1154–1190) berühmte fünf Italienzüge bedürfen hier aber nicht jener langatmigen Ausschmückung, deren sie sich vielfach im deutschen Geschichtsbild erfreuen. Der Herrscher drückte vergeblich den Stempel antiquierter kaiserlicher Macht auf den aufstrebenden Raum italienischer Städtebünde, und sein Kanzler, der Erzbischof Rainald, raubte das geistliche Herz des widerspenstigen Mailand, die angeblichen Relikte der Heiligen Drei Könige, und führte sie in seinen eigenen Dom zu Köln. Dort haben sie seither viel christliche Anschauung gewonnen, aber nicht für die Sünden der Italienzüge. Barbarossa zeigte später seine beste Seite in der wahrhaft kaiserlichen Fähigkeit zu Frieden und Vermittlung. Dass er, als der einzige Kaiser Europas, auf einem Kreuzzug in einem anatolischen Fluss badend verscholl, ist ein noch immer nicht ausgeschöpftes Symbol des mittelalterlichen Kaisermythos.

Kaiserlichen Schutzes bedurften auch die restlichen ehemals byzantinischen und vor allem sarazenischen Gebiete in Unteritalien und Sizilien. Allerdings wurden sie im 11. Jahrhundert von normannischen Soldrittern erobert, die seit Robert Guiscard (1059–1085) und seinen Nachfolgern ein eigenes Königreich mit dem Zentrum in Sizilien aufbauten. Die Normannenkrone und das Palmenreich fielen durch Heirat 1194 an den Stauferkönig Heinrich VI. (1191–1097), nicht ohne Blutflecken. Mit seinem frühen Tod drei Jahre danach brach diese ganz Italien überspannende, den Papst in Mittelitalien einschließende Machtkonstruktion zusammen. Wieder ein Italientod und eine Vormundregierung: Der dreijährige Sohn Heinrichs ist auch diesmal, darin dem Kinderkönig Otto III. ähnlich, einer der eigenwilligen, aber genialen Herrscher, wie sie das Mittelalter und eine eher romantisierende Historiographie in Gold und Purpur fasste. Er ist diesmal als »Staunen der Welt«, »stupor mundi«, in die Geschichte eingegangen und vom deutschen Geschichtsbild nur mit halbem Recht zu beanspruchen. Denn Friedrich II. (1212–1250) lebte und wirkte meist in seinem sizilisch-unteritalischen Königreich und hat als »nostro Federico«, »unser Friedrich«, auch in der italienischen Geschichte Platz gefunden.

Kaiser Friedrich II. wird vielfach als ein »moderner« Herrscher apostrophiert, jedenfalls als ein progressiver, wiewohl ein guter Teil seiner Herrschaftspraxis normannischer Rigorosität und arabischer Regierungskunst zuzusprechen ist. Außerdem war er zweifellos mit manchen anderen Intellektuellen seiner Zeit nicht sonderlich kirchengläubig. Beamtenstaat, Zentralismus, Söldnertruppen, Gerichtsorganisation, Handelsmonopole, Verbrauchssteuern sind die Trumpfkarten seiner Regierung, auch die erste »Beamtenuniversität«, und Gesetze, die er erließ, galten in Italien mitunter bis ins 19. Jahrhundert. Zunächst 1212 als päpstlicher Kandidat ins Spiel um die deutsche Krone gebracht, entwand er sich mit List und Geschick den päpstlichen Händen, die ihn zu ihrem Werkzeug machen wollten und dabei die Verbindung staufischer Macht im Norden wie im Süden scheuten, zog Verhandlungen einem Kreuzzug vor, überzog dabei aber die päpstliche Geduld und geriet 1226 in Kirchenbann. Kriegerisch überwand er die Opposition der oberitalischen Städte und erkannte zugleich die vergebliche Mühe, ein in Deutschland längst in den Händen der fortan so genannten Landesfürsten königsgleiches Regiment wieder der Königsgewalt zu unterstellen. So sicherte er das Land durch dezidierten Verzicht auf Königsrechte, ernannte in eigentlich den ersten beiden Bruchstücken einer geschriebenen Reichsverfassung geistliche, elf Jahre später unter dem Druck der Verhältnisse auch weltliche Machthaber zu Reichsfürsten, »principes imperii«, frühneuhochdeutsch mit Anspruch auf den Titel »Durchlaucht«, was seither mit geringer Variante galt bis 1806, und beschränkte sich auf eine Oberherrschaft.

Gegen die Päpste musste er kämpfen, zumal bedeutende Juristen auf dem päpstlichen Thron saßen, Innozenz III., Gregor IX., Innozenz IV., mit festen politischen Ansprüchen. Hier entsprang das erst von Karl IV. überwundene Bestreben, die Wahl eines deutschen Königs durch päpstliche Approbation zu legalisieren. Friedrich, in seinen Augen als Kaiser nicht nur Herr der Welt, sondern auch oberster Gesetzgeber im römischen Sinn, eröffnete nach wiederholtem Kirchenbann durch den Papst ein Propagandaduell, in dem Gott und der Teufel wechselweise in Manifesten an die gesamte Christenheit beschworen wurden. Er hatte in seinem Protonotar Petrus de Vinea einen der bedeutendsten Stilisten an der Spitze seiner Kanzlei, deren Rhetorik noch bis in die Hussitenzeit fortwirkte. Friedrich sah offenbar sein Vorbild in Kaiser Augustus. Aber seine Fehler hatten andere Traditionen. Misstrauen und Hartherzigkeit verdunkeln das ideale Bild, und als er 1250 einem »italienischen Tod« jäh erlag, war das auch eine Befreiung für die städtische Libertät Italiens.

Die staufische Herrschaft, noch eine Weile von Söhnen und Enkeln fortgeführt, war damit zu Ende. Es bedurfte erst hundert Jahre später eines anderen großen Politikers auf dem Kaiserthron, der umgekehrt zu Friedrichs Politik, aber mit manchem gemeinsamen Grundgedanken und gelegentlich wörtlichen Anleihen von einem anderen Bollwerk seiner Herrschaft, von Böhmen her, nunmehr in Italien nur eine Scheinherrschaft in loser Diplomatie aufbaute und in Deutschland mit solider Hausmacht reüssieren wollte. Karl IV. (1346–1378) saß 32 Jahre auf dem römisch-deutschen Thron, fast so lange wie der Staufer Friedrich, aber er trug ungleich mehr zur Stabilisierung der europäischen Christenheit bei, mit manchen Parallelen, mit Universitätsgründungen, Herrschaftsarchitektur, Staatspropaganda, wie sein viel gerühmter Vorgänger. (Seibt 1978) Zwischen beiden blieb die deutsche Südpolitik absolut erfolglos, auch wenn es noch zwei Romzüge gab und einen neuerlichen »Italientod«, und das wieder gerade nach einer mühsam errungenen Kaiserkrönung.

Auch das Papsttum betrieb Territorialexpansion, mit dem Einsatz seiner besonderen Mittel. Da war zunächst ein Geschenk von Karls Vater Pippin an den Papst. Es umfasste das Land zwischen Rom und Ravenna, wo bis in die Mitte des 8. Jahrhunderts ein Exarch, ein Stellvertreter des byzantinischen Kaisers, residiert hatte. Bald als Schenkung Kaiser Konstantins bezeichnet, unter den Päpsten Stephan II. und Paul I. (757–767) als päpstlicher Herrschaftsbereich organisiert und später durch gefälschte Urkunden legitimiert, rückten die Päpste damit unter die italischen Machthaber auf, und ihr Staatswesen zählt faktisch bis 1870, juridisch bis 1929, unter die italienischen Mittelmächte. (Fuhrmann 2000) Es erforderte immer wieder weltlichen Schutz, meist durch den Kaiser. Es machte das Papsttum im Ganzen als Landbesitzer verwundbar und abhängig von weltlichen Gewalten, denn es folgte der klaren und durch den Gang der Politik in Jahrhunderten bestätigten Einsicht, dass allein Herrschaft über Land zur Staatlichkeit verhilft. Dafür verfiel das Papsttum als solches derselben Sünde der »Simonie«, der Käuflichkeit seiner Ämter wie der Interessenpolitik insgesamt, deretwegen es im Einzelnen und vor allem im Hinblick auf die Einsetzung von Äbten und Bischöfen die europäischen Herrscher im »Investiturstreit« angeklagt hatte.

Wir haben Frankreich aus dem Blick verloren. Hier ging der Weg nach Süden von der Königsmacht im Seine-Becken aus, dem Hausbesitz der Kapetinger und ihrer Krondomäne, die sie zuallererst behaupteten, und führte zum allmählichen Wachstum der Königsmacht im Langue d'oui, im mittleren Frankreich. Auch Frankreich war in den Investiturstreit verwickelt, auch hier mit dem päpstlichen Vorwurf des Ämterkaufes, der vielfach nichts anderes als die Bischofseinsetzung durch den König aus dem Kreis der Hocharistokratie betraf und damit ganz allgemein das konservative Establishment. Der Streit war allerdings unter König Philipp I. (1060–1108) noch verschärft durch eine illegitime Ehe, die mit ähnlichen Folgen wie in Deutschland den König wiederholt in den Kirchenbann brachte. Auf französischem Boden und gleichsam in Konkurrenz zum gebannten König war in diesen Jahren das große Programm der abendländischen Südpolitik vom Papst auf französischem Boden verkündet worden, 1095, aber ohne Könige und ohne den Kaiser, als wolle der Papst nun selbst der »Schutzherr der Christenheit« sein. Die Kreuzzüge waren von ihrem Anfang an und noch mehrfach im Lauf der Entwicklung ein Werk päpstlicher Politik. Sie weckten und fanden ihre Helfer und Träger aber im französischen

Hochadel, und das blieb noch lange so, zumindest mit merklichem französischen Anteil an der militärischen Expansion und an der gleichzeitigen Siedlungs- und Eroberungspolitik im nahen Orient: Die älteste Kreuzzugschronik trägt den Titel: »Gesta Dei per Francos«, »Die Taten Gottes durch die Franzosen«.

Man muss vorausschicken, dass in Frankreich ein eigenes Kapitel in der Geschichte des christlichen Rittertums ausgebildet worden war. Die großen Klöster, wehrlos, wie sie nun einmal waren, erdachten besondere Bedingungen zu ihrem und zum Schutz ihrer Grunduntertanen mit geistlichen Waffen. Seit 975 geriet unter Kirchenstrafe, wer Kleriker, Bauern, Kirchen, Häuser und Feldfrüchte angriff oder beschädigte. Seit 1033 standen die Tage von Samstag bis Montag, bald von Mittwoch bis Montag unter Friedensgebot. Das sollte das Fehdeunwesen im Land durch allzu agile Adelige eindämmen. Der Adel selbst, unter dem Segen der agrarischen Intensivierung offenbar wohlhabend geworden, pflegte Erbauseinandersetzungen mit Waffen auszutragen und suchte überhaupt nach Betätigung für überzählige Söhne. Er wurde angehalten, christliche Rittertugenden zu üben: Witwen und Waisen zu schützen, Kirchen und Kleriker zu verteidigen. Hier fiel der Kreuzzugsaufruf Papst Urbans II. auf fruchtbaren Boden. Überhaupt macht die verhältnismäßige Offenheit des Adels in der ganzen Christenheit für die Tugenden, die ihm die Kirche vorhielt, ebenso wie für ästhetische Ansprüche im Alltag wie in der Selbstdarstellung das Streben kenntlich, sich über ein raues Kriegerdasein zu erheben und sich »zivilisiert« zu entfalten. (Elias 1968)

Es gab da allerdings ein Echo nicht nur im Adel, sondern auch unter unbewaffneten Massen, und zwar ganz unerwartet groß. Zwei Momente trafen hier zusammen: eine religiöse Erlösungssehnsucht, weit verbreitet auch bei Ungelehrten, und die Erlösung aus einem Bevölkerungsdruck, der Arme wie Reiche plagte. Überzählige Adelssöhne fanden bislang deshalb den Weg in die Klöster, besonders in solche, die sich Reformen verschrieben hatten, wie die Benediktiner in Cluny und in Gorze, in Marseille und in Fontaines, in St. Maximin bei Trier oder bei den neuen Orden in Prémontres und in Cîteaux. Fortan fanden sie auch Platz in den neuen Ritterorden der Kreuzfahrer, die mönchisches mit ritterlichem Dasein verbinden sollten, die Templer, die Johanniter, oder der deutsche Ritterorden, oder sie nahmen doch zumindest das Kreuz, wie es der Papst nun jedermann zu seinem Heil empfahl.

Die Kirche, wie immer auch hier so gut juristische Anstalt wie religiöse, hatte flugs einen Rechtskanon für Kreuzfahrer zusammengestellt und den Klerus zu seiner Vermittlung und seinem Schutz berufen: Sündenablass im Himmel, aber auch Schuldenerlass oder doch Stundung in der weltlichen Buchführung für alle, die »das Kreuz genommen« hatten, und das Kreuz selber, das rote auf weißem Grund, schmückt seither noch manches Wappen. Dass die armen Leute auch aufstanden, um ihr Heil in Jerusalem zu gewinnen, war eigentlich nicht vorgesehen. Der temporäre Schuldenerlass hatte sie wohl weniger motiviert als die Besitzenden. Aber die Stimmung wurde durch sie zu einer besonderen Emphase getragen, und auf ihrem Weg schlug sie in Hysterie und Zerstörungswahn um, wie erst später der christliche Blutrausch über Jerusalem. Die von einfachen Klerikern angeführten Kreuzzügler wollten von Frankreich zu Fuß ins Heilige Land, den Rhein aufwärts, die Donau abwärts und am Schwarzen Meer über den Bosporus. Der Weg war weit. Daher mordeten sie zunächst die Feinde Christi, derer sie habhaft werden konnten, die bisher ziemlich unbehelligten Juden in ihren linksrheinischen Gemeinden in Trier und von Speyer bis Mainz. Vergeblich suchten einige Stadtherrn ihre Einwohner, Schützlinge, Steuerzahler, zu verteidigen. Der »Wahnsinn der Christen«, »insania Christianorum«, wie der Chronist des Trierer Bischofs fassungslos schreibt, verging sich an Männern, Frauen, Kindern.

Damit sind schon die Schattenseiten der Kreuzzugsmentalität skizziert. Das »Heilige Land«, die Wirkungsstätte Christi, auf jeder damaligen Weltkarte in den Mittelpunkt der Erdscheibe gesetzt, war im Übrigen für den Einsatz von Kapital zur Gewinnung von Reichtum und Macht ein klassisches Expansionsziel. Von den Muslimen seit dem 7. Jahrhundert besetzt und damit sozusagen nach der Taufe durch den Lebensweg Christi von der jüdischen zur muslimischen Metropole konvertiert und der Himmelfahrt des Propheten gewidmet, geriet es für die nächsten zweihundert Jahre in den Mittelpunkt des christlichen Blutrausches. Der Papst selbst hatte in Clermont den Ruf provoziert: »Dieu le veult!«, »Gott will es!«, und die Christenheit verübte in bemerkenswerten Überseexpeditionen alles, was dem Willen Gottes in einem Eroberungskrieg je zur militärischen und ideellen Durchschlagskraft verhelfen konnte. Deshalb wurden in Ägypten, in Palästina und in Syrien Städte erobert und Burgen gebaut, Rittermönche für den Kampf geübt und Kriegszüge mit viel Geld gerüstet, neue Staaten gegründet und Kolonisten zur Sicherung der christlichen Pilgerstraßen angesiedelt. (Schwinges in HEG 1987)

Die Kreuzzüge – man zählt ihrer sieben ins Heilige Land, aber noch manche andere gegen »innere Feinde« und zuletzt gegen die Türken – haben gewiss mehr Fluch als Segen gebracht. Allenfalls dem französischen Adel brachten sie Ehre, ein paar Familien auch Fürstentümer auf dem Boden des alten oströmischen Reiches, das Königreich Jerusalem, nun in der grausam eroberten Stadt gegründet, dazu die Herzogtümer von Kreta, Achäa, andere kurzlebige Titel. An den »König von Zypern« erinnert noch heute eine schmale Straße mitsamt Palais im Zentrum von Paris.

Kolonisten folgten den Rittern und ließen sich in Palästina nieder. Der Erzbischof Wilhelm von Tyrrhus, ein Kritiker der Kreuzzüge, war schon ein Kind französischer Einwanderer. Auch in Europa gab es Ablehnung, geistliche wie militärische. Beides blieb erfolglos. Die Expansion des Abendlandes nach dem Süden drängte zwar die arabische Expansion des 8. und 9. Jahrhunderts zurück, aber nur kurzfristig. Die Osmanen, zunächst in arabischem Sold, dann die Herren über den nahöstlichen Islam, holten alles wieder.

Zwar konnten sich Stadt und Kaisertum von Konstantinopel, 1204 erobert, 1261 wieder befreien, aber bei endlosen inneren Auseinandersetzungen fand das östliche Kaisertum auch nach einigen Reformansätzen seine alte Kraft nicht mehr. Es blieb ein Spielball in der Hand der großen italienischen Seemächte Venedig und Genua und war bald ohne Hilfe aus dem Westen den osmanischen Eroberern ausgesetzt. Seit der Niederlage eines abendländischen Heeres gegen diesen künftig jahrhundertelangen Feind der Christenheit bei Nikopolis 1396 wurde das oströmische Kaiserreich Schritt für Schritt seine Beute bis zur Eroberung von Konstantinopel 1453.

Eine maßvolle Südexpansion innerhalb ihrer Pässe und Talschaften betrieben auch die Schweizer. Blieb die Hanse ein Städtebund ohne Territorium, so hatten sich in der Schweiz ein Interessenverband aus Städten, ihrem Umland mit seinem Adel und aus bäuerlichen Talschaften zusammengeschlossen und zu einem Verband auch miteinander vereidigt. Der Schwur, legendenumwoben auf den Rütli versetzt, blieb hier in seltener Deutlichkeit Grundlage einer politischen Gemeinschaft und wurde sogar zur modernen Staatsbezeichnung: CH – Confoederatio Helvetica, Schweizer Eidgenossenschaft, liest man auf jedem Schweizer Auto.

Die gemeinsamen Interessen: die Alpenpässe, hauptsächlich der Weg über den St. Gotthard, seit Anfang des 13. Jahrhunderts erschlossen, über den St. Bernhard und über den Maloja. Der Grund der Schweizer Südexpansion war beinahe zwanglos die Absicht, möglichst den gesamten Passweg, auch in seinem Zugang jeweils auf der Gegenseite, in ihrer Hand zu haben. Die viel umstrittene Reichsfreiheit, nur im Kern des künftigen Bundes, der »Urschweiz«, 1231 und 1240 kaiserlich bestätigt, verlockte auch andere Städte und Talgenossenschaften 1291 zum Anschluss und konnte sich 1315 in einer berühmten Schlacht gegen die Habsburger als ein Sieg der Fußtruppen über ein Ritteraufgebot behaupten. Das sich formierende Gemeinwesen geriet in Behauptung seiner Unabhängigkeit in einen entscheidenden Gegensatz zur burgundischen Expansion Karls des Kühnen und erreicht mit dem Sieg über ihn und seinem Tod 1476 europäische Bedeutung. Gegen eine allgemeine Reichssteuer wurde 1499 der »große Schwabenkrieg« gegen Kaiser Maximilian geführt und gewonnen. Damit hatten sich die Schweizer praktisch vom Reich losgesagt. Danach eroberten sie in wenigen Jahren das Tessin und das Veltlin. Damit waren sie eindeutig auch auf der alpinen Südseite die Herren der Passzugänge.

Was den Schweizer Bund, die Eidgenossenschaft, anders als die benachbarten Städtebünde in die Staatlichkeit wachsen ließ, war der Zusammenschluss von Stadt und Umland, die Territorialbildung. Sie war nicht weiträumig und nicht zentralisiert. Sie wurde dennoch effektiv. Ihre ideologische Kraft kam vom wirklichen oder vorgeblichen Kampf um Reichsfreiheit. Was den Bund zusammenhielt, waren begehrliche Feinde ringsum, die Habsburger, die Savoyer, die Burgunder, die Franzosen schließlich, die alle am Besitz der Alpenpässe, am Zugang nach Mailand, interessiert waren. Der Transitverkehr ist noch heute ein Nerv der Schweizer Wirtschaft, dieses einzigen alpinen Passstaates, der seine Existenz über die Jahrhunderte ohne Adelsherrschaft als eine Bundesgemeinschaft behauptet hat.

Als Stadtrepubliken sich behauptet und zum Teil mächtig um sich gegriffen haben auch die italienischen Kommunen, nur mit einem wichtigen Unterschied: als selbständige Städte, mit eigenem, relativ großem Umland seit der Antike, dem *contado*, geboten sie über städtische und ländliche Untertanen, sodass sie vielfach von den mittelalterlichen Anfängen her bereits Territorialpolitik betrieben haben. Deshalb fanden sie auch ein anderes Verhältnis zum Landadel als die nordalpinen Städte: Standen diese von vornherein in Distanz zum Adel, der ihnen als Stadtherr, Territorialherr, König oder Königsbeamter gegenübertrat, so haben die italienischen Städte, fast alle ursprünglich unter der Herrschaft adeliger Bischöfe, den niederen Adel an sich gezogen, den hohen vertrieben. Erst ihre innere Entwicklung drängte allen Adel später weitgehend aus dem Spiel zugunsten von Fernkaufleuten und reich gewordenen Bürgern. Die Politik der kleinen und nach ihrem System republikanischen Gemeinwesen galt danach der Umlanderweiterung, der Angliederung von Nachbarstädten, der Stellungnahme für oder gegen die immer wiederkehrenden Kaiser. Erst mit dem Rückgang der Kaisermacht stiegen fremde Stadtherren auf, Söldnerführer, *condottieri*, als Usurpatoren, in Mailand, Florenz, Siena, Urbino und Mantua.

Ein guter Teil der südalpinen Städte wurde reich durch seine Handwerker, Vicenza, Bergamo, Verona. Da war jeweils die Passstraße wichtig und womöglich ein Teil von ihr unter eigener Herrschaft. Für die Küstenstädte schlug die große Stunde mit den Kreuzzügen. Es ging um Transportleistungen für Ross und Reiter und um teures Geld für Fourierdienste. Es ging aber auch schon seit langem ganz ohne Krieg um Handelsverkehr über See, und aus beiden Gründen waren bald die oberitalienischen Seestädte im Vorteil, weil sie dem weiten kontinentalen Hinterland jenseits der Alpen näher waren. In hartem Konkurrenzkampf drängten sie ihre südlichen Nebenbuhler zurück, Bari, Neapel, Amalfi, Salerno. Im Norden unterlag schließlich Pisa den Genuesen, und an der Adria siegte Venedig über alle.

Die Seerepublik von Venedig ist in der mittelalterlichen Staatengeschichte ohne Beispiel. Das erfolgreichste Modell einer Reihe von Fluchtsiedlungen in den Lagunen mehrerer großer Alpenflüsse von Isonzo bis Po verstand es, sich am großem Bach, dem *rivo alto*, Rialto, auf Pfahlbauten zu etablieren, hielt sich in der Insektenplage der Küstensümpfe dank der Vernichtung von Mückenbrut durch Ebbe und Flut, lebte von Salz- und Fischhandel und manövrierte geschickt um die Jahrtausendwende zwischen dem östlichen und dem westlichen Kaisertum um seine Unabhängigkeit. Das Gleiche versuchten die Einwohner an mehreren Plätzen von Grado, Caorle bis Chioggia, und eigentlich war schon in der Antike die Hafenstadt Aquileja von ähnlichen Umständen begünstigt. Venedig überflügelte alle. Es zog auch im 15. Jahrhundert die Kirchenwürde eines Patriarchen in seine Stadt.

Schon von den Anfängen war in Venedig eine oligarchische Gemeindeverfassung mit einem *dux*, Dogen, als Wahlfürsten festgelegt und damit jede Dynastiebildung ausgeschlossen, der ausnahmslos alle größeren Städte auf dem italienischen Festland nach dem Ende der Kaiserherrschaft und ohne kaiserlichen Schutz anheim fielen. Der Handel hatte inzwischen in dem an sich etwas abseits der Hauptverkehrstraßen nach Norden liegenden Wirtschaftsraum die Verbindungen über den Brenner oder durch Kärnten wachsen lassen, der Aufstieg des östlichen Mitteleuropa seit dem 14. Jahrhundert begünstigte ihn. Der Plan Kaiser Karls IV., einen direkten Weg über die Ostalpen und dann einen Kanal über den Böhmerwald bis an die Elbe und in den Hansebereich zu führen, scheiterte zwar am venezianischen Realismus, aber die Stadt wuchs währenddem auch in ihrer Umgebung durch die erfolgreiche Expansion in eine »terra ferma« bis weit in die Passstraßen nach Norden. Der größte Schlag war den Venezianern freilich hundert Jahre zuvor geglückt, als es ihrem Dogen 1204 gelang, den Vierten Kreuzzug statt ins Heilige Land zu den christlichen Brüdern nach Konstantinopel zu lenken. Die Kreuzfahrer eroberten und verteilten die Beute unter dem französischen Hochadel, und Venedig konnte in der Folge wichtige Stützpunkte an Adria, Ägäis und am Schwarzen Meer ergattern, in Konkurrenz mit der tyrrhenischen Seestadt Genua.

Die Venezianer entwickelten keinen Städtebund, sondern unmittelbare Oberherrschaft, das allerdings ebenso wie ihre westlichen Rivalen in Genua, aber mit größerem Erfolg. Keinem äußeren Feind, sondern der Welthandelsentwicklung fielen beide Seeherrschaften schließlich zum Opfer, geradeso wie ihre nördlichen Partner, die Hanseaten. Der neue Seeweg in die Welt, die türkische Mittelmeerherrschaft, der Handelsverfall im nahen Orient überhaupt und schließlich auch noch die nordalpine Wirtschaftskrise durch den Dreißigjährigen Krieg machten ihr den Garaus. Napoleon liquidierte 1796 nur mehr die prächtigen Fassaden der alten Herrlichkeit.

Noch weiter entfernt von jeder Anschaulichkeit einer »Rückeroberung« war die Eroberung Irlands durch die Engländer. Irland war schon im 6. Jahrhundert christlich geworden, weit früher als das übrige nördliche Europa, und von dorther war der größte Teil der Missionare gekommen, die zuerst den Angelsachsen und danach dem nordalpinen Kontinent als Wanderprediger das Christentum gebracht hatten. Die Angelsachsen hatten schon länger die Expansion auf ihrer eigenen Insel geübt, hatten in Wales und Cornwall in einer jahrhundertelangen Siedlungs- und Eroberungspolitik Burgen gebaut und Burgen geschleift und zum Zeichen ihrer Vorherrschaft dem jeweiligen englischen Thronfolger den Titel eines Prinzen des eroberten Wales verliehen. Die päpstliche Kreuzfahne zur Eroberung Irlands lehnte der englische König im 12. Jahrhundert ab. Die Insel fiel ihm auch ohne das zum Opfer, allerdings noch nicht endgültig und damit auch nicht das letzte Mal.

Um 1475 war Europa sozusagen besetzt und bekannt. Das Unbekannte, die Ferne, lockte nicht im Osten, wo sich die Barriere des noch immer tatarisch beherrschten Russland vom Weißen bis zum Schwarzen Meer erstreckte. Der Seeweg nach dem Westen lockte. Das Mittelalter, eine kontinentale Epoche, wich allmählich den Interessen von seefahrenden Portugiesen, Spaniern, Skandinaviern, Engländern und Niederländern. Die ehemals mittelalterlichen Randgebiete traten in eine neue Rolle, die ihnen die künftige Mitsprache am Tisch der Großen verhieß, Frankreich, Deutschland und Italien, wenn nicht die Vorherrschaft, oder besser: Mit ihrer Abwendung vom Kontinent begann allmählich ein neuer, eher dreigeteilter Aufbruch Europas zur Entdeckung und Eroberung der Welt. Es ging dabei zunächst um die westliche Welt, die von den Portugiesen und Skandinaviern schon eine ganze Weile bis in die Weiten des Atlantik erkundet war und die sich, schließlich auch in Konkurrenz mit den Franzosen, über die Kolonisierung Amerikas buchstäblich eine neue Welt erschloss. Es ging aber auch um die östliche Welt, die fortan den Russen vorbehalten schien nach dem Abzug der Tataren 1480 und die »in Ablauf und Struktur erstaunliche Ähnlichkeiten mit dem Vordringen Frankreichs, Englands und seit dem Ende des 18. Jahrhunderts auch mit den Vereinigten Staaten im nördlichen Amerika« aufweist. (Schmitt 1984, VW.) Übrig blieb die volkreiche Mitte Europas, mehr oder minder entfernt vom neuen Zugang zu Welt und Meer.

Erst die industrielle Revolution wird diesem Raum eine neue Qualität verleihen durch seinen Reichtum an den künftig entscheidenden Rohstoffen für die nächste Runde um Macht in der Welt.

Die Juden

Abseits, ohne Zusammenhang zur großen Politik, aber meist unter dem Druck von Abwehr oder Duldung, führen die Lebensumstände der Juden in andere Konstellationen, nicht leicht zu charakterisieren: Vom religiösen Imperativ nach den Vorschriften des Talmud bis ins 19. Jahrhundert begleitet, ging ihr Mittelalter eigentlich erst um 1800 zu Ende.

Vom intensiven inneren Ringen um Gotteserkenntnis getragen und zugleich durch einen oft lebensfernen talmudischen Formalismus eingeengt, hielten sie lange fest an chassidischer Mystik, am Glauben an Wunderrabbis, an der Ankunft des Messias, bei großen Unterschieden in Bildung und Wohlstand innerhalb ihrer Gemeinden. Von christlicher Unduldsamkeit zu jeder Zeit bedroht und doch jahrhundertelang im wirtschaftlichen Getriebe wegen ihrer Unentbehrlichkeit geduldet, lebten sie als Fernkaufleute, Geldhändler, Pfandleiher, Trödelhändler, auch vom Handel mit Vieh oder Getreide, Hopfen oder Wein in enger Verbindung zu reichen und armen Christen. Und überdies lebten sie jederzeit verstreut, um 1600 wieder mit einem Tiefpunkt in ihren Lebensmöglichkeiten (Herzig 1997, 13) und auch zuvor, in ihren besseren Zeiten, verstreut in vielen kleinen oder größeren Städten, in eigenen Gemeinden, die mehr oder minder Anerkennung fanden bei städtischen Obrigkeiten, bei Fürsten und Herren.

Das christliche Europa hat seine Juden niemals wahrhaft toleriert – von individuellen und regionalen Ausnahmen abgesehen –, und es hat doch mit ihnen anderthalbtausend Jahre gelebt und schien ihnen im letzten, im 20. Jahrhundert in vielen Beziehungen so nahe gekommen, wie Toleranz nur immer sein kann. Es gab damals allein in Deutschland 750000 Menschen mit gemischten Vorfahren neben 500000 Juden. Das heißt, dass in vielen Beziehungen die trennenden Linien ausgelöscht waren. Da schlugen die Verhältnisse plötzlich in einer unerwarteten Wendung um, und die namentlich in Deutschland und Österreich-Ungarn verbreitete Toleranz geriet zur wahrhaften und erbarmungslosen Vernichtung.

In diesem Prozess spielte das alte römisch-deutsche Reich eine besondere Rolle, die Rolle des innersten Kerns. Im Spätmittelalter wie in der Aufklärungsepoche war Deutschland nämlich die wahre Heimat oder zumindest der sicherste Hort für die europäischen Juden, vor allem anderen bewiesen durch ihre Sprache. Denn neben ihrer Sakralsprache hatten sie das Jiddische aus jahrhundertelangem Zusammenleben mit deutschen Idiomen zu ihrer eigenen Sprache gemacht und darin auch eine eigene Literatur entwickelt. (Zinberg 1930) Keine andere europäische Sprache erfuhr eine solche Annahme durch jüdische Mitbewohner, die Integration und Distanzierung zugleich belegt, ihre Nutzer mit verschiedenen deutschen Regionaldialekten verbindet und damit auch ihre räumliche Mobilität erweist. Dementsprechend lässt sich auch das Wachstum jüdischer Gemeinden in Mitteleuropa zugleich mit dem Wachstum der Verkehrswege zeigen, und die »Rheinschiene« hat dabei den Vorrang. Bis in die Mitte des 14. Jahrhunderts verbreiteten sich danach jüdische Nachbarschaften in den deutschen, böhmischen, österreichischen und Schweizer Städten, sehr früh im Sinn des städtischen Kommunalismus organisiert (Toch 1997) mit eigenen Rabbinern, Synagogen, Badhäusern, Friedhöfen. Sie wurden im Sinn einer gewissen städtischen Vielfalt im aufblühenden Städtewesen nicht einfach nur geduldet, sondern anerkannt.

Das will erklärt werden: Die mittelalterliche Gesellschaft bestand aus Gruppen, die jeweils dem Ganzen gegenüber ein besonderes Ansehen und eigene Rechte hatten. Es gab keine Uniformität, es gab Privilegien unterschiedlichster Art für Einzelne wie auch für Stände aus Rittern, Klerikern, Handwerkern, Fernkaufleuten oder Bauern. Das mittelalterliche Recht war an Personen gebunden, nicht an das Land, in dem diese Personen lebten. Man nahm es mit, man wurde danach betrachtet, man lebte danach. Und man konnte sich das Privileg ausbitten, nach seinem Recht zu leben und gerichtet zu werden. Man suchte ohnehin unter seinesgleichen zu leben, wie das einer weit verstreuten kleinen Gruppe nur immer möglich war. Man hoffte, zu einer wohlgelittenen Minderheit zu gehören, zu einer solchen nämlich, die ihre Duldung von ihrer Bedeutung für das Ganze bezog. Man geriet auch möglichst nicht in eine Epoche wachsenden feindlichen kollektiven Identitätseifers, wie etwa die Muslime und Juden in den christlichen Königreichen Spaniens im Verlauf der Reconquista, die trotz garantierter Rechte im Laufe des 15. Jahrhunderts ihre Sonderstellungen verloren und schließlich vor der Zwangstaufe emigrierten. (Bartlett 1993, 240 ff.)

Die Juden in Deutschland lebten solcherart möglichst eng beieinander, nicht ausnahmslos, aber vornehmlich nicht nur defensiv, sondern auch aus religiösen und rituellen Gründen, um Bethaus, Badhaus, Bäckern und Metzgern nicht allzu fern zu sein. Seit 1215 suchte ein allgemeiner Konzilsbeschluss sie in eine solche Siedelgemeinschaft zu zwingen, um sie möglichst deutlich von der Christenheit abzusondern, seit 1312 auch noch mit einem gelben Stück Tuch an ihrer Kleidung zu kennzeichnen oder mit einem spitzen Hut, wie ihn uns die spätmittelalterliche Malerei überliefert hat, dem Judenhut. In Venedig wohnten die Juden, vornehmlich vielleicht die Zugereisten, an der nordöstlichen Peripherie in einem Viertel, in dem man die Kanonen goss und das vom Gießen, »gettare«, seinen Namen hatte, das »Getto«. Der Name wurde im Deutschen seit dem Barockzeitalter zum Begriff. Größere G(h)etti wurden mit Mauern und Toren abgeschlossen. Bald musste sich ihre Bevölkerung darin zusammendrängen, und auch wenn sich darin oft Handwerke entwickelten, erlaubte der Verkehr mit Christen noch weniger ein Ausweichen in andere Erwerbsmöglichkeiten als den Geldhandel, das Wechseln und den Geldverleih gegen Pfand, der die Juden in das böse Licht der Wucherer stellte und nicht wenig zu Pogromen und Vertreibungen beitrug.

Armut und Enge unterschied die Judensiedlungen von anderen innerstädtischen Gemeinden von Fremden, Italienern, Spaniern, Franzosen. Die italienischen Kaufleute in Regensburg beispielsweise vermittelten den wichtigen Handel mit Venedig. Sie durften im 12., 13. Jahrhundert in einem eigenen Viertel wohnen, das man »Inter latinos« nannte, und sie lebten nach ihrem Recht. In diesen Grenzen war die mittelalterliche Gesellschaft duldsam. Aber sie war insgesamt auf der Basis des Christentums errichtet, des katholischen Christentums, und später weiterhin auf seinen anerkannten Nachfolgern im Rahmen der Reformation. Aus dieser Einschränkung war die mittelalterliche Gesellschaft zugleich durchaus intolerant. Und doch haben sich in dieser Gesellschaft die Juden in ihrer Eigenart, ihrem Recht, ihrer nichtchristlichen Religiosität erhalten und so, mit Schwierigkeiten, auch die Jahrhunderte überstanden. Vermutlich verdanken sie diese bescheidene Toleranz der Bibel, weil dort festgehalten ist, dass sie sich am Ende der Zeiten bekehren und mit den Christen gemeinsam selig würden. Der Apostel Paulus hat das in einem seiner Briefe ausgesprochen und der heilige Augustinus für die mittelalterliche Welt in Erinnerung gebracht. Aber eben wegen der Bibel mussten die Juden auch eine vom 12. bis ins 16. Jahrhundert wachsende Verfolgung auf sich nehmen, die man immer wieder einmal mit dem gestiegenen Einfluss der einfacheren Volksschichten auf Kirche und Frömmigkeit zu erklären gesucht hat. Die Adelskirche zeigte sich bis ins 12. Jahrhundert jedenfalls verhältnismäßig duldsam. Zudem war mit der Geldwirtschaft seit dem 12. Jahrhundert Geldverleih und Zinswesen eine Notwendigkeit geworden, den Christen kirchlich noch für zwei, drei Jahrhunderte wirksam verboten, den Juden als jene Nische im Wirtschaftsleben zugefallen, in der sie sich auch in sozialer Solidarität bis in die Neuzeit retteten.

Denn Juden in Frankreich und Deutschland durften, soweit sich erkennen lässt, von vornherein ihren Lebensunterhalt nur im Handel suchen. Dafür waren sie von Anfang an besonders geeignet, denn es ging um Fernhandel, bei dem ihnen ihre Beziehungen zu den sephardischen Juden in Spanien und am Mittelmeer zugute kamen, und auch die gemeinsame Vertrauensbasis innerhalb ihrer Religionsgemeinschaft, die zumindest am Anfang wohl die Bürgschaft für Wechsel und Kredit bildete. Man muss bedenken, dass im frühen Mittelalter die Juden als Fernkaufleute oft auch mit bewaffneten Karawanen über weite Strecken ihren Handelswegen folgten, dass sie Haus und Hof mit Knechten und Mägden hielten, auch mit christlichem Gesinde, von dem mehrfach die Rede ist. Dabei stützte sich der Zusammenhalt der verstreuten Judenschaft nicht nur auf die religiöse Tradition, sondern auch auf den drohenden Verlust der Einkommensmöglichkeiten, auf die Ächtung, die einer Konversion zum Christentum vielfach folgte, und überdies auch noch auf die offenbar häufige, wenn auch illegale Konfiskation des Eigentums von Konvertiten durch die christliche Obrigkeit. Noch eine zutiefst religiöse Eigenheit zählt wohl ebenfalls zum Kern des jüdischen Beharrungsvermögens inmitten der oft feindlichen Umwelt: die Erwartung des Messias. Auch die Christen des Mittelalters wurden immer wieder von eschatologischen, von Endzeithoffnungen in erstaunlicher Festigkeit begleitet. Die kleine, vom religiösen Leben der Christen ausgeschlossene, ja verfemte Gruppe klammerte sich daran. Jüdisches Leben, nach seinem sozialen Rahmen, seinen wirtschaftlichen Daseinsmöglichkeiten zu beurteilen genügt wohl nicht zur Erkenntnis seiner identitätsbildenden Kraft. Die Juden lebten auch aus einer immer wieder von kleinen und großen Propheten in ihren Gemeinden belebten Hoffnung auf den Erretter, den Messias.

Genauere Nachrichten über jüdische Siedlungen finden sich erst um die Jahrtausendwende in dem Raum zwischen den Pyrenäen und nördlich der Alpen bis an den Rhein. (Germania Judaica, Gallia Judaica) Sie folgen zunächst den großen, dann auch den kleineren Handelsstraßen und weisen ihre Bewohner damit dem Fernhandel zu, der sich auf Spezereien, Pelze und vor allem Sklaven aus den Gebieten jenseits der christlichen Daseinsgrenzen richtete. Sklaven, diese im christlichen Europa nach den Wikingern nur mehr von islamischen oder jüdischen Kaufleuten vertriebene menschliche Ware, hatte für den Orient jahrhundertelang besondere Bedeutung, wie noch heute in Venedig der lange Kai für ihre Verfrachtung ausweist, die Riva degli Schiavoni. Umfang und Wege des jüdischen Sklavenhandels sind uns aber unbekannt. Einige viel zitierte Anhaltspunkte vermittelt der Reisebericht eines Ibrahim ibn Jakub, der im Auftrag des Kalifen von Córdoba 965/66 die Slawenländer östlich der Elbe bereiste.

Aus der ersten Hälfte des 9. Jahrhunderts ist eine Privilegierung jüdischer Kaufleute durch Kaiser Ludwig den Frommen übermittelt, und aus anderen Nachrichten lassen sich jüdische Siedlungen besonders an Rhein und Maas erschließen, im frequentierten Transitland zwischen West- und Mitteleuropa, und an der Verkehrsschiene von Köln bis Basel, den Rhein entlang. Fortan gibt es immer wieder Urkunden für jüdische Petenten von römisch-deutschen Kaisern und Königen, die jüdische Kaufmannschaft garantierten oder den Schutz jüdischen Lebens, bis Kaiser Friedrich II. 1237 mit dem seither viel genannten Begriff von einer »kaiserlichen Kammerknechtschaft« theoretisch alle Juden in der ganzen Christenheit unter seinen Schutz nahm, sie damit unter ein Sonderrecht stellte, das freilich auch entsprechend hohe Sondersteuern einschloß. Besonders günstige Daseinsbedingungen offerierte ihnen wohl nach diesem Vorbild 1244 der Herzog von Österreich, und ihm folgte Přemysl Ottokar II., der »Goldene König« von Böhmen, dessen Judenprivileg von 1255 als die »Magna Charta« des ostmitteleuropäischen Judentums gilt. Er behauptete sein Privileg gegen wiederholte kirchliche Einschränkungsversuche. Hundert Jahre später wurde es erweitert von Kasimir dem Großen, weil er jüdische Zuwanderung dringend nach Polen lenken wollte.

Das jüdische Dasein in Mittel- und Nordwesteuropa, in Nordfrankreich, den Niederlanden, Deutschland, Österreich, Böhmen, Polen, seit dem Spätmittelalter im Jiddischen »Ashkenasien« genannt, hat sich bei unbekannter Vorgeschichte zwischen dem sephardischen Judentum auf der spanischen Halbinsel und dem babylonischen Judentum im Orient lange Zeit friedlich entwickelt. Noch freundlicher wohl in Italien. In Rom gelangte sogar der Urenkel eines jüdischen Konvertiten auf den päpstlichen Thron, Anaklet II. (1130–1138), freilich als Gegenpapst mit Innozenz II. konkurrierend und nicht ohne einen Seitenhieb durch den eifernden Zisterziensermönch Bernhard, der das für eine Jesus Christus angetane Schmach ansah. (Dittmann LMA 1991) Das beweist immerhin, dass eine in Rom nobilitierte Familie auch noch in der vierten Generation durch einen jüdischen Vorfahren in Verruf kam. Aber es zeigt zugleich die Mobilitätsmöglichkeiten durch Reichtum. In Deutschland zählte dagegen ein armer Sänger zu den namhaften Poeten, Süskind von Trimberg, der um die Mitte des 13. Jahrhunderts schrieb und immerhin in die manessische Liederhandschrift Eingang fand, vielleicht der erste jüdische Autor in deutscher Sprache. Seine Person demonstriert die andere Aufstiegsmöglichkeit innerhalb der christlichen Gesellschaft, nämlich über besondere geistige Qualifikation. Es gab bis dahin schon viele jüdische Gemeinden und darin auch wohlhabende Juden mit städtischem Bürgerrecht.

Im blinden Kreuzzugseifer nach 1096 erlitten die jüdischen Siedlungen an Rhein, Maas und Mosel eine erste umfassende Verfolgung, die sogar bis nach Prag griff, wo offenbar bis dahin der Osthandel einen entsprechenden Stützpunkt hatte entstehen lassen. Prag wurde allmählich, seit Judenverfolgungen in Deutschland sich häuften, zur mitteleuropäischen Metropole des mittelalterlichen Judentums. In Frankreich um 1300, in England um 1400, in Spanien um 1500 mehr oder minder endgültig mindestens bis in die Aufklärungszeit vertrieben, galt Mitteleuropa als Zuflucht. Inzwischen hatten allerdings die sozialen Spannungen, die bekannte »Krise des Spätmittelalters«, mit wechselnden Folgen auf das jüdische Schicksal eingewirkt. In Italien schrieb Giorgio Fiorentino 1376 eine Novelle mit der Figur des Shylock, die Shakespeare zweihundert Jahre später in seinem »Kaufmann von Venedig« unsterblich werden ließ: Der jüdische Geldverleiher in seiner Erbarmungslosigkeit wurde in der literarisch gebildeten Oberschicht seither eine beständige Figur, während die unteren Massen in den Städten gern die Gelegenheit zu Plünderungen nützten und dem religiösen Hass zugänglich waren. Man sagt namentlich den Predigten der Bettelorden aggressive Judenfeindschaft nach. Über Ashkenasien brach die Katastrophe herein, als sich dieser Hass mit der Angst vor der Pest verband, die sich seit 1347 von Marseille, Genua und Venedig dem Norden näherte. Unter dem Vorwurf der Brunnenvergiftung begleitete sie durch das Rhônetal und über Savoyen eine Welle von Mord und Brand in den jüdischen Siedlungen, die etwa zwei Drittel davon vernichtete. Wohl wurde dabei nicht alles Leben umgebracht, wohl gab es auch bald Rückkehrer, die wegen der unentbehrlichen Kreditwirtschaft im Großen wie im Kleinen benötigt wurden. Dennoch gab die Katastrophe des ashkenasischen Judentums einen starken Impuls zur Abwanderung nach dem östlichen Europa, nach Böhmen, Polen und bis an dessen Ostgrenzen. Der Landesausbau des Mittelalters wurde in Wolhynien vielfach von jüdischen Siedlern fortgesetzt bis an die Grenzen der Ukraine.

In Deutschland überlebte allerdings so viel die Zerstörung, dass in den folgenden beiden Jahrhunderten die Konkurrenz der christlichen Geldverleiher immer wieder nach Vertreibung der jüdischen Gemeinden rief. Auch die Reformatoren, Luther wie Calvin, unterschieden sich in ihrem Judenhass nicht von der alten Kirche. Beides führte vielfach zur Verdrängung jüdischer Siedlungen auf Landstädte unter dem Schutz kleinerer Territorialherren, die sich ausgiebig der jüdischen Steuerleistungen bedienten, zumal die Wirtschaft auf dem Land dringend Landhändler und Kleinkrediteure für ihren Kapitalfluss benötigte. Öffentliche Kreditanstalten, ein Sparkassenwesen für den kleinen Mann, entstand in Mitteleuropa nicht früher als am Anfang des 19. Jahrhunderts. Italien kennt Vorläufer in den ursprünglich von Geistlichen verwalteten Kreditkassen für Pilger und Kreuzfahrer. Überdies dienten erfahrene jüdische Finanzmänner auch an fürstlichen Höfen. In Ungarn wie in Polen waren Juden beliebte Gutsverwalter und wurden auch in der Forstwirtschaft gesucht.

Die Beschränkung auf das städtische Dasein entsprach nicht nur den Bedingungen der Kaufmannschaft und des Geldhandels, sondern förderte auch Schulwesen und Gelehrsamkeit. Nach den Talmudhochschulen an Rhein und Main entwickelten sich namentlich in Erfurt und in Prag besondere Mittelpunkte geistigen Lebens, und in Prag schließlich die größte mitteleuropäische Gemeinde mit zehn- bis fünfzehntausend Einwohnern. Allerdings war jüdisches Bevölkerungswachstum auch nach den verschiedenen Toleranzpatenten am Ende des 18. Jahrhunderts noch beschränkt und wurde mit festliegender Familienanzahl kontrolliert, und das selbst nach den viel gelobten Toleranzpatenten Kaiser Josephs II. (Pekny 1993) Erst das 19. Jahrhundert ermöglichte Lockerungen, erst die deutschen und österreichischen Verfassungen von 1872 und 1867 brachten bürgerliche Gleichberechtigung, die freilich oft zugleich einen Generationenkonflikt nach sich zog. Die jüngeren Generationen entfremdeten sich mit dem Besuch christlicher Schulen zugleich der Religion der Väter. (Iggers 1986) Anders als bei sephardischen Juden waren die Schulen der Ashkenasi jahrhundertelang auf Talmudwissenschaften gerichtet. Naturwissenschaften und Medizin, die im mittelalterlichen Spanien vielleicht durch die Araber das jüdische Geistesleben ebenfalls angeregt hatten, wurden in Deutschland oder in Polen kaum gepflegt. Umso größer war vielleicht nach 1781 der Hunger nach dem säkularen Bildungswissen.

Vier Synagogen markierten in Prag den Mittelpunkt des jüdischen Lebens. Ein bekanntes Rathaus aus der Renaissanceepoche mit weithin sichtbarem Uhrturm kündete auch vom Reichtum der bis 1848 selbständigen Gemeinde. Aber eben: Die Rathausuhr zeigte jüdische Ziffern, und die Zeiger gingen im umgekehrten Sinn. Einige Bewohner des Prager Gettos zählten allerdings zu den geachteten Mitgliedern des Prager städtischen Lebens, sie hatten sich im Lauf der Zeit auch besondere Verdienste um das allgemeine Wohl erworben, zum Beispiel bei der Verteidigung Prags gegen die Schweden 1648, aber sie waren und blieben doch im Ansehen ihrer Mitbürger – Juden. Als die Habsburgerin Maria Theresia sich 1744 anschickte, alle Juden aus Prag als Landesverräter zu vertreiben, setzten sich zwar der Bürgermeister der Prager Altstadt und der jesuitische Rektor der Universität für sie ein, aber nicht daran scheiterte das Vorhaben, sondern an den realen Umständen. Die Juden bildeten damals mit rund vierzehntausend Personen etwa ein Drittel der Stadtbewohner. Man rief die Vertriebenen einige Monate später wieder zurück. Das Prager Getto galt allerdings bereits zu dieser Zeit neben dem Frankfurter, Krakauer und dem von Venedig als besonders übervölkert und hatte deshalb in seiner Enge unhygienische Wohnverhältnisse. Es wurde erst um die Wende zum 20. Jahrhundert »assaniert«.

Die polnischen Juden, beteiligt an der Erschließung des Landes durch Agrarausbau und Städtegründungen seit dem 13. Jahrhundert, vermehrt nach der großen Verfolgung in Mitteleuropa vor der Pest, die übrigens Polen verschonte, hatten sich im Land besonders gut organisiert, und Mitglieder ihres Rates nahmen auch am Sejm, der polnischen Versammlung der Landstände, teil. Dennoch sahen sie sich schließlich 1648 schutzlos den Angriffen der Kosaken ausgeliefert. Damals verkümmerte das wirtschaftliche wie das kulturelle Leben in den vielen Agrarstädtchen Galiziens und Wolhyniens durch Plünderungen und Zerstörungen. Es begann eine Wanderungswelle nach dem Westen, nach Böhmen und Mähren, nach Ungarn und besonders nach Budapest und nach Wien. Die »Schtetlkultur« armer Massen ließ sich dennoch nicht aus ihrer materiellen Dürftigkeit heben. Schließlich liefen die beiden großen Kriege des 20. Jahrhunderts über sie hinweg. Polnischer Antisemitismus verblasste vor den furchtbaren Maßnahmen des deutschen Vernichtungsprogramms, das nur mehr kümmerliche Reste der einstigen Bewohnerschaft hinterließ.

In Mitteleuropa, jahrhundertelang die besondere Heimat des europäischen Judentums, ebenso wie im neueren Deutschland, gab es niemals mehr als ein Prozent jüdischer Bevölkerung, seit dem 19. Jahrhundert massiert in einigen Städten wie Berlin, Frankfurt, Hamburg. Höher lag der Prozentsatz in Österreich, das seit den polnischen Teilungen einen guten Teil der jüdischen Kleinstadtlandschaft aus dem ehemaligen Ostpolen übernommen hatte. Aus dem gleichen Grund tauchte nach der restlosen Aufteilung des polnischen Königreichs 1795 das Judenproblem überhaupt erst im orthodoxen Russland auf und machte das Zarenreich zur Urheimat oft jährlicher Verfolgungen, wofür der Begriff »Pogrom«, »Draufhauen«, noch heute gilt.

Im Westen waren die seit Jahrhunderten Ansässigen dagegen zunehmend assimiliert und waren Preußen, Hessen oder Österreicher geworden. Hinter jeder Familie steckte eine Aufstiegsgeschichte, die meist zu den besseren Arbeitsmöglichkeiten in die Großstädte führte, nachdem die Aufklärungsepoche Grundlagen für eine wirtschaftliche und gedankliche Toleranz geschaffen hatte. Regionale Zusammenschlüsse, wie in Polen-Litauen in der frühen Neuzeit, waren in Deutschland nie von Dauer, wohl wegen der geringen und weit verstreuten Siedlungen. Berichte von Judenbischöfen oder gar die Tätigkeit eines Josel von Rosheim (1480–1555) als »Befehlshaber gemeiner Jüdischheit teutscher Nation« weisen auf Organisationsversuche mit kaiserlicher Duldung im 16. und 17. Jahrhundert, namentlich auch zur Abwehr von Ritualmordvorwürfen. Aber die hielten sich hartnäckig. (Herzig 1997, 90 ff.) Die Vorwürfe des Mordes an kleinen christlichen Knaben und der Hostienschändung verstummten nicht bis ins 20. Jahrhundert.

Selbst das Judentum in Mittel- und Westeuropa, weithin assimiliert und in einer »aufgeklärten« Umgebung, war noch immer Vorurteilen ausgesetzt, die sich aus kirchlicher Tradition nährten und seit der zweiten Hälfte des 19. Jahrhunderts von einem neuen, nun sehr vage als »Antisemitismus« bezeichneten rassischen Vorurteil getragen wurden. Allerdings war diese neue rassische Basis weit gefährlicher, durch keinen Taufschein zu überwinden. Bei besonders publikumswirksamen

Ereignissen, in dem französischen Prozess um den Hochverrat eines Hauptmanns Dreyfus, in dem österreichischen um einen des Mordes angeklagten jüdischen Wanderhändler Hülsner, traten unvermutet Emotionen zutage, die auch spätere Rehabilitationen nicht beruhigten. Als schließlich die nationalsozialistischen »Rassengesetze« allen Juden in Deutschland das Bürgerrecht entzogen und nur wenige Jahre später der unerhörte Massenmord während der deutschen Herrschaft über Europa einsetzte, weckte die erbarmungslose, wenn auch möglichst geheim gehaltene Vernichtungsaktion nur im Halbwissen stilles Entsetzen und nur selten aktive Gegenkräfte. Mit ihr erlosch ein Stück alternativen Lebens in Europa.

Die alte Kirche

Ein Gebilde ohnegleichen

Die christlichen Kirchen sind nach jüdischem Vorbild aufgebaut: Aber aus der jüdischen »Synagoge«, der »Zusammenkunft« der Juden mit ihren Rabbinern, wurden »Pfarrgemeinden« mit Pfarrern; aus den jüdischen Schriftgelehrten Theologen, und die Kardinäle bildeten einen Hohen Rat mit einem Hohen Priester. »Synagoge« und »Ecclesia« sind vergleichbare Begriffe. Nur stand in den neuen heiligen Büchern ein anderer Auftrag für die Gläubigen als für das ausschließlich auf seinem Bund beharrende Volk Gottes: »Gehet hin in alle Welt und lehret alle Völker.«

Die Welt, der die christlichen Missionare begegneten, sowohl rund um den Mittelmeerraum und im römischen Gallien als auch am Schwarzen Meer und in Spanien, sowohl die »zivilisierte« Welt am Mittelmeer als auch die »barbarische« Welt nördlich der Alpen, östlich des Rheins und östlich der Elbe, war zunächst einmal feindselig. Sie machte nicht selten aus Missionaren Märtyrer. So ist die Kirche Christi nicht durchaus, wie manche Verallgemeinerung glauben macht, aber doch immer wieder im Besonderen auf Blutzeugen begründet, und ihre Verbreitung ist nicht ohne Grund in ein selbstbewusstes Schlagwort gekleidet: »Sanguis martyrum, semen Christianorum – Das Blut der Märtyrer ist der Same der Christenheit.« Auch ihre anscheinend unüberwindliche Daseinskraft zeugt, anders als Kirchenfeinde und manchmal auch Kirchenkenner denken, von einer tief in der menschlichen Psyche verwurzelten, aller so genannten Aufklärung und allem Atheismus trotzenden Notwendigkeit: Die Kirche, die wahre Kirche, deren Definition in der Überzeugung der Gläubigen von ihrer Berufung zu suchen ist, die sich über die Zeiten dagegen verwahrt hat, nur Geistkirche zu sein (De Lubac 1954, 59 ff.), und die sich andererseits als Anstaltskirche immer wieder dem Ruf nach Reform und

Reformation aussetzte, diese christliche Kirche in allen ihren älteren wie neueren Deviationen ist bis heute noch immer und eigentlich besser als alle anderen großen oder kleinen Gesinnungsgemeinschaften imstande, die beiden großen Nöte der Menschheit zu lindern: die Angst und die Armut.

Es gibt im historischen Verlauf drei oder vier so genannte Weltreligionen, die Monotheismus mit entmythisierten religiösen Beziehungen verbinden und eine personale, jenseitsgebundene Verantwortungsethik pflegen. Alle haben freilich minder feste Organisationen hervorgebracht als das Christentum. Auch konnte keine andere bis heute weltweit die Angst des Menschen besser bekämpfen, die überirdische, wie die auf Erden verbreitete Angst vor dem Bösen, in uns, um uns und über uns, die Angst vor dem Tode und die Angst vor bösen Herren, vor Feinden und vor dem Teufel. Keine konnte dabei zugleich auch die Armut in ebenfalls weltweiten Bemühungen mildern, die Geißel aller menschlichen Gesellschaft und zugleich auch die unvermeidliche Probe auf die Tauglichkeit aller menschlichen Ordnungen. Mit beiden Fähigkeiten ist der historische Vorläufer des Christentums, die Religion des Moses, der christlichen Kirchenordnung sehr nahe. Aber der jüdischen Kirchlichkeit mangelt die Weltoffenheit und ihrem inneren Leben das allgegenwärtige und alle verbindende christliche Mysterium: das Sakrament.

Objekte des Glaubens im Christentum und in seinem Vor- und Nebenläufer, der jüdischen Religiosität, ähneln einander: der unaussprechliche Gott ohne Eigenschaften, die lichten Engel und die gefallenen Engel der Finsternis. Dazu treten besondere christliche Fiktionen, weit detaillierter ausgeführt als in der so genannten »mosaischen« Religion, wie Himmel und Hölle, Sünde und Buße.

Sichtbar, allen Nöten nah, vom frommen Beter auf ihrem eigenen Lebensweg von der Geburt bis zum Tod begleitet, tritt dann aber noch eine Figur auf im christlichen Szenario, ausgezeichnet vor allen Menschen und zugleich Brücke von ihrer mosaischen Kindheit zu ihrer christlichen Bestimmung: eine Frau als Gottesgebärerin, »Theotoka«. Sie überbrückt die Kälte der monotheistischen jüdischen Gottesferne und die Unbegreiflichkeit der christlichen Trinität ebenso wie alle die Gefahren, die ein Menschenleben auf seinem irdischen Weg bedrohen, besonders die Gefahren eines weiblichen Daseins. Dennoch erfährt sie besondere Verehrung gerade auch in asketischen Männergruppen, bei den Mönchen, bei Kriegermönchen, bei Reichsbeamten und bei Scholaren: Maria, die Mutter des Gottessohnes. Eine vergleichbare Gestalt, gottesnah, aber menschlich, fehlt in den anderen Weltreligionen unter den jenseitigen Spiegelbildern des Menschseins, wenn solche überhaupt bemüht sind. Vom Judentum vermittelt das »Marienleben« einen Weg zur christlichen Glaubenswelt, ebenso wie die Herkunft Christi selber. Das Christentum ist auch eine Totenreligion. Das Kreuz ist auch ein Todeszeichen. Alle Religionen helfen mit ihrer Magie ins Jenseits und manche auch wieder zurück: Das Christentum verhilft in jedem Fall zu jenem Trost, den Menschen im Bewusstsein der Endlichkeit ihres Daseins immer wieder einmal suchen. Und es bringt dabei die frohe Botschaft von der Unsterblichkeit jedes einzelnen Menschen und von der Möglichkeit, nach einem Leben im Sinn seiner Lehren in die Ewigkeit im Angesicht des Schöpfergottes in seinem Himmel mit seinen Heiligen einzugehen.

Geschichte Europas – Geschichte der Kirche?

Wenn wir genau sagen wollen, was wir, in diesem Buch wie in vielen anderen auch, mit dem an sich so vieldeutigen Begriff »Europa« meinen: dass wir einen Kern der noch heute aktiven Kulturgemeinschaft in seiner Entfaltung damit treffen wollen, der dynamische, höchst bewegliche Grenzen seiner Wirksamkeit entfaltete; in dessen Ursprüngen ein weit um sich greifender Mittelmeerraum beteiligt war, der in späteren Phasen aber auch wieder zurücktrat; wenn wir verständlich machen wollen, dass das kulturell hoch entwickelte mittelalterliche Spanien für lange Zeit maurisch und deshalb nicht »europäisch« war; dass Russland erst zum modernen Europa gehört und noch nicht zum alten; dass die türkische Offensive den Südosten Europas für dreihundert Jahre trennte von der Entwicklung des übrigen; dass der skandinavische Norden und der Nordosten Europas lange am Rande figurierten, dann wählen wir in aller Kürze eine Verbindung, die uns ohne das nicht so leicht präsent ist. Wir sprechen dann vom Gebiet der lateinischen Christenheit. Damit umgehen wir nicht nur bis zu Luthers Zeiten das politisch heute ein wenig zu sehr aktualisierte Abendland, sondern wir treffen zumindest eine bis ins 18. Jahrhundert latinisierte, eben westliche »Ökumene«. Das Kirchenlatein bindet am deutlichsten die bewusste und trotz vieler Worte nicht immer so recht umschriebene Kulturgemeinschaft, auch noch nach der Reformation in ihren neuen, selbst in theologischer Wandlung noch immer »lateinischen« Formen. Erst gegen Ende des 18. Jahrhunderts siegt die jeweilige Nationalsprache über die lateinische. Erst seitdem lehrt man an den Universitäten Französisch, Deutsch, Englisch oder Spanisch. Christenheit, das ist Kirche, zumindesten im vordergründigen Verständnis. Und »die« Kirche, ganz gleich, in welchem historischen Gewand wir sie antreffen, ist selber zwar nicht europäischen Ursprungs, aber: »Für die Konstituierung des Mittelalters war das Christentum am wichtigsten.« (Angenendt 1997, 87)

Dazu muss man freilich gleich eine zweite These stellen, die selten formuliert wird, obwohl doch eigentlich ohne sie die erste nicht recht verständlich bleibt: Das auf europäischem Boden ursprünglich fremde Christentum siegte über alle einheimische Religiosität mit einer bis heute kaum erklärten Kraft und mit im Ganzen nur unwesentlichen und kurzfristigen Rückfällen. Es blieb damit bis ans Ende des zweiten Jahrtausends die definitorische Basis Europas.

Zur Langlebigkeit aller christlichen Kirchen, der westlichen »lateinischen« wie der östlichen griechischen, russischen, bulgarischen, armenischen, koptischen, schlechthin volkssprachlichen, trug eine kluge Struktur bei: Das griechische »ecclesia« heißt ursprünglich »die zusammengerufene Gemeinde«, also im bereits religiös eingestimmten Sinn: »das Gottesvolk«. Auf der Basis des gläubigen Volkes, das dem gesamten organisatorischen System durch seinen Glauben umfassende Kraft und höchsten Ansporn gibt, weit unterschieden etwa von der in ihrer inneren Konsistenz zunächst neutralen politischen Gemeinde jeder Art, besitzt »Kirche« stets eine besondere Dynamik. Kirche ist nicht Allgemeinheit, sondern Auslese. Sie organisiert sich in kleinen Zellen, mit einer besonderen Baulichkeit als funktionalem Mittelpunkt für die religiöse Praxis. Sie unterstellt sich dabei einem religiösen Leiter.

Sie versammelt ihre Mitglieder aufgrund gedanklicher Gemeinsamkeiten, die alle Erfahrung übersteigen und deshalb mit dem Bewusstsein der Auserwählung besonders feste Bindungen ermöglichen.

Über dieser Grundorganisation erhebt sich aber in jeder »Hochkirche« eine anspruchsvollere Struktur aus einem kollegialen und einem patriarchalischem Organisationsprinzip. Mit diesem lebendigen Gegensatz in der inneren Struktur seit Apostelzeiten, nämlich mit einem Vorsteher, der die »Schlüsselgewalt« hat und mit einem Kreis von

Aposteln, »Jüngern« oder auch »Ältesten«, die aber mitreden sollen und müssen nach dem Vorbild des so genannten »Apostelkonzils«, das den Vorrang des Petrus zwar anerkannte, ihn aber dennoch »überstimmte« (Stürmer 1962, 85), entzieht sich »die Kirche«, die historische, mittelalterliche bis zur Reformation, und die unhistorische, »idealtypische«, noch heute gültige Figur, allen politologischen Schablonen. Papst und Konzil, Präsident und Synode, Bischof und Kapitel: Die Doppelung gilt. Die Weltkirche wird auch noch heute durch Konzilien geleitet, auch wenn sie nicht mehr die Christenheit vereinen. Einen Teil ihrer Kraft bezieht »die Kirche« nicht aus dem Überirdischen, sondern aus dem Anspruch auf wahre und unverfälschte Ursprünglichkeit. Und dazu gehört immer wieder die Behauptung der Einheit, auch wenn sie wechselweise aus orthodoxem Eifer oder katholischer Überheblichkeit bestritten wird. Dem tritt dann aber das patriarchalische oder, wenn man will, monarchische Prinzip hindernd oder klärend gegenüber: Es gibt nur einen Papst.

Der unverfälschte Traditionalismus beruht auch bei der europäischen Kirche in allen ihren Derivaten auf »dem Buch«, »to biblion«, der Bibel.

Die Bibel hat sich auch in den ersten Jahrhunderten der »ökumenischen Konzilien« schließlich gegen philosophische »Wesensbestimmungen« durchgesetzt. Hier muss bereits eine Ursache, und nicht die geringste, der kirchlichen Spaltungen in der Christenheit berücksichtigt werden. Seit dem 7. Jahrhundert stritt man über die Erlaubnis bildlicher Darstellungen biblischer Szenen, seit 1054 spaltete die Glaubensformel über die Trinität die Christenheit. Die ägyptischen Kopten, die ostgermanischen Arianer, die palästinensischen Drusen, die Nestorianer in Persien, die Armenier in Anatolien sind in ihrer Geschichte Zeugnis genug für die Vielfalt des Christentums im östlichen Mittelmeerraum.

Weil die westliche, die lateinische Kirche von diesen Abweichungen in ihrem Sinn frei blieb und ihre Konziliengeschichte 1123 mit einer Ersten Versammlung der Bischöfe im Lateran begann, wahrte sie lange ihre hierarchische Einheit. Eine Folge von Konzilien im 15. Jahrhundert hätte allerdings das gespaltene Papsttum beinahe entthront. Ein Medici auf dem Apostelthron konnte die Gefahr auf einem fünften Laterankonzil 1517 auffangen, ehe auf dem langen und für drei Jahrhunderte richtungweisenden Konzil von Trient (1545–1564) die päpstliche Macht in den Vordergrund über alle bischöfliche Mitbestimmung trat. Zur selben Zeit verlor sie freilich auch mit ihrer Absage an alle »protestantischen« Reformbemühungen einen guten Teil ihrer universalen Bedeutung. Noch einmal danach emporgetragen in den Himmel des Barock, bescherte eine Restitution der alten Gläubigkeit den Päpsten für mehr als hundert Jahre von neuem die Kraft der Seelenführung im südlicheren Europa. Aber die »aufgeklärte Philosophie« wurde ihr Todfeind, und ihr weltlicher Arm und Schirmvogt Napoleon vollendete das Werk der Zerstörung. Zwei noch folgende »vatikanische« Konzilien in Rom, 1869/70 und 1962–1964, konnten sie in einer gründlich veränderten Welt noch nicht restaurieren und haben auch seit 1925 bis heute den ökumenischen Kirchenversammlungen keinen durchschlagenden Erfolg beschert. In der Person des jüngsten Papstes begann dann die katholische Kirche früher als alle anderen europäischen Kräfte eine aktive Globalisierung.

Die Begegnung mit den Barbaren

Die Geschichtswissenschaft hielt sich lange Zeit an Urkunden und Akten. Im gegenwärtigen Umbruch ihrer Methoden und Ziele spielen bisher ignorierte Quellen eine wachsende Rolle, schriftliche wie bildliche, gegenständliche, auch mündliche. Das trifft, in aller Kürze, nicht nur unser Wissen von Alltag und Gesellschaft, sondern ebenso von Frömmigkeit und Mentalität. Das trifft den so genannten »Volksglauben, der vielfach unterhalb des Hochchristlichen verharrte«. (Angenendt 1997, 88)

Das »Hochchristliche«, die tiefsinnige Theologie, war in den Anfängen der Begegnung von Christentum und Spätantike als neue Gedankenwelt gestaltet worden, von den anerkannten Kirchenlehrern und von Gelehrten der byzantinischen Welt wie Clemens, Origenes, Tertullian, Chrysostomos. Doch mit der Christianisierung der westlichen Barbarenwelt seit dem 5. Jahrhundert geriet es in eine »Rearchisierung«, abgestürzt aus der hellenistischen theologischen Diskussion, mit einigem Echo allenfalls in der neu gebildeten Mönchselite, wie etwa bei den Angelsachsen Beda und Alkuin. Es muss jedoch etwas aus dem Mund der Missionare auch in einfachen Köpfen besonderen Anklang gefunden haben. Anders ist der Siegeszug des Christentums seit der zweiten Hälfte des ersten Jahrtausends nicht zu erklären. Die »erstaunlich rasche Propagierung« christlicher Ethik ist immer wieder hervorgehoben worden. (Angenendt 1997, 20) Ihre Erklärung fehlt.

Einen seltenen Einblick gewährt die Lebensbeschreibung des heiligen Severin (gest. 482), wohl aus römischer Oberschicht stammend und mit entsprechender Verwaltungserfahrung begabt, ein Einzelgänger, Eremit und Klostergründer. Er wirkte in Noricum und Raetien, im heutigen Ober- und Niederösterreich also. Immer wieder weiß Eugipp, sein Gefährte und Biograph, nicht nur von Wundern zu berichten, von Krankenheilungen und Prophetien, wie sie die besondere Sensibilität der Zeit auch bei den germanischen Nachbarvölkern kennzeichnen, und von gebannter Dämonenfurcht. Zugleich lässt er auch die stets gegenwärtige Angst der Stadtbewohner hinter dem Limes vor drohenden germanischen Grenzübergriffen mit Räubereien und Versklavung erkennen. Und da ereignet sich immer wieder das auch für heutige Leser ganz ohne Wundergläubigkeit Erstaunliche: Der waffenlose Mönch geht furchtlos zu den Germanenfürsten oder ihren Abgesandten. Er wird respektiert wegen seiner Urteilskraft, seiner offenkundigen Sehergabe, seiner personellen Überlegenheit, die man bei aller kritischen Analyse des zeitgenössischen Berichts als Charisma bezeichnen muss.

Hundert Jahre vor Severin wirkte sehr ähnlich, im römischen Pannonien geboren, im südlichen Ungarn also, aber in Gallien auf den großen Weg seines Lebens getreten, der Sohn eines römischen Tribunen namens Martinus (ca. 336–397). Nur fehlt uns ein entsprechender zeitnaher Bericht. Auch seine Wirksamkeit trägt einen sozialen Stempel, den die vielfach dargestellte Szene vermittelt, wie er, noch als römischer Offizier, reitend, seinen Mantel mit einem Bettler teilt. Der Zwanzigjährige verließ die Armee und lebte als Einsiedler und in Mönchsgemeinschaften, die er meist selbst gegründet hatte. Er zählt überhaupt zu den Gründervätern des Mönchtums im französischen Westen. 371 zum Bischof von Tours gewählt, trat er ins hellere Licht der Frühgeschichte des nordalpinen Christentums, bestärkte die Verbindung von Mönchtum und Mission, die jahrhundertelang wirksam blieb. Nach seinem friedlichen Tod auf einer Missionsreise wurde er durch die Verehrung der Gläubigen einer der ersten Heiligen, deren Nimbus nicht auf ihrem Martyrium beruhte, sondern auf ihrem Ansehen im christlichen Daseinsverständnis. Aber nicht nur in den von ihm erst erfassten ländlichen Regionen Galliens und bei der gallorömischen Stadtbevölkerung: Auch das merowingische Königshaus bekannte sich nach seinem Übertritt zum Katholizismus durch Chlodwig 493 zur Verehrung des heiligen Martin, handgreiflich in der Verehrung seines Mantels, einer römischen *cappa*, die man nun als heilbringendes Stück in den Kronschatz aufnahm. Die Kappa des Bischofs Martin wurde zum Reichsheiligtum am fränkischen Königshof, zum Heilsvermittler und zum Symbol der Verbindung von Nationalbewusstsein und Religiosität. Der Ort ihrer Aufbewahrung wurde zur »Kapelle« und damit zum Gattungsbegriff für einen nicht notwendig kleinen, aber heilbringenden Raum neben der Kirche. Die Priester, die da das Heiligtum hüteten, übernahmen die Bezeichnung *cappellani*, Kapläne, und die Kapelle am Königshof mit Kaplänen im Königsdienst zählte zu den Institutionen des Hofes. »Kapelle« und Kanzlei traten in engste Verbindung. Tausende Kirchen in Frankreich, in England, in Italien und in Deutschland wählten den heiligen Martin zum Schutzpatron, wiewohl er kein Märtyrer war. Er gab dem sozialen Dienst in der Kirche Richtung und Ansehen. Sein Andenken lebt noch heute in der Kinderwelt auch in nichtkatholischen Regionen.

Nicht jeder Glaubensbote brachte persönliches Charisma mit, wiewohl die zahlreichen Legenden von Wundern und recht zu deutender persönlicher Überlegenheit berichten. Unsere Kenntnis der Mönchsmissionare, die aus Irland, aus England, aus Italien und aus Frankreich bis um die Jahrtausendwende das Christentum zunächst von oben, dann aber auch durch Volksmission verbreiteten, beruht zum großen Teil auf Heiligenlegenden, die »legendär«, aber mit erschließbarer Psychologie (Günter 1970) gerade die praktizierte Sozialethik immer wieder in ihrer Vorbildlichkeit in Erinnerung hielten. Wunder begleiteten das Tun der Glaubensboten, Heilungen, Totenerweckungen, Teufelsaustreibungen, und deshalb hat man lange die spektakulären »Legenden«, »Lesestücke«, in Bausch und Bogen abgelehnt. In Wirklichkeit sind sie der Beleg für die Erwartungen, für das Ansehen, für die Traditionen christlicher Soziallehre, auf unterschiedlicher Ebene praktiziert, kaum je päpstlich, und gerade deshalb Kernstücke der Volksreligiosität. Die Neigung zu persönlicher Verbindung, auch noch lange nach dem irdischen Wirken der so Verehrten, trug dem Rechnung in einem ausgedehnten Reliquienkult eigentlich hellenistischen Ursprungs, Heldenerinnerung, wie sie schon der Mantel des heiligen Martin demonstriert hatte. Der Umgang mit solchen Reliquien, »Überresten«, musste fast zwangsläufig ausufern in Verehrung aller möglichen echten und falschen »Hinterlassenschaften«, besonders, als seit dem 9. Jahrhundert eine solche Reliquie Bestandteil jedes Altartisches sein musste, eingemauert, an sich ein Stück Mittelmeerkultur.

Allgemein wirksam war offensichtlich das Friedensgebot, das die Glaubensboten mitbrachten, auch wenn sie es womöglich mit ihrem Leben bezahlten, wie Winfried-Bonifatius im Westen (ca. 675–754) und Vojtěch-Adalbert im Osten (956–997), beide Mönche und Bischöfe zugleich. Für die Einsichtigen unter den Häuptlingen, der Goten, Vandalen, Franken, Friesen, und ebenso für die großmährischen Fürsten, auch für die böhmischen, die polnischen und die ukrainischen, wurden sie, nach Aussagen der ältesten Berichte, Ratgeber, Vermittler, Diplomaten.

Überhaupt boten die Missionare Anlass zu Aufmerksamkeit oben und unten. In der Mitte, bei den bewaffneten Gefolgschaften und dem einfachen Kriegeradel, wurden sie am ehesten abgelehnt, weil sie Raub und Beute untersagten. Für den politischen Konzentrationsprozess und seine Träger verhießen sie Legalisierung und Stabilität. Für die Namenlosen verhießen sie: die Taufe! Das Christentum hat allen Menschen »gleichberechtigte« Namen gegeben, Männern wie Frauen, und in der Taufe auch die gleiche Verheißung. Dazwischen, die »Kerle« des militanten, oft noch ungesattelten und meist ungehobelten Gefolges, hatten nichts Besonderes von der mönchischen Beredsamkeit zu erwarten und stellten sich deshalb nach den Berichten auch am ehesten gegen die Tätigkeit der heiligen Männer, erschlugen sie, verdrängten ihre Erfolge. Wo die politischen Strukturen noch nicht zur Bildung von größeren Einheiten, den künftigen Staaten, geführt hatten, bei den Sachsen, den Elbslawen, den Friesen, den Prussen, den Litauern, gab es deshalb auch die mühsamste Missionsarbeit. Das belegen die stets wiederholten Missionsgänge. Wo man nur in Umrissen bekannte Erfolge zeitigte, wie in dem von einem byzantinischen Historiker so genannten »Großmährischen Reich« unbekannter Ausdehnung in der zweiten Hälfte des 9. Jahrhunderts, führten sie zum Bau zahlreicher kleiner steinerner Rundkirchen, zur Organisation eines Erzbistums, zur Einführung einer schriftlichen Kirchensprache, deretwegen die beiden byzantinischen Missionare, das Bruderpaar Kyrill (827–869) und der Mönch und spätere Erzbischof Method (geb. 885), des Slawischen kundig, ein slawisches Alphabet und damit eigentlich eine slawische Schriftsprache schufen. Das mährische Erzbistum, in recht unchristlicher Rivalität bekämpft durch das lateinisch missionierende Salzburger Erzbistum, ging unter im Magyareneinfall. Die bedeutendste geistige Leistung der beiden schreibenden und predigenden Brüder, die slawische Schrift, wurde zur Grundlage der gesamten slawisch-byzantinischen, der so genannten prawoslawen Christenheit bei Russen und Ukrainern, Serben, Bulgaren, Moldawiern, die den Zugang der Ost- und Südslawen zur europäischen Entwicklung öffnete, aber zugleich noch heute das östliche vom westlichen Europa trennt.

Gott und Teufel – Probleme mit dem Widersacher

Verheißen wurde nun freilich nicht nur der Friede Christi. Eine Rolle spielte auch der beinahe allmächtige und jedenfalls ebenso allgegenwärtige Teufel, inmitten heidnischer und christlicher Dämonen.

Aufschlussreich sind dabei die Wandlungen im Dämonenbild, nicht von der Bibel vermittelt, sondern von den Bildern an den Kirchenwänden und in den heiligen Büchern. Der Teufel, der Böse, der Versucher, blieb im Alten Testament bekanntlich eine »Randfigur«. Immerhin wird vom Höllensturz der überheblichen Engel berichtet, die dem Allmächtigen mit ihrem Hochmut zu nahe getreten waren. (Angenendt 1999, 151 ff.)

Aus Gründen, die der Gottesgelehrsamkeit noch heute Probleme bereiten, tritt der Teufel in den Berichten vom Leben Jesu handgreiflicher auf, allerdings mit der schwer zu deutenden ewigen Verdammnis seiner Person und seinesgleichen in der Vision des Johannes vom Ende der Welt. Auf den Wegen Jesu, nach Fasten und innerer Vorbereitung, trat bekanntlich »der Versucher« an ihn heran. Es ist nichts gesagt über sein Äußeres, und so hätte es auch unauffällig sein können. Erst die Folgezeit verzerrt und entmenschlicht sein Bild. Zeigen sich die Teufel im ersten Jahrtausend noch als Ungeheuer oder als Fratzen, wohl auch unter den Einflüssen der neu bekehrten Barbarenwelt, und nur dort, nicht im alten Mittelmeerraum, so werden sie im Lauf der mittelalterlichen Jahrhunderte »personalisiert«. Hildegard von Bingen sieht den Bösen als überaus hässlichen, riesigen Wurm. Es entwickelte sich die Figuration des Bösen aus Tiergestalten auch in Reliefs von romanischer Architektur, oder sie zeigt sich in der Gestalt kleiner sichtlich böser »Antiengelchen«. Es scheint dann seit dem 12. Jahrhundert eine neue Entwicklung in der Ikonologie gegeben zu haben. Der Teufel wurde »menschlicher«, und das mag zusammenhängen mit der philosophischen Auseinandersetzung um das Personalitätsprinzip, aber vielleicht auch mit dem Vordringen antiker Mythen in der so genannten »Renaissance des 12. Jahrhunderts«. Der Teufel gerät zur Bocksgestalt mit Hörnern und Fratzengesicht und schließlich gar zum Gevatter im roten Wams. Er wird zum Gefährten des Menschen, symbolisiert als Verführer des Mönchs Theophilus im 12. und als Begleiter des Doktors Faust im 15. Jahrhundert. Seine Bedeutung als Missionshelfer darf aber zu keiner Zeit und in keiner Gestalt unterschätzt werden. Die Welt, voller unsichtbarer Geister, Gespenster, Trolle und Zwerge, lässt sich allein durch den Segen der Missionare bewältigen. Die Angst vor dem Teufel treibt in die Kirche. Das Böse, die ständige Versuchung, ist nur zu verscheuchen durch das ununterbrochene Gebet im Mönchskonvent. Der Christengott, stärker als alle anderen Götter, ist allein imstande, die Menschheit zu retten. Seine Hilfe ist deshalb auch noch lange zuallererst gerichtet auf Segen und Weihwasser, und beides kann auch dem Laien leicht und reichlich zuteil werden. Die alte Kirche segnete zuerst, ehe sie die Seelsorge organisiert, Pfarreien und Diözesen eingerichtet, Kirchen gebaut hatte. Beichte und Kommunion, die »persönlichen« Sakramente, an denen der Laie mitwirkte durch Sündengeständnis und Reue, vertieften die Persönlichkeitsbildung erst in der späteren Entwicklung. Das Konzil von 1215 mit seinem jährlichen Beichtgebot hat hier Epoche gemacht.

Himmel und Hölle, die jenseitige Alternative, brachten noch einen Kompromiss hervor und milderten damit den Ernst des Daseins: das Fegefeuer. Es schafft nicht, aber verstärkt doch immerhin die Verbindung zwischen Himmel und Erde mit der Möglichkeit des Fürbittgebets für die Verstorbenen. (Le Goff 1984) Im Spätmittelalter wird sich unter dem Einfluss materialisierter Frömmigkeit daraus der Ablasshandel entwickeln. Einstweilen aber ermöglichte es feste Verpflichtungen zur geistlichen Fürbitte in persönlichem Gebet und mit eigener Liturgie, wofür Vorauszahlungen geleistet wurden und wodurch manche kleinen Konvente überhaupt eine Existenzgrundlage erhielten. Mönchskonvente verbrüderten sich auch untereinander zu wechselweisen Fürbittgebeten und führten Buch über Gedenktage und Gebetsleistungen. Der Teufel wurde also mit allen geistlichen Waffen bekämpft. Um verständlich zu machen, dass der Ort der Verdammnis zwar endgültig sei, aber dass manche Seele nur einer Läuterung unterzogen wurde, aus der sie bei großer Fürbittleistung im Diesseits sehr wohl noch befreit werden könnte, entstand das Lehrgebäude vom Purgatorium, »Fegefeuer«. In den Schriften der Theologen wurde das natürlich ungleich feinsinniger und kompatibler mit christlichen Grunddogmen entwickelt als in den Köpfen der Gläubigen. Hinweise auf eine solche Gedankenwelt äußern schon Theologen vor Augustinus. In ihrer Feinheit sind solche Erwägungen aber bis heute noch nicht theologisch ausgereift. (LThK, »Fegefeuer«, 1960; RGG, »Purgatorium« 2002). In der gröberen Ausgabe für die ungelehrten Laien haben sie dennoch schon Tausende Betende ernährt, viele Klostermauern gestützt und wohl nicht wenig zur Stellung der Kirche in der Welt beigetragen, die nun einmal eine Welt ist, wo nur die Mächtigen sich behaupten können. Aber die Ohnmächtigen können beten.

Mehr noch: Ohne Zweifel ist das Gebet eine unentbehrliche Brücke für jeden religiösen Anspruch. Das Gebet für Verstorbene ist wie ein Rückgriff in die Vergangenheit, seine Wirksamkeit erschafft buchstäblich eine eigene Dimension zwischen Vergangenheit und Gegenwart, es beschwört das Geschehene, scheinbar Unabänderliche nicht nach seiner Tatsächlichkeit, sondern nach seinem Effekt im Jenseits. Diese für die Kondition des menschlichen Daseins entscheidende Differenzierung ist in den reformatorischen Korrekturen christlicher Existenz abgelehnt worden. Gelebt ist gelebt, gesündigt ist gesündigt, übrig bleibt die Gnade Gottes. Die katholische, die orthodoxe Denkweise lässt einen größeren Spielraum, auch einen solchen, in den die künftigen Beter noch eingreifen können. »Schuld« im protestantischen Sinn unterscheidet sich damit von der katholischen »Sünde«. Christlichen Lebenswelten sind diese Unterschiede noch gegenwärtig. (Schilling 2001, 35)

Den Teufel konnte man aber nicht nur mit allen geistlichen Waffen bekämpfen, man konnte mit ihm auch paktieren. Diese Personalisierung des Bösen schuf wiederum einen besonderen Tatbestand, der den Teufel schließlich männlich machte und daher auch bald einen teuflischen Bezug für Frauen erfand, einen bösen Ort, von dem aus sie Schaden stifteten. Ursprünge einer solchen Zuordnung vermutet man schon in der vorchristlichen Zeit, und tatsächlich scheint es eine Verbindung zwischen Germanen und Hexen zu geben. Aber der gedankliche Ursprung des Hexenglaubens ist noch weithin unbekannt, auch wenn es sich um ein Lieblingsthema der Forschung der letzten zwanzig Jahre handelte. Dabei blieben auch noch andere Rätsel offen, die man häufig nicht einmal bemerkte, zum Beispiel: Mit Selbstverständlichkeit berichten Handbücher wie ausführlichere Darstellungen von antiken Hexen, germanischen Hexen, nordischen Hexen, englischen Hexen und nordamerikanischen Hexen. Dass es keine slawischen Hexen gab, ist der Forschung offenbar noch nicht einmal als Fragestellung aufgegangen. Soviel zu erfahren ist, brannten in Böhmen und in Polen keine Holzstöße, obwohl der Schüler Martin Butzbach, später Abt, um 1500 von Zauberinnen in Böhmen berichtet. In Ungarn sind Hexenverfolgungen erst seit 1520 bekannt.

In West- und Mitteleuropa sind währenddem Hexenverfolgungen eine ernsthafte und böse Sache. Eigentlich gehören sie nicht so sehr dem dunklen Mittelalter an, sondern eher der schon weit aufgeklärteren Neuzeit. Ihre schlimmsten Höhepunkte scheinen sie im 17. Jahrhundert erreicht zu haben, in Frankreich, in Deutschland, in Oberitalien, mit wohl mehr als hunderttausend Hinrichtungen.

Dabei war der Hexenglaube im Verlauf des Mittelalters geradewegs umgedreht worden. Die frühe Kirche sah ihn eher milde als heidnischen Irrtum. Karl der Große verfügte in einem Gesetz nach der Eroberung Sachsens sogar strenge Strafen für alle, die an Hexen glaubten. Indessen sagte man den Hexen allerhand Böses nach, durchwegs in Haus und Hof. Da war offenbar ihr angestammter Platz, ob sie nun ursprünglich Schutz- oder Schadgeister gewesen sein mögen. Sie wurden nun als Anonyme angeklagt, den Kühen die Milch zu verderben, das Kalben missraten zu lassen, das Wetter zu beschwören und gar auch Menschen zu verhexen, sodass sie krank wurden, den »Hexenschuss« bekamen oder an unbekannten Ursachen starben. Im Zusammenhang mit anderen Heimlichkeiten, die Katharer und Waldenser vor den Augen der Kirche verbargen, gerieten auch sie als Ketzer in den Verdacht der geistlichen Obrigkeit. Die Kirche fühlte sich angegriffen, »als sich im 13. Jahrhundert mit niedrigeren Volksschichten diese Vorstellungen in der bisherigen ablehnenden Adelskirche bemerkbar machten«. (Rössler 1958, 420) Damit fiel das Hexenwesen in den Zuständigkeitsbereich der Inquisition.

Die systematisierende Theologie des Hochmittelalters tat das ihre dazu, dass der Teufel männlich wurde und einen weiblichen Gegenpart bekam, eben oft die bisherigen »weisen Frauen« in Stadt und Dorf, die Kräuterkundigen, Gebärkundigen, Krankheitskundigen, nun als Partnerinnen des Teufels, die sich mit ihm, anders als Theophilus und Faust es je imstande waren, nicht in einem Pakt um ihre Seelen, sondern in Buhlschaft verbanden, Kinder zeugten, kleine Ungeheuer, die ihr Aussehen aber ändern konnten, »Wechselbälge«; mit dem Teu-

fel und seinen Unholden feierten sie am Hexensabbat Orgien und nützten wohl schon im Hexenritt ihre Weiblichkeit zum Verrat aller christlichen Lebensführung. Hexen musste man nach all den Verdächtigungen aufspüren und verbrennen, vernichten mit Stumpf und Stiel.

Denunziationen wurden als Anklage zugelassen, auch anonyme Denunziationen, und oft reizten dazu nicht gerade die alten kräuterwei-
sen Weiblein, sondern eher die jungen, vielleicht auch skandalträchti-
gen Frauen, besonders rothaarige. Aus der individuellen Verirrung
wurde im Munde der Ankläger oft ein Gruppendelikt, das aber weiterhin meist Frauen betraf und selten Männer. Weil die Kirche seit einem
Konzil von 1215 Gottesurteile zumindest als amtlichen gerichtserheb-
lichen Beweisgang verboten hatte, musste für Hexen wie für Ketzer
ein anderer Weg gesucht werden, um Geständnisse zu finden, und das
war, wie nun im weltlichen Gerichtsgang auch, die Folter. Damit ist
die gesamte Tragik der Hexenprozesse umrissen, denen eine unbekannte Anzahl nicht nur alter und hilfsbedürftiger, sondern auch junger und stolzer Frauen zum Opfer fiel, oft eben gerade solche, die mit
besonderen Qualitäten die Masse überragten. Im Ganzen betraf der
furchtbare Massenwahn wohl eher die städtische Mittelschicht. Die
Hoch- wie die Niedriggeborenen wurden auf je unterschiedliche Weise
durch ihre gesellschaftliche Stellung oder durch ihre Arbeitskraft geschützt.

Am Ende stand meist der Feuertod für Zauberei wie schon in der
Antike, dem weltlichen Arm übertragen, nachdem sich noch 1232 Kaiser Friedrich II. in diesem Sinn als Schutzvogt der Kirche bekannt hatte, ebenso wie noch dreihundert Jahre später Karl V. in seiner Consti-
tutio Criminalis von 1532. Luther, Melanchthon, Calvin hielten sich
an den Hexenglauben, und sogar der berühmte Staatstheoretiker Jean
Bodin gab ihm 1579 neue Nahrung mit einer Schrift *De magorum
daemonomania*, »Über die Dämonenherrschaft der Zauberer«, nachdem hundert Jahre zuvor mit päpstlichem Mandat die Verfolgung sozusagen sanktioniert und 1487 der berüchtigte »Hexenhammer« zweier deutscher Dominikaner die Gebrauchsanweisung dazu geliefert
hatten. Die Dominikaner waren nämlich als die besonderen »Spürhun-
de«, »Domini canes«, »Hunde des Herrn«, 1252 mit dem traurigen
Amt der Inquisition betraut worden.

Obwohl die Untaten des Massenwahns schon abgeklungen waren,
fanden seine Ideen doch noch Eingang in die Strafprozessordnung der
mütterlichen Kaiserin Maria Theresia. Besonders Jesuiten hatten sich

damals in der Bekämpfung des Hexenwahns hervorgetan. Erst das 19. Jahrhundert beseitigte den Wahn endgültig in allen Landen. In Bayern wurde 1806 die Folter, 1813 auch das Delikt abgeschafft.

Das Kloster als utopischer Ort

Wie viel auch immer das Christentum beitrug zur Formierung Europas, das östliche, durch die Türkenherrschaft gestörte, als auch das westliche, das sich in seiner Entwicklung unbehindert entfalten konnte: Hier wie dort beruhten seine Verbreitung, Stabilisierung, Kontinuität auf dem Mönchtum. Noch die Reformation des westlichen Christentums ging bekanntlich von Mönchen aus, vom Augustinereremiten Luther und von nicht wenigen seiner Ordensbrüder. Das hing mit den Klöstern zusammen. Hinter Klostermauern – und Kloster heißt *claustrum*, das Abgeschlossene – verbarg sich eine andere Welt. Eine Welt aus Stein, ein Gebäudekomplex mit Wohn-, Bet-, Arbeitsräumen, die ein Menschendasein ausfüllen können, eine Welt, in der man »alles Nötige finde, auch Wasser, Mühle, Werkstätten, Garten, denn es ist nicht zuträglich für die Seele der Mönche, ihr Kloster zu verlassen«. So heißt es in der Ordensregel des Benedikt von Nursia (487–556), des Patriarchen allen abendländischen Mönchtums, auch er ein Mann aus römischer Oberschicht, den die Krise seiner Zeit zunächst zur Flucht in die Einsamkeit veranlasst hatte, dann aber zur umsichtigen Konzeption einer gegenweltlichen, einer eigentlich utopischen Lebensform. Im Kloster war ein Leben in strenger, aber liebender, dienstbereiter Gemeinschaft zu finden, patriarchalisch unter der Leitung eines von allen gewählten Vorgesetzten, der den Titel »Vater« führte, nach Gebetsstunden geregelt von Morgen bis Abend, dem Chorgesang und dem Gebet hingegeben, aber auch der Arbeit zur Erhaltung der Gemeinschaft, in der alle ohne eigenen Besitz zusammenlebten. Im Kloster gab und gibt es, marxistisch gesprochen, Produktions- und Konsumtionskommunismus. Für alles sorgt die Gemeinschaft selbst, in strenger Askese und immer wieder erhoben »in der trunkenen Nüchternheit des Geistes«, wie es im benediktinischen Morgengebet heißt. Zum utopischen Modell, wie die Insel des Thomas Morus weltfern verborgen, fehlt nur die Unfähigkeit der klösterlichen Gegenwelten, sich selbst zu regenerieren. Nachwuchs kam stets von außen.

Man begreift die Eigenart der mittelalterlichen Kirche nicht, wenn man nicht gelten lassen will, dass ein guter Teil ihrer Mönche nicht aus Not, sondern aus religiöser Entschiedenheit ihrer Familien und vielfach aus persönlicher Begeisterung ins Klosterleben eintrat, aus Hingabe oder doch aus christlichem Pflichtgefühl. Nur das Klosterleben galt als sicherer Weg zur Vollkommenheit.

Das hatte für Männer wie für Frauen Gültigkeit. Freilich zeigte sich auch hier der Ursprung des Christentums aus einer patriarchalischen Gesellschaftsordnung, die den Frauen nirgendwo Gleichrangigkeit anbot, auch wenn sie im Klosterleben immerhin den höchsten Platz in der geistlichen Hierarchie erreichen konnten als Äbtissinnen, Priorinnen, Oberinnen, mitunter mit den Zeichen bischöflicher Würde. Nonnen wählten ihren Weg auch, wie berichtet wird, weil sie damit dem Heiratszwang entkamen. Sie wählten gleichzeitig eben auch die beseligende Utopie des vollkommenen Daseins geradeso wie ihre Mitbrüder.

Mönch und Nonne gelobten bei ihrem endgültigen Eintritt in die Klostergemeinschaft Armut, Keuschheit und Gehorsam. Dazu noch die lebenslange Bindung an ihr geistliches Haus, in dessen Garten sie meditierend täglich womöglich an ihrem künftigen Begräbnisort vorbeigingen. Ihr gedankliches Dasein sollte sich ganz auf die Verbindung mit dem Jenseits richten. Erst Luther erklärte das Klosterleben für schädlich. Damit meinte er nicht etwa die Folgen der Klaustrophobie, sondern vornehmlich die Entartungserscheinungen in einer verkrusteten Klosterwelt, die ihm nicht mehr reformfähig erschien. Unter der Forderung nach Enthaltsamkeit, unter der absoluten inneren Einsamkeit, die allgemein mit dem Mönchsleben einhergeht, litt wohl auch der mittelalterliche Mönch am meisten. Aber die Beschränkung seiner Persönlichkeit durch die klösterliche Askese sollte der Aufgabe seines Eigenwillens den Weg bereiten.

Die östliche, ursprüngliche Klosterwelt, aus dem nahen Orient auf die nördliche Mittelmeerküste übertragen, in Grundlinien festgelegt durch Vorschriften ehrwürdiger Gründerväter wie Basileus oder Anastasius, blieb im Lauf der Geschichte weit weniger verändert. Klöster stellen noch heute die theologische Ausbildung des griechisch- wie des russisch-orthodoxen Pfarrklerus in den osteuropäischen wie in den griechischen Kirchen und den nahöstlichen Derivaten, nicht Studienseminare, nicht Universitäten. Die lateinische Kirche, ebenso noch lange eine Mönchskirche, hatte sich schon seit dem 12. Jahrhundert allmählich von der klösterlichen Basis emanzipiert, hatte einen eigenen »Weltklerus« aus Übergangsformen des gemeinsamen Lebens entwickelt und sich schließlich ganz mit einer weltlichen »klerikalen« Führungsstruktur ausgestattet. Aber noch lange hauchte ihr das Klosterleben neue Impulse ein. Denn es zählt zu den Paradoxien des in mancher Hinsicht so gegen die konstruierende Logik ausgebildeten kirchlichen Lebens, dass das weltabgeschlossene Klosterdasein für Jahrhunderte aufs engste in die Welt zurückwirkte.

Andererseits wirkten veränderte Frömmigkeitsformen auch immer wieder in das Regelwerk mönchischen Daseins. So zeigte sich im westlichen Mönchsleben jahrhundertelang eine gestalterische Kraft zur Selbstreform, die im Ganzen der gesellschaftlichen Entwicklung der klösterlichen Ordnung nahe blieb, so nahe, dass sie gar nach ihren Epochen das Gerüst für die Deutung der mittelalterlichen Kirchengeschichte abgeben könnte: Grundherrenorden, Rodeorden, Bettelorden, Predigerorden, Gelehrtenorden bestimmen die einzelnen Entwicklungsschritte.

Schon Benedikt, der lateinische Patriarch des Mönchsdaseins, schuf aus dem Vergleich mit den ihm bekannten Vorschriften für das überkommene, das »östliche« Mönchtum, ein umfangreiches Regelwerk, das fortan bis heute das Klosterleben in der westlichen Kirche bestimmt. War das Christentum im Zusammenhang der zeitgenössischen Schriftkultur schon Buchreligion, so wurde das Mönchtum im Besonderen in feste Vorschriften eingespannt, noch ehe kirchliche Rechtssatzungen alles kirchliche Leben umfassten. Nun unterliegen freilich im Leben alle Vorschriften im Lauf der Zeit auch wieder Reformzwängen, so auch die mönchischen. Die Regel Benedikts wurde schon von einer »karolingischen Renaissance« berührt und wenig später einer strengen Reform für nötig befunden. Das Bestreben verstärkte sich mit dem 10. Jahrhundert. Man suchte zunächst nach dem ursprünglichen Text der Regel Benedikts in der schriftlichen Überlieferung. In Cluny, in Gorze, in Marseille wollte man damit innere Disziplin und Freiheit von äußerer Bevormundung erreichen. Außerdem folgte man den ersten Ansätzen zu zentralisierter Organisation. Die Clunyazenser hatten dabei den größten Erfolg, und für die Wirksamkeit ihrer Reformen entwickelten sie ein System der Selbstkontrolle, das von dem Hauptkloster in Burgund und seinem »Erzabt« ein Netz von Filialen von Spanien bis Polen spann. Es umfasste im 12. Jahrhundert mindestens 1500 Abteien und Priorate und beeinflusste zudem auch noch regionale Reformbewegungen um die Abteien Fleury, St. Bénigne in Dijon, St. Viktor in Marseille, Fruttuaria in Oberitalien, in Gorze und Hirsau in Westdeutschland. Es ging dabei nicht nur um Klöster, es ging auch um ihren ausgedehnten, wenn auch verstreuten Grundbesitz, und das macht begreiflich, warum ein Kritiker in jener Zeit vom »Mönchskönig von Cluny« sprechen konnte.

Bei dieser Zusammenstellung fällt auf, was künftig dem gesamten Reformprozess eine eigene Note geben sollte: Die Reformkräfte entfalteten sich vornehmlich in der mittleren Region des schmalen Zwischenreiches, das einmal von den teilenden Karlserben den Namen Lotharingien bekam, von Aachen bis an die Rhône, im Zentrum von Westmitteleuropa also, um damit die Vermittlungsmission dieser kulturell so fruchtbaren Zone zu bezeichnen.

Nicht nur hinter Klostermauern wirkten die Reformen, sondern »die stillsten, wertvollsten und aufbauendsten Revolutionen der Geschichte« (Blazovich 1954, 114) trachteten auch nach außen. Und dabei steigerten die Bitten um Gebet und frommes Seelengedenken nicht nur die unerhörte Ausbreitung des klösterlichen Grundbesitzes, sondern auch den politischen Einfluss. Unter anderem angetreten mit der Forderung nach Freiheit von weltlicher Bevormundung, für freie Abtwahl im Besonderen und für die eigene Bestimmung der unentbehrlichen weltlichen Beschützer, der »Klostervögte«, geriet die klösterliche Parole von der so aufgefassten »Libertas ecclesiae«, »Freiheit der Kirche«, unversehens zum Schlagwort in der Auseinandersetzung zwischen Papst und Kaiser. Der so genannte »Investiturstreit« zwischen Päpsten und Königen im Reich, in Frankreich und England um die königliche Gewohnheit, Bischöfe nach eigener Auswahl einzusetzen, zu »investieren«, wurde im Kloster geboren! Es ging dabei um eine nicht unbedenkliche Forderung für die politische Struktur und die enge Verzahnung von Kirche und Welt, besonders in Deutschland, wo die Bischöfe seit Kaiser Otto I. mit der Verwaltung weltlicher Herzogtümer beauftragt und also »Reichsfürsten« waren. Es gab bei dieser Entwicklung im Lauf des 11. Jahrhunderts einen »Marsch durch die Institutionen«, weil Bischöfe und Äbte aus dem Kreis der Reformmönche stammten und zu Ansehen gekommen waren und der Papst selbst als Mönch Hildebrand aus dieser Schule kam. Denn was Gregor VII. (1073–1085) schließlich in unerhörter Übersteigerung forderte und 1076 mit dem berühmten Bannstrahl gegen König Heinrich IV. (1072–1106) unterstrich, das zerstörte auch den Schutz der Kirche durch Kaiser und Könige. Nicht sofort, sondern erst zweihundert Jahre später stellte sich dieses Problem mit vollem Gewicht, und es bedurfte diffiziler päpstlicher Diplomatie, das Machtvakuum auszugleichen. Vielleicht ist damals also die kirchliche Reformpolitik auf das falsche Gleis geraten. Christen, die eine möglichst enge Verbindung von Kirche und Welt für die rechte Ordnung halten, glauben das noch heute.

Die Benediktinermönche jedenfalls führten ihr Reformstreben innerhalb ihres Ordens fort und befanden, dass die Grundregel aus der Feder des heiligen Benedikt vernachlässigt werde, das »Bete und arbeite!«, »Ora et labora!«. Das Beten war in Cluny allzu pompös geraten, nach Ansicht der Unzufriedenen, und das Arbeiten wurde vernachlässigt. Freilich, bedenkt man, dass noch immer die Klöster gutenteils adeligen Zulauf fanden, dass sogar gekrönte Häupter wie Karlmann und Lothar hier Einlass begehrten, neben Grafen und manchem anderen Spross aus hohem Haus, dann begreift man auch, dass die Handarbeit kaum betrieben wurde und die Priestermönche lieber die Liturgie pflegten.

Die Unbedingten aber forderten die Handarbeit als Askese. Und diese Unbedingten gründeten 1098 eine neue Gemeinschaft in Cîteaux unweit von Dijon, die »Zisterzienser«, die namentlich im 12. Jahrhundert mit dem Elan des Grafensohns Bernhard von Clairvaux (ca. 1090–1153) nach seiner neuerlichen Klostergründung benannt, eine ganze junge Generation für die wahre Nachfolge Christi anzog. Man nennt das zweite Viertel des 12. Jahrhunderts auch das Zeitalter Bernhards, und das gilt nicht nur für die Klosterkultur. Bernhard beriet den Papst, der aus seiner Schule kam, er riet zu einem neuen Kreuzzug in Ostmitteleuropa wie im Nahen Osten, hier wie da ein Fiasko. Aber kein Rückschlag für die neue Ordensgemeinschaft! Um 1160 soll es schon 343 Zisterzienserklöster gegeben haben, noch klarer zentralisiert als die Clunyazenser, und am Ende des 15. Jahrhunderts gar je etwa 750 für Männer und für Frauen. Besonders der Frauen konnte sich der Orden im Spätmittelalter kaum erwehren, weil er ihnen die Pforten weiter geöffnet hatte als die alten Ordensgemeinschaften.

Die Zisterzienser waren überlegene und erfolgreiche Unternehmer. Nicht nur, weil sie selber Knechtsarbeit leisteten, neben Laienbrüdern, die sie für diesen Zweck in ihre Gemeinschaft aufnahmen, sondern wegen ihrer Findigkeit im Wirtschaftsleben: bei der Wassernutzung, beim Erzabbau in England, bei der Rodungsarbeit in Polen und Böhmen, bei der Vermarktung ihrer Agrarprodukte. Auch die Nürnberger Lebkuchen verdanken der Zisterze Heilsbrunn bei Nürnberg ihr Dasein.

Religiöser Enthusiasmus, ohne den wir die mittelalterliche Welt nicht deuten können, führte aber auch zu spontanen Klostergründungen. So steht am Ursprung einer der größten Anlagen in der lateinischen Klosterkultur die Gründung der Abtei Fontevrault im Tal der Loire, angeregt und organisiert durch den Einsiedler Robert von Arbrissel 1099. Ausgelöst wurde hier offenbar im Zusammenhang mit der Kreuzzugsbewegung ein Vorgang, der Männer und Frauen an einer Quelle zu einem längeren, aber zunächst ungeregelten Aufenthalt zusammenführte, unterstützt von Spenden als Ersatzleistung für die unmittelbare Teilnahme an jener Sammlungsbewegung, die ihrerseits für eine latente Heilserwartung durch die Wandlung der Welt zu verstehen ist. Das Bemerkenswerte an der Neugründung ist, dass die Initiative zwar mit dem religiösen Anliegen in Verbindung steht, das sich im sichtbaren, greifbaren Aufbruch nach Jerusalem offen zeigte und zur Nachahmung anregte, dass dabei aber das weibliche Element offenbar im Vordergrund stand. Das Kloster Fontevrault mit einem großen Kirchen- und einem imposanten, wohl einmaligen Küchenbau mit 16 Herden versorgte neben 300 Nonnen in Klausur noch mindestens Hunderte weiblicher Insassen, dazu noch ein etwas entferntes Männerkloster für den Gottesdienst und eine wechselnde Zahl von Leprakranken und vornehmlich weibliche »Büßerinnen«. Es galt als Frauenkloster, hatte Zulauf aus dem französischen Adel, und seine Äbtissinnen stammten bis 1792 aus dem Hochadel und auch aus der Königsfamilie. Ursprünglich auch Hauskloster der westfranzösischen Plantagenets, Grablege des englischen Königs Heinrichs II. und seiner Frau und ihres Sohnes Richard Löwenherz, entstanden nach seinem Vorbild im 12. Jahrhundert etwa einhundert Priorate mit bis zu 6000 weiblichen Insassen. Das Kommando führte immer die Äbtissin im Haupthaus.

Fontevrault, die Quelle eines Herrn Evrault, gegründet um 1100 von dem Wanderprediger Robert von Arbrissel, liegt nicht mehr in jenem Westmitteleuropa, aus dem in auffälliger Weise fast alle Klosterreformen hervorgingen. Wir finden uns aber wieder in dieser Region mit einem Chorherrn in Prémontré, der wegen, seiner Meinung nach, ungenügender geistlicher Herausforderung durch Liturgie und Chorgebet ebenfalls eine neue Gemeinschaft um sich sammelte: Norbert von Xanten, auch er adeliger Herkunft. Seine »Prämonstratenser« verbreiteten sich über Cappenberg in Westfalen, wo der Schlossherr mitsamt seinem Schloss beitrat, sehr rasch in Deutschland, in Polen, Böhmen, in Spanien, Schottland und England. In Italien fand diese Variante klösterlicher Lebensführung weniger Echo, unter anderem auch deshalb, weil hier aus dem Eremitendasein neue Impulse kamen, mit den Klosterverbänden von Camaldoli und Vallombrosa ebenfalls regional wirksam und zumindest im 12. Jahrhundert dem Reformpapsttum nützlich. Auch bei den Prämonstratensern spielte die regionale Organisation eine Rolle und führte zu neuen Strukturen. Sie organisierten »Zirkarien« als weit gespannte Untergliederung, und wir können hier wie bei den Zisterziensern die einzelnen Schritte zu wachsender Zentralisierung beobachten, die in der weltlichen Administration noch Generationen bis zu vergleichbarer Ausbildung benötigen sollten.

Die Prämonstratenser gründeten Doppelklöster zur geistigen Gemeinschaft von Männern und Frauen. Es mögen mehr als sechshundert im 13. Jahrhundert gewesen sein, und man kann daraus wieder eine besondere Entwicklungsstufe der lateinischen Christenheit lesen, die hier ihren Weg zu einem vollkommenen Dasein suchte: Die Klosterbewegung griff inzwischen tiefer und erfasste auch städtische Schichten, darunter immer wieder Frauen, die, nachgeboren und überzählig, keine Aussicht auf Erbe oder Mitgift und damit ein »bürgerliches« Dasein hatten. Außerdem will bedacht sein, dass im städtischen Milieu, nicht mehr belastet durch schwere Feldarbeit, Frauen leichter als Männer den Weg zur geistlichen Muße fanden und nach persönlicher Heilserfahrung suchten. Honorius III. (1216–1227) erlaubte 1216 frommen Frauen in Belgien, Frankreich und Deutschland das Zusammenleben in religiösen Gemeinschaften, aber »er konnte sich schwerlich eine Vorstellung von dem Ausmaße und der Bedeutung der religiösen Frauenbewegung machen«. (Grundmann 1961, 199) Sie suchten Zuflucht in den Mönchsorden, auch bei einigem Widerstand gegen »Vernonnung«, und fanden ihn bei Zisterziensern und Prämonstratensern und schließlich, als diese dem Zustrom zu wehren begannen, bei den neuen Bettelorden, bei Franziskanern und Dominikanern.

Etwa zur gleichen Zeit, 1084, gebiert das offensichtlich geistlich so rege Westmitteleuropa noch einen ganz anderen neuen Orden. Die Grande Chartreuse, nach der sich die Kartäuser benennen, liegt in den

Westalpen unweit von Valence. Hier kommt der härteste Rigorismus zum Tragen, auch der aufwendigste Klosterbau. Denn eine Kartause besteht aus einer Kirche und einem großen Garten. Anstelle eines gemeinsamen Klostergebäudes bewohnt aber bei den Kartäusern jeder Bruder ein kleines Häuschen rund um die Gartenfläche. Darin muss er seinen eigenen Garten bestellen, denn in allen asketischen Ernährungsgeboten spielte bekanntlich die vegetarische Kost eine große Rolle. Nur sonntags treffen sich die Brüder zum gemeinsamen Mahl, nur dann dürfen sie auch sprechen. Diese Regel verbürgt besondere Innerlichkeit, viel Gelehrsamkeit, viel Gebet und Meditation. Auch viel Bekenntnistreue der lebenslang Einsamen. Der Orden rühmt sich, niemals »reformiert« worden zu sein, weil er niemals »deformiert« war. Er hatte im 14. Jahrhundert 195 Niederlassungen, darunter die berühmte Anlage von Pavia, und Ende des 18. Jahrhunderts, vor seiner Aufhebung durch die Französische Revolution, noch immer ebenso viel.

Bisher richtete sich das Mönchsleben bei mehr oder minder verinnerlichter Spiritualität, von Eremiten abgesehen, auf das Dasein in der Gemeinschaft. Liturgie wurde in der Gemeinschaft gepflegt, der Tageslauf sah von früh an gemeinsames Gebet und Chorgesang vor, bei sieben Gebetszeiten, bei gemeinsamer Arbeit, im gemeinsamen Speise- und gemeinsamen Schlafsaal war der Mönch nie allein. Da brachte eine Neuerung, wohl zuerst bei den Augustinerchorherren, Einzelzellen für die Klosterinsassen. Die Auswirkung für das tägliche Leben, für Frömmigkeit und geistige Entfaltung lässt sich kaum in einem Satz beschreiben. Die Neuerung verbreitete sich rasch.

Die arme Nachfolge Christi

Bei all den unterschiedlichen Formen klösterlichen Lebenswandels spielte lange das Armutsproblem keine Rolle. Die Kirche sorgte für jedes neue Kloster, und die guten Gaben der noch immer um ihr Seelenheil besorgten adeligen Grundbesitzer taten das ihre dazu. Auch in seinem Selbstgefühl scheint der noch immer vornehmlich adelige, aus einer Welt der Besitzenden stammende Mönch bis in das 12., weithin auch das 13. Jahrhundert noch keine Zweifel entwickelt zu haben an seiner Lebensführung, die sein Dasein Tag für Tag regelte und äußere

Unvollkommenheiten, wie Hunger, der kein Fasten war, Armut, die keine Askese war, von ihm fern hielt. Zisterzienser tadelten zwar Prunk und Pomp im Kirchenbau und in der Liturgie der Clunyazenser und forderten körperliche Arbeit als Askese neben Chorgebet und Messdienst, körperliche Arbeit auch neben dem Bücherschreiben. Deshalb gründeten sie ihre Konvente oft auf Rodegrund im Wald und auf der Heide und fand ihr religiöser Eifer so viel Echo. Die Mönche waren persönlich arm, ihre Klöster dagegen reiche Grundbesitzungen mit vielen, wenn auch oft milde besteuerten Hörigen. Ihr persönliches Leben verlief geregelt, ohne Entbehrungen außer der Fastenordnung. Erst unbedacht gehäufte Verpflichtungen zur Armenspeisung an den Jahresgedenken verstorbener Wohltäter brachten manche Klosterökonomie in Schwierigkeiten.

Neue Probleme stellte die Stadtentwicklung mit persönlich freien, aber auch aus grundherrlicher Fürsorge entlassenen Menschen, die sich bald immer mehr nach Reichtum und Armut unterschieden. Die Entlassung von Tausenden unversorgter Bauernkinder, männlich wie weiblich, aus der Bindung an ihre Grundherren, zu Rodung und Besitzerwerb, führte zu einer großen materiellen wie auch geistlichen Unsicherheit. Auf der Suche nach persönlicher Gottesnähe erhofften sich diese Menschen Hilfe von ihren geistlichen Hirten. Die reichen Prälaten konnten sie nicht bieten. Auf anderen, selbständigeren Wegen gingen sie den armen Predigern der Waldenser nach, die, ungelehrt wie sie selber auch, den meisten ihrer Zuhörer an Bibelkenntnis, wohl auch an Menschenkenntnis und an geistlicher Liebe überlegen waren. Oder sie folgten den »Reinen«, den »Katharern«, deren Lebensweg vorbildlich schien, um wenigstens auf dem Sterbebett noch mit dem »Consolamentum«, dem Taufsakrament der Katharer, in die Schar der Geretteten aufgenommen zu werden. Die Menge suchender Gläubiger wird auf einmal über alle Maßen beeinflusst von der Losung, man müsse nackt, das heißt besitzlos, dem nackten Christus am nackten Kreuzesholz nachfolgen. Das heißt, man sollte vor aller Augen den radikalsten Verzicht auf Besitz und Ansehen üben und sich zu den Brüdern und auch den Schwestern der Armut gesellen.

Ein reicher Jungbürger von Assisi, einer kleineren, doch wohlhabenden Stadt an der Nord-Südroute im Apennin, ging voran. Er bleibt Laie, er tritt in kein Kloster ein, aber nach einem Konversionserlebnis demonstriert er öffentlich den Verzicht auf Eltern und Besitz. Er findet damit Duldung bei der kirchlichen Obrigkeit, nachdem sie andere

Laienbewegungen abgelehnt und ausgeschlossen hat, weil er immer wieder kirchlichen Gehorsam bekennt.

Jener Francesco Bernardone vollzieht seine Wandlung zum Heiligen von Assisi spektakulär. Er sagt sich von seiner Lebensweise los, er legt vor aller Augen seine Kleider ab, ein zweifellos aufsehenerregender Auftritt in seiner Heimatstadt, und nackt und bloß kleidet er sich in Lumpen. Er sammelt eine Schar von »Aussteigern« um sich, und in seiner unbedingten Demut mit kirchlichem Gehorsam findet er Gnade in Rom. Er wird nicht »verketzert«. 1227 wird ihm eine in der Kirchengeschichte ganz unerhört neue Ordensregel genehmigt. Für diesen neuen Orden gibt es keine Art von materieller Fürsorge. Seine Fürsprecher an der päpstlichen Kurie zeigten dabei mehr Mut als die Kirchenleitung unserer Zeit, die vor fünfzig Jahren ein ähnlich radikales Experiment, die »prêtes ouvriers«, die »Arbeiterpriester« in Frankreich, aus Angst vor Verlust des würdigen priesterlichen Ansehens untersagte.

Die Lebensführung der »Franziskaner«, zunächst ohne Priester, war durchaus unwürdig. Sie bettelten, sie verzichteten auf alle Sicherung ihres klerikalen Standes, sie teilten ihr Dasein mit den Ärmsten auf der Schattenseite des städtischen Lebens, sie stellten sich mutig dem Abenteuer der Armut, das sie nicht immer satt werden ließ. In einem Kirchlein nahe Assisi, einer winzigen »Portion« Land, »Portiuncula«, fand Franz geistliche Zuflucht. Daneben entstand das Stammkloster seines künftigen Ordens. Dort übergab er auch 1212 einer jungen Adeligen namens Klara das Ordenskleid für ihr neues Dasein. Ein neuer Frauenorden, die Klarissinnen, erhielt trotz des päpstlichen Vorsatzes, fortan keine neue Regeln mehr zuzulassen, in der Folgezeit in mehreren Fassungen doch noch die römische Approbation.

Franziskus hatte ursprünglich nicht an ein Klosterleben für sich und seine Brüder gedacht. Es ergab sich, namentlich bei dem Zulauf zu seiner neuen Lebensgemeinschaft, und gegen alle Vorsätze erhielt also die Kirche eine neue Art von Mönchtum, gerade als sie eigentlich durch das Verbot neuer Orden das Mönchswesen stabilisieren wollte. Zielbewusster, mit stärkerem Akzent auf Schulung und Wissen, organisierte nämlich fast zur selben Zeit der spanische Edelmann Domenico Guzmán einen neuen Predigerorden. Ausgerichtet auf die Gemeindestruktur von Waldensern und Katharern, gegen die er predigend mit seinem Bischof ausgezogen war, wollte er eine Schar von »Reinen« schaffen, eine rechtgläubige Gegenbildung zu den in vieler Hinsicht nicht minder »rechtgläubigen« Katharern. (Lambert 2001)

Schließlich waren um die Mitte des 13. Jahrhunderts beide Ordensgemeinschaften, Franziskaner und Dominikaner, doch wieder an Häuser gebunden, allerdings ohne das Gelübde ständiger lokaler Zugehörigkeit. Sie hatten auch keine lebenslang regierenden, sondern befristet
gewählte Oberen, sie distanzierten sich also in ihrer Struktur deutlich
von der feudalen Hierarchie der bisherigen, der »alten« Orden, auch
mit einem stärkeren Mitspracherecht ihrer Konvente, und blieben
nicht nur persönlich, sondern auch mit dem Besitz ihrer Niederlassungen mehr oder minder wirklich arm. Es hatte also eine deutliche »Fun-
damentalisierung« stattgefunden, im Vokabular unserer Zeit. An den
alten Orden gemessen, waren diese Bettelorden keine Mönche im bisherigen Sinn der Weltferne, denn sie sollten von vornherein unter den
Laien leben und wirken. Sie waren aber auch keine Pfarrkleriker im
festen Schema der kirchlichen Organisation. Als Prediger waren sie im
städtischen Sozialmilieu bald unentbehrlich. Auch öffneten sich beide
großen und einige nachfolgende kleinere Bettelorden ganz den damals
neuen Universitäten. Namentlich die theologischen Fakultäten in Paris, in Oxford, Cambridge und Salamanca gehörten bald ihnen, dazu
Generalstudien in ihren eigenen Ordenshäusern. Albertus Magnus,
»der erste deutsche Professor«, Thomas von Aquin, Francesco Bona-
ventura, Alexander Hales und Wilhelm von Occam sind einige der
großen Gelehrten aus den beiden Bettelorden. Der Jurist Marsilius von
Padua (ca. 1275–ca. 1343), kein Bettelmönch, aber in enger Verbindung mit einigen der führenden Köpfe als Berater Kaiser Ludwigs IV.
am Hof in München lebend, schuf in seinem Entwurf einer Neuordnung von Kirche und Welt »die Vision einer machtlosen, auf das Spiri-
tuelle beschränkten, einer armen und demokratisch regierten Kirche«
(Hubert Jedin), wie sie eigentlich als ein besonderes Ideal der Bettelorden angesehen werden könnte. Allerdings hingen daneben namentlich italienische Franziskaner echten oder vermeintlichen Prophetien
des kalabrischen Abtes Joachim von Fiore (ca. 1130–1202) von einem
Zeitalter des Heiligen Geistes an, das die Welt verwandeln werde, sodass man keiner Kirche mehr bedürfe.

Klosterfrauen und Beghinen

Alle Mönchsorden hatten weibliche Parallelen. Schon die großen Gründer waren oft von Frauen begleitet, die ihre geistliche Hingabe nach weiblichen Möglichkeiten teilten. Anders als im Weltklerus war, im Allgemeinen gesehen, die Frau im Kloster weit eher anerkannt als in der weltlichen Christenheit. Neben Benedikt wirkte Scholastika, neben Bonifatius eine Lioba, die in Fulda ein Frauenkloster errichtete, neben den Kollegiatkapiteln gab es die Damenstifte. Es gab Zisterzienserinnen und Prämonstratenserinnen, und so bildeten sich auch unmittelbar zu Lebzeiten der Bettelordensgründer weibliche Lebensgemeinschaften nach der neuen Armutsregel in der Nähe und in geistlicher Gemeinschaft mit Franziskus und Dominikus.

Eigene Wurzeln hatte der Bettelorden der Karmeliter, 1209 am heiligen Berg Karmel nahe Haifas entstanden. Er verband Armut mit Beschaulichkeit und wurde ebenfalls Anfang des 13. Jahrhunderts päpstlich genehmigt. Die Karmeliter waren ursprünglich ein Einsiedlerorden. Seine Mitglieder sollten mit weitgehendem Schweigegebot ihr Leben in Klosterzellen verbringen. Ohne Verständnis für religiöses Schweigen und für die Bedeutung des Gebets ist der Aufschwung des Ordens kaum zu erklären, der mit seinem männlichen wie vornehmlich mit seinem weiblichen Zweig alle Fährnisse der Kirchengeschichte überdauerte und bis heute mit rund 800 Frauenklöstern überall in der Welt besteht. Die Sandalen tragenden »unbeschuhten« Karmelitinnen waren 1960 mit mehr als 14 000 Nonnen der größte beschauliche Orden in der Christenheit. Dass auf dem Gelände des Konzentrationslagers Dachau, an einem jener Orte, wo die menschenverachtende Brutalität des Nationalsozialismus Tausende erniedrigte und quälte, seit vielen Jahren ein Karmel mit schweigenden und für die deutschen Sünden büßenden Frauen besteht, bleibt auch vielen Besuchern der Gedenkstätte verborgen.

Freilich war Frauen, auch den durch klösterliche Position herausgehobenen, der Zugang zu akademischer Bildung versagt. Im früheren Mittelalter, noch ehe Universitäten mit akademischen Ansprüchen überhaupt existierten, gab es nach dem persönlichen Bildungsstand Ausnahmen. Auch lernten Novizinnen Lesen und Schreiben und zudem in unterschiedlichem Maß Latein für den Kirchendienst. Die hochadelige Dame Hrotswitha (Roswitha) im Stift

Gandersheim verfügte im 10. Jahrhundert über gründliche Latein- und entsprechende Literaturkenntnisse und schuf christlich »berei- nigte« Nachdichtungen von Plautus und Terenz. Sie schrieb aber auch gereimte Heiligenlegenden mit beachtlicher literarischer Bega- bung, sie schuf eine Lebensbeschreibung ihres nahen Verwandten, Kaiser Ottos des Großen, sodass sie als »eine der berühmtesten Frau- en des Mittelalters« in die Literaturgeschichte einging. (Brunhölzl 1992, 406) Hatte sie noch offenbar weithin Teil am zeitgenössischen Bildungsgut und lässt in ihren Beziehungen auch ähnlich gebildete Mitschwestern vermuten, sodass der hohe Adel, wohl besonders der weibliche, in enger Verbindung zum zeitgenössischen Wissen er- scheint, so kennt die um zweihundert Jahre jüngere rheinische Non- ne Hildegard (1098–1179), ebenfalls aus altem Adel, schon nicht mehr genug von der Gebildetensprache, um ohne Sekretär in ihrer lateinischen Korrespondenz auszukommen.

Hildegard führt ihre Adepten weiter auf jenem Weg, den die Non- nen für sich zum Ersatz für den versagten lateinischen Bildungsgang gefunden und entwickelt haben, nachdem ihnen die scholastische, die schulgerechte Theologie versagt war: die Mystik. Hildegard ist dar- über hinaus doch auch eine hochgelehrte Dame im älteren Sinn der gottbezogenen Deutung und symbolischen Sinngebung der Welt, wor- über sie medizinische und naturwissenschaftliche Werke hinterlassen hat, abgesehen von einem reichen Briefwerk. Damit wollte sie die Mächtigen der christlichen Welt belehren. Ihre Mystik ist nicht eksta- tisch. Ihre Visionen sind häufig und zeichnen sich auch durch farbliche Gestaltung aus. Den größten, auch noch heute verbreiteten Leserkreis erreichte sie mit dem Buch *Sci vias*, »Wisse die Wege«. (Meier 1991) In ihm schafft sie eine eigene Symbolik außerrationaler Weltdeutung von der Schöpfung bis zum heilsgeschichtlichen Ende. Im Unterschied zur Scholastik vertritt sie dabei die »Gleichrangigkeit der männlichen und weiblichen Gottebenbildlichkeit« (Gössmann).

Hildegards Mystik ist anderer Art als die Braut- und Leidensmys- tik, die besonders ober- oder niederdeutsche Beghinen, Zisterziense- rinnen und Dominikanerinnen im 13. und 14. Jahrhundert pflegten. Ihnen trat in Italien Katharina von Siena zur Seite, religiös eingebun- den in den so genannten »Dritten Orden« der Dominikaner und des- halb in zeitgenössisch vorbildlicher Führung eines Laienlebens unver- mählt in ihrem Elternhaus. Ihre Gottesbeziehung unterscheidet sich auch von der »Freundschaft mit Gott« der Karmelitin Teresa von Avila im späten 16. Jahrhundert. Hildegards Zeitgenossin ist Elisabeth von Schönau (1129–1164). Zugleich mit ihrem Bruder lebte sie in einer Doppelabtei, sie als Oberin, er als Abt, in strenger Askese, mit zahlreichen Visionen, die zu ihren Lebzeiten schon »mehr gelesen und stärker verbreitet waren als die Schriften Hildegards von Bingen« (Gerwing 2000, 196) und auch in die Volkssprache übertragen wurden. Ihr Bruder war ihr geistlicher Betreuer in ihrem kurzen Leben, ihre Visionen trugen bei zur Entwicklung der zeitgenössischen Mariologie.

Alle diese subjektiven Äußerungen besonderer Gottesschau haben in weiblicher Variante vielfach die männliche rationale Theologie ersetzt und sind wohl nur unter besonderen Voraussetzungen religiösen Selbst- und Weltverständnisses zu erschließen. Männlichen Mystikern, sowohl dem niederdeutschen Johannes Tauler als auch dem schwäbischen Meister Eckhard, beide Dominikaner, fehlt der Leidenszug weiblicher Mystik. Es geht vornehmlich um die spekulative Einheit mit Gott. So hatte auch in aller Knappheit Jean Gerson, um 1400 Kanzler der Universität Paris, die Mystik als »erfahrene Gotteserkenntnis« bezeichnet, »cognitio Dei experimentalis«. (Gerwing 2000, 161)

Unfähig, die vielen Frauen aufzunehmen, die um ein frommes Leben, ein Leben ohne Heiratszwang und ohne soziale Not an die Klostertüren klopften, erlaubte Rom 1216 frommen und religiösen Frauen, sich auch ohne klösterliche Obhut im Sinn des Kirchenrechts spontan zusammenzuschließen. Die Bewegung ist räumlich abzugrenzen. Es sind die seit langem übervölkerten Niederlande im weiteren Sinn, Nordfrankreich eingeschlossen, und der Niederrhein, es sind auch die reichen Hansestädte bis hin nach Riga, woher nordalpin die frommen Frauen kommen, und sie sind nicht mittellos. Es sind Töchter aus gutem Hause, sie bringen ihre Aussteuer mit, und die wird der Grundstock für die Anlage von Beghinenhäusern, zum Teil mit Wall und Graben, in denen »die große Beghine« regiert oder auch »die Martha«, nach biblischer Erinnerung. Das Leben ist bürgerlich, besteht aus Gebet und Arbeit, meist landesüblich im Textilgewerbe, und als man damit bei der geübten Sozialaskese den Zünften zu stark konkurrierte, auch in Gebetsleistungen, in Gartenarbeit, im Elementarunterricht, im Krankendienst. Mehr als hundert solcher Beghinenhäuser gab es allein in Köln in der ersten Hälfte des 15. Jahrhunderts. (Sprandel LMA, Sp. 1799) Im Lauf der Zeit sank allerdings wohl allgemein das Sozialniveau, und die Beghinenhäuser von Basel bis Riga wurden danach Auffangstationen für Witwen und Jungfrauen ohne große Mitgift.

In Italien und Südfrankreich war die Ausgangslage ein wenig anders. Die Beghinen jenseits der Alpen erscheinen eher auf das benediktinische »Bete und arbeite!« gerichtet und auf den innerstädtischen Sozialdienst, der sie auch vor dem einer nicht klösterlichen Gemeinschaft stets entgegengebrachten Misstrauen schützte. Die Beghinen nördlich der Alpen scheinen, wenn man bei der geringen Schriftlichkeit und dem Niederschlag davon in kirchlichen Verdächtigungen und Anklageschriften denn überhaupt einen solchen »Unterschied« berechtigterweise definiert, eher der spezifisch weiblichen Frömmigkeit verbunden, der Mystik. Die großen Beghinen Mechthild von Magdeburg (ca. 1208–1282/94) und die verketzerte und 1310 in Paris verbrannte Marguerita Porete sowie die Verbindungen zur deutschen Dominikanerinnenmystik weisen das aus. Mechthild, wohl die bedeutendste unter diesen Frauen, zählt zu den begabtesten mystischen Schriftstellerinnen nach ihrer Gedankenführung und ihrem hohen Bildungsniveau, auch wenn von ihrer niederdeutschen Sprache nur ein alemannisches Echo erhalten ist.

Das Wort »Beghine« ist bis heute noch nicht nach seiner Herkunft gedeutet. Im modernen Italienischen heißt es schlicht »Betschwester«. Dieser im Deutschen zweifellos abschätzige Ausdruck wird der respektablen Lebensführung dieser Frauengemeinschaften wohl nicht gerecht.

Volksglaube

Im einfachen Verständnis wird »Kirche« oft mit einem Kreuz bezeichnet, als Verkehrshinweis, in der Kartographie, aber auch zur semantischen Verstärkung. Das Kreuzzeichen geht noch heute kirchlichen Würdenträgern voraus, der Streit um die kirchliche Definition unserer Kultur entzündet sich am Kreuz im Schulzimmer. Der kirchliche Segen besteht in einem Kreuzzeichen, in die Luft geschrieben mit der rechten Hand, auf die Stirn geschrieben für den Neugetauften, den Firmling, den Reisenden, den Sterbenden. Im einfachen Verständnis wird »Kirche« seit je und zuallererst wirksam durch ein magisches Zeichen. Die Kirche »segnet«, durch den Papst die ganze Welt, durch den Priester die fromme Versammlung, der Gläubige selbst schlägt das Kreuz über sich. Damit wird nicht nur Heil erbeten, sondern auch alles Böse vertrieben. Eine fromme Intention im modernen Denken, eine Beschwörungsgeste uralten Verhaltens zwischen Göttern und Dämonen aus ältester christlicher Liturgie. Aber: Wie hat Christus beim letzten Abendmahl wohl das Brot gesegnet?

»Segnen« ist ein merkwürdiges Wort. Man kann es nicht, wie vieles aus der Kirchensprache des Westens, dem Lateinischen entnehmen. Man findet auch keine griechische Entsprechung. Das lateinische »Segnen« heißt »benedicere«, »lobsprechen«, »benedeien«, auch »heiligen«, aber das ist eigentlich unser »segnen« nicht. Gehen wir von den Buchstaben aus, dann steht unserem »segnen« das lateinische »signare« am nächsten, und das auch in anderen alten Sprachen, »signieren«, »bezeichnen«. Das Zeichen des Kreuzes siegt über alles. Gemalt, gemauert, geschnitzt, in den Stein geritzt, in die Luft geschrieben. Es vertreibt den Teufel. Der Glaube an das siegreiche Kreuz, in der Alltagsmagie wie im Staatsakt, bestimmte gewiss die unaufhaltsame Verbreitung des Kreuzes in den ersten tausend Jahren des Christentums und führt zu der Frage nach den Ursachen.

Die Neubekehrten im nordalpinen Europa, in ihrer Religiosität offenbar um ein Stück barbarischer als die »zivilisierten« Mittelmeerbewohner, entwickelten ein »Urverlangen nach Segen« (Angenendt 1997, 400), im gleichen Zusammenhang, in dem überhaupt die Mentalitätsforschung wie die Kunstgeschichte eine »Rearchisierung« der hellenistischen Welt durch die Verbreitung des Christentums konstatiert. Segen oder Fluch, vor allem Segen, wurden in ihrer magischen Möglichkeit betont und in ihrer Heilswirkung erstrebt. Freilich auch abhängig vom Segnenden. Severin, Martin, Columban, die ersten Missionare und die Heiligen des Mittelalters, Bischöfe, ja sogar bis heute noch der Papst spenden einen besonders wirksamen Segen. Die Wirkung der religiösen Persönlichkeit bestimmt wohl stärker noch als Buch und Liturgie die Verbreitung und die Glaubhaftigkeit der christlichen Lehre, glaubhafter als alle heidnischen Kulte. Nicht nur durch einen unfassbaren »Gang der Dinge«, sondern auch durch Verdienst ihrer Priester fand die Kirche Verbreitung und Bestand.

Was jene unbestimmbare stille Mehrheit, die sich nur selten artikulierte, im Einzelnen glaubte, ist kaum zu ergründen. In Grundzügen wohl: Es ist die alte Demutshaltung den Göttern gegenüber, die auch das Verhältnis von Herren und Knechten ausmachte von alters her. Die Götter mussten gnädig gestimmt werden. Man gab, damit einem wieder gegeben würde. »Do ut des«, in lateinischer Variante. Aber die göttliche Gegenleistung war nicht zuverlässig. Unergründlich, unbestimmbar, nicht wirklich vorherzusehen waren die Wege der Götter und blieben es. Ganz anders im Christentum. Der Himmel war allen verheißen, nicht nur den Herren, obwohl sich doch, nach allem, was wir von der Entwicklung der Kirche bis zur Jahrtausendwende und noch lange darüber hinaus sagen können, die Herren zuallererst auf den Weg machten. So gut wie alle Namen von Mönchen, Bischöfen, Kirchenfürsten, die wir bis ins Ende des ersten Jahrtausends kennen, sind nach ihrer adeligen Abkunft zu bestimmen. Da wirkten sie als Vorbilder.

Man muss Gott fürchten, aber das Christentum lehrte, man muss ihn auch lieben. Weder Radegast noch Zeus, weder Wotan noch Apoll wollten geliebt werden. Für den Christengott musste man keine Lämmer opfern, auch keine Kriegsgefangenen oder Erstgeborenen. Allerdings war der Christengott weitaus eifersüchtiger als die antiken Götter. Man durfte ihn durch ein falsches Opfer nicht verraten, und die Standhaftigkeit in diesem Bereich hat manchen zum Märtyrer gemacht. Missionare der Skandinavier, Wikinger, Friesen, Balten, Slawen kamen nicht in der Konkurrenz der Götter ums Leben, sondern einfach aus Fremdenabwehr. Nach ihrer neuen Botschaft, der »Frohen Botschaft«, forderte der Christengott nichts. Er warb. Viele seiner modernen Diener haben das vergessen.

Der Christengott lohnte Hingabe und Liebe mit Mut. Die Lebensbeschreibungen, die Viten der Heiligen vor oder um die Jahrtausendwende zeigen das, und dass sie nicht wahr sind, muss der Historiker zu deuten wissen: Sie zeigen die Sehnsucht der Gläubigen auf, sie bieten Wunschbilder. So hätte man gern seine Kirchenführer gesehen, als die Heiligen, die vom Heil, von Gott Erfüllten, denen die wilden Tiere wie die wilden Fürsten gehorchten und deren Weisung sich sogar die Elemente beugten. Martin von Tours, Korbinian, Severin, Gallus, Kilian, Magnus sind solche Heilige.

Der neue Glaube, der Wunschträume auf diese Weise einschloss, forderte gewiss besondere Opfer, wenn man den wandernden Predigern folgte und dem Gebot der freiwilligen Armut, wenn auch oft nicht viel zurückzulassen war, so verließ man dabei doch die eigene Familie. Seit der päpstliche Aufruf zum Kreuzzug überdies noch ein neues, fernes, lockendes, in die Glorie der Nachfolge Christi noch stärker eingebundenes Ziel setzte, ein bislang unbekanntes Angebot zu einer aktiven

Frömmigkeit, brachen Tausende auf. Sie brachten in ihrem Fanatismus die erste Welle der Judenverfolgung an Rhein und Mosel, und der Chronist des Bischofs von Trier sprach von der »insania Christianorum«, vom »Wahnsinn der Christen«.

Ordensähnliche Vereinigungen für Frauen oder Männer, Beghinen oder Begarden, mit frommen Spenden versorgt, in noch heute gelegentlich erhaltenen Reihenhäuschen mit kleinen Gärten, suchten nach Daseinsmöglichkeiten für die vom Kloster Ausgeschlossenen. Gemeinschaften, mitunter auch Briefgemeinschaften von »Gottesfreunden« oder Gesinnungsfreunde einer »Devotio moderna«, einer »neuen Frömmigkeit«, vielleicht sogar besser einer »neuen Demut«, vereinten im reichen Flandern, im reichen Süddeutschland und im reichen Böhmen, auch als »Humiliaten«, »Demütige« im reichen Oberitalien, Bibelfromme bei einfacher Handarbeit: Bücher abschreiben, Elementarschulen halten, Gärten pflegen oder Weben galten dafür. Gerade in den reichsten Regionen der Christenheit spielte immer wieder die freiwillige Armut eine Rolle, suchte nach Fundamentalismus und zielte doch zumindest unausgesprochen auf reiche Pfarrherren, auf wohlhabende Prälaten, auch auf reichen Klosterbesitz, auf bischöfliche Reichsfürsten und außerhalb Deutschlands, wo es die nicht gab, zumindest auf die reichen Bischofshöfe mit ihren zahlreichen Domherren. Sie alle lebten nicht, wie Christus gesagt hatte. Auf dem Höhepunkt einer findigen Finanzverwaltung, als die Kurie ihren Sitz zu ihrem Schutz von Rom nach Avignon verlegt hatte und dazu neue Geldquellen erschließen musste, um zum Beispiel nicht nur alle päpstlich verliehenen Ämter, sondern auch schon die Erwartung darauf mit Gebühren zu belegen, da hielt auch der irische Erzbischof Fitz Ralph von Armagh die Zeit für gekommen, das Leben Christi mit dem Leben der Päpste zu vergleichen.

Bilder zeigen hier besser, wie das Kirchenvolk darüber dachte. Bilder, die besonders die himmlischen Verheißungen Christi an die Armen und Beladenen hervorheben oder die ausführliche, schon im 13. Jahrhundert einsetzende laienhafte Darstellung der Geburt Christi im Stall, die Ankunft des Welterlösers in einer Krippe. Kann man deutlicher die Reichen zur Opposition in der Christenheit stempeln? Wie viele solcher Bilder haben nicht seit dem späteren Mittelalter die christliche Umgebung in Kirchen und auf Altären gekennzeichnet? Bilder, die das aristokratische Kirchentum in den Jahrhunderten davor gar nicht kannte, weder in seinen Fresken noch in seinen Buchminiaturen?

Der Reichtum hatte auch noch seinen Anwalt, und den kann man im Bild ebenfalls vorführen und als den Verfluchten Gottes am Ende der Zeiten darstellen: den Teufel. Das Jüngste Gericht wird zum großen Thema seit dem 12. Jahrhundert in großen und kleinen Darstellungen, im riesigen Mosaik, etwa in der Basilika von Torcello nahe Venedigs in der Lagune, im Höllensturz von gekrönten und infulierten Häuptern, im Umsturz, sehr einfach und sicher für manche Zeitgenossen unerhört, im Umsturz von Reich und Arm namens der christlichen Wahrheiten.

Aber das sind Bilder, die auch als Entlastung sozialer Spannungen dienen können, und freilich stiegen Fürsten und Prälaten auf der anderen Seite des Höllensturzes auch zur himmlischen Glorie empor, sodass der kirchliche Glaube und seine Würdenträger auch wieder gerechtfertigt erschienen. Ausnahmen blieben selten: So etwa auf einem Jüngsten Gericht, das Kaiser Karl V. seinem Hofmaler Tizian befahl und das 1555 einen Himmel ohne Heilige zeigt, ganz den Patriarchen des Alten Testaments gewidmet. Aber diese zumindestens seltene Ikonologie, die den Himmel des an der Reformation gescheiterten Kaisers in Wahrheit mit dem Himmel der Reformatoren verband, ganz ohne Mitren und Tiaren, ja selbst ohne Heiligenscheine, blieb in der Kunstgeschichte und noch mehr in der Reformationsgeschichte so gut wie unbeachtet. (Seibt 1998)

Im Übrigen blieben auch die orthodoxen Himmelsdarstellungen immer auf die religiöse Persönlichkeit gerichtet, wie denn das Christentum auch als Religion den europäischen Individualismus auf vielen Wegen beförderte und nie in Gruppenklischees erstarrte. Kein Stand, nur der Einzelne wird verdammt, kein Stand auch in den Himmel gehoben. Der Personalismus des geistlichen Lebens hat der Kirche den Weg über alle historischen Wandlungen von zweitausend Jahren offen gehalten. Und nicht nur die frommen Frauen werden zu besonderen Anhängerinnen eines Marienkultes, sondern die asketischen Männer unter den Zisterziensern wie unter dem deutschen Ritterorden, die Reichspfalzen und die europäischen Universitäten stehen unter dem Marienpatronat, sodass die Gründung einer Bruderschaft des Rosenkranzes 1475 das ganze Reich umschloss, den Kaiser voran, und für Reiche und Arme noch einmal die integrative Kraft der alten Religion hervorhob, ehe die Reformation sie zerriss.

Zurück zu den Lebensäußerungen der alten Religion: Der Volksglaube an irdische Leistung und himmlischen Lohn hinterließ jahrhundertelang seine Spuren in den Wallfahrten, deren kleine und große Zentren über das ganze Land verstreut waren. Er spricht auch noch aus den Votivgaben in den Hunderten verstreuter regionaler Wallfahrtskirchen, mit denen man sich bedankte mit Bildern oder Nachbildungen aus Holz, aus Messing, aus Wachs, aus Eisen, für das geheilte Bein, das glücklich geborene Kind, den wiedergekehrten Sohn. (Kriss-Rettenbeck 1985)

Womöglich drei Viertel der Gläubigen waren am kirchlichen Leben beteiligt, hörten Predigten, namentlich, seit sich der Predigerorden mit Windeseile über die ganze lateinische Kirche verbreitete. Sie wohnen der Messe bei und sind doch wohl enttäuscht, dass sie dabei nicht mehr tun dürfen als »mit schönen Züchten dastehen«, wie ihnen einer der wortgewaltigsten Prediger um die Mitte des 13. Jahrhunderts empfiehlt. Und stehen müssen sie, weil erst die Reformation Kirchenbänke in die großen Gewölbe bringt. Aber sie dürfen immerhin doch auch ein wenig mitspielen in der Festtagsliturgie, die Frauen dürfen das Kind in der Krippe wiegen, wie man den Weihnachtsliedern abhören kann, die Männer dürfen den feierlichen Einzug Christi in die Hauptstadt Jerusalem nachspielen, mit oft lebensgroßen Holzfiguren, die noch heute in Süditalien und in Spanien durch die Straßen geführt werden. Sie dürfen zumindest im Spiel nahe sein dem Sohn Gottes, nachdem sie in ihrem wirklichen Leben ihm nicht in seiner Unbedingtheit zu folgen imstande sind.

Was das Volk glaubte, suchte es nicht nur zu spielen, sondern auch zu singen. Weihnachts- und Passionsspiele haben noch die Gegenwart erreicht, mitunter aus alten Wurzeln. Es fiel nicht schwer, den Winter aus dem Heiligen Land in unsere Gefilde zu übertragen, und vor allem dabei die Armut Christi herauszustellen. Sie war volkstümlich, sie gab sogar Selbstbewusstsein für die vielen kleinen Leute, die seit dem Spätmittelalter nach einem Platz in der Kirche Christi suchten und über Gebet, Predigthören und den nicht immer bereitwillig gewährten täglichen Kommunionempfang noch nicht genug Betätigung fanden. Das Laienlied im Gottesdienst war lange unerwünscht. Überhaupt waren im 14. Jahrhundert die Ansätze zur polyphonen Musik im kirchlichen Bereich verboten, weil da nur die so genannten gregorianischen Melodien geduldet wurden. Auch die höchst kunstvollen Formen aus neuer rhythmischer Exaktheit und dementsprechend entwickelter Notierung verfielen dem Verdikt, während sie in der Hofkultur, namentlich der französischen, Aufnahme fanden. Vielleicht

war es die Weihnachtszeit, die eine recht aufschlussreiche Ausnahme
möglich machte in einem Lied aus dem 14. Jahrhundert, das wir heute noch singen. Halb lateinisch, halb deutsch intonieren wir: »In dul-
ci jubilo« und: »Wo die Engel singen, nova cantica ...« Wo die Engel
neue Lieder singen – eigentlich ein ungewöhnliches Vorhaben. Im
Himmel singt man natürlich immer die gleichen, uralten, eigentlich
zeitlosen (und sicher lateinischen und gregorianischen) Gesänge. Die
nova cantica, die neuen Gesänge, sind ja doch eigentlich gar nicht so
recht »katholisch«. Der Himmel ist aber hier verglichen mit einem
Königshof. Da eben sind *nova cantica* zu hören, so wie tatsächlich
damals am Hof des französischen Königs und des wohl bedeutendsten Praecursors französischer Hofkultur, Königs Johann von Böhmen, der einen der bekanntesten Dichter und Komponisten, Guillau-
me de Machaud, in seinen Diensten hatte. Und nebenbei: Nicht nur
nova cantica waren hier zu erwarten, die neuen mehrstimmigen
Kompositionen also, sondern auch Schellen klangen da, wie das Lied
fortfährt. Schellen, noch heute bekannt, sind kleine metallene Hohl-
kugeln mit klingender Füllung. Gerade damals lernte man sie aus
zwei Teilen zusammenzufügen für Schmuck, für Knöpfe, für Pferde-
geschirre, zur musikalischen Begleitung ähnlich dem Tambourin –
und auch für die Narrenkappe.

Das Volk sang nicht vom Teufel, und am liebsten sprach man auch
nicht von ihm. Die Missionare hatten einst alle Dämonen mit Weihwasser besiegt. Und diese Vorstellung lebt noch fort in unseren Redensarten. Der Teufel selber war zweifellos ein starker Helfer bei aller
Missions- und Erbauungspredigt, für dessen Existenz merkwürdigerweise keine besonderen Beweisgänge unternommen wurden. Ein on-
tologischer Teufelsbeweis ist unbekannt. Aber für die Vorstellung von
der Gerechtigkeit Gottes war ein Teufel unerlässlich, weil man ihm
alles Ungerechte in der Welt zuschreiben durfte, alles Ungeratene,
Krankheit und Armut auch. Gelegentlich findet dabei der Teufel sogar
Anhänger, nicht nur Abscheu, in jener eigenartigen inneren Erhebung,
die sich stärker fühlt, wenn sie mit dem Unheil direkt selbst verbunden
ist. Es gab »Teufelsanbeter« in allen möglichen Varianten, aber die ver-
folgende Kirche hat ihre Aussagen zum System von Satanskulten verzerrt. (Hergemöller 1996)

Um die Jahrtausendwende bekam die westliche Kirche ihre »Ketzer«. Schon der Name erlitt im Deutschen, was später und immer wieder der gesamten Bewegung widerfuhr. Er wurde »verketzert«. Das

Wort heißt griechisch »Katharoi«, »die Reinen«. So nannten sich oder wurden genannt, die ein reines Leben führten oder zu führen vorgaben, wie es christliche Asketen auch hätten führen sollen, und ein guter Teil ihrer Wirksamkeit lässt sich wohl aus dieser Defizienz erklären. Anderes bewirkte vielleicht ihr ausgeprägterer Dualismus, wonach den bösen Mächten etwas mehr Gewicht zukam als im kirchlichen Weltbild. Nach einigen recht hilflosen Abwehrversuchen wurden »die Reinen« verketzert, die »Katharer« lautgerecht zu »Ketzern« und das Wort selbst eben zum Begriff aller religiösen Untugend erklärt. Tastend und von übernommenen Vorurteilen missleitet (Grundmann 1932; Hergemöller 1996), entwickelte die Amtskirche, auf dem hohen Niveau ihrer Schriftlichkeit, Abwehrmaßnahmen, und ihre Juristen, mit einem neuen und gewichtigen Amt betraut, bedachten die auf ihre Weise Überführten mit der alten Strafe für Hexerei, dem Feuertod. Die Kirche bekam solcherart ihre »Ketzer«, der oft missliebige und pflichtvergessene Pfarrklerus ein heimlich von vielen bevorzugtes Gegenstück. In Südfrankreich und Oberitalien wuchs sich die Katharerbewegung im 12. und 13. Jahrhundert fast zu einer Gegenkirche aus, mit eigenen Bischöfen und mit effizienter Unterstützung durch den Lokaladel. Erst eine blutige innere Auseinandersetzung, der »Ketzerkreuzzug« von 1213, rottete mit aller Grausamkeit die Häresie weitgehend aus, bis auf Reste in Rückzugsgebieten. (Lambert 2000) Erst das überzeugende Gegenbeispiel der Bettelorden ließ den Zulauf zu den »Katharern« versiegen und bewirkte im betroffenen Gebiet wie auch darüber hinaus eine vertiefte Katechese. Die schwarze Geschichte der kirchlichen Inquisition, die 1232 zur Institution wurde und in die Hände der Dominikaner gelegt, war damit leider noch nicht abgeschlossen. (Lea 1990)

Kirche West und Kirche Ost

Das europäische Mittelalter verbreitete sich bekanntlich auf einer anderen Grundlage in den ehemaligen Provinzen des römischen Imperiums als in den östlichen und nördlichen »Barbarenländern«. Die unterschiedlichen Traditionen wirkten noch lange nach in Kultur und Gesinnung, und sinnvollerweise trennt man in ein ehemals römisches »Alteuropa« und eine neueres jenseits dieser Kulturgrenze. Zu Ende des Mittelalters fanden beide einigermaßen zum Ausgleich in Sprache und Kultur des lateinischen Mittelalters. Erst die Reformation riss neue Grenzen auf.

Die Bedeutung der alten Kulturgrenze am Rhein für die Entwicklung Mitteleuropas ist bekannt. Die Sicht auf eine Reformationsgrenze westlich des Rheins und östlich der Oder, nicht minder bestimmend für die neueren Jahrhunderte, muss erst noch demonstriert werden. Nichts lässt sie besser erkennen als die Kirchengeschichte des mittleren Europa mit ihren Übergangszonen im Westen wie im Osten. Mitteleuropa, im Norden an die Küste und im Süden über die Alpen, hat westlich wie östlich breite Kontaktzonen. In der Kirchengeschichte werden sie greifbar.

Über den Westen haben Cäsar, Tacitus und Livius um die Zeitenwende zum ersten Mal der zivilisierten, der römisch-hellenistischen Welt von Kelten und Germanen berichtet, die ersten Namen genannt und, wenn auch nur anekdotisch, die erste Anschauung vermittelt. Dagegen stehen am Anfang der östlichen Historiographie erst um eintausend Jahre jüngere Heiligenlegenden. Nicht Kelten und Germanen, mit allem im 19. Jahrhundert entwickelten Mythos, sondern Slawen, Balten, Finnen und Magyaren bildeten die Basis der ostmitteleuropäischen Bevölkerung und ihrer Sprachen. Keine Helden, sondern Heilige lieferten dem Westen die erste Kunde, die erste Orientierung. Auch zog das westliche Mitteleuropa nicht aus, um im »Drang nach dem Osten« das östliche zu erobern. Es ließ, nach dem dreißigjährigen Sachsenkrieg der Franken mit ihren östlichen Nachbarn hinter dem Teutoburger Wald, seine Mönche im Osten missionieren. Nicht Carolus Magnus, sondern Piasten, Przemysliden, Arpaden zählt man zu den Begründern der großen politischen Herrschaften im Osten. Nicht römische, irische, angelsächsische Glaubensboten haben hier das Christentum vermittelt. Es gibt keinen Martin von Tours im 5. Jahrhundert und auch keinen Bonifatius im 8. Jahrhundert in Ostmitteleuropa, sondern sächsische, fränkische, baierische, slawische, byzantinische und skandinavische Missionare wirkten hier seit dem 9. Jahrhundert mehr oder minder glücklich. Ein Adalbert, ein Brun, die Sieben Brüder oder ein Heinrich von Uppsala wurden darüber zu Märtyrern.

Da ist schon für das erste Ansehen wichtig, dass im Vergleich die Kirche im Westen früher organisiert war als die fürstliche Herrschaft. Im Osten dagegen kam sie erst hinterher. Wir kennen die Bekehrungsgeschichte der Mährer, Böhmen, Polen, Ungarn, Ukrainer, Litauer, Preußen, Finnen aus den Lebensbeschreibungen ihrer Missionare oder ihrer Fürstinnen, die mehrfach erst mit ihrer Heirat die neue Religion vom Westen an den Fürstenhof brachten. Ein solcher Umstand war zwar auch im Westen Jahrhunderte früher nicht unbekannt, man denke an Chlodwig und Chlothilde um 500, doch die Namen von Ludmilla, Dobrava, Olga, Gisela und dann noch Jadwiga klingen in der östlichen Kirche länger nach als in der westlichen und weisen auf ein noch wenig erforschtes Feld weiblicher Einflüsse auf dynastischer Ebene.

Was war nun aber anders in der ostmitteleuropäischen Kirche als in der westmitteleuropäischen? Nun, mit wenigen Worten: Auch die ostmitteleuropäische Kirche war eine Mönchskirche bis ins Hochmittelalter, in die Zeiten des Investiturstreits und der Reformpäpste. Aber bis dahin und noch weiterhin hatte dieses Ostmitteleuropa eine weitaus dünnere Klosterlandschaft als der Westen, mit erst wenigen Benediktinerklöstern wie Meseritsch, Brevnov, Pannonhalma, erst seit dem 13. Jahrhundert strukturiert durch die Reformorden mit ihren Rode- und Ausbauklöstern. Die Reformzentren in der Topographie des europäischen Mönchtums selbst aber lagen geradewegs in Westmitteleuropa, wo sich die Klöster drängten und die Reformideen, säkular gesprochen, nun eben auch. Die Vielgestalt des mittelalterlichen Mönchtums verdankt ihr Dasein und auch ihre Vielzahl den Klöstern im »alten Europa«, und genauer gesagt gerade dem Raum zwischen Rhône und Rhein. Erst die Bettelorden stießen mit voller Kraft von Süden über die Alpen, durch Mitteleuropa und über die Oder vor, wo bisher nicht allzu viele Klöster der Benediktiner, Zisterzienser und Prämonstratenser gewirkt hatten. Aber eben erst die Franziskaner und mit einigem Abstand auch die Dominikaner besetzten dabei die jungen Städte und füllten den Raum auf eine mit westlichen Klosterlandschaften vergleichbare Weise, wobei stets die Zahl der Nonnenklöster geringer blieb.

Auch fehlt im Osten lange Zeit die religiöse Frauenbewegung, die den Westen und namentlich den Nordwesten zwischen Rhein und Maas, zwischen Flandern und Loire im 12. und 13. Jahrhundert kennzeichnet. Allenfalls in den spätmittelalterlichen, vielfach deutsch besiedelten oder begründeten Städten gibt es ein Echo davon. Es fehlt auch die Fülle, nicht die Sache selbst, von Bauwerken und Wallfahrtsorten, von kirchlicher Kunst auf hohem Niveau bis zur Gotik, die dann allerdings in Backstein und Sandstein länger als im Westen die Architektur bestimmte. Es fehlt die Dichte der Pfarrorganisation, der Anteil der Laien, es fehlen oder sind nur dünn gesät die Bruderschaften in den Städten, und nur die *Devotio moderna* im städtedichten, bald dem Westen ähnlich eng bevölkerten Böhmen erinnert an niederländische Verhältnisse. Erst im Spätmittelalter erreichte im reichen böhmischen und schlesischen Silberland die gotische Kirchenkunst mit Malerei und Plastik ein in ihrer Zeit weithin strahlendes Niveau, von Krakau bis Danzig, von Breslau bis Leutschau.

Den Raum zwischen Ostsee und Adria hat bekanntlich erst der König und Kaiser Karl IV. in die »europäische«, sozusagen die »westliche« Politik eingeführt. Auch die Intensität des religiösen Lebens erschloss sich zu seinen Lebzeiten, nicht nur durch seine Regierung in den böhmischen Ländern, sondern auch durch die Vorbildwirkung auf seine Nachbarn Polen, Österreich und Ungarn und durch manche dynastische Bindung der auf ihn ausgerichteten Höfe. Dabei rückten Kirchen und Königshöfe eng zusammen und es entwickelte sich eine eigene Prägung, von der Baugeschichte bis heute bewahrt, aber im Westen gerade nicht zu finden. Man kann es in aller Kürze bildlich und symbolisch deuten. Die Silhouetten von Hradschin und Veitsdom, von Wawel und Wenzelskathedrale, von Stephanskathedrale und Schloss, die letzten beiden allerdings historistische Neubauten aus dem vorigen Jahrhundert, sind nur allzu bekannt. Sie symbolisieren die enge Verbindung von König und Kirche mehr oder minder im Hinblick auf die historische Wirklichkeit. Gerade eine solche trauliche Verbindung findet man in westlichen Silhouetten nicht, weder in Paris noch in London, noch im hauptstadtlosen alten Deutschland und auch nicht im mittelalterlichen Spanien oder im päpstlichen Italien. Das aktuelle Verhältnis hing ab von Persönlichkeiten. Aber es hätte doch wohl kein westlicher Herrscher öffentlich zu sagen gewagt, wie der böhmische, der Prager Bischof sei sein Hofkaplan.

Überall in den kürzlich recht treffend so genannten »Adalbert-Staaten« Polen, Böhmen, Ungarn wohnt und repräsentiert der Kirchenfürst des Landes mit oder noch genauer hinter dem Herrscher und seinem Hof: Auf dem Hradschin in Prag, auf dem Wawel in Krakau, auf der Burg in Buda, wobei, um im Bild zu bleiben, freilich die kirchliche Repräsentanz zu unterschiedlichen Zeiten in den Bannkreis des Hofes geriet: in Prag, in Gnesen und in Gran seit den Anfängen, in Krakau seit der Erneuerung des Königtums im 14. Jahrhundert, in Wien seit der Bistumsgründung 1469. In Budapest ist, wie gesagt, die Einheit aber durch einen historistischen Baukomplex zumindest simuliert, eine Einheit, die man im Westen eben gerade gescheut hat: König und Erzbischof hinter der gleichen Mauer.

Deutlicher, aber weniger sichtbar, wirkten die alten römisch-rechtlichen Grundsätze: Die westliche Kirche besaß eine immer wieder verteidigte Selbständigkeit, wenn nicht gar »Freiheit«. Sie hatte aus Römerzeiten für ihren Besitz und damit auch für ihre Grunduntertanen »Immunität«, das heißt, sie war ausgenommen vom übrigen herkömmlichen römischen Verwaltungsbereich, vom Zugriff des Fiskus und aller Strafverfolgung, wie der Besitz Hochgestellter auch. Die Bedeutung für das Kirchengut muss nicht hervorgehoben werden. Ihre Selbständigkeit suchte die westliche Kirche wenigstens mit halbem Erfolg im 11. und 12. Jahrhundert durch den Kampf um die Investitur ihrer Bischöfe zu verteidigen. Ihr Vorrecht, ihr Erstgeburtsrecht sozusagen bei der Begründung des christlichen Europa auch in anderen Bereichen, wirkte noch lange nach. Zum Beispiel auch, weil alle alten, genauer, alle karolingischen Klöster zu einer definablen imperialen Würde erhoben wurden, als »Reichsklöster«. In einem Reichskloster, bei einem Reichsabt, konnten Kaiser und Könige nicht nur Herberge und Heerfolge finden, sondern auch Kontakte auf höchster diplomatischer Ebene wie unter ihresgleichen. Vergleichbares fehlte in Ostmitteleuropa. Auch waren da weder Äbte noch Bischöfe Reichsfürsten. Das wirkte sich nicht nur in der Reichsstruktur aus, sondern griff bis in die Kunstgeschichte: Reichsfürsten lebten nicht nur, sie bauten auch fürstlich. (Braunfels 1980) Mancher Bischof zwischen Metz und Passau hatte es da weit gebracht. Der bischöfliche Reichsfürst in Würzburg und sein noch höher gestellter fürsterzbischöflicher Kollege in Salzburg hielten nicht nur fürstlich Hof, sondern behaupteten sich auch durch die Jahrhunderte unter ihren weltlichen Standesgenossen. Freilich blieben die meisten anderen die Schwächeren: So der Kölner Kurerzbischof, dem das Herzogtum Westfalen im 13. Jahrhundert aus den Händen glitt, zum Schaden des Landes, das schließlich unter die Herrschaft der Preußen fiel. Der Reichsabt von Fulda oder der Reichsabt vom Kempten hatten dagegen glücklichere Hände.

»Unter dem Krummstab ist gut leben.« Das traf nicht immer zu. Meist waren die geistlichen Fürsten die schlechteren Politiker. Dass sie, auch nur ganz allgemein, die besseren Verwalter waren, schlug ihren Untertanen nicht immer zum Nutzen aus. Der fürstliche Glanz fehlte den Bischöfen in Frankreich, in England oder in Spanien, auch wenn sie auf den ersten Plätzen in den königlichen Ratskammern saßen, und ebenso, mit Ausnahmen natürlich, in Polen, in Böhmen und Ungarn auch. Oft waren sie in der Nähe des Thrones und entgingen dabei leichter den Gefahren einer selbständigen Politik. Oft verdankten sie mehr ihrer Persönlichkeit als ihrem geistlichem Rang. Stets blieben sie Advokaten der nationalen Einheit, so wie wir sie im Rückblick definieren. Die Bedeutung der »Nationalkirche« für die Nationsbildung ist überall hoch einzuschätzen, in der Geschichte der so genannten »Adalbertländer« ebenso wie in England oder Frankreich. Dabei standen sie weitaus fester im Weisungsbereich ihrer Könige. Als Bischof Andreas II. in Prag 1222 doch etwas von kirchlicher »Libertät« ertrotzte, begann sich auch der böhmische Adel stärker als bisher für das Bischofsamt zu interessieren. Denn bis ins Spätmittelalter waren kirchliche Würden für den östlichen Adel weniger attraktiv als im Westen. Bei ihrem weit dünneren Netz klösterlicher Niederlassungen traf die östlichen Bischöfe andererseits auch nicht die Kraft und nicht die Kritik der westlichen mönchischen Reformbewegung.

Bei alledem gewann die östliche Kirche im natürlichen wechselweisen Nutzen ein engeres Verhältnis zur römischen Kurie, die immer wieder unmittelbar auf sie bezogen ihre eigene Ostpolitik am Kaiserhof vorbeizuführen versuchte: Bei der römischen Investitur der byzantinischen Missionare in Mähren im 9. Jahrhundert; bei der Errichtung des ersten polnischen Erzbistums Gnesen mit Krönung durch den Kaiser für den polnischen, vielleicht auch mit päpstlicher Initiative bei der Krönung des ersten ungarischen Königs mit der Errichtung des ersten Erzbistums Gran. Auch in der Affäre Adalberts von Prag mit seinen ungebärdigen Diözesanen votierte die Kurie augenscheinlich anders als der zuständige Erzbischof Willigis von Mainz, der ganz konservative kaiserliche Politik vertrat. Bei der Litauermission zweihundert Jahre später oder im Kampf um die Ukraine in der frühen Neuzeit zeigten sich päpstliche Interessen auf eigenen Wegen rege. Auch das Erzbistum Riga entstand 1255, im Rahmen einer kurialen diplomatischen Volte, jetzt allerdings als Konkurrenz gegen den allzu selbstbewussten erfolgreichen preußischen Ordensstaat. Schließlich wurde die Herrschaftsbildung ebendieses nicht unmissverständlich so genannten deutschen Ritterordens von der unteren Weichsel bis zur Memel ein Erfolg päpstlicher Ostpolitik. Denn der Orden war in seiner politischen Zuordnung eben gerade nicht »deutsch«, er blieb unmittelbar dem Papst unterstellt, seine Angehörigen und das von ihm eroberte Territorium gehörten nicht zum Reich, obwohl viele Ordensritter daher kamen. Das gab bekanntlich noch 1701 dem Markgrafen von Brandenburg die Begründung, um sich hier, auf nicht reichszugehörigem Territorium, zum König »von Preußen« krönen zu lassen.

Dem östlichen Mitteleuropa blieb die westliche Laienbewegung fern, und das ist eine lange unterschätzte Eigenheit innerhalb der gesamten Kirchengeschichte. Weil der religiöse Aufbruch der Frauen im Westen nicht bis über die Elbe griff, fehlte auch die zugehörige Verketzerung. (Grundmann 1970) Vielleicht, weil die ständig oszillierende Beurteilung von Revelationen, Visionen und Ekstasen, die in der folgenden Zeit seit dem 13. bis zum 16. Jahrhundert die westliche Frauenbewegung prägte, in Polen, Böhmen, Ungarn fehlte, gab es auffälligerweise dort auch nicht die großen Hexenverfolgungen wie in der westlichen Christenheit. (Dinzelbacher 1995). Ganz anders: Die vier östlichen Prinzessinnen Agnes von Böhmen, Margarete von Ungarn, Elisabeth von Thüringen und Hedwig von Schlesien, die in Mitteleuropa im 13. Jahrhundert durch ihre karitative Selbstentäußerung in mehr oder minder strenger Bindung an die Bettelorden schon zeitgenössisch verehrt wurden und dann als Heilige galten, waren nicht etwa der kontemplativen Lebensführung, sondern der tätigen freiwilligen Armut verpflichtet, fraglos und unbezweifelt ein vielfach geradewegs entgegengesetztes Motiv zur westlichen und südlichen Frauenmystik. Übrigens gab es wie zur Bestätigung dieser These noch eine fünfte Prinzessin aus dieser Generation, Wilhelmina von Prag, eine Schwester der in Prag in franziskanischer Armenfürsorge wirkenden heiligen Agnes. Diese Wilhelmina, von der die Geschichte sonst wenig weiß, war offenbar in ihrer Spiritualität doch ekstatischen religiösen Erlebnissen verhaftet. Aber sie lebte eben nicht in Prag. Sie ging nach Mailand und wurde da von manchen gar als göttliche Inkarnation verehrt. Ihre Brücken nach Böhmen brach sie ab.

Katharer scheinen Polen oder Böhmen niemals erreicht zu haben. Waldenser, die frommen Bibelchristen, kamen offenbar erst spät im Zusammenhang mit dem Landesausbau nach Böhmen und wurden da im 14. Jahrhundert dann allerdings in größerem Umfang verfolgt als lange angenommen. (Lambert 2000, 299 ff.; Patschovsky 1979) Ostmitteleuropa bekam jedenfalls insgesamt, von Böhmen und Österreich abgesehen, weit weniger zu spüren von der Schattenseite der Kirche, von ihrer verzweifelten und meist grausamen und nicht selten allein von Misstrauen genährten Ketzerverfolgung in der so genannten Inquisition.

Kaum Ketzer, kaum Hexen: aber Hussiten! Eine Reformströmung unter Laien, übrigens Tschechen und Deutschen, hatte sich im prosperierenden Böhmen doch im ausgehenden 14. Jahrhunderts entwickelt, ähnlich der niederländischen Devotenbewegung. Mit Forderungen nach mehr Predigt, volkssprachlichen Bibeltexten, täglicher Kommunion und Klerusreform weckte sie harten kirchlichen Gegendruck, und bei standhafter Unterstützung durch böhmische Magnaten wurde der Prager Magister Jan Hus ihr Sprecher und verteidigte ihr Anliegen auf dem Konstanzer Konzil. Nach dem umstrittenen Urteil zum Ketzertod auf dem Scheiterhaufen 1415 (Kejř 2000) verdichtete sich diese Bewegung zu Gewalt und schließlich zur Revolution. Die Reformation der lateinischen Christenheit begann mit den Hussiten in Böhmen, räumlich wie zeitlich klar zu definieren, und Luther hat sich mehrfach auf seine böhmischen Vorläufer berufen. (Šmahel 1993)

Luther bekam dann allerdings selbst lebhaften Zuspruch aus den »Adalbert-Ländern«. Jede Übersicht um die Jahrhundertmitte zeigt das, ungeachtet der mangelnden konfessionellen Festigkeit, die sich erst um das Jahrhundertende abgrenzen ließ. (Andor/Tóth 2000, darin vor allem Muchembled) Besonders der Glaubenswechsel des Hochmeisters Albrecht von Brandenburg, der den Ordensstaat Preußen 1523 lutherisch machte, zog Polen, Litauen, Livland in seinen Bann und wirkte nach Schweden und Finnland. In Königsberg entstand jene Druckerei, die alle die Reformbegierigen mit Bibeln in ihren Sprachen versorgte und vornehmlich das deutsche Bürgertum, das sich in den letzten Jahrhunderten Städte gründend und Handel treibend an der alten Straße von Brügge nach Nowgorod angesiedelt hatte. (Seibt 1997) Man darf nicht vergessen, dass zwar die ersten »Lutheraner« in den Niederlanden zu Märtyrern wurden – dass aber Luthers Gedanken von schwedischen, polnischen, deutschen Studenten aus den Universitäten Wittenberg und Königsberg ins östliche Mitteleuropa getragen und über die Königsberger Filiale der Nürnberger Druckerwerkstatt des Peter Luft in allen östlichen Sprachen verbreitet wurden.

Zur selben Zeit vernichtete der Türkensieg bei Mohacs 1526 die Kirche in Ungarn. Die Folgen sind auch für die Kirche nicht zu unterschätzen. Der Erzbischof von Gran und sechs Bischöfe blieben auf dem Schlachtfeld. Im Rest des Landes wirkten Calvins wie Luthers Emissäre erfolgreich, vornehmlich bei den Deutschen in der Slowakei und in Siebenbürgen, später auch unter dem ungarischen Adel an der Theiß.

Um 1600 war das nichttürkische Ungarn hauptsächlich protestantisch. (Schramm 1965, 95)

Schon um 1550 stand der größte Teil des östlichen Mitteleuropa auf Seiten Luthers oder Calvins. In Polen gab es mehr als 500 evangelische Gemeinden, aber ein großer Teil davon bestand nur auf den Schlössern des Adels. Spektakulär war dann freilich die Rückkehr Polens zum Katholizismus binnen fünfzig Jahren, mit großen Relikten verschiedener Konfessionen, die mit den Sozinianern sogar die Grenzen christlicher Konfession überschritten. Allein das Hin und Her lässt vermuten, dass es sich um mehr oder minder geschlossene Personenverbände handelte, und tatsächlich spielten der Adel und sein Verhältnis zu König und Magnaten, spielte Ständepolitik auf allen Seiten anscheinend die entscheidende Rolle. (Schramm 1965) Die polnische Kirche, deren Bischöfe im Senat saßen, in dem oft machtlosen »Oberhaus«, konnte nur im Verein mit den Magnaten, die dort das Heft in der Hand hatten, ihren Einfluss geltend machen. Einen vergleichbaren evangelischen Würdenträger gab es in Polen nicht, auch nicht eine kollektive Spitze, wie etwa für die polnische Judenheit.

Ähnliches trug sich in Böhmen zu, das nach dem Tod des letzten und merkwürdigerweise von allen Seiten geduldeten Prager Erzbischofs von 1429 bis 1561 kein katholisches Oberhaupt mehr hatte. Ebenso wenig gab es ein utraquistisch-hussitisches oder protestantisches Haupt, und man geht nicht fehl, dahinter ein von keiner Seite unterschätztes Moment der konfessionellen Auseinandersetzung zu sehen. Auch in Böhmen bildete der Klerus seit je keinen eigenen Stand, so wenig wie in Polen-Litauen oder Ungarn. Er zählte aber auch hier auf den Landtagen zu den vornehmsten Mitgliedern des Herrenstandes. Der Prager Erzbischof, solange es ihn gab, durfte allen vorangehen. Die Basler Kompaktaten von 1435, ein konziliarer Friedensschluss mit den Hussiten unterschiedlicher Richtungen aus der Nachfolge der Hussitenkriege, sahen keine Zustimmung von Klerikern vor, und es mangelte fortan im Land an religiösen Häuptern für eine jede Partei, selbst an Weihbischöfen für die Katholiken. Stattdessen bestimmte das politische Spiel zwischen Kaiser Ferdinand, der seit 1526 auf dem böhmischen Thron saß, und den Herren die religiösen Stellungnahmen. (Eberhard 1985 und 1987) 1575 einigten sich die Herren auf eine jeweils von ihren Theologen entworfene *Confessio Bohemica*, wonach Katholiken und Lutheraner, Alt- und Neuutraquisten fortan, wie auch freilich zuvor schon, friedlich miteinander leben

sollten. Die Böhmischen Brüder wurden stillschweigend mit eingeschlossen. Der Kaiser hatte viele von ihnen 1548 schon einmal nach
Polen ausgewiesen, Lyssa ist als ihr Zufluchtsort bekannt. Die Grenzen der Toleranz waren in Böhmen also enger gezogen als in Polen,
das nach den fast gleichzeitigen *Articuli Henrici* von 1573 auch Anti-
trinitarier duldete. Sie waren aber weitaus diffuser als die ungarischen,
die nach einzelnen Regionen, von Siebenbürgen bis zur Zips, zwischen
1550 und 1573 ihre »Confessiones« lutherisch oder calvinisch vorleg-
ten. Diese Grenzen hielten dann auch fester, bekanntlich bis zum Toleranzedikt Kaiser Josefs II. 1781. Auch Schlesien gehörte zum Königreich Böhmen, sein Adel war am Aufstand beteiligt, dennoch wird es
im böhmischen Klagen über die Niederlage der Stände Am Weißen
Berg 1620 und die folgende zwangsweise Rekatholisierungspolitik immer wieder vergessen. Militärisch zeigten sich die Schlesier allerdings
auch geschickter als die böhmischen Stände. Sie kapitulierten erst im
April 1621 gegen konfessionelle Zusagen, und die so genannten »Frie-
denskirchen« für schlesische Lutheraner im katholischen Gebiet haben noch die Gegenwart erreicht und jedenfalls die Zeit, bis die Preußen kamen.

Das östliche Mitteleuropa, wo die Stände regierten, war also im
Vergleich zur Mitte tolerant und mehrkonfessionell. Die westlichen
europäischen Monarchien dagegen hielten alle früher oder später am
Bund mit der Kirche fest, mit der alten oder mit einer neuen. Aber die
besondere und hochinteressante Parallele zum östlichen finden wir
nicht schlechthin im Westen, sondern eben im westlichen Mitteleuropa.

In das Blickfeld treten zunächst die nördlichen Niederlande, die sich
nach einigem Zögern 1608 ohne Monarchen zu den »Generalstaaten«
zusammenschlossen. Sie entwickelten bekanntlich auch eine vergleichbare konfessionelle Toleranz für Calvinisten, Lutheraner, Brüder,
nachdem sie sich aus konfessionellen Gründen von ihrem »ange-
stammtem« Herrn, dem Habsburger und spanischen König Philipp II.,
in dem bekannten langen und blutigen Aufstand losgesagt hatten. Und
weiter im Süden sind es die Schweizer Eidgenossen, auch sie ein Stän-
destaat, auch sie eigener Prägung, sozusagen fundamentalständisch,
aus Bauern, Städtern und Adel. Auch die Schweiz blieb mit Einschrän-
kungen mehrkonfessionell. Weder die Generalstaaten noch die Eidgenossen behielten also, anders als Franzosen und Deutsche, einen
»geistlichen Stand« in den folgenden Jahrhunderten der neueren Ge-

schichte. (Diese Erklärungen im weiteren Zusammenhang gegen Hintzes Ständetheorie 1970, 120 ff.)

Den bekannten Darstellungen der konfessionellen Entwicklung in Europa müsste man also zum besseren Verständnis der Vorgänge auch immer eine kartographische Umsetzung der ständischen Situation in einzelnen Ländern und Regionen unterlegen. So etwa sähe dann eine Konfessions- und Ständekarte um 1700 aus: Spanien bekäme, obwohl sich immer wieder ein »Glaubensakt«, ein Autodafé durch die heilige Inquisition, nicht vermeiden ließ, die Farbe für gleichsam unbefleckte Katholizität. Sein habsburgischer König, auch wenn nicht immer regierungsfähig, herrscht absolut. Unproblematisch ist bis dahin wohl auch die englische Insel, nachdem sich ihr König 1535, noch kaum zehn Jahre zuvor als »Defensor fidei« gegen Luther ausgezeichnet, wegen der päpstlichen Weigerung, seine Ehe zu scheiden, brüsk von der alten Kirche abgewandt hatte. Die englischen Katholiken, Klerus wie Gläubige, fanden die vorreformatorische Kirche offenbar nicht sonderlich verteidigenswert. Sie hielten fest an Bischöfen und Liturgie, näherten sich dogmatisch den Lehren Luthers und lehnten nach einigen Diskussionsgängen definitiv den päpstlichen Supremat ab. Schottland hielt sich bis 1559 daran.

Anders in Frankreich: Die Hugenotten, Adel wie Bürger, kämpften, argumentierten, taktierten und litten, nicht nur unter der Bartholomäusnacht 1572, ehe sie mit dem Edikt von Nantes 1598 nach rund dreißigjährigen Kämpfen und vielen Blutopfern vom katholischen König Sicherheitsgarantien erhielten. Bis dahin gab es mehr als eine Million calvinistischer Franzosen, deren Nachkommen schließlich doch 1685 das Land verlassen mussten. Ein guter Teil, vor allem Vermögendere, zogen danach ins calvinistische Kurfürstentum Brandenburg. Das wiederum, das spätere Preußen, wäre vor und nach dem Hugenottenzuzug keineswegs einheitlich einzufärben in der Konfessionskarte: Es gab Katholiken im Westen und Norden, Lutheraner überall, Calvinisten am Hof und auch sonst, Mennoniten an der Küste und in den Sümpfen, Böhmische Brüder in Berlin. Aber vor allem gab es überall Preußen. Das Land wurde aus Staatsräson, nicht wegen seiner Ständepolitik, beinahe so »tolerant« wie Polen oder Ungarn.

Schweden mit Finnland seit 1523, Dänemark seit 1533, Ostpreußen und das zeitgenössische Livland wären deutlich lutherisch einzufärben. Deutschland bleibt gefleckt. Italien kann seine kleinen lutherischen, waldensischen, täuferischen Gruppen zumindest in Schach oder im Verborgenen halten. Es bleibt katholisch, im Norden wie erst recht im spanisch besetzten Süden.

Die Karte zeigte weiter: West und Süd müsste man gelb färben, das nehmen wir einmal für katholisch. Der Norden wäre lutherisch, sagen wir violett, wie der größte Teil Deutschlands auch. Aber die Zwischenzonen im Westen wie im Osten, und das hat man oft nicht recht vor Augen, das westliche Mitteleuropa mit Savoyen, der Schweiz, mit den Niederlanden, ist ebenso wie das östliche Mitteleuropa mit Polen, Böhmen, Mähren, Ungarn konfessionell durchmischt. Da haben sich mehr oder minder lang auch ständische Mitspracherechte behauptet, da entscheiden, mit anderen Worten, Laien in Religionsangelegenheiten und schränken zugleich nicht nur die kirchlichen, sondern auch die fürstlichen, königlichen, kaiserlichen Entscheidungen ein. In der Schweiz, in den nördlichen Niederlanden und im revolutionären England nach 1688 entstehen »Ständestaaten«, und in Polen, in Ungarn und in Böhmen bis 1620 tendiert die Politik dorthin. Warum Deutschland gefleckt bleibt, bis Napoleons Heere das alte Europa mit seinen vielen antiquierten Einheiten von Kirche und Staat zerschlagen, das hat ebenso mit der Toleranz ständischer Rechte zu tun, allerdings in deutscher Variante. Sie gilt nur für »Reichsstände«: Fürsten, Prälaten, Reichsstädte. Der deutsche Reichstag ist nämlich sozusagen »ein Oberhaus mit rudimentärem Unterhaus«. (Liermann)

Der von vielen noch heute, damals vorab vom Kaiser selbst, verabscheute Augsburger Religionsfrieden 1555 hielt in Wirklichkeit, was der Name sagte. Es gab Frieden in Deutschland, während ringsum in Europa einander die Konfessionen verfolgten, überall irgendwann vor 1620, in Spanien, in Frankreich, in England, in Schweden, manchmal über Jahre, manchmal jahrzehntelang. Der deutsche Religionsfrieden dauerte erst einmal von 1555 bis 1618, und wenn man die Dinge so besieht, dann war das bis zum heutigen Tag buchstäblich die längste Friedenszeit in der deutschen Geschichte. Ich kann einen solchen Frieden nicht schelten.

Als er zerbrochen war, als die protestantischen böhmischen Stände in einer gottlob nur ganz kurzen, aber danach über Generationen beklagten Schlacht ihre politische und konfessionelle Freiheit verloren hatten, die Stände, wohlgemerkt, nicht ihre in der Realität eben doch an ihre Herren gebundenen Untertanen, und als trotz lobenswerter Befriedungsversuche der deutschen Stände der Kriegsbrand doch von Böhmen auf den Norden des Reiches übergriff und schließlich dreißig

Jahre lang loderte oder zumindest schwelte, da war das Land um ein Drittel seiner Einwohner ärmer, und das traf letztlich die Kirchen wie die Fürsten. Da waren wie zuvor die fürstlichen Untertanen an die Konfession ihrer Obrigkeit gebunden und blieben es bis 1806, und nur die Bürger in den Reichsstädten waren von dieser Bindung frei. Aber die Reichsstädte waren zum guten Teil zerstört. Da war Deutschland ein armes Land geworden und seine Kirchen, gleich welcher Konfession, arm mit ihm.

Das halbe Europa, nach vorsichtiger Schätzung, hatte der Papst um 1550 verloren. Einen guten Teil davon brachten ihm danach die Habsburger wieder zurück, nämlich Böhmen und Ungarn. Die Polen scheinen sich zwischen 1548 und 1607 spontan eines anderen besonnen zu haben. Die polnische Rekatholisierung ist einmalig in Europa. Ein paar Worte muss man ihr widmen. Nach langen Unentschiedenheiten, gestört oder unterstützt durch innenpolitische Entwicklungen, schloss etwa 1607 eine ständepolitische Gemeinsamkeit den jungen katholischen Wasakönig Sigismund III., die katholische Hierarchie und königstreue Magnaten zusammen. Ihnen gegenüber standen der großteils lutherische mittlere Adel und nur wenige vornehmlich westpolnische Magnaten. Ein Konfessionskrieg drohte. Ein Aufruf zum Widerstand der konföderierten polnischen Protestanten hatte dann aber nach langem Taktieren nur ungenügend Anhänger gefunden, und die militärische Niederlage im Juli 1607 war vorherzusehen.

Auch in den anderen Regionen ständepolitischen Widerstands in Ostmitteleuropa fielen zu gleicher Zeit Entscheidungen. Stephan Bocskay erzwang für die Calvinisten an der Theiß, die Lutheraner in der Slowakei und die kirchlich am besten organisierten lutherischen Sachsen in Siebenbürgen 1606 den Frieden von Wien. 1609 ertrotzten Böhmen und Mährer den Majestätsbrief von Kaiser Rudolf. Das alles entwickelte sich natürlich durch und während lebhafter internationaler Kontakte zwischen den rebellierenden Ständen und wurde allgemein konfessionell gerechtfertigt. Selbst Tyrannenmord in Glaubensdingen wurde diskutiert. Die Grenzen der Konfessionen zogen neue Grenzen für das Widerstandsrecht und richteten sich auf die Duldung mindestens dreier Konfessionen. Ständekämpfe, Ständereligion bestimmten den Konfessionskrieg im ganzen östlichen Mitteleuropa. Die Polen verloren. Die Ungarn gewannen. In Westmitteleuropa vermied man um 1610 knapp einen Kriegsausbruch um Cleve-Mark-Ravensberg, und auch hier traten Calvinismus und Katholizismus einander gegenüber. Aber nicht Stände, sondern Fürsten rüsteten sich hier zur Auseinandersetzung. Das unterschied den Westen wiederum vom Osten.

Man muss noch einmal innehalten: Nur einer der europäischen Monarchen hat in dem gewaltigen Umbruch der Reformation seine Konfession gewechselt, der englische. Nur ein deutscher Kirchenfürst hat sich spontan und allein, wenn auch vergeblich, der lutherischen Kirchenordnung zugewandt, der Kölner. Alle staatlichen Gebilde blieben im Übrigen unter den Mitgliedern der christlichen Völkerfamilie intakt. Keines zerbrach am konfessionellen Zwiespalt, jedenfalls nicht in längerer Entwicklung oder gar endgültig. Die Karte zeigt es, obwohl die Konfessionsgrenze mit der Berufung auf »göttliches Recht« die Stände von der Gehorsamspflicht befreit und den »Tyrannenmord« ermöglicht hätte. Erst die Kirchenspaltung rechtfertigte auch die politische Frontbildung. Noch Kaiser Karl V. hatte 1546 den konfessionellen Charakter seines Feldzuges gegen die Schmalkaldener zu verhüllen getrachtet und von Reichsexekution gesprochen. Die böhmischen Puritaner, als sie 1618 in Prag die kaiserlichen Statthalter »defenestrierten«, konnten bei ihren Versuchen, den Akt als Maßnahmen gegen Einzelne zu entschuldigen, nicht mehr glaubhaft sein. Die englischen Stände köpften ihren König 1649. Der Widersacher der Ständerebellionen im östlichen Mitteleuropa war überall Habsburg, in Österreich, in Ungarn, in Böhmen, im Reich auf den Thronen, aber auch in Polen über seine Töchter oder über seine Thronkandidaten stets präsent und im engsten Kontakt mit der Kirche und ihrem selbstlosesten und klügsten Orden, den Jesuiten.

Im östlichen Mitteleuropa entschied also der Adel über die Reformation. Die Gegenreformation, der Gegenzug, kam aus den Händen der Habsburger. Auch wenn sie nicht auf dem polnischen Thron saßen und als Herren von Böhmen und Ungarn 1526 eine sehr problematische Nachfolge angetreten hatten: Ihr Votum für den alten Glauben rettete die alte Kirche zwischen Ostsee und Adria, und ihr endlicher Sieg über die Türken machte sie zur wahren »Vorhut der Christenheit«, zum »Antemurale Christianorum«. Mit dem Ende der Türkengefahr und mit dem vorläufigen Ende des Papsttums im Gefängnis Napoleons verlor Habsburg dann allerdings seine alte Staatsidee. Inzwischen war die Dynastie tatsächlich im Besitz des größten Teiles von Ostmitteleuropa, aber gegenüber dem neuen Nationalbewusstsein brachte sie keine neue Staatsidee hervor. Sie vermochte mit einem soli-

den und in sich über die deutsche Armeesprache durchaus völkerverbindenden stehenden Heer und mit dem nicht minder über die deutsche Amtssprache völkerverbindenden »sitzenden Heer« seiner Beam-
ten als ausgewogener Rechtsstaat im Bund von Thron und Altar das
Reich zu behaupten. Aber eine neue Begründung des staatlichen Zu-
sammenseins, eine Staatsidee, über die Faktizität hinaus, brachte das
Habsburgerreich nicht hervor.

Deshalb bereitete sein Untergang 1918 auch seinem Bundesgenossen, der Kirche, recht unterschiedliche Schicksale: Die Tschechen, mit
der vollmundigen Losung, »mit Wien und mit Rom abzurechnen«, in-
szenierten die größte Kirchenaustrittsbewegung 1919/20 außerhalb
der Sowjetunion in Europa. Rund 10 Prozent der Bevölkerung verließen die alte Kirche, darunter aber die drei- und vierfache Zahl unter
Intellektuellen. Die Ungarn, mit noch immer merklicher Neigung zum
Protestantismus, hatten unter dem Bund von Thron und Altar bei ihrer
habsburgischen Personalunion weniger gelitten. Aber auch hier mehr-
ten sich die Kirchenaustritte. Ganz umgekehrt die Polen: Seit 1772 war
ihr altes Königreich mehr oder minder geteilt bis zur radikalen Aufteilung von 1795, und der Nordwesten war an die protestantischen Preußen, der Osten an die orthodoxen Russen, nur der Südwesten an die
katholischen Habsburger geraten. Die Kirche selbst war über mehr als
hundert Jahre hin ein bedeutender Integrationsfaktor für die polnische
Nation geblieben. Die polnische Kirche wurde 1918 geradeso wie die
polnische Nation befreit. Diese Einschätzung wirkte nach, bewährte
sich noch einmal nach 1945 und erreicht noch unser Jahrhundert.

Heute spricht man von der Entchristlichung Europas. Das ist ein ge-
läufiges Urteil, aber es trifft nicht genau. Von einer Entkirchlichung
müsste gesprochen werden, und das trifft alle Kirchen, die alte wie die
neueren und auch ganz Europa, das westliche wie das östliche. Am
ehesten ist die Zuwendung der Gläubigen von ihren Kirchen erhalten
geblieben beim letzten Glaubensakt, bei der Bitte um ein kirchliches
Begräbnis.

Die Entkirchlichung schließt dagegen die bedeutendste gesellschaftliche Einrichtung ein, die überhaupt die alte Kirche den Europäern bescherte und die von den neueren Kirchen übernommen und ideell eher
noch vertieft wurde: die Ehe. Den »ewigen Bund«, eine feierliche Be-
gehung, ja sogar seine Einstufung als ein Sakrament, das seine Emp-
fänger bis zum Tode bindet, hat die alte Kirche vor nicht ganz tausend
Jahren in ihrer Glaubenslehre entwickelt und in ihrer Liturgie geschaf-

fen, für hoch und niedrig, für die Hochgeborenen zuerst auf dem üblichen Weg ihrer Verkündigung, und 1274 endgültig durch Konzilsbeschluss befestigt. (LThK 1959, Sp. 675–711) Dieser bis heute wohl tiefgreifendste Beschluss in liturgischer Form zur »Sozialdisziplinierung« betraf nicht nur das Gebaren der Mächtigen, wonach Karl der Große 773 etwa seine erste Gattin noch ohne kirchliche Ahndung entlassen konnte, aber sein französischer Nachfolger Philipp I. um 1100 dafür in Kirchenbann geriet, wie manche Herrscher vor und neben ihm, und weshalb Heinrich VIII. 1536 die alte Kirche verließ und im Anliegen seiner Eheaffären sozusagen seine eigene Kirche schuf. Dazwischen ereignen sich zahlreiche Streitigkeiten um Scheidung und Wiederverheiratung mit und ohne kirchlicher Genehmigung. Juristisch, wie sie organisiert ist, schuf die Kirche deshalb einen eigenen Gerichtshof in Rom, der unter bestimmten Umständen im Prozessverfahren auch Ehen annullieren kann und noch heute besteht. Die reformierten Kirchen haben von vornherein das Recht übernommen, Ehen zu segnen, aber sie blieben toleranter bei der Aufsicht darüber.

Diese Aufsicht brachte nicht nur den Eheherren Ärger, sondern bescherte den Frauen in der gesamten Christenheit eine zumindest virtuelle Befreiung von Zwängen, die aus einem der ältesten Rechtsansprüche in der Männergesellschaft herrührten, nämlich Frauen nach Absprachen untereinander zu heiraten oder auch zu rauben oder doch zumindest sich mit ihnen ungefragt zu verbinden. Es entstand, im Jahrhundertschritt, die »Konsensehe«, und die Liturgie des neuen Sakraments sah die beiderseitige öffentliche und verbale Zustimmung unter bestimmter Gewissensverpflichtung vor. Das schuf Ansprüche, und wie sehr sie auch immer einseitig gehandhabt wurden gegenüber dem »schwachen Geschlecht«, so sorgten doch fortan nicht mehr nur Mitgift und Erbansprüche allein bei Auseinandersetzung für Rechtswahrung. Auf dieser Grundlage und im Wechselspiel von Weltlich und Geistlich entwickelten sich Gepflogenheiten, die im politischen Geflecht der Großen ebenso wirksam wurden wie im Heiratsgebaren von Bürgern und Bauern, mit den größten Konsequenzen für die Landbesitzenden und für die feudale Ordnung überhaupt. (Duby 1985) Die juristische Seite dieser Gepflogenheiten und Rechte wird noch heute beachtet in Europa, christlich oder nicht, die soziale dagegen ist in Gefahr durch die um sich greifende Auflösung familiärer Bindungen, auf denen die europäische Gesellschaft weit länger als tausend Jahre und schon lange vor dem Christentum beruht.

Von Päpsten

Man denkt meist an den Papst, wenn von der katholischen Kirche die Rede ist. Tatsächlich gibt es ja auch keinen evangelischen Papst. Aber es gibt auch keine evangelischen Mönche. In ihrem ersten Jahrtausend war die Kirche zuallererst eine Klosterkirche, sie ruhte auf Mönchsschultern. In der Ostkirche ist das noch heute so. Es gibt auch keinen orthodoxen Papst. Der Papst, das ist, heute unbestritten, der Bischof von Rom, der, gestützt auf den antiken Mythos der »Hauptstadt der Welt«, des »caput mundi«, im Lauf von Jahrhunderten die höchste Autorität in der alten Christenheit gewann und dessen Nachfolger von Mal zu Mal diese Position einer einzigartigen, zwei Jahrtausende überspannenden Konsequenz zur verpflichtenden Gefolgschaft unter allen Katholiken verfestigten, hat nicht seinesgleichen in den Institutionen der europäischen Kultur. Sein Amt, seine Umgebung, seine Helfer und auch die tragenden Ideen seiner Politik sind in Jahrhunderten gereift, und manche Einzelheit daraus, wie die Vorschriften einer Papstwahl, lässt sich geradewegs nicht der klügelnden Planung, sondern »gleichsam der historischen Vernunft« in ihrer langen Entstehungszeit zuschreiben. (Fuhrmann 1998, 59)

Selbst der Name ist ein historisches Produkt. Der Oberpriester des römischen Staatskultes war der »pontifex maximus«, der »Hauptbrückenbauer« zu den Göttern. Vornehmlich im Zeitalter der Renaissance haben sich Päpste oft so genannt. Populär aber wurde »Papst« seit dem 11. Jahrhundert, eben gerade seit dem Aufstieg ins Weltregiment, nach griechischem Gebrauch für Kirchenobere. »Papa«, wie der offizielle Name im Kirchenlatein lautet, ist heute aber zugleich weltweit eine freundliche Bezeichnung für den Vater in jeder Familie.

Papa – Pontifex. Für den Katholiken steht der Papst auch heute noch zwischen Himmel und Erde, dort, wo die anderen christlichen Konfessionen weit diesseitiger einen Rat mit Präsidenten eingesetzt haben oder eine Anzahl von Patriarchen, so alt ihre Traditionen auch immer sein mögen. Der Papst dagegen ist »heilig«. »Eure Heiligkeit« ist seine offizielle, international anerkannte Anrede, der »Heilige Stuhl« ist Völkerrechtssubjekt. »Keine andere Glaubensgemeinschaft hat diesen Status.« (Fuhrmann 1998, 25)

Im Ansehen von Juristen ist die Kirche, die katholische Kirche, um jetzt unter einer Mehrzahl von Kirchen die nach ihrer Selbstdarstellung »einzig wahre« zu treffen, ein juristisches Gebilde. Sie hat ihre Rechtssätze, Entscheidungen allgemein anerkannter kirchlicher Gremien, seit den frühesten Zeiten gesammelt und, bewusst oder nicht, seit tausend Jahren mit dem Anspruch auf allgemeine Gültigkeit zur juristischen Anwendung freigegeben. Tatsächlich waren die bedeutendsten Päpste des Mittelalters Juristen und nicht Theologen. Im äußeren Ansehen und jedenfalls für alle Welt ist die Kirche natürlich eine Gemeinschaft, die sich nicht nach Rechtssätzen, sondern nach Glaubenssätzen zusammengefunden hat, die das Konzil von Nicäa 325 aufstellte, die jeder Gläubige bekennt und die in ihren Formeln den gesamten Glaubensinhalt in komprimierter Form umschreiben. Der Papst kommt darin nicht vor.

Trotzdem ist dieses Nizänische Glaubensbekenntnis, einst auf dem Boden der »Ostkirche« konzipiert, in seinem Wortlaut nicht mehr für Ost und West verbindlich. Der Papst, seinerzeit weder anwesend noch vertreten, wird zwar in dem Text nicht erwähnt, darüber musste man nicht streiten. Aber die Definition des Heiligen Geistes brachte die lateinischen und die griechischen Theologen auseinander und bis heute nicht mehr zusammen. So ging die Westkirche ihren eigenen Weg und mit ihr das Papsttum.

Sagen wir's offen: Dem päpstlichen Anspruch liegt eine bis heute unbewiesene Behauptung zugrunde. Allerdings: Wir sind in der Welt des Glaubens. Katholiken glauben also, das Bistum Rom, die Hauptstadt der »Welt« zu Christi Lebzeiten, sei vom Apostel Petrus begründet worden und, noch wichtiger im Sinn der religiösen Geschlossenheit, Petrus liege nach seinem Martyrium am Kreuz auch da begraben. Genau über seinem Grab erhebe sich der Petersdom. Petrus war bekanntlich einer unter den zwölf Männern, die Christus im Heiligen Land seinerzeit sammelte, um ihnen zuerst das neue Verhältnis von Gott und Mensch zu verkünden, und die, noch wichtiger im religiösen Verständnis, Zeugen seiner grausamen Hinrichtung wurden. Diesem Petrus wurde nun aber nach dem biblischen Bericht ein besonderer Auftrag zuteil: »Du bist Petrus«, soll Christus gesagt haben, »das heißt Fels, und auf diesem Fels will ich meine Kirche bauen ...«

Mäkelnde Textanalytiker halten das für einen späteren Zusatz. Aber es wäre ein Missverständnis des säkularisierenden, des 19. Jahrhunderts, wenn wir auch nur einen Augenblick ihnen nachgingen. Das 20. suchte schon wieder nach neuen Mythen, und wir begreifen heute allmählich die anthropologische Wahrheit des Fiktiven. Deshalb ist uns

dieser Text nicht mehr ganz so wichtig wie den skeptischen Großvä-
tern. Und auch die wurden blass, als Grabungen unter dem Petersdom
vor fünfzig Jahren unter vielen Gräbern, mit denen man seinerzeit die
Kirche umgab, um ihrer Heiligkeit nahe zu sein, eine Grabanlage in
ganz auffälliger Position erkennen ließen. Sie war vor allen anderen
hervorgehoben, und es zeigte sich, dass man jüngere Gräber im Respekt nach ihr richtete. Dabei gab es auch, wie zum besonderen Hinweis für die unkundigen Nachkommen, den eingeritzten Namen: »Petrus«.

Die heilige Grabstätte, die letzte Spur des wiederholt in den Berichten um den rätselhaften Propheten Jesus aus Galiläa hervorgehobenen
Fischers Petrus vom See Genezareth, den es ins kaiserliche Rom ver-
schlagen hatte, gilt mehr als nur ein heiliger Ort. Der ständige Kontakt
mit dieser Stelle hebt vielmehr über alle anderen Orte empor. Wer einen Platz im Sinn der sakralen Hinterlassenschaft behauptet, ist damit
auch selbst hervorgehoben. Der Bischof von Rom, am Grabe des heiligen Petrus, ist selber heilig. Die Päpste der ersten Jahrhunderte waren
fast alle heilig im Wortlaut der kirchlichen Definition. Es sind bis 885
mehr als achtzig.

Seit der Spaltung der alten Christenheit in eine »oströmische« und
eine »weströmische« im Jahr 1054 ist das Ansehen der Christen in der
alten Welt, unter Christen wie Muselmanen, in Indien wie in Persien,
zweifellos gesunken. Seit der Trennung des nördlichen Europa von der
katholischen Kirche ging noch einmal viel an äußerem Ansehen bei
Nichtchristen verloren. Seit dem Siegeszug der Aufklärung in Frankreich wie in England, in Deutschland wie in Österreich, verlor die katholische Kirche auch in den christlichen Landschaften an Ansehen
und Anziehungskraft. Man hatte nach der Erschütterung um Krieg
und Massenverbrechen seit der Mitte des letzten Jahrhunderts eine Re-
generation erhofft. Das war, als man binnen 25 Jahren, zwischen 1950
und 1975, im zerstörten Deutschland nicht weniger als achttausend
Kirchen baute, gutenteils katholische, mitsamt dem Aufschwung der
»Moderne« in der Architektur aus Beton, Glas und Klinkersteinen.
Aber diesem Aufschwung folgten die Gläubigen nicht. Denn die Präla-
tenkirche passte sich nur schwerfällig dem Umbruch unserer Gesellschaft an. Im Gegensatz dazu zählte aber das römische Papsttum zu
den Gewinnern der letzten Generationen.

Religion beruht auch auf dem Vorbild von Persönlichkeiten. Die
Kirche ist eine Großorganisation, aber sie ist bis auf die unterste Ebe-

ne auf Persönlichkeiten ausgerichtet. Welche andere Großorganisation, die anderen christlichen Gemeinschaften eingeschlossen, hätte
mehr Spielraum für menschliches Charisma oder bessere Voraussetzungen für die Entfaltung von Persönlichkeiten nach Struktur und Erscheinungsform als eben die alte römisch-lateinische Kirche? Ihre
Priester sind nicht »beamtet« und abrufbar, sondern lebenslang ge-
weiht mit einem »unauslöschlichen Siegel«. Ihre Würdenträger, nach
einem längst fremden Ritus, aber nach gängigen Regeln der Persön-
lichkeitsauslese erhoben und ernannt, in Gewändern mit deutlich antikem Einschlag, können nur als Persönlichkeiten hervortreten, denn
ihre Rangzeichen versteht die Welt außerhalb des Kirchenraums allenfalls als Kuriosum. Ihre Kardinäle, die höchsten Würdenträger, vereinen heute aber alle Himmelsrichtungen und Hautfarben, umspan-
nen nach ihrer Herkunft die Welt. Ihr oberster Vertreter schließlich ist
höchste Autorität im Kreis der Bischöfe, ist zugleich aber mit allen
Vollmachten auf Lebenszeit gewählter Monarch, ist mehr als Mensch,
ist »Stellvertreter Christi«. Lässt sich noch augenfälliger die Einheit
des Erdkreises demonstrieren, wenn, in römischer Tradition und mit
den römischen Segensworten »urbi et orbi«, »der Stadt und dem Erd-
kreis«, der Papst ihn schon seit Jahrhunderten der göttlichen Hilfe
empfiehlt? Die »katholische«, wörtlich die »allgemeine« Kirche, nach
ihrem eigenen Anspruch, ist auch tatsächlich die einzige »globale«.

Im Ansehen seiner Gläubigen führt der »Vikar Christi« ein Dasein,
das dem Himmel ein Stück näher steht. In der Reihe von »rechtmäßi-
gen« Päpsten seit dem Antritt des ersten Bischofs von Rom, des Apos-
tels Petrus im Jahr 64, ist der gegenwärtige Papst der 266. Wir wissen
kaum etwas über diese Männer und über die Gründe für die jeweilige
Erhebung in den himmlischen Stand bis ins 8., 9. Jahrhundert. Mehr
ist bekannt aus der Zeit Karls des Großen, Genaueres über Missstände
und eine gründliche Reform durch fünf Päpste aus Deutschland, die
hintereinander im 11. Jahrhundert die Kurie nach den Formen der Kö-
nigskanzlei organisierten. Das war richtungsweisend für Jahrhunderte, aber es hat sie nicht heilig gemacht. Erst Gregor VII. (1073–1085),
der Mönch namens Hildebrand, von dem genug bekannt ist, wird
dann wieder zu den Heiligen gezählt. Das lässt sich erklären. Dieser
Papst hat der Kirche gegen Kaiser und Könige wesentliche Rechte erkämpft und wurde, zu Lebzeiten abgesetzt, gedemütigt und verbannt,
erst durch seine Nachfolger zum Sieger. Dann gab es wieder jahrhundertelange Pausen, die den Schluss zulassen, dass die Papstgeschichte

außer dem »Engelpapst«, einem weltfernen Einsiedler, der 1294 ein paar Monate unter apokalyptischen Erwartungen auf dem päpstlichen Thron saß, keinen anderen ihrer Vertreter, die ganzen langen Jahrhunderte des Mittelalters und der so genannten Neuzeit hindurch, der Ehre der Altäre für würdig befand. Keiner wurde für »heilig« erkannt, in seiner Lebensführung, in seiner religiösen Vorbildlichkeit, in seiner Handlungsweise. Im Hinblick auf die Frühzeit, im Verhältnis zu den harten Auseinandersetzungen um Kirche und Konfession, ist das eigentlich ein merkwürdiges Selbsturteil: Hatte die mittelalterliche Kirche den rechten Weg verloren, fand sich kein Papst, der sie in heiliger Einsicht lenkte, war die Kirche der Gegenreformation und des Barock nicht in heiligen Händen? Gegen den Protest, gegen den Abfall eines guten Teils der lateinischen Christenheit von der lateinischen Kirche hatte die römische Leitung keinen Mann, der als charismatische Persönlichkeit über sich selbst hinausgewachsen wäre und mit dem Ruf der Heiligkeit diese Welt hinter sich gelassen hätte!

Erst Pius X. (1903–1914) fiel dann diese Ehre wieder zu, dem Schöpfer des modernen Kirchenrechts, der in getreuer pastoraler Fürsorge die in der europäischen Politik wie in ihrer inneren Entwicklung besonders in Italien schwer angeschlagene Kirche zu reformieren suchte. Dann aber erfuhr vor kurzem auch noch Pius IX. (1846–1878) die gleiche Ehre, und seine Heiligsprechung hinterlässt die Frage nach Reform oder Reaktion in der Gegenwartskirche. Ein Spiegelbild des Papsttums oberhalb der Altäre? Auch wenn jeder Heiligsprechung ein genau geregeltes Prozessverfahren vorausgeht, entsprechend der juristischen Struktur des Kirchengebäudes, so lässt doch jeder Abschluss eines solchen Prozesses mit dem päpstlichen Entscheidungsspruch die Tragweite der Konsequenzen für inner- und außerkirchliche Entwicklungen ahnen und zeigt zudem neben anderem eine bedeutende religiöse Entscheidungskraft in höchsten Händen: Der Papst entscheidet in letzter Instanz, ob, alle andere möglichen und uns unbekannten Wege unbenommen, der oder die Gläubige nach ihrem Tod unbezweifelbar in den Kreis der Gottesnähe aufgenommen wurde.

Zwei Päpste sind mit dem Beinamen »der Große« geehrt worden: Leo und Gregor. Große sind Gründer. Danach hätte den Titel wohl auch ein dritter verdient: Gelasius. Alle drei waren noch Zeitgenossen des spätantiken Kaisertums im Mittelmeerraum, wenn auch schon beim Verfall des Westreiches. Alle drei sind außerdem mit dem Beinamen der Heiligkeit in die Papstliste eingegangen. Die Größe Leos I.

(440–461) bestand offenbar in der Disziplinierung der Gläubigen in seinem römischen Bistum und auf der Apenninhalbinsel, aber auch in der Abwehr landeskirchlicher Bestrebungen im fernen Gallien, im deutlichen Anspruch auf römische Vorherrschaft insgesamt, sodass er als der erste Papst gilt, der den universalen Herrschaftsanspruch geltend machte, und dazu das päpstliche Richteramt in Glaubensdingen. Im Übrigen berichten Legenden mehr über die Vorstellungen, die über ihn in der Nachwelt kursierten, als Tatsächliches. Gregor der Große (590–604), mehr als hundert Jahre später, ist wiederum der letzte bedeutende Kirchenmann, der aus der alten römischen Verwaltung hervorging. Auch er hatte sich in ein Kloster zurückgezogen, wie etwa vor ihm Martin, Severin, Benedikt, und er ist der erste Papst, der aus dem Kloster den Stuhl Petri bestieg. Vor allem aber ist Gregor der Begründer der Germanenmission, die bekanntlich erst auf dem Umweg über die Britischen Inseln das Festland erreichte. Der »Servus servorum Dei«, wie er sich nach Christi Vorbild nannte, »Diener der Diener Gottes«, wusste seinerseits die Rechte seines Amtes zu wahren und erhob mit Erfolg Einspruch gegen die Aufwertung des Patriarchen in Konstantinopel durch den Zusatz »ökumenisch« im Titel. Ein Wunder, dass er neben der für seine Zeit erstaunlichen Fülle seiner Korrespondenz, es sind 800 Briefe erhalten, auch noch Zeit fand für fromme Geschichten, die *Moralia*, und für die Pflege jener liturgischen Musik, die unter seinem Namen bis heute tradiert wird. Und doch wieder kein Wunder: Sie ist ihm nur von der Nachwelt zugeschrieben worden. Es war wohl erst eine spätere Zeit, nicht zuletzt in Verbindung mit jenen Klosterreformen, die Karl der Große zweihundert Jahre später kraft kaiserlicher Kirchenhoheit ins Werk setzte, die den einstimmigen »gregorianischen« Gesang mit Vortrag und Antwortgesang in Klöstern wie im Messritual verbreitete. Die »gregorianischen« Melodien, auf einfachen Linien durch Neumen »notiert« und im Stil ihrer Zeit musikalische Ästhetik von hohen Ansprüchen über eineinhalbtausend Jahre vermittelnd, bestimmen noch heute Mönchsgesang und feierliche Gottesdienste.

Zwischen beiden liegt das Pontifikat eines Papstes mit dem Namen Gelasius (492–496), nur vier Jahre umfassend, aber mit einem Programm verbunden, das sich fortan als Bestandteil des kirchlichen Rechtsverständnisses wie ein Schlagwort durch die päpstliche Politik bis in die Gegenwart zieht: die geistliche wie die weltliche Gewalt seien gleichermaßen von Gott eingesetzt. Die geistliche aber sei die überlegene, weil von ihr das Seelenheil abhinge. Man hat diese Äußerung des Papstes aus einem Brief an den oströmischen Kaiser später mit dem Vergleich von zwei Schwertern versehen, Bilder für die geistliche und die weltliche Obrigkeit, und damit zum Ausdruck gebracht, dass jede Obrigkeit göttliche Autorität übt. In kaiserlicher Version hatten beide Würdenträger ihr Schwert unmittelbar von Gott, und daher besaß keiner den Vorrang. In päpstlicher Darstellung übernahm der Papst beide Schwerter und gab das weltliche dem Kaiser. So konnte er auch über den rechten Gebrauch richten.

Der Streit um den Vorrang der Schwerter wurde an Brennpunkten der politischen Auseinandersetzung immer wieder hervorgeholt: Durch Gregor VII. im 11., durch Alexander III. im 12., durch Innozenz III. und den IV. im 13. Jahrhundert gegen Salier und Staufer, bis ihr Bonifaz der VIII., der Erfinder der dreigekrönten Tiara zum Zeichen der päpstlichen Überherrschaft, in der berühmten Bulle mit den Eingangsworten »Unam sanctam«, »Die eine heilige (Kirche)«, an den französischen, nicht an den deutschen Herrscher gerichtet, die höchsten Ansprüche zuschrieb. Sein Sturz erfolgte bald darauf in mittelalterlicher Dramatik: Ein französischer Stoßtrupp verhaftete den Papst in vollem Ornat und demonstrierte damit seine Ohnmacht. Und kein Kaiser schritt ein, um ihn zu beschützen.

Nach dem Sturz der Stauferherrschaft suchten die Päpste über ein Finanzsystem den kaiserlichen Schutz zu ersetzten, den sie zu zerstören mitgeholfen hatten und deshalb nicht ohne Einschränkung für jahrhundertelange zielbewusste Diplomatie belobt werden müssen. Aber auch das primitive Bild aus der mittelalterlichen Rodetechnik vom abgesägten Ast, auf dem man sitzt, trifft die Verhältnisse nicht. Es geht um ein ausgewogenes Verhältnis zwischen beiden Mächten, das wechselweise immer wieder verletzt wurde. Die Folgen lasteten auf den Päpsten schwerer, und doch zwang sie die moralische Verpflichtung zur selben Einsicht, die den aufgeklärten Philosophen erst Jahrhunderte später zufiel: Auch ein kategorischer Imperativ kann nur warnen vor der unkontrollierbaren Macht, er kann sie nicht hindern. Zwei Schwerter in einer Hand verleiten zu Missbrauch. Das geistliche und nach seinem Anspruch eben das moralische Schwert muss das weltliche Schwert vor Missbrauch bewahren. Das Papsttum hat für diese Intention in jahrhundertelanger Konsequenz und trotz aller eigenen möglichen und schwerwiegenden Sünden und Verfehlungen seine Existenz aufs Spiel gesetzt, die sich in kaiserlichem Schutz einfacher gestaltet hätte. Insofern ist dort ein gerader Weg zu erkennen, wo man immer wieder nur das Zerrbild geistlicher Macht sehen will. »Die Gerechtigkeit habe ich geliebt und die Gottlosigkeit gehasst. Deshalb sterbe ich in der Verbannung.« Diese bittere Umkehr der Worte des Psalmisten sollen die letzten Worte Gregors VII. gewesen sein.

All das enthob die Papstgeschichte nicht der peinlichsten Entgleisungen ihrer Renaissanceherrschaft, die zwar hinlänglich Kunstschätze häufte in der Hauptstadt Rom, aber keine himmlischen Verdienste. Sieht man ab von der großen Spaltung im westlichen Papsttum überhaupt, nach der von 1378 bis 1415 kein Papst unbestritten rechtmäßig regierte, und von der folgenden Ohnmacht der päpstlichen Gewalt vor den in rascher Folge sich um Reform mühenden Konzilien des 15. Jahrhunderts, deren Auseinandersetzungen zum Teil bis heute noch offen sind (Bäumer 1978), dann ist doch der Niedergang der päpstlichen politischen Moral wie ihrer tatsächlichen Gewalt nur von wenigen Persönlichkeiten auf dem römischen Thron vom Spätmittelalter bis ins barocke Zeitalter hintangehalten worden. Kein Heiliger mehr, aber auch kein Großer!

Andererseits blieb der politische Rahmen, wie ihn Gelasius für die beiden »universalen Gewalten« eher vorhergesagt als gewiesen hatte, durch das päpstliche Krönungsrecht ständig in Erinnerung. Allein von Karl dem Großen bis zu Karl V. währte formal die Doppelherrschaft im Rahmen der Zwei-Gewalten-Theorie, stets wieder erneuert durch römische Kaiserkrönungen. Karl V. war der letzte Kaiser, der sich noch als der weltliche Vogt einer einheitlichen lateinischen Christenheit bezeichnen konnte, der letzte auch, der 1530 noch von einem Papst gekrönt wurde. Fortan, seit 1556, wurden die Kaiser, sämtlich wie im Mittelalter zugleich römisch-deutsche Könige, in Frankfurt in der Bartholomäuskirche gewählt und da vom Kölner Erzbischof gekrönt, bis 1792, und das war eine Form und ein Ort, der auch den protestantischen Kurfürsten annehmbar erschien.

Die römischen Päpste aber sanken bei aller wechselnden Qualifikation zu Vertretern von mittleren Mächten im europäischen Spiel herab. 600 Jahre lang wurden fast nur Italiener Päpste. Die stadtrömischen Dynastien, die sich aus Geldsucht und Prestige der Tiara bemächtigten, übertrugen dem Heiligen Stuhl auch die persönlichen und politischen Sünden des Renaissancefürstentums, und kein Kaiser sorgte mehr für Reform. Der alte Dualismus, den Gregor VII. mutig politischer Gefahr ausgesetzt hatte und der steten Kräfteverschleiß auf beiden Seiten bedeutete, war auf niederem Niveau nicht mehr wirksam. Der Papst war ein Machthaber im italienischen Fürstentum neben anderen. Der große Bogen päpstlicher Ansprüche zerbrach mit dem Rückzug der Kaiser von der Italienpolitik. Mögen die päpstlichen Nuntien im 16., 17. Jahrhundert noch immer das beste diplomatische Handwerk betrieben haben, ihre Berichte die beste Aktenlage für die politische Geschichte einschließen für einen kleinen Teil Europas, der den Akteuren und ihren Historikern die Welt bedeutete; mögen die katholischen Mächte Spanien, Frankreich und vornehmlich Österreich auch noch immer die päpstliche Position in einer unausgesprochenen Schwebe auf der politischen Bühne gehalten haben, die ihnen als Theatrum mundi galt und doch nur immer wieder die Prätention einer selbst gesetzten Herrlichkeit einschloss: Tatsächlich vollzog der Aufstieg Englands, der Niedergang Spaniens, die Ausschaltung Deutschlands und der Aufstieg des politischen Protestantismus durch die Niederlande, Schweden und Preußen in der Folgezeit jene Verschiebung im europäischen »Gleichgewicht der Mächte«, die das Papsttum als Teilhaber am europäischen Konzert lautlos aus dem Spiel entfernte.

War es Zufall, war es Ursache, dass zur selben Zeit mit dem Ende des barocken Weltbildes auch das kirchliche Leben am Ende schien?

Das 18. Jahrhundert, das »ancien régime« mit seinem viel beschriebenen angeblich unbekümmerten Glanz am französischen Hof noch unmittelbar vor seiner blutigen Katastrophe ist zwar in der französischen Historiographie etwas ins Schwarz-Weiß-Klischee geraten. (Furet 1998) Aber auch der römischen Kurie warfen die Zeiten des Untergangs schon lange ihre Schatten voraus. Die europäischen Mächte zwangen Klemens XIV. 1773 zur Aufhebung des Jesuitenordens. Der römische Kaiser und österreichische Herrscher Joseph II. betrieb eine ausgiebige Säkularisierung von Kloster- und Kirchengut. Als Herr des mittelitalienischen Kirchenstaates sah sich der Papst immer wieder dem Druck der französischen Italienpolitik ausgesetzt. Sein Nachfolger, Pius VI. (1775–1799), wurde ihr Opfer.

1789 brach die Revolution in Frankreich aus und bedrohte binnen kurzem, aber nach langer unverhohlener Agitation, gleichermaßen Kirche und Religion. Zwar blieb die »Religion der Vernunft« eine extreme und durchaus unpopuläre Blasphemie. Aber die Klöster wurden aufgehoben, aller Kirchenbesitz »der Nation zur Verfügung gestellt« und die Kirche ganz dem Staat eingegliedert, ein lebhafter Widerspruch zur vermeintlichen Freiheitsforderung. Eine *Constitution civile du clergé* vom 12. Juli 1790 mit der Vereidigung aller Kleriker auf den Staat sollte zugleich alle päpstliche Gewalt beseitigen. Die National-kirche sollte eine Bischofskirche sein. Nur ein Drittel des französischen Klerus fügte sich. Der Papst protestierte.

1796 griff die siegreiche Revolution auch nach ihm. Italien wurde erobert, Rom wurde eingenommen und eine cisalpinische Republik proklamiert, und weil der Papst nicht wich, brachte man den alten Mann gewaltsam 1798 nach Frankreich. Noch schützten ihn die inter-nationale Aufmerksamkeit, die Anhänglichkeit der Gläubigen und so-gar – die Pläne Napoleons. Noch war das Spiel um Tiara und Krone nicht aus. Denn Napoleon kehrte, als Konsul und Diktator, bekannt-lich zu konservativen Formen zurück.

Der Papst starb unterwegs 1799. Mit ihm, kann man ohne falsches Pathos sagen, starb das Papsttum. Aber es blieb nur wenige Monate tot. Sein Nachfolger, der als Programm wieder den gleichen Namen wählte, Pius VII. also (1800–1823), bezog eine ungleich zähere Ge-genposition gegen die französische Politik und machte damit die geis-tige Macht des Papsttums sogleich wieder lebendig.

Kein anderer als Napoleon erfüllte die päpstliche Position mit neuem Leben. Er verhandelte mit Pius VII., vornehmlich, weil ihm an einer religiösen Ordnung für die französische Gesellschaft lag, die friedlich und im Einklang mit dem Papsttum erfolgen musste, ehe er sich zur Eroberung Europas anschickte. Ihm war seine Kaiserkrönung wichtig – und, wie anders, durch den Papst. In diesem Rahmen spielte sich noch einmal in wenigen Jahren das Drama zwischen Papst und Kaiser ab, das die Jahrhunderte der so genannten mittelalterlichen Welt gefüllt hatte, wurden noch einmal die Probleme zwischen den zwei Universal-mächten durchgespielt, mit neuen Akteuren, mit Frankreich und Itali-en im Visier. Es ging wieder um Bischofseinsetzung, Kirchenzehnten, um die päpstliche Autorität, um die Geltung des Kirchenrechts, um Kirchenbesitz und Klosterenteignung, lauter aus der Papstgeschichte bekannte Stichworte, und letztlich ging es auch noch einmal um die Zwei-Schwerter-Theorie des Gelasius. Man reiste zu Zeiten Napole-ons von Paris nach Rom nicht schneller als zu Zeiten Bonifaz' VIII., und also ergaben sich manche Konstellationen in erstaunlicher Ähn-lichkeit. Später, auf St. Helena, erläuterte Napoleon, dass er auch Kon-zilien hätte einberufen und die Christenheit lenken wollen, »wie Kon-stantin oder Karl der Große«. (Seppelt 1949, 260 ff., 290)

Pius VII. schloss ein Konkordat mit der Französischen Republik, das bejubelt wurde oder auch verwünscht, zumal es Napoleon sofort mit verschärfenden Zusätzen versah, die nicht vereinbart waren. Aber die Kirche überlebte damit in Frankreich, in Italien, im ganzen napoleonischen Herrschaftsbereich, und der Papst entschloss sich 1804, auf Einladung Napoleons nach Paris zu reisen, um Napoleon dort zu krönen. Bekanntlich ließ sich Napoleon in der feierlichen Zeremonie zwar vom Papst salben, nach dem seit Karl dem Großen gültigen Ritus, aber die Krone setzte er sich dann, gerade anders als Karl, selbst aufs Haupt. Das Verhältnis der beiden Universalmächte blieb gespannt. Das Mittelalter wurde nicht wieder eingeführt. Der Papst reiste zurück nach Rom, gegen den Willen Napoleons, der ihm Residenzen in Paris oder in Avignon anbot. Der Stratege hatte längst erkannt, welche Selbständigkeit dem Papsttum aus der räumlichen Trennung vom Kaisertum erwachsen war. Was sich nicht aufheben ließ, konnte man zumindest eingliedern. 1808, nach dem Sieg über Österreich, hob Napoleon den Kirchenstaat auf. »Ich erkenne Sie als mein geistliches Haupt an, aber ich bin der Kaiser. Rom ist unwiderruflich ein Teil meines Reiches.« (Seppelt 1949, 266)

Sieben Jahre später profitierte auch die päpstliche Politik vom Sieg über Napoleon. Der Kirchenstaat wurde wiederhergestellt. Aber das doppelköpfige 19. Jahrhundert brachte nicht nur Restauration hervor, eine schwächliche Restauration übrigens aus seinem Historismus für die alten Monarchien, sondern auch Nationalismus, eine aufbrechende Kraft für die neuen Nationalstaaten. 1870 von König Vittorio Emanuele von Savoyen erobert, legalisiert aber erst 1929, wurde der Kirchenstaat Staatsgebiet Italiens mit der Hauptstadt Rom. Das päpstliche Staatsgebiet wurde auf 160 Hektar eingeschränkt und hieß nun eingeschränkt der Vatikanstaat. Der Papst freilich, einzigartig im modernen Völkerrecht, blieb ein Souverän schier ohne Land, stattdessen mit weltweiter geistlicher Herrschaft über fast eine Milliarde Katholiken, die größte Glaubensgemeinschaft weltweit. »Werdet ganze Christen, dann werdet ihr auch gute Demokraten«, hatte Pius VII. einst 1797 in einer »Revolutionspredigt«, einer »Jakobinerrede« nach Napoleon, seinen Schäflein empfohlen. Es dauerte mehr als hundert Jahre, ehe die Gläubigen diese Einsicht zu ihrer Parole machten.

Ein Erstes Vatikanisches Konzil, einberufen von Pius IX., sollte in Reaktion auf die Irrtümer der Zeit die Unfehlbarkeit der Päpste in Sachen des Glaubens und der Sitten zum Dogma erheben. Die Umstände fügten es, dass eine solche Entscheidung einseitig nur dem päpstlichen Lehramt zugedacht wurde, gegen stärksten Widerstand einer Minderheit unter den mehr als sechshundert Konzilsvätern, vornehmlich aus Deutschland und der alten österreichischen Monarchie, die eine solche Erklärung für inopportun und provokant ansahen. Vergebens. Das oft missverstandene, noch heute bekämpfte Dekret unterstrich jene päpstliche Autorität im Geistlichen, die dem Papsttum im Weltlichen in den letzten Generationen verloren gegangen war. Am Tag nach dieser Erklärung brach der Deutsch-Französische Krieg aus. Die Behandlung der Unfehlbarkeit der Vollversammlung der Bischöfe, des Konzils also, unterblieb. Stattdessen bedachte der nächste Papst, Leo XIII. (1878–1903), die Christenheit mit einer Anzahl von Lehrschreiben, die namentlich in der sozialen Frage sehr nachhaltig wirkten. Bis in die Zeiten des Kalten Krieges galten sie als geistiges Rüstzeug des Westens. Die päpstliche Wirksamkeit spiegelt ebenso das Doppelgesicht des 19. Jahrhunderts wie die Linien der politischen Entwicklung.

Das andere Europa

Der Traum vom Schönen

Die Anziehungskraft des Schönen zählt wohl zu den Strebungen, an denen wir alle mehr oder minder teilhaben. Oft begegnen wir ihnen ganz unmittelbar. Der blühende Mai, verbunden mit der Erlösung vom Winterelend, teilte sich den meisten mittelalterlichen Zeitgenossen in seiner milden Schönheit mit, noch ehe die Ästhetik einer Landschaft entdeckt und gepflegt wurde. Noch heute lässt sich das nachempfinden. Oder wir begegnen ebenso unreflektiert immer wieder der Schönheit eines Menschen, eines Tieres, einer Pflanze – alle diese Empfindungen sind auch längst aufgeschrieben worden, wir müssen sie uns nicht ausdenken. Manchmal versuchen wir, das Schöne auch selber zu machen, mehr oder minder zu unserer Zufriedenheit, zu malen, zu schnitzen, zu mauern. Das Schöne aus unserer Hand ist dann freilich Bestandteil einer künstlichen Welt. Wir haben es uns ausgedacht. Wir haben es »Künstlern« anvertraut und der Welt gegenübergestellt. Allerdings ist schon ein gewisser Aufwand an Phantasie vonnöten, um beispielsweise ein winziges Etwas, vielleicht einen Ring, ein Emailbildchen, einen Kelch, der gesamten übrigen, der gewachsenen, natürlichen Welt gegenüberzustellen. Und doch gelingt dergleichen, wenn auch nur für den Augenblick: Der Wirklichkeit tritt ein Stück schönere Welt gegenüber.

Unser moderner Alltag freilich bietet eher den umgekehrten Eindruck: Kaum ein Fleckchen Erde, in dem noch etwas zu finden ist von der kreatürlichen Schönheit. Dafür steht rundum die künstliche, von Menschen beabsichtigte Schönheit in Stein, Glas, Metall, und manchmal ist sie auch gelungen. In jedem Fall ist sie, längst bekannt, Teilstück einer artifiziellen Welt, einer sekundären Schöpfung, und dementsprechend empfänglich für unsere Absichten, die Welt anders, schöner zu machen oder unsere Umgebung harmonisch zu komponieren, eine al-

ternative Schönheit zu entwickeln. Die Ethnologie hat uns längst gezeigt, dass diese Wünsche ohne Beschränkung durch Zeit und Raum
verbreitet sind. Aber die Artefakte haben sich unterschiedlich gut erhalten. Das »hölzerne Zeitalter« hat für unsere Kenntnisse nicht viel hinterlassen. So ist die europäische Kunstgeschichte auf Stein, Metall und
Farbe gegründet und entfaltet sich erst mit der Wanderung der Mittelmeerkultur nach Norden. Auch entwickelt sie ihre Formen nicht aus
sich selbst, sondern aus antiken Anstößen und Vorbildern, sozusagen
aus der Hochblüte der Steinzeit rings um den Mittelmeerraum.

Seit einhundertfünfzig Jahren hat sich darüber ein sehr vielseitiger
Zweig der Wissenschaft entwickelt, die Kunstgeschichte. Sie beabsich-
tigt, das Fassbare mit dem Unfassbaren zu verbinden, die Reste der
alten Kunst zu einer Entwicklungsreihe zu fügen, in stilgeschichtliche
Zusammenhänge zu bringen und so für den ordnenden Rückblick einsichtig und verständlich zu machen. Goethe zählte bekanntlich zu den
Ersten, die versuchten, der in der Aufklärung verfemten, allgemein für
barbarisch angesehen Baukunst der »Gotik« etwas von ihrer Schönheit abzugewinnen, ihre Harmonie zu erläutern, ihre Aufrisse nachzu-
zeichnen, und wagte damit einen wichtigen Schritt zum Verständnis
des Mittelalters, nicht nach seiner Realität, sondern nach seinen Versuchen, seiner Natürlichkeit etwas Künstliches, Künstlerisches, »Schönes« gegenüberzustellen.

Was zurückblieb von jenem Traum vom Schönen, genauer, von einer
die Wirklichkeit verklärenden Gegenständlichkeit mit Mauern und
Fenstern, Treppen und Türmen und sich noch dazu einigermaßen über
die Jahrhunderte erhalten hat, sogar »Kunstlandschaft« bildete und
noch als solche zu erkennen ist; was wieder auferstand vor dem Blick
des Kundigen, der die Zusammenhänge zu schlagen versteht (Braunfels
1979–1989), kann uns helfen, den Träumen und ihren Veränderungen
nachzugehen, zu verstehen, wonach sich die Hochmögenden von ehedem, die Schönes suchten und die Schönes nachempfinden konnten,
der natürlichen, ungepflegten Welt gegenüber einrichteten. Vornehmlich dem wilden Wald gegenüber, den es noch nicht zu pflegen galt, sondern der den übermächtigen Hintergrund zu aller Lebenswirklichkeit
bildete, wie die Märchen bezeugen, und dem man trotzen musste.

Säulen und Bogen waren Kunstwerke für sich, auch aus ihrer Tradition, denn alle die vielen großen und kleinen Säulen, rund und leicht
konisch, die man bis ins 12. Jahrhundert verbaute, aus Marmor, Por-
phyr und anderem edlen Gestein, sind Beute- oder Fundstücke aus der

antiken Welt. Die antike Säule als Kunstwerk war für nordalpine Künstler lange Zeit unnachahmlich. Schwer nachzuahmen war aber auch die runde Kuppel, die man nur achteckig gestalten konnte, oder das Gewölbe, das man erst im 11. Jahrhundert allmählich großen Hallen überstülpte, ehe sich die Meisterschaft entwickelte, den künstlichen Himmel auch über weite Distanzen zu spannen. Die Kirchenbauten beanspruchten, das Paradies wiederzugeben oder das himmlische Jerusalem nachzuahmen, wie es in der Apokalypse beschrieben ist, oder den Weg der Läuterung für den Gläubigen darzulegen, von der Dämonenwelt an der Westfassade bis zur Erlösung im Osten, beim Hochaltar.

Vergleichbares hatte das Herrenhaus nicht zu bieten, aber es umschloss die Würde der Majestät, und spätestens von Karls Zeiten an beanspruchte das Hofleben eine abgehobene, eine höhere Wirklichkeit mit kulturellen Qualitäten. Wissenschaft, wie sie Karls »Hofakademie« zu sammeln suchte, Musik, epische Darbietungen, aber auch Spiel und Tanz, die Begegnung der Geschlechter im Höfischen. Shakespeare hat uns gelegentlich in seinen Dramen die Karikatur des höfischen Selbstbewusstseins vorgeführt. (Sillem 2001) Fürstliches Selbstbewusstsein steigerte sich mitunter bis zur Hypertrophie, wie etwa beim Vetter Barbarossas, Heinrich dem Löwen, dem mächtigsten deutschen »Landesfürsten« seiner Zeit, in Eheverbindung mit den westeuropäischen Plantagenets. Er ließ sich im »Welfenevangeliar« nicht nur mit seiner Frau im Kreis von Majestäten zeigen, sondern auch, nach einem bekannten Vorbild für Kaiser aus der Ottonenzeit, mit seiner Frau von Christus krönen. Das war zweifellos eine unerhörte Selbsterhöhung (Goetz 1986, 168), zugleich aber auch eine Hofszene mit eindringlicher, irrealer Idealisierung.

Die Chronisten seit dem 12. Jahrhundert wissen dergleichen zu respektieren, und die besondere literarische Kunstgattung, die sich darum rankte, die Ritterepik, der »Minnesang«, die Dichtungen der Troubadours, kennzeichnete den Rang eines Hofes durch sein literarisches Leben oft mehr als durch seine Politik. (Bumke 1986) Der Ruf einzelner Höfe, des englischen, des toulousanischen, des französischen, deutschen, böhmischen, ging durch Europa, und nicht nur Spielleute, sondern die »ernste« Dichtkunst verbreiteten da ihre Erzählungen von den großen Vorbildern in der Weltgeschichte, von König Artus und seiner idealen Ritterrunde, von Alexander, der die Welt bis an ihre Grenzen eroberte, von den Gralsrittern auf der Wunderburg Monsalvatsch, die schon im Namen das Heil verhieß. Das alles war nicht Geschichte und wurde auch nicht so aufgenommen, sondern es war Gegenwelt und schlug deshalb die Zuhörer in Atem.

Ein Einziger unter den durch ihre Kronen ohnehin schon der profanen Welt Entrückten hat dann auch wirklich versucht, eine solche Burg zu bauen, im wilden Wald, freilich nicht ganz unzugänglich, aber auf verbotenem Boden für jeden Fremden, und die Scheu, das Vergessen und die Unkenntnis haben das Wunderwerk mit seinen goldinkrustierten Edelsteinwänden auch wirklich bewahrt bis heute. Der »Karlstein« Kaiser Karls IV. (1346–1378), wie er heute heißt, wurde kein Treffpunkt der Rittertugend. Der scheue Kaiser sammelte hier geistliche Schätze. Damit schuf er eine Gegenwelt, in die er sich selbst und wenige Auserwählte zu tagelanger Meditation versenkte. (Seibt 2000) Es gibt nur einen Karlstein in Europa, und auch nichts Ähnliches, seitdem die Sainte Chapelle in Paris geplündert ist und Karls Ahnensaal in Tangermünde (ca. 1372) zerstört.

Weitaus freier war die Ausgestaltung einer schöneren Welt den Malern möglich. Hier öffnete sich die Fiktion ohne Grenzen. Die großflächige Malerei auf dem Verputz, wirklich »al fresco« seit dem 13. Jahrhundert, spielte zunächst nur punktuell und eher in Italien eine Rolle. Die große Kunst lag lange im Kleinen, in der Buchmalerei, in Emailschmelzen nach antiker Technik, in Glasmalerei auf bunten Segmenten, in Goldarbeiten und kunstvoll geschnittenen Siegelstempeln. Die war freilich nur für wenige bestimmt, im Kloster wie am Hof. Ganze Generationen bildeten Schulen in dieser typischen Kleinkunst, neben dem Kopieren der Texte die wichtigste durchgehende klösterliche Handarbeit. Die Aussagekraft der Bilder ist noch längst nicht überall erfasst. Nordalpine, französische, deutsche »Schulen« dominieren. Dabei wird offenbar, was die Baukunst nicht mit gleicher Deutlichkeit vor Augen führt: Die Schöne Welt, die Gegenwelt ist biblisch, orientalisch, dem Heiligen Land zuzuordnen in Bauwerk und Landschaft, meist auch unter unmittelbarem byzantinischen Einfluss, dessen Wege uns gar nicht so recht bekannt sind. Auch die Personenfolge, zum Teil in ekstatischer Ausdruckskraft, wendet sich großenteils der Bibel zu, oder genauer: »der Veranschaulichung Christi als des Wundertäters« bis ins 12. Jahrhundert, danach Maria, den Aposteln, der biblischen Geschichte, und sie stellt die verehrungswürdigen Gestalten allesamt in wirklichkeitsfernen, in antiken Gewändern dar. Die Zeit weitet die Thematik, die fünfzig Folgen der Bamberger Apokalypse (1010–1020) liefern »das bedeutendste Zeugnis dieses Themas in der abendländi-

schen Malerei« bis ins Spätmittelalter. (Wundram 2000, 50–52) Buchmalerei ist und blieb Kunst für wenige. Meditierende Mönche, fromme Laien, die sich die kanonischen Stundengebete illustrieren ließen,
wie die weltberühmten des Herzogs von Bérry und die Bibel König
Wenzels IV., waren immer nur für wenige Augen bestimmt.

Die Glasmalerei dagegen galt auch als Armenbibel, als biblische
Botschaft für Analphabeten. Die fensterreiche Gotik brachte sie hervor, tauchte damit ihr Interieur in buntes Licht, begrenzte allerdings
auch die künstlerischen Ausdrucksmöglichkeiten durch das fragile
Material. Erst das Tafelbild befreite die Gestaltungskraft und zog viele Augen auf sich. Unklar ist, warum es so spät in den Westen kam.
Die byzantinischen Kirchen hatten alle seit der Spätantike die »Iko-
nostasen« zur Trennung des Kirchenraumes, die Bilderwand mit gemalten Ikonen. Eine Erklärung liegt vielleicht in dem Umstand, dass
den spätmittelalterlichen bürgerlichen Auftraggebern ein hölzernes
Andachtsbild am ehesten zum Hausaltar dienen konnte. (Wundram
2000, 149)

Tatsächlich gewann die Tafelmalerei auch rasch Aufschwung mit
neuen Auftraggebern und neuen Künstlern, die bald aus der bürgerlichen Gesellschaft kamen und nicht mehr aus dem Kloster. Nicht in-
nerkirchlich, sondern von Künstler zu Kunstfreund ging der Kontakt
und ließ die Malerei als zünftiges Metier im 14. Jahrhundert überall in
den Städten nördlich wie südlich der Alpen zum bürgerlichen Handwerk werden, nicht unterschieden von der Wappen- und Schildermale-
rei. Die neuen Auftraggeber wollten nicht immer die irreale biblische
Welt vor Augen haben, sondern bald auch die irdische Realität. Die
Malerei im Umkreis des Prager Hofes Karls IV. umgriff zugleich mit
der Bildhauerei den Raum in Bewegung und Tiefe, »die Figuren gewinnen dreidimensionale Kraft und beginnen eine Art Körperraum zu
bilden«. (Wundram 2000, 151) Realität war auch währenddem der
Aufstieg Böhmens zur Kunstlandschaft neben Oberitalien und der
frankoflämischen Landschaft, politische Realität, nachdem im politisch konsolidierten Mitteleuropa Kaiser Karl IV. mit aller verfügba-
ren Macht regierte, auch mit der Macht über die Geister, und das nicht
zuletzt mit der Macht religiöser Kunst.

Betrachtet man ostasiatische Malerei auf ihrem hohen technischen
Niveau in Lack, Tusche oder auf Porzellan, dann besticht die Treue im
Detail, die einen Zweig, eine Blüte, ein Blatt vor Augen führt. Land-
schaft spielt nur begrenzt eine Rolle und Personen kaum. Gerade da

sitzt der Unterschied. Buchmalereien, Fresken, Tafelbilder im lateinischen Europa sind Personenbilder, angeregt durch die Bibel, der sie zur Anschauung dienen, und fortgeführt, nachdem mit dem Tafelbild im 15., 16. Jahrhundert das gemalte Kunstwerk den Kirchenraum verließ, mit Themen aus der antiken Mythologie, die aber wiederum die Personen in den Vordergrund setzten. Hintergrund, um im Bild zu bleiben, gönnte man auch den Heiligen und den biblischen Szenen, Felsen, Kräuter, Städte ersetzten den Goldgrund. Ein wachsender Anteil an Naturbeobachtung, den man mit dem Aufkommen der Renaissance verbindet, ließ um 1500 in Italien wie in Deutschland, in Flandern wie auch in Westeuropa steile Gebirge, dichte Wälder, sanfte Meeresbuchten im Hintergrund der Szenen wachsen, aber auch das nicht etwa in jener exakten Naturbeobachtung, die an ostasiatischer Malerei besticht, sondern als längst erkannte »Ideallandschaften«, Gegenwelten, schönere Welten. Auch wenn Dürers Tagebücher von seinen beiden Venedigreisen schier überquellen von kühnen Perspektiven – lokalisieren kann man seine Skizzen nicht.

Aber die Person bleibt im Mittelpunkt, die biblische, die antike, die fürstliche, und hier entwickelt sich auch ein gewisser Realismus in der Darstellung. Die ältesten Königsporträts, mehr als dreißig und in ihrer Zahl auch kritisch zu vergleichen, stammen vom vielgekrönten König und Kaiser Sigismund, dem »Schönen« (Kéry 1972), und dürfen schon Realismus beanspruchen. Dabei geht es erklärlicherweise nicht immer geradezu um die Flucht ins Schöne, sondern es tritt ein anderer, grundlegender Zug der europäischen Kunst ins Bild, der Individualismus. Freies Schaffen war aber möglich, wenn es galt, Jupiter, Herkules, Venus, Diana und Merkur darzustellen, in der schönsten Phantasie ihrer Schöpfer, mit aller antiken Libertinage, wo erotische Szenen ohne den feinen Schleier des humanistischen Vorwissens noch lange die Moral beleidigt hätten. Den stiergestaltigen Zeus und die anschmiegsame Europa fand niemand anstößig. Sowohl die Zeit in der Person des Kronos, der alles Glück und Unglück über uns bringt und rastlos voranschreitet, und selbst der Tod wurden personalisiert. Die Totentänze zur Pestzeit ließen ihn männlich erscheinen, mit einem unverkennbar männlichem Arbeitsgerät, der Sense. Dabei hatte die Sprache dem Bild nicht vorgearbeitet, denn in den meisten europäischen Idiomen ist der Tod weiblich.

Der gemalte Individualismus wurde lebhaft unterstützt von seinem eigentlichen Metier, von der Skulptur. Schon das 13. Jahrhundert hatte

Idealgestalten ausgearbeitet, die lange nachwirkten; den Bamberger Reiter, französischer Herkunft, die Naumburger Stifterfiguren, die überreichen Figurenbesetzungen der französischen Kathedralen. Köpfe, Körper, Faltenwürfe, wohin das Auge reicht. Und alle diese Pracht menschlicher Körperlichkeit, personeller Schönheit in Gestalt und Gesicht überzog nicht nur die gotischen Bauten, sondern behauptete sich auch in der Renaissance, vermehrt noch durch die Kunst der großen Standbilder zu Pferd oder in antiker Pose, in biblischer Atmosphäre oder in freier Nachahmung antiker Hinterlassenschaft. Auch das Barock übernahm die Besetzung mit menschlichen Figuren in Friesen, Dächern, Nischen und Wänden in Pose, Haltung, Gestik aller Art, und erst der jähe Bruch kirchlichen und weltlichen Mäzenatentums im Gefolge der Französischen Revolution mit dem Neubeginn im kühlen Neoklassizismus machte die Bildhauer brotlos. Nicht wenige suchten damals ihre Aufträge auf den Friedhöfen. Das frühe 19. Jahrhundert wurde in ganz Europa eine große Epoche der Grabmalkunst, nicht zuletzt im revoltierten Frankreich. Der schöne Körper sollte den Tod überwinden.

»Die Malerei bewahrt lebendig jene Harmonie der schön entsprechenden Glieder, welche die Natur mit allen ihren Kräften zu erhalten nicht vermöchte. Sie erhält das Abbild einer göttlichen Schönheit, dem Zeit oder Tod sein Naturvorbild rasch zerstört hat.« (Wundram 2000, 158) Das ist das Urteil Leonardo da Vincis, und man kann darin eine Zusammenfassung erkennen, die über Jahrhunderte das Anliegen der europäischen Malerei bestimmt hat. Aber nicht nur der Traum vom kurzlebigen Schönen sollte festgehalten werden, sondern ein zweites Anliegen wurde noch weit mächtiger in jener Welt, die der Pinsel aus der flüchtigen Vorstellung ins dauerhafte Bild umsetzte: die Originalität, das je Eigene, Neue, der »Fortschritt«. Jede Kunstgeschichte zeigt auch ohne Kommentar an ihrer Bildfolge Entwicklungsstränge, jeder Fachmann weiß sie mit seinen besonderen Kenntnissen in Einzelheiten zu erläutern, vom Goldgrund zum Hintergrund und zur Perspektive. Mit einiger Übertreibung gesprochen, will jeder Maler seiner Schöpfung Originalität vermitteln und malt deshalb neu, malt »fortschrittlicher« als die Vorgänger. Wenn je, dann ist in der Bildgestaltung, zumindest seit man *al fresco* und auf Tafeln malte, der Fortschritt unverkennbar. Die Darstellung ist lange vor der so genannten Renaissance des 15. Jahrhunderts schon auf die Erfassung der jeweils verstandenen Wirklichkeit in Schönheit gerichtet, wie sie der scharfsinnige

Leonardo definiert. Dieser »Fortschritt« lässt sich in Themenvarianten auch über die Jahrhunderte nach dem Mittelalter verfolgen, er treibt die Malerei durch das Barock, durch den Klassizismus, die Romantik und den neuerlichen Naturalismus – zumindest bis zum folgenschweren Einbruch der »Moderne« in die europäische Kunst um 1870. Es sieht aus, als hätten zuerst die Maler und Bildhauer »Fortschritt« in unserem Europa demonstriert, von Generation zu Generation, ehe die Ingenieure mit Hammer und Schraubenschlüssel das Thema übernahmen.

Das schöne Wort

Das schöne Wort, das schöne Gedicht war flüchtiger im Ohr seiner Hörer. Seine »Finder«, die »Troubadours«, vom alten provenzalischen oder okzitanischen Wort, die »Tichter« im alten Deutsch mit ähnlicher sprachlicher Herkunft, lassen sich dennoch wie in der bildenden Kunst an Zeiten und Traditionen binden. Und auch sie haben sich nur auf einem festen Untergrund erhalten, auf Pergament oder Papier, und gewiss ist vieles der »Lieder«, »lais«, zwar vorgetragen, aber nie aufgeschrieben worden und ging verloren. 2600 solcher mittelalterlicher Lieder aber sind schriftlich erhalten, ein Zehntel davon auch mit Melodien, ohne die wohl ein solches Lied nicht recht zum Leben kam, wiewohl auch vom Lesen die Rede ist. (Bumke 1986, 751) Gewiss spielten dabei Verbindungen zum literarischen Leben im arabischen Spanien eine Rolle, dessen Dichtkunst zugleich eine besondere Verehrung von Frauen einschloss, von Frauen im Harem freilich. (Crespi 1992) Fast alle Instrumente, deren man sich zur musikalischen Begleitung bediente, sind arabischen Ursprungs, Trommel, Flöte, Gitarre und Trompete. Anders als ihre Künstlerkollegen mit dem Pinsel vertreten die Dichter, von unklaren Anfängen abgesehen, eine eigene gesellschaftliche Gruppe, die ritterlich lebt und doch nicht dem freien Adel zugehört. Es sind Reisende, die ihre Kunst auf Höfen produzieren und dort mit Kleidung, Schuhen, Geld oder gar am Ende mit einem festen Platz im Hofstaat belohnt werden wollen.

Die erste Laienliteratur in Europa ist also Ritterdichtung. Aber die Ritter sind keine Fürsten, Troubadours keine Barone, und vom hohen Adel hat sich kaum einer, von ein paar berühmten Ausnahmen abgesehen, persönlich mit einem literarischen Werk hervorgetan. Die Ausnahmen freilich zeigen, wie sehr die Kunst in alle Ohren drang: Der Herzog von Aquitanien wird genannt als ihr Begründer überhaupt, Wilhelm IX. (1071–1126), ein großer Sänger, Krieger und Frauenheld. König Alfons von Kastilien, der X. oder »der Weise« (1220–1284), Sprach- und Staatsschöpfer, gilt als der erste spanische Troubadour. König Wenzel II. von Böhmen (1271–1305) schrieb sich wohl etwa als Letzter in diese Riege ein. Es sind von ihm drei Lieder in der Heidelberger Sammlung des deutschen Minnesangs überliefert. Auch haben nur wenige, wenn auch besonders begabte Frauen zur Feder gegriffen. Vornehmlich Marie de France, eine offenbar literarisch sehr begabte und sensible Autorin (ca. 1130–ca. 1200), später Äbtissin, die Dichterin kunstvoller Verse, *Lais*, mit Liebes- und Sagenthematik um Merlin und König Arthur. Sie gilt auch, wenn man ihre Verse für Prosa nimmt, als die erste europäische Novellistin. Womöglich gehört auch die berühmte Heloise (ca. 1100–1164) in diesen Kreis, Schülerin, Geliebte und Frau Pierre Abaelards, vorausgesetzt die Echtheit ihrer Korrespondenz mit dem großen Philosophen.

Der Ursprung der Minnedichtung wird allerdings geschildert »wie aus dem Nichts geboren« (Köhler 1986, 149) und eben dem Herzog von Aquitanien Wilhelm IX. zugeschrieben. Wahrscheinlicher scheint, dass die elf von Herzog Wilhelm überlieferten Lieder die neue Dichtkunst um Liebe und Abenteuer »hoffähig« machten. Wilhelm schrieb dabei provenzalisch, obwohl das nicht die Sprache seines Landes war. Aber provenzalische Troubadours waren die nächsten zweihundert Jahre weit verbreitet an den west- und mitteleuropäischen Höfen zu finden, und ihre Lieder wurden nachgeahmt, in den jeweiligen Volkssprachen variiert, in ihren Themen fortgesponnen. Sie sollten durch sprachlichen Wohlklang wie durch guten Vortrag mit untermalender Musik ihr Publikum beeinflussen und nach ihren Aussagen zur »Maße«, zum Maßhalten, der aristotelischen, auch von der zeitgenössischen Philosophie gepriesenen Tugend, in allen Dingen führen, vor allem im schönsten, in der Liebe, zur Courtoisie, der recht verstandenen »Höfischkeit«, obwohl sie in ihrem Text nicht immer dazu anhielten. Gelegentlich wandten sie sich an das »edle Herz« ihrer Hörer, wie Gottfried von Straßburg, und mitunter rühren sie es auch noch heute.

Literarhistoriker haben inzwischen die »hohe Minne«, die allein geistige Sehnsucht, von einer »niederen« unterschieden. Vielleicht ist das Schreibtischdifferenzierung bei mentalen Vorbehalten. Jedenfalls entwickelte auf dieser Bekenntnis- und Kommunikationsbasis die füh-

rende politische Gesellschaft, abseits der klerikalen, lateinischen, theologischen Sprache und ohne Rücksicht auf die biblische Basis aller anderen Lebensregungen, mit ihren Liedern und oft weit gespannten
Versepen einen auch schriftlich fixierten und damit im Bildungsver-
ständnis gleichwertigen Lebensstil, der mit dichterischer Kunst im
volkssprachlichen, allgemein zugänglichen Wort Persönlichkeitskultur
entfaltete. Und wo sonst gab es dergleichen wirksamer zu entfalten als
im Umgang der Geschlechter, geschärft, geweckt, auch herausgefor-
dert durch die Vorgaben der kirchlichen Moral? Dabei öffnete sich das
weite, bisher oft unbeachtete Daseinsrecht der Frau als Vermittlerin
des Schönen, idealisiert im Preis eines tugendhaften Daseins und doch
verlockend mit allen Möglichkeiten der Realität. Das ließ manchem
ihrer Lobredner überhaupt die Minnelyrik als den Weg zu einer höheren Stufe des Daseins erscheinen (Bumke 1986, Bd. 2, 709) und milderte die stets rege Mysogenie gegenüber dem schwachen Geschlecht.
Auch geriet die Fiktion vielfach zur Lebenslüge. »Das höfische Frauen-
bild war eine Erfindung der Dichter. Die Vorstellung, dass die adligen
Herren zu den Frauen verehrungsvoll aufblickten, weil sie ihnen ihre
ritterlichen Fähigkeiten und damit ihr gesellschaftliches Ansehen verdankten, verkehrte das Verhältnis der Geschlechter, wie es in Wirklichkeit bestand, ins Gegenteil.« (Bumke 1986, 453)

In Wirklichkeit gab es nicht wenige Literatur, erbauliche Schriften
von und für Kleriker, die, teils mit Rückgriffen auf antike Frauenfeind-
schaft, teils im eigenen Ansatz, oft in Erinnerung an Worte des Apos-
tels Paulus, die Frau noch immer zum Wesen zweiter Ordnung herab-
stuften und dabei aus dem Objekt männlicher Begehrlichkeiten ihre
Ursache machten. »Ohne Frauen wären wir Gott näher!«, verkündete
als Fazit nicht sehr tief schürfender Überlegungen selbst der lebens-
lustige Walter Map, Spötter und burlesker Erzähler am Hofe Heinrichs II. von England und selber einer der Wegweiser zur Entstehung
der Romanliteratur aus dem stets regen höfischen Bedürfnis nach Un-
terhaltung.

Es gab einen besonderen Weg, Frauenlob mit den Lebenszielen eines
Ritterdaseins zu vereinigen: das Abenteuer im Dienste einer Dame.
Auch das gehörte in literarischer Reflexion zu den besonderen Veran-
staltungen des höfischen Lebens, in Verwandlung alter Heldenepen aus
der mündlichen literarischen Kultur in minder raubeinige Geschichten
von höfischer, »höflicher« Tapferkeit mit ethischen Vorbehalten. Be-
zeichnenderweise war diese Literatur zuallererst im Westen lebendig

und wurde dann über die große Vermittlungszone im westlichen Mitteleuropa – linksrheinisch etwa – nach Mitteleuropa übertragen. Das östliche Mitteleuropa erreichte sie erst wiederum eine Generation später, in Böhmen, Österreich, Ostelbien, aber Polen und Skandinavien so gut wie nie. Für die französisch-anglonormannische Kultur spielte leicht erreichbar der Rückgriff auf die walisisch-bretonische Sagenwelt mit. Chrétien de Troyes (ca. 1135–1190) schuf am Hof des Grafen von Flandern nach 1169 die erste bedeutende literarische Gestaltung des Perceval und machte dieses wohl ältere Motiv eines Bildungsromans mit der Einbettung in das keltische Grals-Motiv zu einem der großen Themen in der gesamten europäischen Ritterdichtung. Der junge Parzival, den seine Mutter abseits der höfischen Welt in einem Wald erzogen hatte, erschlug, als er von da in sein künftiges Leben aufbrach, zunächst einmal einen Ritter, um ihm seine Rüstung zu nehmen. Es handelte sich, wie er später erfuhr, um seinen Onkel. Aber danach bekehrte er sich schrittweise zu höflicheren Sitten, ehe er zwischen Abenteuern und Frauendienst zur Vollkommenheit reifte. Die mütterliche, weibliche Gegenstellung zu Rittertum und Waffen bleibt unkommentiert, aber Parzivals Sünden und ihre Buße gewinnen schließlich die Züge der menschlichen Tragödie. Wolfram von Eschenbach (1170–1220) griff das Thema auf und schuf mit einem weit ausholenden Epos die Grundlage für eine langlebige literarische Tradition, die in romantischer Nachgestaltung noch die Gegenwart erreichte. Chrétien hält man im Übrigen auch für den »Ersten, der Liebeskanzonen in der Art der Troubadours dichtete«. (Köhler 1986, 149)

Das zweite lange nachhallende Motiv der Ritterepik ist stärker als der Parzival aus un- oder vorchristlicher Wurzel und ist auch in seiner Entwicklung den zeitlosen Grundzügen des menschlichen Lebens näher geblieben. Es fand auch noch größere Verbreitung in zahlreichen Fragmenten in Frankreich, England und Skandinavien, auch in Italien, und hat noch stärker seinen keltischen Ursprung bewahrt: Es ist die Geschichte des unglücklichen Liebespaares Tristan und Isolde. Gottfried von Straßburg verlieh ihr um 1200 die klassische Fassung. Damit erreichte die Ritterdichtung eine jahrhundertelange Nachwirkung, die der Historismus des 19. Jahrhunderts noch einmal aufnahm.

Ein Roman ist ein Literaturprodukt, das man mit gutem Grund nicht nur der wachsenden Laienkultur im Gegensatz zur religiösen, in Kirchen und Klöstern gepflegten Gedankenwelt zuspricht. Er ist auch ein europäisches Unikat. Nicht das Christentum, weder das östliche noch das westliche, stand Pate; auch nicht die arabische Poesie, wie sie sich in gebundener Form schon vor Mohammed entwickelt hatte und über Spanien dem Abendland nahe kam: Sublimierte Erotik und idealisierte Ritterethik verbanden sich in den provenzalischen, französischen, deutschen Erzählungen zu Dutzenden Schicksalen vom *chevalier errant* in Begegnungen mit der Herzensdame, und nur selten wird dabei die Kraft des ungebändigten Gefühls voll ausgeschöpft, wie eben in der Begegnung von Tristan und Isolde.

Themenwanderung und Autorenzugehörigkeit ließen noch eine Reihe anderer Erzählungen entstehen, von denen man augenscheinlich nicht genug haben konnte, auch in immer neuen Varianten, die auf das Individuum gerichtet waren, keine Chroniken, aber manchmal sogar schon die persönliche Entwicklung wie ein Erziehungsroman umreißend. So nicht nur die berühmten Erzählungen von Parzival, sondern auch etwa der Sagenkranz um die schöne Magellone, Melusine, die Wasserjungfrau, die sich mit einem Menschenmann verband. (Lundt 1991) Oder der lateinische Erzählbestand der *Gesta Romanorum*, der »Taten der Römer«, der mit seinem Titel nicht viel zu tun hat, sondern Dutzende von unterschiedlichen »Exempeln« zu unausgesprochener Moral zusammentrug. Eine solche Zwecksetzung findet sich dann besonders in der allein schon als Rahmenerzählung interessanten und mit dem Zeiturteil über Jahrhunderte sich wandelnden langen Geschichte von den *Sieben Weisen Meistern*. Das Thema ist so interpretationsträchtig, dass sich in der angelsächsischen Welt eine eigene wissenschaftliche Gesellschaft zu seiner Erforschung gebildet hat.

»Roman« heißt eigentlich »volkssprachlich«, nämlich »in romanischer Sprache«. Das ist schließlich auch auf andere Sprachen bezogen worden und wurde geradewegs zum Bedürfnis für die Hofgesellschaft jeder Zunge, die sich im westlichen kulturellen Milieu entfaltete. Die räumliche Umgebung des Schönen war dabei oft ein Liebesgarten und lehrte die Kunst, sich darin mit Anstand einer »Dame« (von »Domina«, Herrin) zu nähern, in »Liebesgerichten« über Zuneigung und Treue zu entscheiden und dabei Urteilskraft und Beredsamkeit zu schärfen. Oder es trat die ganze, die Artusrunde auf die literarische Bühne, oder der Sagenschatz um Merlin, vereint mit dem Christentum zum Motiv vom Heiligen Gral, der keltischen Schale mit Christi Blut. Aber auch der *Dolopathos*, die erste Fassung der *Sieben Weisen Meister*, kann für eine besondere Verbindung von Heidentum und christlichen Idealen gelten. Der französische Parzival hat einen der bekanntesten Autoren der Minnedichtung zum literarischen Vater, der nur wenig jüngere lateinische *Dolopathos* einen französischen Zisterziensermönch. Die Ursprünge im Einzelnen sind in jedem Fall ungeklärt, aber viel wichtiger sind doch wohl die Folgen: Die Reifung des Ritters oder die Erziehung des Prinzen, hier durch höfische Erfahrungen, dort durch Erziehung der »Sieben weisen Meister«, allzu nahe an den sieben freien Künsten, obwohl die im Einzelnen nicht vorgeführt werden. Nur der weise König zählt. Der wirklich gereifte Kronprinz aber, von seinen sieben Lehrern erzogen, in seinem väterlichen Hofstaat verleumdet und bedroht, pilgert schließlich nach Jerusalem und legt dort seine Krone nieder. Hier sind also, unter mönchischer Feder um 1200, geistliche und weltliche Ideale nicht getrennt, und Rittertum wird gar nicht vorgeführt; stattdessen eine Auseinandersetzung auf Leben und Tod in höfischer Ära. (Lundt 2002) Beide Themen gingen jahrhundertelang durch das europäische »Romanpublikum«, lateinisch zunächst der *Dolopathos*, dann französisch, deutsch, englisch. Der *Parzival*, französisch zunächst, fand in Deutschland besonderes Echo.

Eine neue Epoche kündigte sich an im Denken wie im Dichten mit dem Schicksal und der Diskussion um das vielleicht bedeutendste Romanwerk der romanischen Welt, den *Roman de la Rose*. Diese Erzählung von mehr als 21 000 Versen entstand in zwei Phasen aus zwei unterschiedlichen Intentionen, einer höfischen um 1230, eine Generation später fortgeführt durch Jean de Meun, sehr publikumswirksam, ohne Rückgriff auf die alten Mythen, auch nicht im herkömmlichen Ton der höfischen Sitten, sondern frivol, frauenfeindlich und zweideutig mit manchem Bild und in derben Redensarten. Diese sehr ausführliche Fassung erfuhr weite Verbeitung nach Ausweis der Handschriften und Übersetzungen und erreichte alle zeitgenössische Internationalität, ehe hundert Jahre später am Pariser Hof Christine de Pisan (1363–1430) der Herabsetzung des Weiblichen widersprach. Das löste den ersten großen Streit im literarischen Leben aus. Entschieden wurde er so wenig wie nachfolgende Auseinandersetzungen um Dichtwerke auch. Die Anteilnahme zählte.

Aber bis dahin hatte sich die literarische Welt nachhaltig verändert. Noch immer stand sie im Zeichen der höfischen Minne- und Ritterdichtung, und das heißt: Sie hatte im »Herbst des Mittelalters« nichts Neues, Schönes hervorgebracht, während sich doch gleichzeitig auch ein »Frühling des Bürgertums« abzeichnete. Aber der galt vornehmlich Italien, seiner Sprache, seinem Dreigestirn der großen Individualisten, Visionäre, Einsamen, deren Schriften seither Millionen inspirierten bis heute: Dante (1265–1321), Petrarca (1304–1374), Boccaccio (1313–1375).

Alle drei sind Toskaner, was der neuen Sprachprägung eine Einheitlichkeit gab, die man im Italienischen noch heute beachtet. Alle drei Autoren waren am klassischen Latein geschult, waren Humanisten im neueren Sinn des Verständnisses, Vorläufer der italienischen Renaissance, aber trotz ihrer klassischen Schulung wurden sie zu großen Künstlern in der Volkssprache, gewiss beeinflusst voneinander, aber auch von einem älteren Literaturkreis um Kaiser Friedrich II. Mitte des 13. Jahrhunderts in Unteritalien. Damit hat der »dolce stil nuovo«, den sie kreierten, auch südliche Wurzeln. Alle drei wandelten das ältere Minneverhältnis und führten es fort in die Anbetung einer einzigen Frau, die sie visionär und über den Tod hinaus mit ihrem Leben verbanden, Beatrice, Laura, Fiametta. Alle drei beeinflussten zweifellos das literarische Leben im romanischen Sprachraum, sie erweckten Italien als literarische Landschaft, aber nur einer von ihnen hatte die Kraft des Genius. Dante beschrieb in seiner *Commedia* (später *Divina Commedia*) den Kosmos und durchschritt ihn von den Tiefen der Hölle, wo er die Menge seiner Zeitgenossen wiederfand, über das Purgatorium bis in die sieben Himmel zum Sitz seiner Beatrice. Diese dichterische Vision des transzendenten Individualismus widerspiegelt noch einmal eine der Grundkomponenten des europäisch-westlichen Menschenbildes und verleiht ihm literarisch den denkbar höchsten Ausdruck.

England, wo bisher das Französische des Normannenadels dominierte, entdeckte währenddem das Angelsächsische als Literatursprache, mit William Langland (ca. 1332–1400) noch im religiösen Rahmen, mit Geoffrey Chaucer (ca. 1134–1400) im poetischen Blick auf den vielfältigen Lauf der menschlichen Geschicke. Andere Züge waren in Frankreich, Deutschland oder Spanien erkennbar. Hier widerspiegelt sich die spätmittelalterliche Gesellschaftskrise. Diese Krise war nicht Abschwung oder Verfall, sondern sie zeigte eine Diskordanz der politischen Kräfte, einen Verfall der Harmonie, wie sie das Jahrhundert Alberts des Großen und des heiligen Thomas zuvor aufgebaut hatte. Kein Zufall mag es also sein, was in dieser Aura gedieh: Schelmenromane, Eulenspiegeleien, Gaunerlyrik, die satirische Verkehrung der Werte, wenngleich mitunter von hoher literarischer Qualität: Juan Ruiz (ca. 1283–1351), Archipresbyter und langjähriger Häftling, der im Gefängnis den *Libro de buen amor* schrieb; François Villon (ca. 1431–ca. 1463), Bänkelsänger und Vagabund, dessen *Galgenlieder* in Übersetzungen in unserer Zeit noch einmal Bucherfolge wurden; Tile Ulenspegel, der vielleicht nur als literarische Figur und als öffentlicher Agitator die Szene belebte; François Rabelais (1494–1553), der mit seinem *Gargantua et Pantagruel* die adelige Heroenwelt karikierte: Satire, Ironie, Weltkritik.

Christine de Pisan suchte die große Krise mit ihrer Feder zu bekämpfen. Nicht nur mit ihrem Kampf gegen den Rosenroman, sondern mit dem Versuch, der entartenden Gesellschaft einen positiven Spiegel vorzuhalten, in einer *Gerechten Polizeyordnung*, die noch im 16. Jahrhundert ins Englische übersetzt wurde, mit zahlreichen Gelegenheitsschriften, mit einem umfangreichen *Livre de la mutacion de Fortune*, in dem sie den Gang der Weltgeschichte erklärt. Sie schreibt in ihrem letzten Lebensjahr ein hohes Loblied auf die Jungfrau Johanna von Orléans, deren schmähliches Ende sie offenbar gerade nicht mehr miterleben musste. Vor allem aber schrieb sie sich auch in das moderne Interesse ein mit ihrem erstaunlich umfangreichen Werk über die *Cité des dames*, die »Stadt der Frauen« (Kottenhoff 1992), einer allegorischen Utopie, in der sie Tugend und Wissenschaft durch das weibliche Element in der Gesellschaft retten ließ. Die Rettung blieb aus.

Die alten literarischen Themen von Minnesang und Rittertugend sanken währenddem ab zum »Volksbuch«, wie es meistens heißt, oder positiver, der Druck machte sie zum leicht zugänglichen Lesegut, wofür sie allerdings vielfach auch für den gröberen Geschmack umgearbeitet wurden. Mit anderen Worten: Von wenigem abgesehen, wie dem Roman über den Bürgerhelden Hug Schapeler, von der Gräfin Elisabeth von Nassau (1397–1456) ins Deutsche übertragen, brachte die gedruckte Bücherwelt keine neue schöne Literatur hervor. Sie widmete sich bald eher dem Streit der Konfessionen. Erst als der in den Hintergrund trat, erst im barocken Zeitalter gleich welcher Konfession, brach eine neue Ära des Romans auf, im Überschwang der Zeit mit vielbändigen Schilderungen von aristokratischen Heldentaten und höfischer Frauentugend und mit wenig Realismus, der uns noch heute anspricht: Grimmelshausens Simplicissimus und seine Landstörzerin Courage. Die übrige Literatur versank in aristokratischer Selbstbespie-

gelung und nicht enden wollender Wiederholung ihres längst blutlee-
ren Gesellschaftskanons. Allein die zeitgenössische Oper brachte den
konventionellen Heroismus, in Verbindung mit Musik, noch einmal
als individualistische Selbstaufgipfelung durch die Macht der Töne
und die Kraft der Stimmen zum Klingen. Der neue, der bürgerliche
Roman, auch das neue bürgerliche Schauspiel gaben sich dann seit der
Mitte des 18. Jahrhunderts schlichter, aber sie waren von Anfang an
sozialkritisch. Das *ancien régime* überlebte sich, aber der Roman blieb
weiterhin der literarische Wegbegleiter durch die Generationen der
bürgerlichen Jahrhunderte, ohne neue, ohne bürgerliche Ideale außer
dem Gedanken von Freiheit und sozialer Gerechtigkeit. Erst das 19.
Jahrhundert weckte im bürgerlichen Roman neue Ideen und setzte neben die besondere Ausformung des Individuums als Kontrapunkt die
neue Wertigkeit der Sprachnation.

Das Reich der Wahrheit

»Was ist Wahrheit?« Die Pilatusfrage war jedem bekannt, der auch
nur einigermaßen das vornehmste Bildungsgut der mittelalterlichen
Welt sich angeeignet hatte. Es wusste auch, dass die Antwort schon
gefunden war: »Ich bin der Weg, die Wahrheit und das Leben!«

Das schien ein einfacher Streit, der sich so entscheiden ließ, und aus
ein und demselben Buch. Aber eine solche Wahrheit, die der Glaube
stützte, rief von Anfang an nach feinerer Ausdeutung. Die Klosterschulen hatten die Bibelkommentare der »Väter« gesammelt, bewahrt und
in ihren Schreibstuben vermehrt, zur frommen Einsicht, und die Ausbildung von »Welt«-Klerikern beruhte auf dieser Grundlage. Aber die
Klöster hatten auch die Grundlagen der antiken Allgemeinbildung
weitergetragen, nicht nur im biblischen Bereich, sondern im profanen,
von der Antike übernommenen Wissenskanon in Grammatik, Logik,
Rhetorik, in Arithmetik, Geometrie, Astronomie, Musik. Im Grunde
ging es dabei um Lesen und Rechnen auf höherer, auf antik vorbereite-
ter Ebene, denn auch die Musik galt nach griechischem Vorbild als
Zahlenwerk.

Eine Schule ist aber eine andere Welt, damals wie heute. Sitzen und
lernen, auf Schiefertafeln schreiben, wie es unsere Großväter noch geübt haben, mit Wasser abzulöschen, oder auf Wachstäfelchen, mit dem
Griffel wieder zu glätten, führt die Gedanken schon auf andere Bah-

nen als der ungeordnete Alltag. Und Wissen, in Jahren vermittelt und immer wieder aus der Tiefe des Gedächtnisses hervorgeholt, gibt den Gedanken besondere Bahnen und Grenzen ein. Niemand anderer als Papst Gregor VII. hatte seine Bischöfe ja doch ermahnt, ihre Kleriker an ihren Domschulen auch in den sieben freien Künsten nach antikem Vorbild zu schulen, im Schreiben und Rechnen also mit höherem Anspruch.

Die Übung des Wissens und des Wissenswerten erfasste in den Klöstern Männer wie Frauen, und einige hinterließen bemerkenswerte Zeugnisse davon. So die Äbtissin Herrad von Landsberg im Elsass (ca. 1125–1195), die in einem *hortus deliciarum*, einem Garten der Köstlichkeiten, auf 324 illustrierten Pergamentseiten alles das herrliche Wissen zusammentrug und wohl auch zusammentragen ließ, das man aus der Lektüre der christlichen Autoritäten über Welt und Überwelt im Schulleben erwerben konnte. Oder ihre Amts- und Ordensgefährtin Hildegard von Bingen (1098–1179), die in einer Trilogie mit großem künstlerischen Aufwand in Visionen und mit erstaunlichem, vornehmlich medizinischem Sachwissen ein Weltbild entwarf, dem man leicht den Charakter einer symbolisch erfassten, autoritativ verstärkten Deutung des ganzen Mikro- und Makrokosmos zuspricht.

Manchmal trennt man den bis dahin betont gläubigen, autoritativ deutenden Wissenserwerb als klösterlichen Schulbetrieb von einem scholastischen. Das ist missverständlich. Denn bis ins 14. Jahrhundert sind die führenden Scholastiker alle Mönche, vornehmlich Bettelmönche, und die neuen Schulen hatten zu den Bettelorden überhaupt ein auffällig enges Verhältnis. Der neue wissenschaftliche Trend, der Humanismus, wird dann allerdings von Gelehrten aller möglichen Herkunft getragen, freilich immer noch bestimmt vom kirchlichen Pfründewesen, und findet lange keinen Eingang in den Universitätsbetrieb. Petrarca, sein italienischer Vorläufer, ist kein Mönch, aber durchaus Gelehrter und in diesem Sinn Privatier, wie Dante und Boccaccio auch.

Treffender ist eine Gegenüberstellung zwischen den Klosterschulen alten Typs, meist Benediktinerabteien, stadtfern in ihrer Klosteranlage mit Gutswirtschaft, mit den städtischen Domschulen. Allerdings wurden auch die Domschulen nicht sämtlich Eingangstore des neuen Schulwesens. Aber sie boten die besseren Voraussetzungen dafür. Denn es ging eine neue Kunst um, deretwegen man den oder jenen Könner da- oder dorthin berief, unter Bedingungen, denen ein Mönch aus einem alten Orden ohnehin nicht so leicht genügen konnte, allein schon

wegen der benediktinischen Bindung an sein Kloster. Die Kunst des
Disputierens, eigentlich die Qualifikation der spätantiken Rhetoren-
schulen, die *ars dialectica*, bestimmte in einem gewaltigen Wandel des
Schulbetriebs die intellektuellen Fähigkeiten, und das war zugleich
Ausdruck auch der gewaltigen Steigerung der Kommunikation, mündlich vornehmlich, bei nicht im selben Maß gesteigerter Schreibproduk-
tion, bis im 14. Jahrhundert endlich Papier das teure Pergament ablöste. Aber einstweilen regierte noch der mündliche Disput und setzte
neue Maßstäbe, neue Bedingungen für Lehrer wie Schüler: »O Dialek-
tik, Kunst genannt, wärst du doch niemals uns bekannt, die du viel
Kleriker arm gemacht, und gar ins Elend hast gebracht!«

Das Verdammungsurteil über die neue Methode, Schlusszeilen einer Klage über die Ablösung des alten Wissens durch eine oberfläch-
liche junge Generation, lässt uns einmal hinter den Vorhang blicken,
der die Wege und Ursprünge der Neuerung für gewöhnlich verbirgt:
Reden statt Wissen, Analyse anstelle von Merkfähigkeiten – wen mu-
tete das nicht geradewegs gegenwartsnah an? Nicht ganz zu Unrecht,
es ist die alte Klage über die Unbildung der Jungen, aber hier ist sie
noch auf einen neuen Weg der akademischen Selbstbehauptung gerichtet: auf die Disputationskunst. Man kann dem Streit zwischen
Wortgewandten, in der formalen Logik Geschulten, und den bedäch-
tigen Kennern der klassischen Schriften tatsächlich Gegenwartsfolien
unterlegen.

Aber wo ist die klare Begründung für die Überlegenheit der neuen
Denk- und Disputationsweise? Zweifellos, weil sie in den breiteren
Strom der »Mitsprache« in allen Bereichen einschlug, in Stadtrat und
Gemeinde, in Kaufmannsgremien und Ratskollegien, weil sie einer
wenn auch zaghaft ansetzenden »Mündigkeit« des Laien ihre Stimme
lieh. Aber auch, weil sie, etwas konkreter, der kirchlichen Entwicklung Rechnung trug, hatte doch Papst Gregor VII., mit der Behauptung von der Überlegenheit auch noch des kleinsten Klerikers über den
größten Herrn der Welt, den Bischöfen eigens 1079 die Pflege der »sieben freien Künste« an ihren Domschulen aufgetragen und damit mitgeholfen, den Akzent ins städtische Milieu und zu den weltlichen Bil-
dungszielen zu verlagern.

Alles das und noch einige Argumente mehr erscheinen aber nicht
schlagkräftig genug, um Aufstieg, Verbreitung und letzten Endes Dasein der Universitäten bis in die Gegenwart zu erklären. Grundlegend
blieben gewiss der Schutz der Obrigkeit für wandernde Studenten,

dazu eine wohlwollende Öffentlichkeit noch heute; die Anerkennung der akademischen Grade in der ganzen Christenheit; die Selbstbestimmung der Universitäten als eigene Gemeinschaften mit eigenem Recht und voller Unabhängigkeit bei der Bestimmung und Ergänzung ihres Lehrkörpers. Selbst territoriale Autonomie stand einer Universität bis vor Jahrzehnten zu, wie etwa Botschaftsgebäuden noch heute. Was diese Gemeinschaft von Schülern und Lehrern aber zusammenführte und noch heute gilt: die innige Verbindung von Lehrmethode und Schulorganisation.

Das muss erklärt werden, denn dieser wohl entscheidende Kitt für die neuen Schulen steht vielen Interpreten der »originellsten Schöpfung des Mittelalters« (Koch RGG 1961) nicht hinreichend vor Augen. Anstelle der vorher üblichen autoritativen Deutung der christlichen wie der antiken Weisheiten durch die Lehrer an Kloster- und Bischofsschulen mit symbolischer Erfassung von Welt und Bibel trat nun die Disputation über alles und jedes; aus der Gegenüberstellung von Meinungsverschiedenheiten mit offenem Schluss entwickelte sich ein abwägendes Schlussverfahren nach Begriffs- oder Sprachlogik. Über den Lehrstoff sollten demnach alle mitreden, natürlich im Rahmen ihrer bisher erworbenen Möglichkeiten. Das zog alle Gedanken in seinen Bann. Es beanspruchte im Allgemeinen eine neue Urteilsfähigkeit aus der Prüfung der vorliegenden Texte und ermöglichte Urteile über jeden Aussagesatz, über Gott und die Welt. Es machte die diskutierenden, unter der Obhut ihres Lehrers, aber mit ihm gemeinsam, nun über alles urteilenden Schüler schier zu den Herren aller Erkenntnisse. Es lag dabei nicht in ihrer Absicht, auch nicht nach generationenlanger Entwicklung, alle bisherigen Auffassungen, Urteile, Deutungen umzustoßen. Aber es vermittelte ihnen das Gefühl der gedanklichen Herrschaft über alles bekannte Wissen.

Auch diente die Einsicht in die Gesetze der antiken, der aristotelischen Logik, soweit die Schriften des großen Griechen im 12. Jahrhundert bereits bekannt, übersetzt und interpretiert waren, nicht zu einer neuen Weltsicht. Im Gegenteil: Das 13. Jahrhundert bestritt mit bereits weiterer Kenntnis des griechischen Wissensstandes aus Übersetzungen und aus der Auseinandersetzung mit arabischer, daran ebenfalls geschulter Philosophie eine gewaltige Probe um zentrale Thesen der christlichen Weltdeutung und behauptete mit den Schriften des Kölner Dominikaners Albertus und seines bedeutendsten Schülers Thomas die Existenz einer individualen Seele jedes Menschen in Ewigkeit gegenüber der aristotelischen Vorstellung von einem Fortleben nach dem Tod in einer lediglich kollektiven Geistmasse. Aber das alles entfaltete sich auf vielen Wegen und war immer für die Diskussion offen, gutenteils mündlich, zum kleinen Teil in Kommentaren zu den Klassikern, die wiederum »vorzulesen« und nach Pro und Contra zu diskutieren den Kern des scholastischen Lehrbetriebs ausmachte. Es handelte sich bei den »Vorlesungen« wie bei den Diskussionen um Buchgelehrsamkeit. Immer war ein Buch die Grundlage der Fachwissenschaft, für Logik, für Grammatik und Rhetorik, für weltliches und kirchliches Recht, natürlich zuallererst für Theologie, und für Medizin nach einigem Streit, ob das auch eine rechte Wissenschaft sei.

Ohne Lehrbuch keine »Fakultät«. Die Baumeister zum Beispiel hatten keins, zumindest kein autoritatives, sie vermitteln ihre Lehren in den meist wandernden Bauhütten mündlich. Ihre Wissenschaft wurde erst seit dem 18. Jahrhundert an Schulen, polytechnischen Lehranstalten, vermittelt und fand erst 1900 durch die erste Verleihung des Doktorgrades für Ingenieure im eigentlichen akademischen Sinn die volle Anerkennung.

Die Gemeinschaft von Schülern und Lehrern hat ihr Selbstbewusstsein auch »besiegelt«: »Universitas magistrorum et scolarium« steht auf einigen Prägestöcken. Die gemeinsame Wahrheitsfindung als Disputationsergebnis, prätendiert oder tatsächlich so erfolgt, die Didaktik, die zugleich soziale Integration verhieß, haben offenbar Strukturen geschaffen, die als Anspruch noch heute gelten und den Formalismus der scholastischen Methode um Jahrhunderte überdauerten. Das Jurastudium, aufgebaut auf römischem wie kirchlichem Recht, hatte in seinen Gesetzestexten andere Anwendungsmöglichkeiten, setzte der freien Disputation im Rahmen der Kasuistik aber keine engeren Grenzen, nur schuf es festere Lehrautoritäten. Auch waren die Scholaren der Rechtsschulen meist schon graduierte Studenten und bepfründete Kleriker, sodass sie allein die »Universität« bildeten, ihren Rektor stellten, ihre Lehrer bezahlten und auch ihre Lehrleistung überwachten.

Nicht eigentlich die Scholastik, sondern die akademische Gleichberechtigung als Grundsatz einer Lehr- und Lerngemeinschaft brachte die Universität hervor. Schuf sie auch die neue gesellschaftliche Gruppe der »Intellektuellen«? Die These fasziniert, aber die »Geburt der Intellektuellen« (Le Goff 1957) ist so wenig eindeutig mit der Zeit in Verbindung zu bringen wie die Definition von Intellektualität im Allgemeinen. Zweifellos handelt es sich nicht um den modernen Begriff.

Zweifellos kann man auch von einer »Mönchsintellektualität« sprechen, der religiösen Innerlichkeit verbunden und der kirchlichen Kunst. Auch ist der religiöse Enthusiasmus vieler mittelalterlicher Nonnen und Mönche von vornherein intellektuell bestimmt. Ebenso deutlich lässt sich eine Anzahl neuer Motive mit den neuen hohen Schulen im westlichen Europa verbinden, die dem alten Mönchtum fremd sind: die gedankliche und räumliche Wahrheitssuche, die Scholaren von weit her zu dem oder jenem Lehrer aufbrechen ließen, die für ein paar Jahre ungebundene Lebensweise, die sich unter den Händen Sprachbegabter auf hohem Niveau in den lustigen lateinischen Vagantenliedern niederschlug zur Kritik von Welt und Kirche und zum Preis von Wein und Liebe.

Das zeigt Geist, aber das macht noch nicht die moderne, allein dem kritischen Verstand verpflichtete Intellektualität aus. Die Scholaren des Mittelalters waren gläubig. Die Barrieren der Konvention, die der Bretone Pierre Abaelard niederbrach, wurden von ihm durch andere, kritischer fundierte Glaubensdevisen ersetzt, etwa in der vielleicht originellsten Kritik am Herkömmlichen, in der Christologie: Christus sei nicht gekommen, den Teufel zu besiegen und die Menschheit zu befreien, »sondern um im einzelnen Menschen durch sein Beispiel die Liebe zu entzünden und ihn so innerlich zu verwandeln« (Peppermüller LMA 1980, Sp. 8)

Abaelard wurde allerdings durch seinen Lebensweg zur intellektuellen Leitfigur, nach der jede Epoche sucht, für länger als nur seine Generation. Sein Kampf gegen den »Mönch« Bernhard von Clairveaux, auch er nicht minder hochbegabt, aber als Denker dem älteren glaubensbestimmten Symbolismus verhaftet, nicht dem fragenden Verstand, machte ihm viele Anhänger wie Feinde, besonders im Zusammenhang mit der kirchlichen Verfolgung, die Bernhard wiederholt auslöste. Seine Liebestragödie mit Heloise aber, die er heimlich heiratete und deretwegen er der Rache eines einflussreichen Onkels verfiel, der ihn entmannen ließ, brachte einen offenbar nach langem Gelehrtenstreit doch echten Briefwechsel hervor (Werner in Uitz 1990), der im Zeugnis wechselseitiger Hingabe ein großes und zweifellos in literarischer Reflexion intellektuell besonders gepflegtes Thema über Jahrhunderte begründete. Auch Abaelards *Geschichte meiner Niederlagen*, *Historia calamitatum*, ist ein solches literarisches Zeugnis und zählt zur frühen europäischen Autobiographie.

Aber Abaelard, der über Sprachlogik die Theologie neu begründen wollte, der die Redeturniere einem Ritterdasein vorzog, der aber vor den Widrigkeiten des Daseins gleichwohl in ein Kloster eintrat und als Mönch starb, ist nur ein großer Name unter den neuen Theologen, die an einigen berühmten Schulorten ihre Schüler sammelten und mit Unterstützung von Papst und Kaiser geistlichen und juristischen Nachwuchs auf neue Weise schulten; die auch gegen herkömmliche religiöse und juristische Lehrsätze eine eigene Autorität entwickelten und sie gegen Papst und Kaiser behaupteten, anders als parallele Lehranstalten im Islam und die Klosterschulen in der Ostkirche.

Die Universitäten in Italien, in Frankreich und Spanien, zu Anfang des 13. Jahrhunderts meist mit festen Satzungen bedacht, blieben ebenso reformbedürftig wie die zeitgenössischen Bettelorden. Sie richteten sich ebenso ein auf internationalen Zulauf, gliederten die Masse ihrer Studenten nach ihren Herkunftsländern in »Nationen«, meist in vier nach den Himmelsrichtungen, die nur wenig mit Sprachnationen gemeinsam hatten, organisierten ihr Lehrangebot in vier Fakultäten und kritisierten das geldgierige und schließlich von 1378 bis 1415 unter zwei, drei Päpsten gespaltene Papsttum nach Kirchenrecht und Theologie. Zur Reform des Übels sollten Konzilien verhelfen, allgemeine Kirchenversammlungen aller Bischöfe, aber nicht die Bischöfe, sondern die Universitäten mit ihren von den Bischöfen Gesandten und Beauftragten führten in dieser Konzilsepoche von 1408 bis 1439 das große Wort. Sie beseitigten zwar das Schisma an der Spitze der Kirche, aber die »Reform an Haupt und Gliedern« gelang ihnen nicht in den hintereinander von 1408 bis 1439 stattfindenden Konzilien von Pisa, Konstanz, Siena, Basel und Florenz. Die Krakauer Universität hielt gar an ihrem Reformprogramm fest bis 1452.

Die Konzilszeit war gewiss ein Höhepunkt des akademischen Ansehens. Auch war seit der Mitte des 14. Jahrhunderts die Zahl der Universitäten verdoppelt worden, die bis dahin nicht über die Reichsgrenzen nach Osten gereicht hatte. Fürstliche Prestigeobjekte, wie die Gründung von Prag 1348 und die folgenden von Krakau, Wien, Altofen, Heidelberg, Löwen, Dijon, städtisches Selbstbewusstsein in den Gründungen von Köln, Erfurt, Rostock, danach das Humanisteninteresse wie in der Konzilsstadt Basel und schließlich die Bedürfnisse der Reformation wie bei der Gründung von Marburg, Königsberg, Gießen, Herborn hatte den *orbis academicus* über das ganze lateinische Abendland gedehnt, auch mit kleineren Gründungen vervollständigt.

Die hohen Schulen, in der ganzen Christenheit privilegiert mit rechtsverbindlichen Satzungen, mit eigenständigem Innenleben, das einen »akademischen Bürger« unter eigenes Recht des Rektors stellt und ihn der städtischen Obrigkeit am Ort entzog, mit universal gültiger Lehrbefugnis für ihre Doktoren oder Magister, mit dem Scholarenlatein als Lehr- und Verkehrssprache, schufen sich ein besonderes, wenn auch weit gespanntes Kommunikationsnetz, dichter als das klösterliche. Es gab wohl jederzeit Hunderte »fahrender« Scholaren und Magister, unterwegs zwischen den berühmteren Schulen, die mehrfach ergänzt wurden in einzelnen »Gründungswellen« von Spanien bis Schottland. Auch wenn sie ursprünglich als Domschulen der Priesterausbildung zugedacht waren, so fanden ihre Scholaren je länger, je mehr Dienst und Brot auch bei Fürsten und Städten. Sie wurden die Ausbildungsstätten nicht nur der geistlichen, sondern auch der weltlichen Diener auf hoher Ebene, der Prälaten und der Räte. Anders als im alten Klosterleben fehlten aber bald die Adelssöhne, die »hochgemut« manche klösterliche Aktion bestimmt hatten, im Alltag des neuen parodistisch so genannten Ordens »vom heiligen Golias«, und es fehlten die Frauen. Eine Parallele für Nonnen gab es unter den Studenten nicht. Damit blieben beide gesellschaftliche Gruppen im Bildungsleben fortan zurück: Adel und Frauen. Das fiel unter hochgeborenen Söhnen weniger auf, es war auch da keine Ausschließlichkeit. Aber die Frauen drängte es ab von den neuen Bildungswegen. Noch beteiligt durch gelehrte Nonnen bis ins 12. Jahrhundert, blieben Frauen ausgeschlossen von der scholastischen Methode, von der neuen Theologie und Philosophie. Die Universität entwickelte in ihrem Innenleben die Züge eines Männerbundes. Erst das späte 19. Jahrhundert eröffnete Wege der akademischen Frauenbildung, erst das frühe 20. ermöglichte Frauen auch den Weg zum Katheder.

Die Universitäten aber, von denen es allein in Deutschland bis zu Napoleons Zeiten 42 gab und mehr als das Dreifache in ganz Europa, schufen sich auch ihre eigene Berufswelt: den lebenslangen Scholaren, den Professor, für den nicht nur das Studium Aufstiegschancen in der Gesellschaft bereithielt, sondern den die Universität bald gleichberechtigt neben Ritter oder gar Fürsten stellte, mit dem Titel »Magnifizenz« für ihre Rektoren hoch genug erhoben. Universitäten nahmen sich mehr und mehr der gesamten Pflege des geistigen Lebens an, zogen den Ruhm der stillen Klöster an sich oder übertrumpften ihn mit der Schar ihrer Scholaren. Die wählten vornehmlich Jura für ihre Karrieren oder Theologie. Oder sie beschränkten sich auf die einfacheren

Schulweisheiten der sieben freien Künste, um dann als »Schulmeister« ebenfalls im ganzen lateinischen Europa Bildung über Lateinschulen und Gymnasien nach unten zu tragen. Bei alldem bot die Universität Lebenspositionen und Lebenspläne, auch Lebensträume – Goethes *Faust* hat dafür das Modell geliefert.

Die erste große Blüte lag dabei zweifellos im 13. Jahrhundert. Damals lieferte die Universität Orientierungswissen, das die kirchliche Leistung weit überstrahlte. In Paris, in Salamanca, in Bologna oder in Oxford fanden die hohen Prälaten ihre Bestätigung und ihre Richtlinien für den Weg der Christenheit, und namentlich die beiden Dominikanerprofessoren, Albertus »der Große« in Köln und sein Schüler, der Grafensohn Thomas von Aquin in Paris, lehrten die logische Geschlossenheit unseres Wissens und die theologische des Kosmos. Dass die thomistische Erkenntnistheorie mit dem Lehrsatz »cognoscere sequitur esse«, »das Erkennen folgt dem Sein«, der Kategorienlehre Kants im Prinzip um Jahrhunderte vorausging und eigentlich eine Brücke schlug zur Aufklärungsphilosophie, den göttlichen Kern allen Erkennens freilich vorausgesetzt, mag der Einsicht in die Geschlossenheit europäischen Denkens dienen. Der Zeit diente es nicht. Die Zeit zersetzte die glückliche Geschlossenheit der christlichen Philosophie schon im nächsten Jahrhundert nach den beiden großen Dominikanern durch Kritik am Realismus der geschaffenen Welt und an den Möglichkeiten, mehr als allgemeine Begriffe davon in unsere Gedankenwelt zu übernehmen.

Das Thema blieb. Es blieben auch noch lange die Scholaren in dieser, in der vorgegebenen Organisation des Aufbaus ihrer Schulen. Die Gründung von Prag 1348 sah insofern nichts anderes vor als der Ausbildungsgang in Paris seit dem 12. Jahrhundert, und dieser Gründung folgte eine neue Welle hoher Schulen in Mitteleuropa. Ihre Adepten waren noch immer dieselben, deren neuer Bildungsgang, seine Aufgaben und seine Erfolge, sich messen lässt an zeitgenössischen Erzählungen von Weisheit und ihrer Bewährung, die sich vom ersten tastenden Bildungskanon bereits ohne kirchliche Begleitung wandelten im 12. bis zum bewährten lebensnahen Scharfsinn als Ziel weltnaher Bildung im 15. Jahrhundert. Gleich blieb dabei die Forderung an die Lebensweise von Scholaren, wie sie offenbar in Chartres im 12. Jahrhundert umging: »Ein demütiger Geist, der das Studium sucht, ein ruhiges Leben, stilles Suchen, Armut und fremdes Land, erschließen durch Lesen vielen das Verborgene.« (Johannes von Salisbury, Policraticus VII, 13)

Der arme, aber eifrige Intellektuelle hatte sich damit vom Kloster und seiner Behütung im klassischen Mönchsdasein losgesagt. Er suchte nach den verborgenen, nicht nach den patenten christlichen Wahrheiten. Sein Sprung in die Welt machte ihn zugleich »wurzellos«, ohne die Universität als seine neue gesellschaftliche Heimat konnte er schwerlich bestehen. Wenn sich keine geistliche Pfründe finden ließ, blieben die fürstlichen Höfe mit ihrer sich verbreiternden literarischen Kultur, aber mit den Gefahren von Ränken und Kabalen. Nicht jeder taugte zum vollendeten Hofmann, wie ihn Castiglione beschreibt, oder scheiterte in Shakespeares Spott wie Malvolio. Manche versanken aber wohl auch in den Tiefen der Melancholie, vor denen sie der agile Optimismus des heiligen Benedikt nun nicht mehr bewahrte, seit die Reformation die Klöster aufhob, die stille Heimat so vieler Gebildeter in den Jahrhunderten zuvor, gerade da, wo die Zahl der kleinen Höfe selten war, weil und wo es keine Reichsfürsten gab oder nicht viele reiche Landedelleute, wie in England. (Sillem 2001) Andere verkamen in den Kneipen.

Die Basis aller antiken Gelehrsamkeit ließ sich freilich noch lange Zeit in einem einzigen Bücherschrank bergen. Auch als die Universität den ursprünglich nur in privaten Zirkeln gepflegten Humanismus erschloss mit neuen Professuren für Poetik und Rhetorik, für Sprachpflege also in vorher nur wenig beachteten Qualitäten, und für Griechisch und Hebräisch, die Vorläufer der klassischen Philologie. Eine ganze Gründungswelle für die Prediger der neuen lutherischen oder calvinischen Lehre im nördlichen Europa, mit Innovationen im Bereich der Theologie, änderte die Situation nicht grundsätzlich. Den neuen Naturwissenschaften ebenso wie der Geschichte gab die Universität lange keine Heimstatt, eigentlich erst seit dem 19. Jahrhundert, und jedenfalls keine eigenen Fakultäten. Aber ihr Anspruch, autoritativ die alten Schulweisheiten zu lehren und ausschließlich Recht und Medizin, dazu auf höchster Ebene Theologie jeder Konfession, blieb im ganzen lateinischen Europa erhalten bis in unsere Zeit. Es handelt sich um ein typisch westliches Programm. Russland kennt keine Universitäten bis ins 18. Jahrhundert, ebenso wenig der erst im 18. Jahrhundert von den Türken befreite Balkan und noch weniger die islamische Welt selbst, trotz ihrer lange aus antiken Quellen und eigenem Erfindergeist gehüteten philosophischen und technischen Weisheiten. Sie war durch die religiöse Aufsicht jederzeit disziplinierbar.

Die Universität – eine europäische Männerwelt ohne Frauen, eine

Welt von gedanklicher Innovation und nicht selten weltferner Spezialisierung, blieb in ihrem Kreis lange ein europäisches Unikat. Eine Welt
ohne Frauen unter Schülern und Lehrern, nicht ohne Ausnahmen. Und
jedenfalls nicht ohne Sehnsucht nach Frauen: Die Musen der Gelehrsamkeit sind alle weiblich, und die hohe Schule selbst ist die »Mutter«
der Wissenschaften, *mater artium.*

Die europäischen Utopien

Die mittelalterliche Gesellschaft kannte keine Gleichheit. Zwar stieß
die Kirche nachhaltig in diese Richtung vor, weil sie alle taufte, allen
christliche Namen zuteil werden ließ, allen das Jüngste Gericht und
das ewige Heil verhieß. Aber die Wirklichkeit war von einer alltäg-
lichen Gleichheit weit entfernt, und die hohen Würdenträger der früh-
mittelalterlichen Kirche ebenso wie die neuen Heiligen, die sie der ehrwürdigen Litanei aus der Urkirche hinzufügte, gehörten so gut wie
ausnahmslos zum Adel. Der hatte also noch für lange Zeit Himmel
und Erde fest in der Hand. Unterschiede von Hoch und Niedrig beherrschten außerhalb von Kloster und Kirche erst recht die gesellschaftliche Einstufung jedes Einzelnen mit einer kaum je von den Zeitgenossen erörterten Selbstverständlichkeit.

Bereits im altangelsächsischen England gab es Versuche, die Bevölkerung unterschiedlichen Ständen zuzuteilen, drei, vier oder acht, und
es ist wohl für die frühe Insel schon bezeichnend, dass dabei gelegentlich auch ein Stand der Kaufleute eine Rolle spielte. Vielleicht kommt
die Theorie einer funktionalen Dreiteilung der Gesellschaft überhaupt
aus dem alten England, denn schon unter König Alfred dem Großen
im 9. Jahrhundert ist die Rede von »gebedmen – fyrdmen – woerc-
men«, »Betern, Kämpfern, Werkmännern«, »Pfaffen, Rittern, Bauern«, wie man im groben deutschen Spätmittelalter dann sagen wird.
(Oexle 1978, 43 f.) Die ausführliche Erörterung dieser drei Stände findet sich im frühen 11. Jahrhundert in den Schriften zweier Bischöfe
von Cambrai und von Laon, Cousins aus höchstem fränkischen Adel,
und führte zu dem Schluss, »dass in diesem Winkel der Welt die Geschichte einer dreigeteilten Repräsentation der Gesellschaft begann«.
(Duby 1978, 19). Vielleicht sollte man das nicht so rigoros sagen. Vielleicht sollte man daran denken, dass diese Funktionsteilung eben auch
schon früher auftauchte und dass sie sogar, wie Indogermanisten mei-

nen, vorgeschichtlich über den weiten eurasiatischen Raum verbreitet war. (Dumézil 1958) Aber gleichviel: Radikale Vereinfacher berufen sich noch heute darauf, wie die Action française in den zwanziger Jahren, und die Formel von Lehrstand, Wehrstand und Nährstand aus der deutschen Reduktion auf eine einfache Gesellschaftstheorie klingen uns noch in den Ohren. Sie stimmten schon im Mittelalter nicht. Das »Kämpfen« changierte mit dem »Regieren«, das »Werken« hatte bald seine Schwierigkeiten mit der seit eben dem 11. Jahrhundert gespaltenen »Arbeit« in solche auf dem Feld und solche am Wechslertisch, die es uns noch heute schwer macht, einen Börsenjobber unter die Werktätigen zu zählen. Das Beten klang doch sehr unterschiedlich, ob es aus dem Kloster kam oder von einer Kathedrale. Aber: Jedem sei Ehr', denn jeder ist unentbehrlich für das Gemeinwesen, der es schützt ebenso wie der dafür betet und geradeso, der es ernährt.

Das war nun tatsächlich die beinahe zeitlose Brauchbarkeit der alten Formel, unwiderleglich, solange man Beter für die Ordnung der Gemeinschaft für wichtig hielt. Bis in das letzte Jahrhundert dachte man so, und bis dahin nahm man es auch für gottgegeben in der adeligen Oberschicht, dass die einen mühsam werkelten im Tal der Tränen und für die Lebensgrundlage aller sorgten, und zugleich, dass die Gesellschaft, in der sich eben seitdem der Klerus vom Kloster emanzipierte, kein Mönchsregiment vertrug. Denn die Welt der Klöster kennt keine Dreiteilung. Sie kennt Mönche und Laien, sie kennt Klöster und die Siedlungen außerhalb der Klostermauern. Die dreiteilige Ordnung der Gesellschaft stammt von Bischöfen und nicht von einem Abt.

Dennoch erwartete die Christenheit auch noch eine andere Ständeordnung zu jeder Zeit, und die dann auch für alle Ewigkeit: Das Jüngste Gericht war in der Bibel vorhergesagt, und die Posaunenengel sollten da die Gerechten von den Ungerechten trennen. Aber »niemand weiß den Tag noch die Stunde«, und so empfahl sich nicht nur die stete Wachsamkeit für den Christen, sondern auch die stets rege Spekulation über den unbekannten Zeitpunkt. Eine solche Gelegenheit bot scheinbar die Jahrtausendwende. Die Zahl »Tausend« hatte ihren eigenen Mythos, sie galt auch für Vollendung und Erfüllung schlechthin, und so gab es einige Propheten, die sie mit dem Weltende verbanden, besonders auch in der Umgebung Kaiser Ottos III. und wohl nicht ohne Einfluss auf ihn (Wieczorek/Hinz 2000), und als das nicht eintraf, hielt man sich noch eine Weile an die tausendjährige Wiederkehr der Auferstehung Christi. Auch die ging vorbei ohne das Ende der

Welt, wenn auch damals der Kaiser die größte Machtfülle übte über Kirche und Christenheit, ein Regiment von eschatologischem Charakter. Etwas davon blieb auch weiterhin haften am Kaisertum. Es schien trotz allen späteren Streits mit den Päpsten, mit Byzantinern und Normannen doch imstande, in der Welt die Grenze zu halten zwischen Gut und Böse, zwischen dem Staat Gottes und dem des Teufels. Aber diese Formel war nur wirklich gültig, solange man ihr die religiöse Legitimation nicht aberkannte, solange das »Gott mit uns« den Staat begleitete.

Oder war, nach dem Reich des Vaters im Alten Testament, dem Reich des Sohnes im Neuen, noch ein anderes, ein drittes Reich verheißen, das die Bibel überstieg und sich aus der dritten Person der Trinität herleitete, ein Reich des Heiligen Geistes? So erreichte denn auch die Spekulation eines einsamen Mönches in Kalabrien seit 1200 jahrhundertelang und heimlich viele Ohren. Joachim von Fiore sann nach über eine Weltveränderung nach Klosterart, aus allgemeiner Gleichheit aller Menschen, differenziert durch ihr Ausmaß an Frömmigkeit. Er erfand neue Lebensgemeinschaften für die Menschen, die zur Zukunft berufen waren. Wie fromme Inseln, wie Noahs Arche in der Sintflut, sollten seine neuen Klostergemeinschaften fortan im Meer der Ungerechten schwimmen, um schließlich einem neuen Jerusalem, einem Dritten Reich für alle den Weg zu bereiten. (Reeves 1985) Aus einem Zusammenklang von objektiver Entwicklung und subjektiver Mithilfe daran sollte die neue Welt entstehen, ähnlich wie Karl Marx achthundert Jahre später den Anbruch des paradiesischen Kommunismus zwar als Geschichtsgesetz für unausweichlich hielt, aber dennoch seine Zeitgenossen dazu aufrief, auf dem Weg zur Vollendung mitzuhelfen. Der grübelnde Prophet in den Wäldern der Sila erdachte in kleinen Siedlungseinheiten von Eremiten, Mönchen und Laien den Aufbau eines neuen Daseins auf agrarkommunistischer Basis, produktions- und konsumtionskommunistisch und mit seinen Laien auch zur Bevölkerungsvermehrung imstande. (Seibt 2000) Der Papst verbot und verfolgte bald die Lehre des kalabrischen Abtes Joachim, der für die Zukunft auch Kirche und Bibel für überflüssig erklärt hatte, aber noch im 16. Jahrhundert wurden seine Schriften in Venedig gedruckt. (Williams 1980) Noch lange blieben sie im Untergrund lebendig. Die Dreiständelehre von Regieren, Beten und Arbeiten schrieben dagegen zur selben Zeit die Basler auf ihr Rathaus.

Wirklich war sie zwar nicht, die Dreiständeordnung, aber wirksam.

Weit wirksamer jedenfalls als der Vergleich vom Staat mit dem menschlichen Körper, der alle seine Glieder gleichermaßen benötigt, nach antikem Vorbild, sodass die Füße nicht geringer sind als das Herz. Unser »Staatsoberhaupt« lebt noch von diesem Bild. Die Vorstellung von einem »Staatskörper« mit allen Konsequenzen für die Adelsgesellschaft spricht man einem Kreis um die Schule von Chartres zu. (Bosl 1993, 186) Der literarisch Bedeutendste darunter war der Engländer Johannes von Salisbury (1115–1180), später Bischof von Chartres, mit seinem schon zitierten *Policraticus*, der ein Spiegelbild der rechten Ordnung sein sollte. Johannes war gewiss gebildet, und so lässt sich hier wie auch bei anderen Zeitgenossen ein Nachklang antiker Staatsvorstellungen hören.

Die Korrespondenz mit der Antike bewegte auch ein anderes Mitglied dieses Kreises. Da schrieb Alanus von Lille (ca. 1125–1203) ein interessantes allegorisches Lehrgedicht, *Anticlaudianus*. Es gilt einer neuen Welt, geschaffen von einem neuen Menschen der Vernunft. Ein »currus prudentiae«, »ein Wagen der Klugheit«, wird zusammengestellt aus den freien Künsten und gezogen von den fünf Sinnen, und er fährt, zweihundert Jahre vor Dantes kosmischer Reise, zu den Himmlischen, um den neuen Menschen zu begaben. Es sind Vernunftgaben, und die Wissenschaften, die dem neuen Menschen mitgegeben werden, zuletzt auch vom Schöpfer bestätigt, machen ein neues, allein der Vernunft bestimmtes Menschenbild aus. In allegorischer Spielerei wird uns viel mitgeteilt von den Vorzügen eines solchen Menschen, der nicht nur die Laster verabscheut, sondern die Armut auch. Es soll fortan für alle gelten. (Seibt 2001, 21 f.) War das die Geburt der europäischen Utopie?

Vernunft und Tugend, Tugend aus Vernunft, Vernunft als die Kraft zur Selbsterlösung, Vertrauen in die allumfassende Herrschaft des Geistes! Der Idealmensch des Alanus soll eine neue Welt erschaffen, eine bessere, die vielleicht des kirchlichen Segens gar nicht mehr bedarf, auch wenn sich an seiner Entstehung noch Theologie und Heilige beteiligen, eine rationale Theologie und eine aus eigener Kraft erlöste Welt. Der Mönch Alanus stirbt in Cîteaux bei den Zisterziensern. Trieb ihn, außer seiner Gelehrtenarbeit, das mönchische Selbstbewusstsein von der Kraft der eigenen, persönlichen oder doch allgemein menschlichen Fähigkeit zur Weltverbesserung, das auch seinen Zeit- und Ordensgenossen Joachim von Fiore beseelte?

Die Vorstellung von der allumfassenden und selbsterlösenden Kraft der Vernunft, ohne die Hilfe der Gnade, von einer Gesellschaft ohne Fehler, von einem menschlichen Leben mehr oder weniger ohne Sünde, ging nach den »Aufklärern« des 12. Jahrhunderts nicht mehr unter. Auch dem großen Theoretiker der christlichen Glaubenslehre, Thomas von Aquin, ging gelegentlich durch den Kopf, wie denn die Welt ausgesehen hätte ohne Erbsünde. (Seibt 1987) Die Erbsünde, die kirchliche Lehre von der wesenhaften Unvollkommenheit des Menschen, herzuleiten aus der biblischen Symbolsprache von der Versuchung der Ureltern, ist tatsächlich fortan auch immer wieder eine Versuchung in Gedanken für den »rationalen Trend« im europäischen Denken, und wie es scheint, nur hier unter allen den großen Weltkulturen: Lässt sich nicht doch eine vollkommene Ordnung ausdenken, die alle sozialen Laster aus vernünftiger Erwägung unmöglich macht und auch alle persönlichen Sünden zwar nicht aufhebt, aber doch verwehrt?

Der katalanische Dichter und Theologe Ramon Lull (1232–1316) aus Mallorca ersann in einem weit gespannten Werk die mystische allumfassende Liebe in engster Verbindung zur allumfassenden Vernunft als Grundlage allen Denkens, auch als Basis der drei großen Religionen, die seinen Lebenskreis beeinflussten, und wirkte mit seiner »idealistischen« Weltinterpretation über Nikolaus von Kues und Gottfried Wilhelm Leibniz bis ins Zeitalter der Aufklärung. Die Kirche verbot immer wieder die Lektüre einzelner seiner Bücher, denn eben die Hoffnung auf die eigene Vernunft, auf die Vernunft als beseelender Geist in allen Menschen, auf Geist und Liebe in allen drei Religionen der Mittelmeerwelt, verstieß gegen das kirchliche Selbstbewusstsein und gegen die vornehmste Kraft, mit der die Kirche sich in der Gesellschaft behauptete: die gnadenspendenden Sakramente.

Die Hoffnung auf die menschliche Vernunft allein zur Rettung der Welt ist »utopisch«. Es war noch niemand imstande, eine allein selig machende Weltordnung auszudenken. Aber sie ist die Hoffnung aller, die sich der Vernunft verschrieben haben. Damit stellen sie sich, nicht gleich mit dem ersten Schritt, aber im Lauf ihrer gedanklichen Entwicklung gegen das Dogma vom Sündenfall unserer Ureltern und damit gegen alle Kirchen, gleich welcher Konfession. Christen können niemals Utopisten sein.

Utopische Hoffnung ist aber in der westlichen Christenheit mit großem Nachdruck in immer neuer Gestalt entwickelt worden. Sie wurde jeweils dann lebendig, wenn ein einsamer Besserwisser, ein eifernder Weltverbesserer oder einfach ein sehr von sich selbst überzeugter

Geist die Welt in einer großen Krise sah. Dazu trat noch eine andere Voraussetzung: Wenn kluge und mehr oder minder gelehrte Autoren mit ihren Vernunftprojekten ein reges Diskussionsforum fanden, um gegen die herkömmlichen, augenscheinlich unwirksamen Herrschaftsformen aufzustehen und einer neuen, ganz grundsätzlich anderen Weltordnung den Weg zu bereiten. Aber auch das wagten sie nicht ohne eine dritte Bedingung: nicht ohne die Erschütterung, ja ohne den Sturz der herkömmlichen Kirchenordnung und nicht ohne Reform in Glaubensdingen. Utopie und Revolution gehen nach ersten, zaghaften Ansätzen im 12. Jahrhundert neue Wege in Glaubensdingen, sie suchen Auswege aus den religiösen Krisen in Frankreich, in England, in Deutschland und in Italien im 14. Jahrhundert, sie werden vehement seit der böhmischen Hussitenzeit von 1419 bis 1435, und sie breiten sich über die Christenheit seit Luthers Protest 1521 gegen die babylonische Gefangenschaft der Kirche. Sie erreichen sogar eine beträchtliche Dichte in Deutschland zu Luthers Zeiten, verbinden sich dabei auch mit dem eleganten Humanistenentwurf des Thomas Morus von einer fernen, uns allen unzugänglichen Insel »Nirgendland« und begleiten fortan die europäischen »Staatsromane« in französischer, spanischer, englischer und schließlich auch deutscher Sprache bis in die Gegenwart.

Davon muss noch ein wenig mehr gesagt werden. Morus, Klosterschüler, humanistisch gebildet, Jurist, Lordkanzler, hat sich offenbar jahrelang über den Gang der Welt gegrämt. Ein munteres Erzählspiel als Diplomat auf niederländischem Boden brachte das geniale Märchen von der Insel Utopia hervor, wo alles anders, alles besser ist, und kleidet dabei wohl manche Klage unter den zeitgenössischen Intellektuellen in Worte. Und alles nicht als Hochverrat fassbar: Denn die ferne Inselrepublik mit ihren vorbildlichen Ordnungen heißt »Nirgendland«, und der von ihr erzählt, heißt »Possenreißer«. Der Streit der Gelehrten, ob denn das alles nicht nur ein Humanistenscherz war, dauert noch heute an, wie bei allen Halbwahrheiten. Der Herausgeber des kleinen Büchleins *Utopia* war aber dann 1516 niemand anderer als Erasmus von Rotterdam, der bedeutendste Gelehrte seiner Zeit, der selber einmal ein *Lob der Torheit* geschrieben hatte. Morus beließ es allerdings nicht bei zweifelhafter Ernsthaftigkeit. Sein Buch hat zwei Kapitel, und das andere ist eine Anklage gegen englische Sozialverhältnisse, wie sie schärfer kaum geschrieben sein könnte. Eine solche Klage war aber kein Delikt für den englischen Diplomaten, der sich im

Übrigen trotz seines Staatsentwurfes für eine Wahlrepublik noch lange im Königsdienst behaupten konnte.

Die *Utopia* wurde ungemein populär, sie steht für die europäische Intellektualität in den nächsten fünfhundert Jahren, und nachdem sie Marx für eine Vorstufe seiner eigenen Gedanken hielt, teilte sie auch für eine Weile Bewunderung und Verdammung des Sowjetexperiments. Sie wurde in alle denkbaren Sprachen übersetzt und fast so oft aufgelegt wie die Bibel. Besonders angemerkt sei, dass Morus, der später wegen seiner Weigerung, die anglikanische Hochkirche anzuerkennen, zum Märtyrer wurde und den der Papst heilig sprach, doch zunächst nirgendwo so lebhafte Nachahmung fand wie im lutherischen Deutschland. (Seibt 1996)

Alle diese Entwürfe sind getragen von einem intellektuellen »Übermut der Vernunft«; sie sind zum Teil bis ins Detail geplant und vertrauen dabei auf die Kraft der rationalen Ordnung; sie fordern unbeirrt den Rücktritt aller alten Ordnungen und verkehren, mitunter in voller Absicht, die gesellschaftliche Wirklichkeit in ihr Gegenteil; sie sind egalitär, antiindividualistisch und geschichtslos. Sie überspielen und ignorieren einfach den menschlichen Selbstbehauptungsdrang und jenes Ego, das nicht im Sozialismus aufgehen will. Es gibt keine Entwicklung mehr über ihren paradiesischen Endzustand hinaus, weder auf der Insel Utopia des Thomas Morus noch in Orwells *1984*. Die europäische Utopie vollendet nach ihrem Programm die Welt in Harmonie. (Seibt 2001, 236 ff.) Auch die Ära des Kommunismus sollte bekanntlich, nachdem sie nur erst einmal erreicht gewesen wäre, keine Fortentwicklung in der Welt mehr finden – und eben das hat vor nicht langer Zeit fast die Hälfte der Menschen mehr oder minder als die rechte Weltsicht hingenommen!

Sehen wir davon ab, dass auch die Klöster der großen Rodezeit sich mitunter als utopische Orte empfanden, Himmelspforten, Seligenthal, Paradies, Neues Jerusalem, und dass gelegentlich einzelne Fürstenhöfe ohne besondere Theorie als Orte des harmonischen Zusammenlebens gedeutet wurden, wie die Gralsrunde um den König Amfortas, oder als Ausgang künftiger Weltherrschaft, wie bei dem französischen Juristen Pierre Dubois. (Oexle 1977) Derartige utopische Konstruktionen, Städten gewidmet, Klöstern oder Fürstenhöfen, sind meist Aufgipfelungen lokaler Panegyrik. Auch der »Wunschraum«, nach einer älteren Definition, vom Schlaraffenland hat nichts besonders Europäisches an sich, und die »Wunschzeit« der Wiederkehr des Messias zählt zu den auch außerhalb Europas verbreiteten Menschheitsträumen. Doch die rationale Konstruktion zur Behebung von Unvollkommenheiten, die umfassende Planungsenergie mit dem gehörigen Vernunftoptimismus, die den »herrschenden Verhältnissen« entgegengesetzt wird, zeigt eine besondere europäische Gesellschaftsgruppe in revolutionärer Aktion: die Intellektuellen. Solche Intellektuelle, teils Geistliche, oft »Leutprediger«, begleiten zum Beispiel Luthers Werk, wie der Exfranziskaner Eberlin von Günzburg (Baldini 1986), oder sie nützen ihr Gewerbe als Buchführer zur Revolutionspropaganda um den deutschen Bauernkrieg mit joachitischen Anklängen, oder sie ahmen den großen Thomas Morus nach mit seinem Büchlein von der Insel Utopia.

Die Utopie ist westliches Spielmaterial zur Neugestaltung der Welt aus intellektuellem Impuls. Polen beteiligte sich erst mit Reformplänen eines Jan Andreas Modrevius daran, und Böhmen steuert, spät entdeckt (Seibt 1972), um 1670 mit dem großen Comenius das seine bei. Um 1616 widmete der Dominikaner Campanella, ein Landsmann Joachims von Fiore, mit seinem *Sonnenstaat* dem Thema noch ein glühendes Beispiel aus dem Süden. Es wurde kein Staat daraus, aber weil Ludwig XIV. den armen Mönch aus dem römischen Kerker und zu sich nach Frankreich holte, dachte ihm der dankbare Campanella wenigstens den Titel eines »Sonnenkönigs« zu.

Unter Literaten blieb die Diskussion um eine ferne Insel mit einem Musterstaat, wie sie Morus populär gemacht hatte, ein Denkproblem wie das Perpetuum mobile bei den Ingenieuren. Freilich hatte es nur Kraft am äußersten »linken Flügel« aller Gesellschaftsdiskussion.

Die Gegenwartsnähe dieser utopischen Entwürfe ist mitunter verblüffend, außer denn, dass sie mit aller intellektuellen Blindheit an längst überholten agrarischen Wirtschaftsmodellen festhielten. Ihre Autoren entwarfen fast allesamt Agrarutopien aus mittelalterlichen Wurzeln, mit Ausnahme des schwäbischen Superintendenten Johann Valentin Andreae, der in seiner *Christianopolis*, »Christenstadt«, hundert Jahre nach Thomas Morus etwas vorwegnahm von künftiger technischer Entwicklung. (Seibt 2000) Wenig später hinterließ der englische Physiker Francis Bacon ein utopisches Fragment, dem man die Gründung von naturwissenschaftlichen Akademien ablesen könnte. Erst französische und englische Autoren wagten sich um 1820 an Probleme der Industrialisierung. Amerikaner, lange durch »unbegrenzte Möglichkeiten« der agrarischen Expansion nach dem Westen frei von den Krisen der Alten Welt, hielten dann später eher bei der technischen Utopie mit, der so genannten Science-fiction.

Die Weltherrschaft der Demokratie unserer Tage ist letzten Endes auf utopischem Optimismus begründet. Vor allem aber der Ersatz von Machtpolitik aller Art durch Rechtsfindung, die Besetzung der Stühle der Mächtigen durch Juristen, wie sie uns täglich umgibt und zur Globalisierung des 20. Jahrhunderts beigetragen hat, wird in den utopischen Staatsentwürfen vorgeführt, vornehmlich bei Morus, bei Andreae, bei Comenius und in der Umkehrung aller utopischen Hoffnungen in den »Schreckutopien« des späteren 20. Jahrhunderts, so in Orwells Diktatur von 1984. Die juristische Utopie und die Angst vor dem »Großen Bruder« begleiten gleichermaßen die Demokratie auf der Welt.

Das Mittelalter endet in Revolutionen

Und wann ging nun endlich jene vielhundertjährige Epoche zu Ende, die man mit »Mittelalter« auch als die Begründung Europas bezeichnen kann, weil sie von der antiken Mittelmeerwelt ein weithin grundlegendes Kulturgefüge in die nordalpine Region übertrug? Unsere Auffassungen von Recht und Macht, von Schönheit und Wahrheit, von Gott und Tod sind auf diesem Weg begründet worden, und von da spannt sich der Bogen bis zum Aufstieg der europäischen Weltmacht durch Technik und Aufklärung. Die Frage ist berühmt und ein Kernstück historischen Selbstbewusstseins der »Neuzeit«. Die Entdeckung Amerikas, die Spaltung der alten Kirche, der Untergang der diversen »letzten Ritter« und ein romantisches Epochengefühl von Herbst und Morgenröte haben sie in feste Formen gerinnen lassen, und eigentlich kann man dazu nur noch beitragen, hier ein bisschen korrigieren und dort ein wenig aufhellen, kann auf das meist verkannte, aber nichtsdestotrotz für das zeitgenössische Bewusstsein wirksame Wachstum des Städtewesens verweisen, auf den Humanismus, der bereits Europa als Völkergemeinschaft projizierte wie der interessante, aber wirkungslose Friedensentwurf des böhmischen »Hussitenkönigs« Georg 1464, der ohne Papst und Kaiser Europa als Bund seiner Könige vereinen wollte, um dann gemeinsam gegen die Türken zu ziehen. (Vaněček 1966) Man kann auch den manchmal so genannten Ersten Wiener Kongress von 1515 heranziehen, genau dreihundert Jahre vor seinem berühmteren Nachfolger, in dem sich die östliche Hälfte Europas zu politischer Gemeinsamkeit verständigen wollte, und das alles, um zu zeigen: Das politische Mittelalter endet da, wo Europa sich nicht mehr unter imperialem pseudorömischem Vorzeichen versteht, sondern als eine gleichberechtigte Gemeinschaft von Souveränen. Das ist dann auch die europäische Idee geblieben bis heute, Störenfriede immer wieder bekämpfend, ausschließend, überdauernd.

Auch die Spaltung der einheitlichen Kirche geriet in das Fahrwasser dieser Gesinnung und stand dabei auf der Basis gemeinsamen Europäertums. Allen Vorreitern für die Toleranzidee müsste dieser Unterschied deutlich sein: Die bis dahin von Humanisten und Irenikern entwickelte europäische Toleranz war konfessionell. Die Toleranz der Aufklärung reichte weiter, gedieh aber nicht zu einem europäischen Verbund, sondern nur zu einer europäischen Idee. Dass währenddem Kultur- und Wissenstransfer, unbeschadet außereuropäischer Einflüsse, hilfreiche Einzelheiten vermittelten, wie Papier und Pulver, Kompass und Armbrust, dass also die europäischen Partner auf ihren Handelswegen zu Land und See mit einem relativ einheitlichen Niveau an Kommunikations- und Rechtsnormen versehen waren, auch mit gemeinsamen Entwicklungen und Varianten in einer zunehmend öffentlich wirksamen Kunst, das trug bei zum Bewusstsein einer neuen Gemeinsamkeit. Dazwischen hielten sich erstaunliche Konstanten in Technik, Wissenschaft und Umweltbedingungen. Goethe reiste nicht schneller nach Italien als siebzehnhundert Jahre zuvor etwa ein vornehmer Römer. In seinen Rasthäusern kochte man unter der Esse wie zu Römerzeiten, und zumindest die Armen aßen Hirsebrei oder brieten ein Hühnchen wie vor tausend Jahren auch. Aber was sich änderte, lockerte, verschob, räumlich und sozial ungleich mobiler wurde, was unablässig, wenn auch nicht gleichmäßig, wuchs und wieder an Größe verlor, was sich innerlich spaltete, seine Spitzen glättete, alte Dynastien ablöste und neue aufbaute, das war die Gesellschaft. Und diese Gesellschaft setzte auch schließlich dem Mittelalter ein Ende, alles umfassend, unwiderruflich, und man kann deshalb nicht sagen, das Mittelalter sei immer noch unter uns. Relikte lassen sich finden, nicht mehr.

Das Neue, unter dessen Gewalt sich zuletzt alles wandelte, nicht mit einem Schlag, sondern im Jahrhundertschritt, aber mit schier unaufhaltsamer Gewalt, das sind die europäischen Revolutionen. Sie setzten dem Mittelalter ein Ende, verwandelten seine Menschen, erschufen eine neue Gesellschaft mit neuen Ordnungen. Es gibt freilich nicht eine einzige, es gibt keine europäische Revolution, die mit einem Schlag alles zustande gebracht hätte. Es gibt auch keine, der man ungeschmälert Beifall zollen könnte. Es gibt einen revolutionären Grundzug in der europäischen Gesellschaft, so wie es einen rationalen Trend gibt, und beide sind mit dem Städtewesen auf eine gewisse Weise verwandt; nicht ursächlich, aber konditionell. Es hat eine jede der europäischen Revolutionen, die hussitische, die niederländische, die englische, die französische, traditionell ihren Namen nach der politischen Gemeinschaft, die sie jeweils erfasste und zu verändern suchte, zu unterschiedlichen Zeiten, aber doch in einer Kette mit Kausalcharakter in der gesamteuropäischen Umwelt. Aus einer Welle revolutionärer Aufstände um 1380 (Mollat/Wolff 1970) entwickelte sich die hussitische Revolution in Böhmen und hielt 1419 bis 1435 die Christenheit in Atem. Im Gefolge der deutschen Reformation griff 1525 eine bäuerliche Aufstandsbewegung mit weitreichenden ideellen Ansprüchen im südlichen Deutschland, im alten Tirol und in Salzburg um sich. 1529 verweigerten die deutschen Fürsten endgültig den kirchlichen wie den kaiserlichen Gehorsam und setzten damit den lang dauernden Ablauf einer nicht nur konfessionellen »Reformation« in Gang. Seit 1572 revoltierten politische und religiöse Kräfte in den Niederlanden und provozierten jenen »Abfall«, dessen schöpferische Neugestaltung unter dem Mantel der politischen Entwicklung meist verdeckt wird. 1640 erhob sich das englische Parlament, von Puritanern geführt, und legte der Christenheit zum ersten Mal ein revolutionär gerechtfertigtes Todesurteil über einen König vor. Das absolute Königtum behauptete sich im *ancien régime* in Frankreich länger, sodass die Revolution dort erst seit 1789 eine neue Gesellschaft schuf. Die erfasste dann allerdings, durch eine expansive Phase über den ganzen Kontinent verbreitet, unmittelbar oder im gegenläufigen Echo die gesamte europäische Gesellschaft. Mit einem neuen, einem deutlich nationalen Tonfall erhob sich das kontinentale Europa noch einmal 1848 und machte die stärksten Monarchien in Mitteleuropa durch Verfassungen und Parlamente schließlich sturmreif für ihren Zusammenbruch nach dem verlorenen Weltkrieg 1918.

Um diese langfristigen Wandlungen zu beobachten, die eigentlich, weit tiefgreifender als die bewussten und immer wieder zitierten Markierungspunkte um 1500, die mittelalterliche Welt Schritt für Schritt in unsere moderne verwandelte, müssen wir die Eigenart und ihr ganz auf sich selbst bezogenes und dabei doch spezifisch europäisches Gefüge kennen lernen: Eine Revolution ist ein gewaltsamer Umbruch der gesellschaftlichen Ordnung mit dem Ziel einer umfassenden Neuordnung. Sie wächst nicht aus ökonomischen Ursachen allein. Revolution in Europa hat ihre Wurzeln in der inneren Paradoxie der gesellschaftlichen Ordnung, die dem Individuum Entwicklungsfreiheit verhieß und es zugleich zwei Universalmächten unterstellte, Kirche und Königtum. Eine Revolution im Europa ständischer gesellschaftlicher Ordnung, mit hohem und niederem Adel, mit städtischem Patriziat, zünftigem Handwerk, Lohnarbeitern und Armen, mit großen und kleinen Bauern, spricht naturgemäß wirtschaftliche und sozialpolitische Interessen einzelner Stände unterschiedlich an und richtet sich daher auch auf unterschiedliche Ziele. Umfassend gesehen: Sie erstrebt entweder nur die Oligarchie der oberen Stände, oder sie bemüht sich ganz nach unten um die Herrschaft der Kleinen, des »dritten Standes«, nach einer klassischen Parole aus der Französischen Revolution.

Die Herrschaft von Kirche und Königtum, gegen die sich alle Revolutionen in abgestuftem Maß richteten, ging hervor aus dem Mythos der Monarchie und ihrer Sakralherrschaft. Sie anzugreifen hieß lange Jahrhunderte noch keineswegs, sie abzuschaffen. Eine jede der frühen europäischen Revolutionen, von der böhmischen bis zur englischen, bezog ihre Rechtfertigung, die Überlegenheit des »Rechtes der Revolution«, letztlich aus der religiösen Sphäre. (Seibt 1984) Hussiten und Puritaner glaubten 1419 wie 1649 gleichermaßen, göttliche Gerechtigkeit zu bringen oder wiederherzustellen, wenn sie sich gegen die bisherigen Universalmächte wandten. Nicht minder die deutschen Fürsten 1529 in ihrem Kampf gegen Papst und Kaiser oder die Bauern 1525 in ihrem Aufstand gegen ihre Grundherren. Auch die Niederländer erklärten 1572 im Namen Gottes Philipp von Spanien ihren »Abfall« und bekämpften in seiner Person zugleich die katholische Kirche. Erst die Revolution im europäisierten Nordamerika 1777 erklärte nicht nur nach altem Rechtsbild König Georg III. zum Tyrannen, sondern kämpfte zugleich nach naturrechtlichen Prinzipien um Menschenrechte. In vollem Ausmaß nahm dann 1789 die Französische Revolution die naturrechtliche, »aufgeklärte« und jedenfalls nichtreligiöse Begründung für ihre Rechtsansprüche auf. Die folgenden Revolutionen des »langen« 19. Jahrhunderts, bis zur Aufhebung der Monarchie in Mitteleuropa 1918, haben alle ihre Rechtfertigung im »modernen« naturrechtlichen Denken gefunden. Die marxistische

Ideologie, die sich auf der Basis des philosophischen Materialismus entwickelte, trug bereits außereuropäischen Verhältnissen Rechnung, wie sie Russland vom europäischen Westen unterschied. Das marxistische Modell bot sich danach den zahlreichen außereuropäischen Revolutionen an, die sich im Gefolge der Entkolonialisierung entfalteten.

Nicht der gewaltsame, sondern der ideelle Umbruch im Denken hat in der europäischen Revolutionsgeschichte den Ausschlag gegeben. Die konfessionell gestützte Adelsempörung in ihrer Tendenz zur konstitutionellen Monarchie sah sich dabei nicht minder »gerechtfertigt« als die kommunistische Gleichheitsidee in ihrer religiösen Variante bei Taboriten, Täufern, Levellers und Diggers. Im Kampf gegen sakral legitimierte Monarchie und kirchliche Hierarchie griffen Revolutionen auf bürgerlicher Ebene besonders deutlich zurück auf das sprachnationale und damit überständische Gemeinsamkeitsbewusstsein. Man kann nicht sagen, dass sie damit die nationale Gemeinschaft erst »geschaffen« hätten, von der ein Bewusstsein durch den ganz einfachen Sprachgebrauch längst bestand. Aber sie haben das Gefühl der nationalen Zusammengehörigkeit aktiviert, auch dann, wenn misslungene revolutionäre Gruppierungen im Exil endeten, wie die französischen Hugenotten und die böhmisch-mährische Brüderunion. (E. Lemberg 1950)

Unsere historischen Vorstellungen von Revolutionen sind weitgehend von der großen und verhältnismäßig jungen französischen geprägt. Im Zusammenhang mit dem politischen Gewicht Frankreichs in Europa sind der Gang, die Ziele, der Effekt dieser Revolution zum Mythos geraten, der erst in unseren Tagen grundlegend kritisiert wird. (Furet 1999) Der Vorbildcharakter der französischen Ereignisse ist dennoch für die europäischen Entwicklungen der letzten zweihundert Jahre nicht zu unterschätzen und bildet namentlich im intellektuellen Bereich ein elastisches, auf andere europäische Erscheinungen übertragbares Interpretationsmuster. Ohne die Unterscheidung zwischen dem religiösen Rechtfertigungscharakter der frühen und den naturrechtlichen Begründungen der späteren Revolutionen in Europa ist dabei die Auflösung des europäischen Mittelalters und die Begründung der Neuzeit allerdings nicht verständlich. Unerlässlich erscheint auch die Einsicht, dass bei der Annäherung an alternative Modelle die europäische Utopie einen besonderen Beitrag zum revolutionären Denken geleistet hat.

Bibliographie

Die Angaben sind zum Beleg und zur einschlägigen Orientierung gedacht. Deshalb haben neueste im Buchhandel verfügbare Ausgaben den Vorrang.

Hans Joachim ALBERTI: Maß und Gewicht. Von Ägypten an bis zur Neuzeit. 1957

Gadi ALGAZI: Herrengewalt und Gewalt der Herren im späten Mittelalter. 1996.

Gerd ALTHOFF: Spielregeln der Politik im Mittelalter. Kommunikation in Frieden und Fehde. 1997.

Eszter ANDOR/István György TÓTH (Hgg.): Frontiers of Faith. Religious Exchange and the Constitution of Religious Identities. 1400–1750. 2001.

Arnold ANGENENDT: Geschichte der Religiosität im Mittelalter. 1997.

Arnold ANGENENDT: Die Christianisierung Nordwesteuropas. In: STIEGEMANN/WEMHOFF, 1999, Bd. 1, S. 420–433.

Norbert ANGERMANN: Novgorod und die Hanse. In: TRANSIT 1997, S. 281–287.

Hannah ARENDT: Über die Revolution. 1963.

Jan ASSMANN: Das Doppelgesicht der Zeit im altägyptischen Denken. In: Schriften der Carl-Friedrich-von-Siemens-Stiftung 1983, Bd. 6, S. 189–224.

Jan ASSMANN: Das kulturelle Gedächtnis. Schrift, Erinnerung und politische Identität in frühen Hochkulturen. 1992.

Jan ASSMANN: Tod und Jenseits im Alten Ägypten. 2001.

AURELIUS AUGUSTINUS: Confessiones. Bekenntnisse. Lateinisch-deutsch. 1959.

Enzo BALDINI: Riforma Luterana e Utopia. Gli ›Statuti del paese di Wolfaria‹ di Johan Eberlin. In: Il Pensiero Politico. Rivista di Storia delle Idee Politiche e Sociali 19 (1986), S. 3–31.

Geoffrey BARRACLOUGH: Die mittelalterlichen Grundlagen des modernen Deutschland. 1952.

Robert BARTLETT: The Making of Europe 950–1350. 1993.

Friedrich BATTENBERG: Das europäische Zeitalter der Juden. Zur Entwicklung einer Minderheit in der nichtjüdischen Umwelt Europas. 1990.

Remigius BÄUMER (Hg.): Das Konstanzer Konzil. 1977.

Gerhard BEESTERMÖLLER: Thomas von Aquin und der gerechte Krieg. 1990.

Werner BERGMANN: Chronographie und Komputistik bei Hermann von Reichenau. In: Historiographia medievalis. Festschrift für Franz-Josef Schmale. 1988, S. 103–117.

Kunibert BERING: Kunst und Staatsmetaphysik in Italien. Zentren der Bau- und Bildpropaganda in der Zeit Friedrichs II. 1986.

Kunibert BERING/Roland MÖNIG: Herrschaftsbewußtsein und Herrschaftszeichen: Zur Rezeption staufischer Architekturformen in der Baupropaganda des 13. und 14. Jahrhunderts. 1988.

Martin BERNAL: Die Schwarze Athene. Die afroasiatischen Wurzeln der griechischen Kultur. 1992.

Günther BINDING: Baubetrieb im Mittelalter. 1993.

Günther BINDING: Was ist Gotik? Eine Analyse der gotischen Kirchen in Frankreich, England und Deutschland 1140–1350. 2000.

Augustin BLAZOVICH: Soziologie des Mönchtums in der Benediktinerregel. 1954.

Marc BLOCH: Die Feudalgesellschaft. 1982.

Wim BLOCKMANS: Geschichte der Macht in Europa. Völker–Staaten–Märkte. 1998.

Gertrud BODMANN: Jahreszahlen und Weltalterlehren. Zeit- und Raumvorstellungen im Mittelalter. 1992.

Arno BORST: Computus. Zahl und Zeit in der Geschichte Europas. 1990.

Arno BORST: Lebensformen im Mittelalter. 1973

Karl BOSL: L'Europa medioevale. In: Raoul MANSELLI (Hg.): Nuova storia universale dei popoli e delle civiltà, Vol. VIII. tomus III, 1983.

Karl BOSL: Gesellschaft im Aufbruch. Die Welt des Mittelalters und ihre Menschen. 1991.

Karl BOSL: Der theologisch-theozentrische Grund des mittelalterlichen Weltbildes und seiner Ordnungsidee. Reformorden, Ketzer und religiöse Bewegungen. In: PIPERS HANDBUCH 1993, S. 175–188 und S. 243–310.

Philippe BRAUNSTEIN/Robert DELORT: Venise. Portrait historique d'une cité. 1971.

Walter BRANDMÜLLER: Papst und Konzil im Großen Schisma (1378–1431). Studien und Quellen. 1990.

Walter BRANDMÜLLER. Das Konzil von Konstanz. 1991.

Fernand BRAUDEL: Das Mittelmeer und die mediterrane Welt in der Epoche Phillips II. 3 Bde. 1991.

Wolfgang BRAUNFELS: Die Kunst im Heiligen Römischen Reich Deutscher Nation. Die Räume – die Grenzen – die Zeiten. 6 Bde. 1979–1989.

Anna-Dorothee VON DEN BRINCKEN: Kartographische Quellen. Welt-, See- und Regionalkarten. 1988.

Franz BRUNHÖLZL: Geschichte der lateinischen Literatur des Mittelalters. Bd. 1 und 2. 1996 und 1992.

Otto BRUNNER: Adeliges Landleben und europäischer Geist. Leben und Werk Wolf Helmhards von Hohberg. 1949.

Otto BRUNNER: Land und Herrschaft. Grundfragen der territorialen Verfassungsgeschichte Österreichs im Mittelalter. 1959.

Otto BRUNNER: Sozialgeschichte Europas im Mittelalter. 1978.

Donald A. BULLOUGH: Die Kaiseridee zwischen Antike und Mittelalter. In: STIE-
GEMANN/WEMHOFF (Hgg.). Bd. 3, 1999, S. 36–46.

Joachim BUMKE: Höfische Kultur. Literatur und Gesellschaft im hohen Mittelalter. 2 Bde. 1986.

Peter BURKE: Sprache und Umgangssprache in der frühen Neuzeit. 1989.

Peter BURKE: Popular Culture in Early Modern Europe. 1993.

Paolo CAUCCI VON SAUCKEN: Pilgerziele der Christenheit. Jerusalem–Rom–Santiago de Compostela. 1999.

Romolo CEGNA: Fede ed etica valdese nel quattrocento. 1982.

Pierre CHAUNU: Histoire, science sociale. 1977.

Norman COHN: Das Ringen um das Tausendjährige Reich. 1961.

Philippe CONTAMINE: La guerre au Moyen Age. 1980.

Karl Gottfried CRAM: Iudicium belli. Zum Rechtscharakter des Krieges im deutschen Mittelalter. 1955.

Gabriele CRESPI: Die Araber in Europa. 1992.

CVMA: Corpus vitrearum Medii Aevi. 1970 ff.

Clifford DAVIDSOHN/Thomas H. SEILER (Hgg.): The Iconography of Hell. 1992.

Clifford DAVIDSOHN (Hg.): The Iconography of Heaven. 1994.

Lothar DEEG: Kunst & Albers Wladiwostok. Die Geschichte eines deutschen
Handelshauses im russischen Fernen Osten (1864–1924). 1996.

Jean DELUMEAU: Die Angst im Abendland. Die Geschichte kollektiver Ängste im
Europa des 14.–18. Jahrhunderts. 1989.

Peter DINZELBACHER (Hg): Europäische Mentalitätsgeschichte. Hauptthemen in
Einzeldarstellungen. 1993.

Peter DINZELBACHER: Heilige oder Hexen? Schicksale auffälliger Frauen im Mittelalter. 1995.

Anna DRABEK: Die Verträge der fränkischen und deutschen Herrscher mit dem
Papsttum 754 bis 1020. 1976.

Georges DUBY: Die drei Ordnungen. Das Weltbild des Feudalismus. 1981.

Georges DUBY: Ritter, Frau und Priester. Die Ehe im feudalen Frankreich. 1985.

Richard VAN DÜLMEN: Kultur und Alltag in der frühen Neuzeit. 1990.

Georges DUMÉZIL: L'ideologie tripartite des Indo-Européens. 1958.

Kateryna DYSA: Attitudes towards witches in the multi-confessional regions of
Germany and the Ukraine. In: ANDOR/TÓTH(Hgg.) 2001, S. 285–289.

Winfried EBERHARD: Herrscher und Stände. In: PIPERS HANDBUCH 1993,
S. 467–551.

Aaron ECKSTAEDT: Nischt kein Konzert. Diskette 2000.

Otfrid EHRISMANN: Ehre und Mut, Aventiure und Minne. Höfische Wortge-
schichte aus dem Mittelalter. 1995.

Otfrid EHRISMANN: Mittelalterrezeption. In: EDM. Enzyklopädie des Märchens.
Handwörterbuch zur historischen und vergleichenden Erzählforschung. Hg.
von Rolf Wilhelm Bedrich u. a., Bd. 9. 1999.

Viktor H. ELBERN (Red.): Das Erste Jahrtausend. 2 Bde. 1964.

Mirco ELIADE. Paradis et utopie. In: ERANOS 32 (1963).

Norbert ELIAS: Über den Prozeß der Zivilisation. Soziogenetische und psychogenetische Untersuchungen. 2 Bd. 1968.

Norbert ELIAS: Die höfische Gesellschaft. 1983.

Rudolf ENDRES: Nürnberger Einflüsse auf das oberpfälzische Montangebiet. In: OBERPFALZ 1987, S. 285–293.

Edith ENNEN: Die europäische Stadt des Mittelalters. 1972.

Peter ERLEN: Europäischer Landesausbau und mittelalterliche deutsche Ostsiedlung. 1992.

Karl-Georg FABER: Geschichtslandschaft – Region historique – Section in history. In: Saeculum 30 (1979) 4–21.

Marie-Luise FAVREAU-LILIE: Vom Kriegsgeschrei zur Tanzmusik. Anmerkungen zu den Italienzügen des späteren Mittelalters. In: B. Z. KEDAR/R. HIESTAND/J. RILEY SMITH (Hgg.): Mont Joie: Studies in Crusade History in Honor of Hans Eberhard Mayer. 1997, S. 213–233.

Lucien FEBVRE: La terre et l'évolution humaine. 1922.

Kurt FLASCH: Das philosophische Denken im Mittelalter. Von Augustin zu Machiavelli. 1986.

Robert FOLZ: Les saints rois du moyen âge en occident. 1984.

Robert FOLZ: Les saintes reines du moyen âge en occident. 1992.

Johannes FRIED: Die Formierung Europas 840–1046. 1993.

Johannes FRIED: Antikes Erbe und christliche Tradition – die erste Jahrtausendwende in der Geschichte. In: WIECZOREK 2000, S. 42–49.

Wolfgang FRÜHWALD: Der »große Code der Kunst«. Das Buch Genesis in der Literatur. In: Jahres- und Tagungsbericht der Görres-Gesellschaft 2000, S. 27–46.

Horst FUHRMANN: Konstantinische Schenkung und abendländisches Kaisertum. Ein Beitrag zur Überlieferungsgeschichte des Constitutum Constantini in: Deutsches Archiv für Erforschung des Mittelalters, 22 (1966), S. 63–178.

Horst FUHRMANN: Einfluß und Verbreitung der pseudoisidorischen Fälschungen. 3 Bde. 1972–1974.

Horst FUHRMANN: Papst Gregor VII. und das Kirchenrecht. Zum Problem des Dictatus Papae. In: Studi Gregoriani 13 (1989), S. 123–189.

Horst FUHRMANN: Überall ist Mittelalter. Von der Gegenwart einer vergangenen Zeit. 1996.

Horst FUHRMANN: Die Päpste. Von Petrus zu Johannes Paul II. 1998.

François FURET: Das Ende der Illusion. Der Kommunismus im 20. Jahrhundert. 1998.

GALLIA JUDAICA. 1969.

GERMANIA JUDAICA. 3 Bde. ff. 1964 bis 1995. ff.

Manfred GERWING: Theologie im Mittelalter. Personen und Stationen theologisch-spiritueller Suchbewegungen im mittelalterlichen Deutschland. 2000.

Bernhard GEYER: Friedrich Ueberwegs Grundriß der Philosophie. 1951.

Hans-Werner GÖTZ: Das Geschichtsbild Ottos von Freising. 1984.

Hans-Werner GÖTZ: Leben im Mittelalter. 1986.

Fritz GRAF: Griechische Mythologie. Eine Einführung. 1991.

František GRAUS: Lebendige Vergangenheit. Überlieferungen im Mittelalter und in den Vorstellungen vom Mittelalter. 1975.

Valentin GRÖBNER: Außer Haus. In: Geschichte in Wissenschaft und Unterricht 46 (1995), S. 69–80.

Heinrich GRÜGER: Die Veränderung der Landschaft unter dem Einfluß der Zisterzienser im östlichen Mitteleuropa. In: Trierer Beiträge. Sonderheft 7 (1994), S. 2–15.

Herbert GRUNDMANN: Religiöse Bewegungen im Mittelalter. 1961.

Herbert GRUNDMANN: Ausgewählte Aufsätze. Teil I: Religiöse Bewegungen. Teil II: Joachim von Fiore. Teil III: Bildung und Sprache. 3 Bde. 1976–1978.

Heinrich GÜNTER: Psychologie der Legende. 1970.

Dieter HÄGERMANN: Technik im frühen Mittelalter zwischen 500 und 1000. In: KELLENBENZ (Hg.) 1997, S. 338–505.

Dieter HÄGERMANN: (Hg.): Das Mittelalter. Die Welt der Bauern, Bürger, Ritter und Mönche. 2001.

Heinz-Dieter HEIMANN/Ivan HLAVÁCEK (Hgg.): Kommunikationspraxis und Korrespondenzwesen im Mittelalter und in der Renaissance. 1998.

Paul-Joachim HEINIG: Kaiser Friedrich III. (1440–1493). Hof, Regierung und Politik. 3 Teile. 1997.

Herbert HELBIG: Landesausbau und Siedlungsbewegungen. In: SCHIEDERS: Handbuch der europäischen Geschichte, Bd. 2, hg. von Ferdinand Seibt. 1987, S. 199–268.

Hans Hermann HENRIX (Hg.): Adalbert von Prag. Brückenbauer zwischen dem Osten und dem Westen Europas. 1997.

Klaus HERBERS: Pilger auf dem Weg nach Jerusalem, Rom und Santiago de Compostela. In: CAUCCI von SAUCKEN (Hg.) 1999, S. 103–136.

Bernd-Ulrich HERGEMÖLLER: Die Geschichte der Papstnamen. 1980.

Bernd-Ulrich HERGEMÖLLER: Krötenkuß und Schwarzer Kater. Ketzerei, Götzendienst und Unzucht in der inquisitorischen Phantasie des 13. Jahrhunderts. 1996.

Arno HERZIG: Jüdische Geschichte in Deutschland von den Anfängen bis zur Gegenwart. 1997.

Frederick G. HEYMANN: John Žižka and the Hussite Revolution. 1969.

Peter HIBST: Utilitas Publica – Gemeiner Nutz – Gemeinwohl. Untersuchungen zur Idee eines politischen Leitbegriffs von der Antike bis zum späten Mittelalter. 1991.

Charles HIGOUNET: Die deutsche Ostsiedlung im Mittelalter. 1986.

Geoffrey HINDLEY: The Book of Magna Charta. 1990.

Otto HINTZE: Staat und Verfassung. Gesammelte Abhandlungen zur allgemeinen Verfassungsgeschichte, 2 Bde., hg. von Gerhard Oestreich. 1970.

Jan HUIZINGA: Herbst des Mittelalters. 1975.

Wilma IGGERS: Die Juden in Böhmen und Mähren. Ein historisches Lesebuch.
1986.

Ivan ILLICH: Genus. Zu einer historischen Kritik der Gleichheit. 1983.

Arthur E. IMHOF: Geschichte sehen. Fünf Erzählungen nach historischen Bildern.
1990.

Otto JOHANNSEN: Geschichte des Eisens. 1925.

Howard KAMINSKY: A History of the Hussik Revolution. 1965.

František KAVKA: Vláda Karla IV. za jeho císařství (1355–1378). 2 Bde.
1993.

Benjamin Z. KEDAR: Merchants in Crisis. Genuese and Venetian Men of Affairs
and the Fourteenth-Century Depression. 1976.

Jiři KEJř: Die Hussiten. 1956.

Hermann KELLENBENZ (Hg.): Handbuch der europäischen Wirtschafts- und Sozialgeschichte. Bd. 2, hg. von Jan A. van Houtte. 1980.

Bert-Alan KÉRY: Kaiser Sigismunds Ikonographie. 1972.

Elke KLEINAU/Claudia OPITZ: Geschichte der Mädchen- und Frauenbildung. Bd.
2 1996.

Friedrich KLUGE/Alfred GÖTZE: Etymologisches Wörterbuch der deutschen
Sprache. 1951.

Joseef KOCH: »Scholastik«. In: RGG 3. Aufl. 1961.

Wilhelm KÖLMEL: Regimen Christianum. Wege und Ergebnisse des Gewalten-
verhältnisses und des Gewaltenverständnisses (8.–14. Jh.) 1970.

Wilhelm KÖLMEL: Soziale Reflexion im Mittelalter. 1985.

Adrienne KÖRMENDY: Melioratio Terrae. Vergleichende Untersuchungen über
die Siedlungsbewegung im östlichen Mitteleuropa im 13.–15. Jahrhundert.
1995.

Erich KÖHLER: Die provenzalische Literatur. In: Kindlers Literatur Lexikon Bd.
1. 1986, S. 149–152; Die französische Literatur. S. 153–162.

Albrecht KOSCHORKE: Die Heilige Familie und ihre Folgen. 2000.

Margarete KOTTENHOFF: »Du lebst in einer schlimmen Zeit«. Christine de
Pizans Frauenstadt zwischen Sozialkritik und Utopie. 1992.

Otto KRABS: »Wir, von Gottes Gnaden«. Glanz und Elend der höfischen Welt.
1996.

Lenz KRISS-RETTENBECK: *Ex voto.* 1985.

Paul O. KRISTELLER: Humanismus und Renaissance. 2 Bde. 1976.

Holger KRUSE/Werner PARAVICINI (Hgg.): Höfe und Hofordnungen 1200–1600.
1999.

Robert LACEY/Danny DANZIGER: The Year 1000. What Life was like at the Turn
of the First Millennium. 1999.

La fortuna dell 'utopia di Thomas More … Il Giornata Luigi Firpo Z. marzo
1995. 1996

Malcolm LAMBERT: Häresie im Mittelalter. Von den Bogomilen bis zu den Hussiten. 2000.

Henry Charles LEA: Geschichte der Inquisition im Mittelalter. (1887) dt. 1997.

Anton LEGNER (Hg.): Zwischen Rhein und Maas. Ausstellungskatalog 1970.

Jacques LE GOFF: Les intellectuels au moyen âge. 1957. Dt.: Die Intellektuellen im Mittelalter. 1993.

Jacques LE GOFF: La naissance du Purgatoire. 1984. Dt.: Die Geburt des Fegefeuers. Vom Wandel des Weltbildes im Mittelalter. 1991.

Paul LEHMANN: Die Parodie im Mittelalter. 1963.

Eugen LEMBERG: Geschichte des Nationalismus in Europa. 1950.

Hans LEMBERG: Huldigung und Jubel. Einige Beobachtungen zum Verfahren beim Übergang von Herrschaft. In: Zeitenwende, Festschrift für Richard Georg Plaschka, hg. von Horst Haselsteiner, Emilia Hrabovec und Arnold Suppan. 2000, S. 99–116.

Margret LEMBERG: Der Marburger Bildteppich vom Verlorenen Sohn. 1986.

Margret LEMBERG: Juliane Landgräfin von Hessen (1587–1643). Eine Kasseler und Rotenburger Fürstin aus dem Hause Nassau-Dillenburg in ihrer Zeit. 1994.

LMA: Lexikon des Mittelalters, hg. von Norbert Angermann u.a. Bd. 1–10, 1980–1999.

Robert S. LOPEZ: The Commercial Revolution of the Middle Ages 950–1350. 1976.

LTHK: Lexikon für Theologie und Kirche, hg. von Josef Höfer und Karl Rahner, Bd. 1 ff. 1957 ff.

Karl-Heinz LUDWIG/Volker SCHMIDTCHEN (Hgg.): Metalle und Macht. Propyläen Techngeschiche, hg. von Wolfgang König. Bd. II. 1997.

Herbert LUDAT: Frühformen des Städtewesens in Europa. In: Studien zu den Anfängen des europäischen Städtewesens, hg. vom Konstanzer Arbeitskreis für mittelalterliche Geschichte. Vorträge und Forschungen 4, 1958, S. 527–553.

Karl-Heinz LUDWIG: Technik im Hohen Mittelalter zwischen 1000 und 1350/1400. In: PROPYLÄEN TECHNIKGESCHICHTE Bd. II. 1997, S. 11–205.

Bea LUNDT: Melusine und Merlin. Entwürfe und Modelle weiblicher Existenz im Beziehungs-Diskurs der Geschlechter. 1991.

Bea LUNDT (Hg.): Auf der Suche nach der Frau im Mittelalter. 1991.

Bea LUNDT: Konzepte für eine (Zu-)Ordnung der Geschlechter zu Krieg und Frieden (9. bis 15. Jahrhundert). In: Klaus GARBER/Jutta HELD (Hgg.): Frieden und Krieg in der Frühen Neuzeit. Erfahrung und Deutung von Krieg und Frieden. Religion – Geschlechter – Natur und Kultur. 2001. S. 335–356.

Bea LUNDT: Weiser und Weib. Weisheit und Geschlecht am Beispiel der Erzähltradition von den Sieben weisen Meißtern. 2002.

Robert H. LUTZ: Wer war der Gemeine Mann? Der Dritte Stand in der Krise des Spätmittelalters. 1979.

Michele LUZZATI: La rivoluzione commerciale e lo sviluppo dell' economia medievale. In: Svolte epocali a confronto. Origini e confini della civiltà occidentale. 47 (2000), S. 49–70.

Franz MACHILEK: Privatfrömmigkeit und Staatsfrömmigkeit. In: Ferdinand SEIBT (Hg.): Kaiser Karl IV. Staatsmann und Mäzen. 1978, S. 87–94.

Detlef MARKMANN: Kontinuität und Innovation am ferraresischen Hof zur Zeit Leonello d'Estes (1407–1450). 2000.

Klaus MAURICE (Hg.): Die Welt als Uhr. Deutsche Uhren und Automaten 1550–1650. 1980.

Christel MEIER: Hildegard von Bingen. In: LUNDT 1991.

William H. MCNEILL: Seuchen machen Geschichte. Geißeln der Völker. 1978.

Michel MOLLAT/Philippe WOLFF: Ongles bleus, Jacques et Ciompi. Les révolutions populaires en Europa aux 14e et 15e siècles. 1970.

Amedeo MOLNÁR: Valdenští-Evropsky rozměr jejich vzdoru. / Das Waldensertum. Der europäische Umfang ihres Trotzes. / 1973.

Peter MORAW: Gedanken zur politischen Kontinuität im deutschen Spätmittelalter. Festschrift für Hermann Heimpel. Bd. 2, 1972, 45–60.

Peter MORAW: Von offener Verfassung zu gestaltender Verdichtung. Das Reich im späten Mittelalter 1250–1490. 1989.

Raffaelo MORGHEN: Civiltá medioevale al tramonto. Saggi e studi sulla crisi di un' età. 1973.

Eduard MÜHLE: Zur Frühgeschichte Novgorods. Von den Anfängen bis gegen Ende des 12. Jahrhunderts. In: TRANSIT 1997, S. 159–166.

Hermann MÜLLER-KARPE: Geschichte der Steinzeit. 1976.

Gerd MÜNTER: Idealstädte. Ihre Geschichte vom 15. bis zum 17. Jahrhundert. In: Deutsche Bauakademie 1 (1957).

Balász NAGY/Frank SCHAER (Hgg.): Karoli iv Imperatoris Vita – Autobiography of Emperor Charles IV. 2001.

Benjamin NELSON: Der Ursprung der Moderne. 1984.

August NITSCHKE: Naturerkenntnis und politisches Handeln im Mittelalter. Körper, Bewegung, Raum. 1967.

Helmut NEUHAUS (Hg.): Nürnberg. Eine europäische Stadt in Mittelalter und Neuzeit. 2000.

Heinz NOFLATSCHER: Räte und Herrscher. Politische Eliten an den Habsburgerhöfen der österreichischen Länder 1480–1530. 1999.

DIE OBERPFALZ – EIN EUROPÄISCHES EISENZENTRUM. 600 Jahre große Hammereinung. Schriftenreihe des Bergbau- und Industriemuseums Ostbayern. Bd. 12/1 1987.

Otto Gerhard OEXLE: Die funktionale Dreiteilung bei Adalbero von Laon. In: Frühmittelalterliche Studien, 12 (1978), S. 1–54.

Otto Gerhard OEXLE: Utopisches Denken im Mittelalter. Pierre Dubois. In: HZ 224 (1974), S. 293–339.

Otto Gerhard OEXLE (Hg.): Memoria als Kultur. 1995.

Sheila OGILVIE: State Cooperatism and Protoindustry: The Wuerttemberg Black Forest, 1580–1797. 1997.

Friedrich OHLY: Schriften zur mittelalterlichen Bedeutungsforschung. 1977.

Claudia OPITZ: Evatöchter und Bräute Christi. Weibliche Lebenszusammenhänge und Frauenkultur im Mittelalter. 1990.

Claudia OPITZ: Neue Wege der Sozialgeschichte? Ein kritischer Blick auf Otto Brunners Konzept des »ganzen Hauses«. In: Geschichte und Gesellschaft 20 (1994), S. 88–98.

José ORTEGA Y GASSET: Der Aufstand der Massen. 1931.

José ORTEGA Y GASSET: Meditationen über die Jagd. 1998.

Werner PARAVICINI: Karl der Kühne. Das Ende des Hauses Burgund. 1977.

Werner PARAVICINI: Fürstliche Residenzen im spätmittelalterlichen Europa. 1990.

John Carmin PARSONS: Medieval Queenship. 1998.

Tomas PEKNY: Historie Zidů v Čechách a na Moravě. 1993.

Rolf PEPPERMÜLLER: »Abaelard« in: LMA I 1980.

Jürgen PETERSOHN (Hg.): Politik und Heiligenverehrung im Hochmittelalter. 1994.

Walter PIETSCH: Zwischen Reform und Orthodoxie. Der Eintritt des ungarischen Judentums in die moderne Welt. 1999.

PIPERS HANDBUCH DER POLITISCHEN IDEEN hg. von Iring Fetscher und Herfried Münkler, darin besonders die Beiträge von Karl Bosl, Tilmann Struve, Gerhard Dilcher, Jürgen Miethke, Gerhard Kreuzer und Winfried Eberhard. 1988 ff.

Henri PIRENNE: Die Geburt des Abendlandes. Mahomet und Karl der Große. 1939.

Herman PLEJ: Der Traum vom Schlaraffenland. Mittelalterliche Phantasien vom vollkommenen Leben. 2000.

Gian Luca POTESTÁ (Hg.): Il profetismo gioachimita tra Quattrocento e Quinquecento. 1991.

Friedrich PRINZ: Frühes Mönchtum im Frankenreich. 1965.

Friedrich PRINZ: Von Konstantin zu Karl dem Großen. Entfaltung und Wandel Europas. 2000.

Paolo PRODI (Hg.): Glaube und Eid. Treueformeln, Glaubensbekenntnisse und Sozialdisziplinierung zwischen Mittelalter und Neuzeit. 1993. Marjorie REEVES: The Influence of Prophecy in the Later Middle Ages. A Study in Joachimism. 1969.

PROPYLÄEN TECHNIKGESCHICHTE. Bd. 1 hg. von Dieter Hägermann/Helmuth Schneider. 1997.

Horst D. RAUH: Das Bild des Antichrist im Mittelalter. Von Tyconius zum deutschen Symbolismus. 1973.

Wolfgang REINHARD: Geschichte der Staatsgewalt. Eine vergleichende Verfassungsgeschichte Europas von den Anfängen bis zur Gegenwart. 2000.

Annie RENOUX: Pfalzen, Westfrankenreich, Frankreich. In: LMA VI, 2003 ff., 193.

Jörg REQUATE: Öffentlichkeit und Medien als Gegenstände historischer Analyse. In: Geschichte und Gesellschaft 25 (1999), S. 5–32.

RGG: Die Religion in Geschichte und Gegenwart. Hg. v. Hans Dieter Betsch u. a. Bd. I ff., 1998 ff.

Michael RICHTER: Die inselkeltischen Völker vom 11. bis zum 15. Jahrhundert. In: SCHIEDER 1987, S. 863–883.

Werner RÖSENER (Hg.): Jagd und höfische Kultur im Mittelalter. 1997.

Werner RÖSENER (Hg.): Kommunikation in der ländlichen Gesellschaft vom Mittelalter bis zur Moderne. 1999.

500 JAHRE ROSENKRANZ. Kunst und Frömmigkeit im Spätmittelalter und ihr Weiterleben. 1975.

Michel ROUCHE (Hg.): Mariage et sexualité au Moyen Age. Accord ou crise? 2001.

Wolfgang SCHENKLUHN: Architektur der Bettelorden. Die Baukunst der Dominikaner und Franziskaner in Europa. 2000.

SCHIEDERS HANDBUCH DER EUROPÄISCHEN GESCHICHTE, Bd. II, hg. von Ferdinand Seibt, 1987.

Oskar SCHLÜTER: Die Siedlungsräume Miteleuropas in frühgeschichtlicher Zeit. 2 Bde. 1952 ff.

Eberhard SCHMITT (Hg.): Die großen Entdeckungen. Dokumente zur Geschichte der europäischen Expansion. Bd. II, 1984.

Reinhard SCHNEIDER (Hg.): Das spätmittelalterliche Königtum im europäischen Vergleich. 1987.

Gottfried SCHRAMM: Der polnische Adel und die polnische Reformation 1548–1607. 1965.

Knut SCHULZ: »Denn sie lieben die Freiheit so sehr ...«. Kommunale Aufstände und Entstehung des europäischen Bürgertums im Hochmittelalter. 1992.

Rainer Christoph SCHWINGES: Die Kreuzzugsbewegung. In: SCHIEDERS Handbuch der europäischen Geschichte, Bd. II. 1987, S. 181–198.

Peter SEGL: Europas Grundlegung im Mittelalter. In: Jörg A. SCHLUMBERGER/ Peter SEGL: Europa – aber was ist es? Aspekte einer Identität in interdisziplinärer Sicht. 1994, S. 21–43.

Ferdinand SEIBT: Hussitica. Zur Struktur einer Revolution. 1965 (1992).

Ferdinand SEIBT: Die hussitische Revolution und die europäische Gesellschaft. In: VANEČEK 1996, S. 21–33.

Ferdinand SEIBT: Karl IV. Ein Kaiser in Europa 1346 bis 1378. 1978 (1998).

Ferdinand SEIBT: Die deutschen Grenzen. In: F. Seibt u. a. (Hgg.): Deutschland. 1982

Ferdinand SEIBT: Die Zeit als Kategorie der Geschichte und als Kondition des historischen Sinns. In: Die Zeit, Schriften der Carl-Friedrich-von-Siemens- Stiftung, Bd. 6, hg. von Armin Mohler und Anton Peisl, 1983, S. 145–188.

Ferdinand SEIBT: Von der Konsolidierung unserer Kultur zur Entfaltung Europas. In: SCHIEDERS Handbuch der europäischen Geschichte, Bd. II, 1987, S. 6–174.

Ferdinand SEIBT: Glanz und Elend des Mittelalters. Eine endliche Geschichte. 1987 (2002).

Ferdinand SEIBT: Karl V. Der Kaiser und die Reformation. 1990 (1998).

Ferdinand SEIBT: Utopica. Zukunftsvisionen aus der Vergangenheit. 2001.

Ferdinand SEIBT: Revolution in Europa. Ursprung und Wege innerer Gewalt. 1984.

Ferdinand SEIBT/Winfried EBERHARD (Hgg.): Europa 1400. Die Krise des Spätmittelalters. 1984.

Ferdinand SEIBT/Winfried EBERHARD (Hgg.): Europa 1500. Integrationsprozesse im Widerstreit: Staaten, Regionen, Personenverbände, Christenheit. 1987.

Ferdinand SEIBT: Tommaso Moro nel dibattito utopico tedesco. In: La fortuna 1996, S. 25–42.

Peter SILLEM: Saturns Spuren. Aspekte des Wechselspiels von Melancholie und Volkskultur in der Frühen Neuzeit. 2001.

František ŠMAHEL: Husitská revoluce. 4 Bde. 1993. Dt.: Die hussitische Revolution. Voraussichtlich 2003.

Richard W. SOUTHERN: Geistes- und Sozialgeschichte des Mittelalters. 1982.

Oswald SPENGLER: Der Untergang des Abendlandes. Umrisse einer Morphologie der Weltgeschichte. 2 Bde. 1918–1922.

Johannes SPÖRL: Grundformen hochmittelalterlicher Geschichtsanschauung. 1935.

Rolf Peter STIEFERLE: Rückblick auf die Natur. 1997.

Christoph STIEGEMANN/Matthias WEMHOFF (Hgg.): 799: Kunst und Kultur der Karolingerzeit. Karl der Große und Papst Leo III. Katalog der Ausstellung. 2 Bde. 1999.

Heinz STOOB u. a. (Hgg.): Civitatum Communitas. Studien zum europäischen Städtewesen. 2 Bde. 1984.

Heinz STOOB: Die Hanse. 1995.

Wolfgang VON STROMER: Die Gründung der deutschen Baumwollindustrie im Mittelalter. Deutsche Wirtschaftspolitik unter den Luxemburgern. 1978.

Jürgen STROTHMANN: Kaiser und Senat. Der Herrschaftsanspruch der Stadt Rom zur Zeit der Staufer. 1998.

Jürgen STROTHMANN: Herrscher. In: Manfred Landfester u. a. (Hgg.): Der Neue Pauly. Enzyklopädie der Antike. 2000, Sp. 362–414.

Joseph R. STRAYER: Die mittelalterlichen Grundlagen des modernen Staates. 1975.

Ludger TEWES: Mittelalter im Ruhrgebiet. Siedlung am westfälischen Hellweg zwischen Essen und Dortmund (13. bis 16. Jahrhundert). 1997.

Michael TOCH: Die Juden im mittelalterlichen Reich. 1997.

Michael TOCH: »Dunkle Jahrhunderte«. Gab es ein jüdisches Frühmittelalter? In: Kleine Schriften des Arye-Maimon-Instituts 4/2001, S. 7–25.

TRANSIT Brügge–Novgorod. Eine Straße durch die europäische Geschichte. Hg. von Ferdinand Seibt, Ulrich Borsdorf und Theo Grütter 1997.

G. M. TREVELYAN: Kultur- und Sozialgeschichte Englands. Ein Rückblick auf sechs Jahrhunderte von Chaucer bis Queen Viktoria. 1943.

Paul TRIO: Volksreligie als spiegel van een stedelijke samenleving. De broeder-
schappen te Gent in de late middeleeuwen. 1993.

Matthias UNTERMANN: »opere mirabili constructa«. Die Aachener Residenz
Karls des Großen. In: STIEGEMANN/WEMHOFF (Hgg.) 1999, S. 152–164.

Erika UITZ u. a. (Hgg.): Herrscherinnen und Nonnen. 1990.

André VAUCHEZ: La saintité en occident aux derniers siècles du moyen âge. 1981.

Elisabeth VAVRA: Kleidung. In: LMA V, VI, VII, 1991 bis 1995.

Václav VANĚČEK (Hg.): Études et documents du Symposium Pragense »Cultur
Pacis« 1464–1964. 1966.

Paul VIDAL DE LA BLANCHE: La Géographie humaine. Ses rapports avec la géographie de la vie. In: Revue de Synthèse historique 7 (1903). 219–240.

Wilhelm VOSSKAMP (Hg.): Utopieforschung. 3 Bde. 1982.

Piotr S. WANDYCZ: The Price of Freedom: A History of East Central Europe from
Middle Ages to Present. 1992.

Reinhard WENSKUS: Stammesbildung und Verfassung. Das Werden der frühmit-
telalterlichen gentes. 1961.

Reinhard WENSKUS: Ausgewählte Aufsätze zum frühen und preußischen Mittelalter 1986, S. 96–137.

Ernst WERNER: Heloise. Das Bild von einer außergewöhnlichen Frau. In: UITZ
1990, S. 134–147.

Alfried WIECZOREK/Hans-Martin HINZ (Hgg.): Europas Mitte um 1000. Beiträge zur Geschichte, Kunst, Archäologie. 2000

Ann WILLIAMS (Hg.): Prophecy and Millenarism. Essays in Honour of Marjorie
Reeves. 1980.

Wolfgang WIPPERMANN: Der Ordensstaat als Ideologie. Das Bild des Deutschen
Ordens in der deutschen Geschichtsschreibung und Publizistik. 1979.

Susanne WITTEKIND: Kommentar mit Bildern. Zur Ausstattung mittelalterlicher
Psalmenkommentare und Verwendung der Davidgeschichte in Texten und Bildern am Beispiel des Psalmenkommentars des Petrus Lombardus. 1994.

Rudolf M. WLASCHEK: Juden in Böhmen. Beiträge zur Geschiche des europäischen Judentums im 19. und 20. Jahrhundert. 1997.

Gunther WOLF (Hg.): Theophanu. Prinzessin aus der Fremde – des Westreichs
große Kaiserin. 1991.

Herwig WOLFRAM: Mitteleuropa vor seiner Entstehung. 1987.

Manfred WUNDRAM: Kleine Kunstgeschichte des Abendlandes. 2000.

Isaak ZINBERG: Die Geschichte fun der literatur bei Jidn. Wilna 1930.

Klaus ZERNACK: Osteuropa. Eine Einführung in seine Geschichte. 1977.

Michael ZYWIETZ: Karl V. Der Kaiser und die Musik. Neue Wege der Realisation
von Text und Musik im Motettenschaffen seines Kapellmeisters Nicolas Gom-
bert. Ms. Habilitationsschrift Universität Münster 1999.

Namenregister

Ortsregister